# PROPOS RUSTIQUES,

## BÂLIVERNERIES,

# CONTES ET DISCOURS D'EUTRAPEL,

PAR

NOEL DU FAIL,

Seigneur de la Hérissaye, gentilhomme breton.

## ÉDITION ANNOTÉE,

PRÉCÉDÉE

D'UN ESSAI SUR LA VIE ET LES ÉCRITS DE NOËL DU FAIL,

## PAR J. MARIE GUICHARD.

## PARIS.

### LIBRAIRIE DE CHARLES GOSSELIN,

9, RUE SAINT-GERMAIN-DES-PRÉS.

MDCCCXLII

*a mon cher ami al.*
*Bixio* *M Guichai*

# PROPOS RUSTIQUES,

## BALIVERNERIES,

## CONTES ET DISCOURS D'EUTRAPEL.

IMPRIMERIE DE HENNUYER ET TURPIN, RUE LEMERCIER, 24,
Batignolles.

# PROPOS RUSTIQUES,

## BALIVERNERIES,

# CONTES ET DISCOURS D'EUTRAPEL,

PAR

NOEL DU FAIL,

Seigneur de la Hérissaye, gentilhomme breton.

## ÉDITION ANNOTÉE,

PRECEDEE

D'UN ESSAI SUR NOEL DU FAIL ET SES ECRITS,

PAR

J. MARIE GUICHARD.

PARIS,

**LIBRAIRIE DE CHARLES GOSSELIN,**

Éditeur de la Bibliothèque d'elite,

9, RUE SAINT-GERMAIN-DES-PRÉS.

1842

# NOEL DU FAIL,

## SEIGNEUR DE LA HÉRISSAYE, GENTILHOMME BRETON.

Lorsque les critiques, qui s'étaient longtemps arrêtés au grand siècle de Louis XIV, pénétrèrent plus profondément dans les origines de notre poésie, et remontèrent de Malherbe à François Villon, ils découvrirent, qu'on nous permette cette expression, une littérature pour ainsi dire inexplorée, serrée et complète dans toutes ses parties, pleine de vie, de fraîcheur et de sentiment. On s'aperçut un peu tard qu'à l'exception de quelques noms fameux, les écrivains du seizième siècle avaient été oubliés. Nos vieux auteurs, mis sous la presse comme des livres inédits, subirent alors, et peut-être pour la première fois, l'épreuve d'une lecture studieuse et intelligente ; l'œuvre du disciple inconnu vint éclairer l'œuvre du maître déjà illustre ; chacun prit sa place, et tous y gagnèrent. Le mouvement ne se fit pas sans jeter quelque trouble dans la rhétorique de Boileau, de Voltaire et de La Harpe ; mais, hâtons-nous de le dire, les grands noms n'ont rien perdu pour être mieux compris. En effet, il faut des ombres au tableau pour mettre en saillie les figures principales, et l'artiste qui peint une bataille laisse voir les soldats derrière les généraux. En littérature, tout est transition et renouvellement, tout se tient, se lie et se fond dans des nuances infinies ; aucun genre, aucune époque ne doivent être dédaignés, et la lecture du plus chétif écrivain devient parfois un enseignement pour celui qui veut faire la part de chacun. A côté de Marot, de Ronsard et de Montaigne, s'agitait une troupe bigarrée, insouciante, écrivant au jour le jour, quelque peu libre et indisciplinée dans sa marche joyeuse, mais féconde autant qu'aucune autre : ce sont les conteurs ; et il ne faut pas trop les mépriser, car ils descendent en ligne directe de Boccace, et ils ont produit La Fontaine.

Je fais des conteurs une classe bien distincte, et ne veux pas les confondre avec les romanciers : ceux-ci se rapprochent beaucoup plus des poëtes. Je ne connais, au seizième siècle, qu'un roman (dans le sens que nous attachons aujourd'hui à ce mot), c'est la première partie des *Angoisses douloureuses* d'Hélisenne de Crenne. Je ne parle pas de Rabelais, celui-là échappe à l'analyse ; il est tout ce qu'on veut, et domine l'époque de la hauteur de son merveilleux génie : je ne parle pas non plus de l'*Histoire du vaillant roi Florimont*, de la *Chronique du très-redouté Dom Flores de Grèce*, et autres récits de chevalerie ; ces productions, tombées, comme tout ce qui finit, aux mains d'imitateurs sans imagination et sans originalité, appartiennent évidemment à l'âge précédent. Ce qui remplit le seizième siècle, ce sont les poëtes et les conteurs. A aucune époque ceux-ci n'ont été plus nombreux, et, si je puis dire ainsi, plus littéraires; depuis les *Cent Nouvelles nouvelles* jusqu'à Noël du Fail, le conte a pénétré partout, et partout il a laissé des traces profondes et ineffaçables: c'est un moule populaire, plein d'élasticité, qui accomplit sa tâche en serviteur zélé et intelligent; c'est la forme consacrée qu'on revêt de préférence à toute autre. Rabelais aiguise le conte en traits satiriques, la reine de Navarre lui donne droit de cité à la Cour parmi les plus nobles personnages, et Henri Estienne le pousse, bon gré mal gré, jusques dans la haute érudition et les luttes furieuses de la polémique. Se formait-il en quelque lieu choisi une réunion de beaux esprits, il en sortait à coup sûr un volume charmant, et d'autant plus varié qu'il était l'œuvre de tous. Déjà les *Facéties* du Pogge avaient été composées en société par Razellus de Bologne, Antonio Luscio, Cinthio le Romain et autres hommes à l'humeur satirique, de la Cour du pape Martin V. « Aujourd'hui, s'écrie tristement « le Pogge, ces personnages sont morts, le *Bugiale* n'a plus lieu; c'est la « faute des hommes et du temps, toutes les réunions joyeuses ont cessé. » On sait l'origine des *Cent Nouvelles nouvelles*; l'*Heptaméron* de Marguerite n'est autre chose qu'un reflet lointain de ces conversations littéraires dont Clément Marot, Nicolas Denisot, Pelletier du Mans, faisaient les frais, et que présidait, en reine et en amie bienveillante, la sœur de François I<sup>er</sup>. On ne serait peut-être pas non plus fort éloigné de la vérité en attribuant à la même source les *Nouvelles Récréations et joyeux Devis* de Bonaventure des Periers, un des hommes éminents du cercle de Marguerite. Ces assemblées élégantes, qui appartenaient de droit à quelques esprits d'élite choisis entre les plus fins et les plus délicats, qui se recrutaient parmi les poëtes et les écrivains les plus renommés, parmi les femmes les plus distinguées par l'esprit, la beauté ou l'éducation, devaient faire naître d'honnêtes émulations et répandre autour d'elles le goût des arts et des nobles délassements; chacun apportait son tribut : celui-ci une histoire galante, celui-là une aventure tragique, cet autre une pensée ingénieuse; il se faisait ainsi un échange continuel d'idées, qui, à le bien prendre, constitue une véritable collaboration. On pourrait même considérer en quelque sorte les conteurs comme une seule et grande famille; car tous, soit qu'ils travaillent isolés ou réunis, se pillent sans scrupule; Boccace, le Pogge, Bandello, Giraldy, Hulsbusch, Marguerite, des Periers, Henri Estienne, Guillaume Bouchet, etc., se reproduisent successivement les uns les autres, et on lit dans La Fontaine des nouvelles qui, après avoir passé par les écrivains du seizième siècle, les fabliaux du moyenâge et les littératures anciennes, vont se perdre dans l'Inde à l'origine du monde. Comme Molière, les conteurs prennent leur bien où ils le trouvent; la moindre équivoque, le plus mince calembour devient le sujet d'une historiette; les maris trompés, les mœurs libres des moines, font la trame habituelle du récit; parfois ils ont si peu de chose au bout de la plume, qu'on dirait qu'ils content pour le seul plaisir de conter. Cependant qu'on ne s'y trompe pas, du fond de ce laisser-aller, de cette liberté folle, surgissait une littérature originale, gracieuse, vivifiante, et qui étendait largement son influence; il y a peut-être moins loin qu'on ne le pense communément de l'*Apologie pour Hérodote* et des *Discours d'Eutrapel* au livre des *Essais*; et Montaigne touche à nos conteurs par plus d'un point. Mais hélas! la gloire humaine est fragile; ces conteurs, si richement pourvus de gaieté, de verve, d'entrain, qui avaient traversé joyeusement les horreurs du seizième siècle, étaient, eux aussi, destinés à périr; ils vinrent échouer devant le genre bucolique. Les *Bergeries de Juliette, auxquelles, par les amours des bergers et des bergères, l'on voit les effets différens de cette passion*, portèrent le premier coup à une popularité que Luther et la Saint-Barthélemy n'avaient pu entamer; les conteurs furent tout à coup dépossédés et mis de côté par la génération qui commençait; et le roman pastoral ayant définitivement pris pied en France avec l'*Astrée* d'Honoré d'Urfé, la vogue appartint désormais aux fades compositions des la Calprenède et des Scudéry. Sans doute, depuis Noël du Fail jusqu'à Marmontel, nous avons eu des conteurs; mais, si l'on excepte deux ou trois noms célèbres, l'auteur du *Moyen de Parvenir*, Perrault, La Fontaine, Voltaire, tous ont disparu; et cela devait arriver ainsi; les faiseurs d'*ana*, et les compilateurs de bons mots, vivent toujours dans l'isolement en dehors du mouvement littéraire qui s'accomplit autour d'eux. Les poëtes du seizième siècle ont conservé quelques-unes des traditions épiques du moyen-âge, et ils ont transmis, après l'avoir considérablement augmenté, un brillant héritage à ceux qui sont venus après eux; les conteurs, écrivains de la foule, peuvent être appréciés diversement; mais ils ont construit pour leur usage une langue riche, facile, harmonieuse et forte, pleine de simplicité, de vigueur et de bonhomie, c'est la prose française; ceci leur assure une existence qui durera sans contredit aussi longtemps que notre littérature.

Du Fail, qui nous occupera particulièrement dans cette notice, offre tout d'abord un phénomène peut-être unique dans la république des lettres; ses écrits ont joui jusqu'à aujourd'hui d'une popularité incontestable, sans que les louanges de la critique leur soient venues en aide: les *Discours d'Eutrapel* ont été lus et relus; et cependant aucun écrivain n'a essayé, je ne dirai pas de mettre en lumière le nom de l'auteur oublié, mais seulement de rappeler les mérites du livre. Le docte La Monnoye, si soigneux des célébrités conteuses du seizième siècle, nomme à peine, dans une note, Noël du Fail; Etienne Pasquier le cite en courant, comme par hasard, et voilà tout; quant aux biographes, ils semblent l'avoir défiguré à dessein, tant ils sont prodigues d'inexactitudes et de grossières confusions.

Noël du Fail, du Faill ou du Phail ( et non pas *de la Cail* comme l'écrit mal à propos l'auteur du *Pithoeana*), seigneur de la Hérissaye, gentilhomme breton, fut reçu conseiller du roi au parlement de Rennes en 1571, après avoir été juge au siège présidial pendant dix-huit ans ; c'est lui-même qui, dans une préface des *Arrêts du parlement de Bretagne*, nous fournit cette petite particularité. On ignore le lieu et l'époque de sa naissance ; Chaudon et Delandine le font mourir dans les premières années du dix-septième siècle, et M. de Kerdanet, éditeur d'une biographie bretonne, affirme que du Fail publia un *Entrepède* en 1608 ; ces auteurs n'avaient sans doute pas jeté les yeux sur deux éditions des *Contes et Discours d'Eutrapel*, qui parurent en 1586, et qui portent au titre ces mots : *par le* FEU *seigneur de la Hérissaye*. D'un autre côté, je lis dans La Croix-du-Maine que Noël du Fail vivait encore en 1584, et je trouve mentionnée à l'avant-dernier chapitre des *Discours d'Eutrapel* la date de 1585. Ainsi, on peut conjecturer avec quelque certitude que notre conteur mourut à la fin de 1585, ou au commencement de 1586. Ajoutons encore, sur la foi du dernier éditeur des *Propos rustiques*, que Noël du Fail avait parcouru l'Italie, et nous aurons réuni tous les petits événements qui composent aujourd'hui la biographie du gentilhomme breton.

Le premier ouvrage de Noël du Fail, par ordre de date, est, à mes yeux, celui qui porte le titre de *Discours d'aucuns propos rustiques, facétieux et de singulière récréation de maître Léon Ladulfi* (Noël du Fail) *champenois*. Ce fait, je le sais, a besoin d'être éclairci ; aussi expliquerai-je tout à l'heure mes motifs ; qu'il me suffise de dire ici que la plus ancienne édition des *Propos rustiques* citée par les bibliographes, parut à Paris en 1548. Le contenu de ce petit livre répond parfaitement à l'énoncé du titre : Noël du Fail aimait les champs, et ses héros préférés sont des paysans aux visages noircis par le soleil, aux mœurs franches et naïves. C'est fête au village, les jeunes gens s'exercent au tir de l'arc, à la lutte, à la course et aux autres jeux champêtres, tandis que les vieillards reposent à demi couchés sous les branches d'un chêne. La vieillesse est conteuse, les causeries s'animent peu à peu, et bientôt la vie simple et pittoresque de ces braves gens se dévoile tout entière. L'un regrette les anciens jours, le bon vieux temps où l'on portait des souliers à la poulaine ; cet autre décrit les longues veillées d'hiver passées à tiller le chanvre autour du foyer ; celui-ci raconte le festin des jours solennels, alors que la famille et les voisins sont assemblés et que messire Jean, le curé du lieu, préside au banquet. Puis vient une série de portraits grotesques, d'esquisses biographiques moitié sérieuses, moitié bouffonnes, où l'auteur montre déjà cette philosophie facile, cet amour du repos et des joies agrestes que nous retrouverons dans tous ses écrits.

Étienne Pasquier, dans une lettre à Ronsard, parle de Noël du Fail et de son livre avec le mépris le plus dédaigneux ; le docte critique mettant sur la même ligne les *Propos rustiques* et la *Mitistoire de Fanfreluche et Gaudichon* de Guillaume des Autels, appelle les auteurs deux singes qui voulurent imiter Rabelais. Cette appréciation nous semble doublement inexacte. L'ouvrage de Guillaume des Autels, plein de fadaises, d'inepties du plus mauvais goût, d'obscénités grossières, est, si on le veut absolument, une détestable parodie du *Pantagruel* ; mais quelle similitude peut-il exister entre *Fanfreluche et Gaudichon* et les *Propos rustiques*, espèce d'églogue en prose où l'auteur ne s'écarte jamais des limites d'une plaisanterie décente ? Pasquier n'a pas distingué le Noël du Fail des *Propos rustiques* et le Noël du Fail des *Baliverneries* ; car cette tendance, je ne dirai pas à imiter Rabelais qui est inimitable, mais à s'inspirer de la verve et de la saillie du grand artiste, ne s'est véritablement manifestée chez le gentilhomme breton qu'à partir des *Baliverneries*. Puis enfin, est-ce donc un si grand crime à un conteur d'avoir lu *Gargantua et Pantagruel* ? Rabelais n'a-t-il pas tracé une voie lumineuse où sont venus puiser les écrivains les plus accomplis des trois derniers siècles ? que Noël du Fail ait imité ou non Rabelais, peu importe. Il fallait d'abord s'enquérir si l'auteur avait fait un bon ou un mauvais livre. Je trouve dans les *Propos rustiques* des longueurs, une plume mal assurée, de l'hésitation dans la construction des récits, mais je n'y vois rien qui rappelle le cynisme effronté de Guillaume des Autels.

En 1548 parut à Paris, chez Étienne Groulleau, un second ouvrage de Noël du Fail, publié comme le premier sous le nom de Ladulfi, et intitulé : *Baliverneries ou Contes nouveaux d'Eutrapel*. Cet opuscule, réimprimé à Paris en 1548, à Lyon en 1549, et à Chiswick, près de Londres, en 1815, est resté, malgré ses quatre éditions, aussi caché qu'un livre inédit. Oubliées par l'éditeur anonyme qui en 1732 publia les *Propos rustiques* et les *Discours d'Eutrapel*, inconnues au bibliographe Barbier, les *Baliverneries* ont été confondues par La Monnoye, par l'auteur des *Mélanges tirés d'une grande bibliothèque*, et par M. de Kerdanet, avec les *Discours d'Eutrapel*. Cette déplorable méprise, qu'il était si facile d'éviter, n'a pas seulement retranché du bagage littéraire de Noël du Fail un très-joli volume, mais elle a mis jusqu'ici dans un faux jour la vie entière de l'auteur. Les biographes appellent les *Discours d'Eutrapel*, que le gentilhomme breton composa très-certainement dans les dernières années de sa vie « les fruits extravagants de sa jeunesse ». Fiez-vous donc aux biographes !

Les *Propos rustiques* avaient sans doute provoqué les censures de quelques amis scrupuleux. Dans une épître dédicatoire placée en tête des *Baliverneries*, l'auteur, qui ne fut juge au siége présidial de Rennes qu'en 1553, répond à ces critiques : il dit son penchant pour la littérature facétieuse, et déplore amèrement la fatalité qui l'éloigne de ses délassements préférés. « Tu trouveras étrange, mon compagnon
« et ami, qu'étant attaché à une tant grave et solide profession, me
« remettre, contre le naturel d'icelle, à forger (ce que l'on dit) sur
« une même enclume, et retourner la période étant révolue, dont
« naguère je suis issu. En quoi je suis vu contrarier à ce que dernièrement tu m'objectois, et en joyeuse colère, mon naturel (savoir)
« être du tout à contrepoil et biais, et qu'à mon horoscope estimois le

« mouvement du ciel avoir été tout irrégulier et de travers. Voulois da-
« vantage, pour me rendre parfait jurisconsulte, me bailler force livres
« de médicine en main, comme si suivant le naturel de tous hommes,
« je me fusse efforcé contre les choses défendues. Cela disois folâtrant
« et par jeu, mais à bon escient, ayant déchiffré par le menu main-
« tes belles et graves autorités touchant la parcimonie et chicheté du
« temps, non moindres en doctrine, que bien tirées de la philosophie,
« jointes à ces doctes et bien enrichies admonitions, d'atteindre mon but
« d'assez longue main prétendu ; concluois par bons et bien rendus syllo-
« gismes, à me divertir de ces folâtres et inutiles écrits, m'invitant à fâcher
« je ne sais quoi du plus haut qui sentit ma vacation, etc. » Le futur
conseiller du roi finit par avouer ingénument qu'il ne peut échapper à
sa destinée, qui est de conter ; il se compare à « une chatte qui fut lon-
« guement chambrière de Vénus ; mais ayant aperçu une souris qui fré-
« tilloit je ne sais quoi, changeant son service à une prompte et allègre
« course, la grippa. » Cette épître, que nous regrettons de ne pouvoir
insérer ici tout entière, mérite d'être lue avec attention ; elle met à
découvert les sentiments, les doctrines, et plus encore l'avenir littéraire
de l'auteur.

Il n'est pas besoin d'être fin critique pour apercevoir qu'entre les *Propos rustiques* et les *Baliverneries*, Noël du Fail avait lu Rabelais ; je n'en voudrais pas d'autre preuve qu'un certain Janotus de Bragmardo, nommé à l'avant-dernier chapitre des *Baliverneries*, et qui dans le roman de maître François va redemander à Gargantua les cloches de Notre-Dame. Les *Propos rustiques* ont donc précédé les *Baliverneries*, et je lis dans l'épître dédicatoire déjà citée, un passage qui ne doit laisser sur ce point aucun doute : « Me piquant doucement, dit l'auteur à son ami, reprenois « fort l'édition de quelque œuvre assez inconsultément mise en avant, qui « pour le devoir de la matière, devoit encore être (suivant le conseil « d'Horace) quelque nombre d'ans en mon étude. » Or, cette œuvre, assez inconsultément mise en avant, n'est autre que le livre des *Propos rustiques* dont on découvrira peut-être quelque jour une édition antérieure à celle de 1548, car je ne puis croire que les *Propos rustiques* et les *Baliverneries*, deux ouvrages si différents par le style et la manière de l'auteur, aient été écrits dans la même année, à quelques mois de distance l'un de l'autre. La première nouvelle des *Baliverneries*, charmante de vivacité, de moquerie fine et incisive, est tout à fait *rabelaisienne* ; jamais Marguerite, des Periers ou Henri Estienne n'ont mieux fait ; le conteur, pour ainsi dire transformé, nous apparaît tel qu'il restera toujours. Au deuxième chapitre, Eutrapel (qui est tout à la fois l'auteur et le héros du livre) assiste au combat de deux lutteurs fameux dans le pays de Bretagne ; ce récit, entremêlé d'épisodes grotesques, est très-joliment narré. Plus loin (*Conte d'une compagnie de gens ramassés*), l'auteur dit l'effroi comique d'une troupe de villageois qui prirent la fuite pour échapper à des soldats pillards. Au chapitre quatre, nous lisons le procès de *ma dame La Goutte et de damoiselle l'Hyraigne*; La Fontaine a mis en fable ce sujet qu'il avait sans doute emprunté à notre conteur, et que celui-ci a peut-être pris dans Gerbellius. Le volume se termine par un éloge d'Albert Durer, mort en 1528. Noël du Fail est sans contredit un des premiers, et on doit lui en tenir compte, qui ait proclamé en France la gloire de l'artiste d'outre-Rhin, qu'il appelle « l'excellence de l'Europe. » Les *Baliverneries* offrent des parités nombreuses avec les *Discours d'Eutrapel* du même auteur; les deux ouvrages sont disposés sur un plan à peu près semblable, et nous voyons déjà paraître dans le premier Eutrapel, Polygame, Lupolde, personnages aimés de du Fail, que nous retrouverons plus tard dans le second. Ces similitudes expliquent peut-être la fatale confusion qui a tenu si longtemps à l'écart un petit volume écrit avec une chaleur toute juvénile, et qu'on peut compter hardiment au nombre des plus gracieuses compositions du gentilhomme breton.

Le libraire Étienne Groulleau publia en 1554 une nouvelle édition des *Propos rustiques*; nous devons signaler cette réimpression, augmentée de deux chapitres inédits : 1° Les Propos de la seconde journée, par Thibaud Monsieur et Fiacre Sire, neveux de maître Hugues; 2° la Délibération de Guillot sur l'ordre de la Hemée, ou banquet de la dédicace de Borneu, fête annuelle de toute la châtellenie de Vaudevire. La *Chanson de maître Huguet du temps qu'il étoit amoureux*, insérée dans les propos de la seconde journée, a été reproduite textuellement, et sous le nom de Bonaventure des Periers, par les éditeurs des *Nouvelles Récréations et joyeux Devis*; Noël du Fail ne paraît pas avoir élevé de réclamation contre ce plagiat. Il y a aussi une édition sans date des *Propos rustiques*, imprimée à Orléans, par Eloi Gibier, qui contient une partie des propos de la seconde journée et finit à la chanson de maître Huguet. L'édition d'Eloi Gibier, plus considérable que celles de 1548 et de 1549, moins complète que celle de 1554, semblerait indiquer que l'auteur a repris son œuvre à trois époques différentes; les nombreuses variantes qu'on découvre dans les textes de ces diverses éditions viennent confirmer cette conjecture. Enfin les bibliographes indiquent encore dans le seizième siècle deux éditions des *Propos rustiques*, l'une de Paris, 1573, et l'autre de Lyon, 1576; la première est, dit-on, intitulée : *Des finesses, ruses ou tromperies de Ragot, prince des gueux*; et la seconde : *Les ruses et finesses de Ragot, jadis capitaine des gueux de l'Hostière et de ses successeurs*, etc. Ceci a besoin de quelques explications: le capitaine Ragot, cité par Guillaume des Autels et d'autres écrivains du temps comme un voleur célèbre entre les plus habiles, n'est nommé qu'une seule fois dans les *Propos rustiques*, et je ne vois pas pourquoi son nom se trouverait ainsi placé en évidence sur le titre du livre. Je sais bien que l'éditeur anonyme de 1732, Barbier et tous les auteurs qui ont copié La Croix-du-Maine, s'accordent à dire que les *Propos rustiques* et les *Ruses du capitaine Ragot* sont le même ouvrage sous deux titres différents; mais La Monnoye affirme précisément le contraire. Des opinions si diverses sont en vérité difficiles à concilier. L'assertion de la Monnoye, sur laquelle Barbier a jugé à propos de garder un silence absolu, est-elle exacte? le savant critique avait-il vu les *Ruses du capitaine Ragot?* cette facétie est-elle une réimpression pure et simple des *Propos rustiques,* ou un livre du même auteur encore inconnu? Voici dans l'histoire littéraire de Noël du Fail un mystère bibliographique dont il faut prendre notre parti; l'apparition des *Ruses du capitaine Ragot,* rarissime volume, pourrait seule nous tirer de peine.

Les petits livres de Noël du Fail s'imprimaient coup sur coup à Orléans, à Lyon et à Paris; la réputation de l'écrivain facétieux allait s'étendant chaque jour; quand tout à coup nous le voyons s'arrêter au milieu de l'œuvre commencée. Peut-être fut-il alarmé par des amis timides; ceux-ci voyaient avec crainte un conseiller au parlement de Rennes abandonner Barthole pour la littérature légère; peut-être aussi son imagination fatiguée demandait du repos. Quoi qu'il en soit, le conteur va disparaître pour un temps. Henri III avait chargé le vicomte de Méjusseaume et le seigneur de Bourg-Barré de réviser les lois et coutumes de Bretagne; Noël du Fail, cédant à cette haute impulsion, mit au jour, en 1579, les *Mémoires recueillis et extraits des plus notables et solennels arrêts du parlement de Bretagne,* dédiés à Louis de Rohan, prince de Guemenée. Outre plusieurs élégies et autres pièces de vers adressées à l'auteur par ses amis, on trouve à la fin du recueil un *Discours* (en vers) *sur la corruption de notre temps,* composé très-certainement par Noël du Fail lui-même, qui a pris la peine de cacher son nom sous la nouvelle anagramme de *Le fol n'a Dieu;* cette pièce témoigne assurément des sentiments honnêtes du gentilhomme breton, mais le style en est peu poétique; les *Mémoires du parlement de Bretagne* furent réimprimés dans le siècle suivant. La Croix-du-Maine dit aussi que Noël du Fail « a réduit par lieux communs tout le droit civil à « la suscitation de Eginarius Baro et de François Duarin. » Ce livre, qui est peut-être le précédent, sous un autre titre, n'a été cité par les biographes que sur l'autorité de La Croix-du-Maine; le même auteur attribue également à Noël du Fail « une fort belle et docte histoire de Bretagne. » Il ne paraît pas que cette histoire ait jamais été imprimée; le père Le Long et ses éditeurs n'en font aucune mention. On le voit, le conteur, lorsqu'il voulait, devenait un écrivain érudit, grave et laborieux.

Noël du Fail mourut à la fin de 1585 ou au commencement de 1586, et l'ouvrage auquel il doit la célébrité ne parut qu'après sa mort : les *Contes et Discours d'Eutrapel* furent imprimés pour la première fois à Rennes, chez Noël Glamet, en 1586. La prétendue édition de 1585, indiquée dans la *Biographie universelle,* est évidemment imaginaire et supposée. Je me trompe fort, ou La Croix-du-Maine avait ouï parler du manuscrit *d'Eutrapel* lorsqu'il disait en 1584 : « Et s'il (du Fail) n'étoit « détenu du mal des gouttes, qui le travaille et tourmente sans cesse, « il feroit bientôt imprimer plusieurs beaux œuvres de sa façon. » L'éloge anticipé du naïf bibliothécaire fut pleinement confirmé par le public; on

1603, l'œuvre posthume du seigneur de la Hérissaye, publiée deux fois en 1586, comptait sept ou huit éditions.

Les conteurs placent en général leurs récits dans certaines conditions à peu près pareilles quant au fond, mais dont la forme varie selon le caprice et la fantaisie de l'auteur : c'est un événement vrai ou supposé qui tout à la fois explique l'origine du livre et en rattache les diverses parties les unes aux autres. Les jolies conteuses du *Décaméron* semblent défier, par leur esprit enjoué et leur curiosité insouciante, la peste qui dépeuplait Florence. Les personnages réunis par Marguerite au monastère de Notre-Dame-de-Serrance, assis au bord du Gave béarnais, se réjouissent par de longues causeries, tandis que l'inondation furieuse les enveloppe de toutes parts. Noël du Fail, qui n'est ni un grand poëte ni une grande princesse, a choisi un cadre beaucoup plus vulgaire. Eutrapel, Polygame et ses compagnons tiennent leur assemblée conteuse chez Lupolde, *grand et souverain praticien et magnifique songeur de finesses,* espèce d'avocat qui aime l'argent et dit fort joliment les historiettes. Le volume finit, chacun se retire, Polygame *à son ménage et livres,* et Eutrapel, c'est-à-dire le *Bouffon* (l'auteur a certainement voulu se désigner lui-même par cette épithète), *à sa philosophie rustique, après avoir mis un bel écu reaument et de fait au creux et centre de la main de Lupolde.*

Celui qui jugerait les *Contes et Discours d'Eutrapel* d'après le premier chapitre tomberait à coup sûr dans une étrange méprise. On dirait que Noël du Fail a voulu à dessein dérouter ses lecteurs. Le conteur débute par un morceau de haute philosophie, qu'on ne s'attend pas assurément à trouver dans un recueil de facéties. Les *Discours d'Eutrapel* rappellent ces ouvrages en quelque sorte particuliers à nos écrivains du seizième siècle, et que M. Charles Nodier, le spirituel critique, désigne sous le titre de DIVERSES LEÇONS. Les *Diverses leçons,* où sont jetées çà et là des anecdotes et des historiettes, peuvent être classées parmi les productions des conteurs ; mais elles appartiennent aussi, soit par le but que s'est proposé l'auteur, soit par la forme du livre, à la littérature sérieuse ou érudite. Noël du Fail est un conteur à la manière d'Henri Estienne : la satire, le sans-gêne, la gaieté de l'écrivain facétieux, sont tempérés chez lui par une certaine gravité d'esprit qui donne à son œuvre et à son style une couleur originale et une physionomie toute particulière. L'anecdote est l'accessoire, un dernier moyen de persuasion à l'aide duquel l'auteur met en relief quelque but philosophique que rarement il perd de vue, et le moraliste se fond avec le conteur. Veut-il montrer la folie des hommes orgueilleux qui se complaisent dans le commerce des grands, il dit la fin tragique d'un petit gentilhomme appelé de Launay, qui voulut vivre dans une étroite amitié avec un puissant voisin : c'est une des nombreuses variantes du pot de terre et du pot de fer. Veut-il railler le pédantisme des jeunes gens, il signale plaisamment les maladresses de cet écolier qui parlait latin à la chasse. Veut-il rendre plus humains certains parents trop durs pour leurs enfants, il conte le bon tour d'un fils qui trompa l'avarice de son père. Le chapitre xi (*Débats et accords entre plusieurs honnêtes gens*), charmant tableau emprunté aux mœurs villageoises et qu'on croirait extrait des *Propos rustiques*, est terminé par un *exploit* burlesque qui peut passer à bon droit pour une des premières bouffonneries de ce genre ; cet exploit a certainement donné, huit ans plus tard, à Bredin, le notaire rural, l'idée du *Formulaire fort récréatif de tous contrats*, facétie populaire que le savant bibliothécaire de Lyon, M. Péricaud, attribue peut-être avec raison à Benoist du Troncy. Au chapitre xiv, Lupolde conte la plaisante ruse d'un pauvre chevalier qui, poursuivi par les sergents, entra dans une église, prit dans une niche la place d'un saint Julien, et échappa ainsi aux recors et à la prison. Noël du Fail, comme tous les écrivains de son genre, puisait les contes partout, et la farce si connue de Rabelais au couvent de Fontenay pourrait bien lui avoir fourni l'idée de la niche de saint Julien. Quoi qu'il en soit, il ne faut pas comparer cet innocent plagiat aux vols éhontés dont notre littérature offre malheureusement plus d'un exemple. Ces historiettes, reproduites tour à tour par les conteurs de tous les pays et de tous les âges, étaient tombées par cela même dans le domaine public ; il n'y avait plus plagiat, mais émulation de faire mieux ; et l'originalité de l'auteur se faisait jour dans la forme plus ou moins heureuse, plus ou moins neuve dont il savait couvrir un sujet déjà mis en lumière ; et, ici, du Fail a souvent fait preuve d'un talent véritable. Au livre IX des *Métamorphoses* d'Apulée, nous lisons l'aventure d'un certain Philésiétère, qui, par son adresse, sauva tout à la fois l'honneur de sa maîtresse et la vie d'un esclave que son maître conduisait au supplice. Eh bien, cette nouvelle d'Apulée, prolixe, embarrassée de détails de mauvais goût, est devenue, sous la plume du gentilhomme breton (chap. xii), un petit drame, finement narré, plein de nouveauté et d'élégance. En effet, personne, mieux que Noël du Fail, n'a su ordonner un conte, mettre en saillie le côté plaisant d'un récit et tirer parti de toutes choses ; il se complaît de préférence aux petits tableaux, et il fait bien, car c'est véritablement là qu'il réussit parfaitement ; ses historiettes sont charmantes de bonhomie railleuse et de fine méchanceté. Un certain voleur était accusé de meurtre : le prévôt et son greffier montent à leur tribunal, le voleur s'assied sur la sellette et l'interrogatoire commence ; mais chose étrange, voici l'accusé qui parle une langue bizarre et singulière à laquelle personne d'entre les assistants ne peut comprendre un mot. On a vainement recours à la science des plus habiles interprètes, tout est inutile. Le prévôt, dans son embarras, était sur le point de relâcher le prisonnier, lorsqu'un archer demande la permission d'interroger à son tour l'accusé, ce que le prévôt lui accorde aussitôt. L'archer s'avance, et, s'adressant au voleur, il use, lui aussi, d'un jargon parfaitement inintelligible ; le voleur répond, et l'archer dit au greffier : « Écrivez que l'accusé promet d'être sincère devant la justice. » Nouvelle question de la part de l'archer, nouvelle réponse du voleur, jusqu'à ce qu'enfin l'archer, se tournant de nouveau

vers le greffier : « Écrivez que le coupable avoue son crime, il a tué et dérobé. Ici, le voleur voyant sa ruse découverte, jugea à propos de changer de langage, et il s'écria en bon français : « Arrêtez, monsieur le greffier, effacez tout, etc. (chap. XII). » Je ne sais si je m'abuse, mais la conversation de ces deux hommes, qui ne se comprennent pas eux-mêmes, me paraît la scène la plus drôle qu'on puisse imaginer ; c'est du comique que n'auroit peut-être pas désavoué Molière ou Rabelais. Qu'on nous permette encore une citation ; mais, cette fois, laissons à l'auteur son langage naïf et pittoresque : « Le prieur de Château-Bourg, successeur de ce docte
« Pierre Colson qui a laissé une belle mémoire par sa bombarde, voyant
« que l'image de saint Roch qui étoit en son église gagnoit honnêtement
« ses dépens et étoit de bon revenu, encore qu'il fût tout poudreux et
« pourfilé d'iragnes (araignées), s'avisa le faire repeindre tout à neuf, ju-
« geant par l'argument *a majori ad minus*, qu'on estime valoir beaucoup
« en logique et au midi deux degrez par deçà le bois de Vincennes, que
« si les bonnes gens lui apportoient force dons, présents, et offrandes
« étant si pauvrement vêtu, et accoutré en gueux, à plus forte raison
« hausseroient-ils les brevets et s'élargiroient davantage quand il seroit
« magnifiquement habillé et bien en point. Mais, comme disoit de bonne
« mémoire Merence, la chose tourna sur le chose, il en arriva tout au re-
« bours, comme il survient bien des inconvénients entre bouche et cuiller :
« car les pauvres villageois voyant ce bon patron saint Roch ainsi brave,
« et en équipage de chevalier de l'ordre de la grande année, cessèrent lui
« rien donner, disant entr'eux : A cette heure qu'il est gentilhomme, pen-
« sez-vous qu'il voudroit prendre un denier, une poignée de filace, deux
« œufs, comme il faisoit lorsqu'il étoit roturier et du tiers-état (cha-
« pitre XIV) ? » Certes, voilà de charmants récits, de la moquerie de bon aloi, comme en fit plus tard cet autre grand conteur qui écrivit Gil Blas.

Les contes sont pour Noël du Fail un cadre où il jette, peut-être un peu confusément, ses idées, ses opinions, la louange d'un ami, les joies de la veille ou les projets du lendemain ; de là tant d'anecdotes et de petites digressions dont le sens nous échappe aujourd'hui. Le livre du gentilhomme breton est une espèce de miroir où viennent se refléter les moindres accidents de sa vie. Goutteux, il écrit un chapitre sur la goutte, l'impuissance et le charlatanisme des médecins ; légiste, il trace un portrait, souvent cité comme une appréciation élégante et judicieuse, d'Eginaire Baron, célèbre jurisconsulte que Cujas appelait le *Varron* français ; Eginaire Baron, professeur de droit à Angers, à Poitiers et à Bourges, avait très-probablement compté Noël du Fail au nombre de ses élèves, et le disciple a voulu rendre hommage à la mémoire de son ancien maître. Dans un autre passage, l'auteur dit ses préférences musicales, et il ne lui faut pas moins d'un chapitre tout entier : Eutrapel, qui avait jadis admiré avec l'intelligence la mieux sentie les toiles d'Albert Durer, n'était pas un *dilettante* à la manière de ceux d'aujourd'hui : l'harmonie dont il est le plus agréablement ému, j'ose à peine l'avouer, c'est un « beau traquet de moulin battant joyeusement la mesure », ou bien encore le son de la trompette, les roulements du tambour et le hennissement du cheval un jour de bataille; voire même, que Dieu lui pardonne, le cliquetis des dés roulant sur une table bien polie, ou le bruit des pots qui se heurtent dans les mains des buveurs. Décidément Noël du Fail ne flattait pas les musiciens de son temps.

On dit que plusieurs récits des *Cent-Nouvelles* et de l'*Heptaméron* sont la relation exacte d'aventures contemporaines, et qu'ils acquièrent ainsi, vu la hauteur sociale où vivaient les personnages, une certaine valeur historique. Les *Discours d'Eutrapel* ne peuvent prétendre à ce genre de mérite. Noël du Fail cite à peine quelques noms connus; il décrit plutôt la foule que les individus; c'est avant tout un écrivain populaire et un délicieux peintre de mœurs. Voulez-vous savoir ce qu'était la bibliothèque d'un gentilhomme du temps de François I$^{er}$? notre conteur vous le dira à un volume près : d'abord la *Bible*, de la traduction commandée par le roi Charles V, et la *Légende dorée*; trois romans : *Oger le Danois, Mélusine* et les *Quatre fils Aymon*; un poëte que vous avez déjà deviné, le *Roman de la Rose*; puis enfin le *Calendrier des Bergers*. Ces deux lignes jettent sans contredit plus de lumière sur une époque que des centaines de gros livres. Polygame rapporte quelque part qu'un musicien ambulant, appelé Mabile, chantait par les rues de Rennes, en s'accompagnant de la viole, tantôt un lai de Tristan le Léonnois, tantôt une ode de Pierre de Ronsard; avez-vous jamais lu une preuve plus éclatante de la popularité du poëte du seizième siècle ? les vers de Ronsard étaient chantés dans les carrefours de nos villes, comme autrefois ceux d'Homère dans les bourgades de la Grèce. Notre conteur est riche de ces sortes d'enseignements, et nous pourrions multiplier les citations à l'infini.

L'auteur des *Discours d'Eutrapel* a débuté par une espèce de profession de foi sur la religion, la morale et la politique: nous retrouvons encore, à la fin du livre, un chapitre qui ferait honneur à un théologien de Sorbonne; c'est l'*Épître de Polygame à un gentilhomme breton contre les athées et ceux qui vivent sans Dieu*. Ainsi, l'auteur allie indistinctement le vrai à la fiction, le sacré au profane; à côté d'une dissertation philosophique, il place une aventure galante empruntée au Pogge ou à Boccace. On dirait ces mystères, ces moralités qu'on jouait dans les églises, et dont le fond, brodé de quolibets, était pris des Écritures saintes. Cependant le gentilhomme breton paraît de bonne foi, et on ne peut croire qu'il ait voulu tourner en dérision des pratiques et des croyances qu'il s'efforce au contraire de rendre respectables. D'un autre côté, Noël du Fail avait trop de goût et de discernement littéraires pour ne pas sentir tout le premier quel fâcheux effet devait produire le mélange de choses si peu faites pour marcher ensemble; il n'y a donc qu'une seule explication possible : l'auteur, effrayé des supplices de Louis Berquin, d'Étienne Dolet, et de tant d'autres, a voulu se ménager un abri; les chapitres sérieux étaient destinés à faire passer ce que les contes avaient de hasardé et de trop libre. Le gentilhomme breton poursuivait de ses attaques l'avidité et les déréglements des moines, mais son livre à la main, il pouvait au besoin repousser l'accusation d'impiété et d'athéisme si terrible à cette époque. Noël du Fail n'était donc ni un athée ni un impie, mais notre conteur avait lu Rabelais, et il s'est laissé aller quelquefois à des historiettes grivoises, à des mots grossiers qui froisseront certains esprits délicats. Ne nous hâtons pas cependant de condamner un écrivain qui peut passer, à coup sûr, pour le plus retenu et le plus réservé parmi ceux de son genre : certainement il serait à désirer qu'on pût retrancher une ou deux pages des *Discours d'Eutrapel*, mais, après tout, le blâme, si blâme il y a, doit tomber plutôt sur l'époque que sur l'individu ; ces crudités de style et même de pensées qui touchent parfois à la licence, sont, sans contredit, un des traits caractéristiques de la littérature au seizième siècle : la prose de Marguerite et d'Henri Estienne, les vers de Villon, de Marot, de Baïf et de Passerat en font foi ; et on s'égarerait singulièrement en jugeant ces poëtes et ces auteurs célèbres avec le rigorisme qui a cours aujourd'hui : les mœurs sont demeurées les mêmes, ni meilleures, ni pires, mais la langue a changé ; tel mot qui s'imprimait alors dans un livre, nous semble maintenant une inconvenance étrange ; on pourrait citer mille exemples de ce petit phénomène philologique. Rappelons-nous que le quatrième livre de *Pantagruel* est dédié à un prince de l'Église ; que la *Calandra* fut représentée solennellement à Lyon en 1548 devant Henri II, la reine et toute la cour ; que la *Mandragore* fut jouée à Rome devant Léon X et ses cardinaux. Proscrire ces livres qui réjouissaient nos pères, et que leurs femmes lisaient sans danger, serait tout à la fois renier nos antécédents littéraires et biffer d'un trait de plume les plus piquants chefs-d'œuvre du vieil esprit français. Du reste, disons-le avec sincérité, il y a dans les passages les plus libres d'Eutrapel une certaine naïveté qui ne permet pas de se méprendre sur le but de l'auteur, ce sont des joyeusetés et rien de plus.

Noël du Fail conte les moindres anecdotes avec une ingénuité délicieuse ; il se plaît à prolonger les récits dans une infinité de menus propos, et n'est jamais plus à l'aise que lorsqu'il décrit curieusement quelque scène champêtre. Le gentilhomme breton a des pages charmantes de style, de coloris, d'harmonie, et qui, seules, suffiraient pour lui donner une place parmi les bons prosateurs du seizième siècle, au-dessus de Cholières, de Chappuys, de Guillaume Bouchet, et tout proche d'Henri Estienne ; son esprit est fermé aux passions violentes ; tout chez lui paraît calme ; il a traversé les querelles sanglantes des papistes et des huguenots sans avoir pris parti pour les uns plutôt que pour les autres ; il ne se soucie ni de Rome ni de Genève : « Faut, dit-il, qu'il y ait des hérésies, mais la diffi- « culté gît à bien juger qui est l'hérétique. » C'est un homme prudent qui s'avance avec précaution ; il ne signe pas ses livres, et encore a-t-il grand soin d'y jeter çà et là quelques mots témoignant de son respect pour la puissance du jour. Il est parfois grotesque comme Rabelais, et sérieux comme Henri Estienne ; ces deux écrivains, de talents si divers et de mœurs

si oppsoées, semblent donner la mesure de Noël du Fail; celui-ci, à la vérité, n'a jamais pu s'élever à cette haute poésie de la satire qui distingue Rabelais, et il n'avait ni les passions ni les haines d'Henri Estienne ; mais il y a dans sa gaieté quelque chose du premier, et dans sa gravité quelque chose du second ; c'est un philosophe qui cause tranquillement, un peu à l'aventure, selon la fantaisie du moment ; il aime rire, mais il a ses sujets de prédilection : conseiller du roi, sa moquerie tombe indistinctement sur les sergents, les procureurs, les avocats, et s'arrête respectueusement devant MM. les conseillers; petit gentilhomme de province, quelque peu jaloux de la noblesse qui rayonne autour du souverain, de la richesse et de la puissance du haut clergé, il poursuit de ses sarcasmes les plus malicieux les façons orgueilleuses du bourgeois ou du marchand enrichi. Enfin, notre conteur, qui rapportait aveuglément et peut-être à son insu toutes choses à lui, était un véritable épicurien à la manière d'Horace, et sa vie semble s'être écoulée paisiblement au milieu des loisirs et des causeries amicales. Mais, pour pénétrer au fond du caractère et des mœurs de Noël du Fail, et, mieux encore, pour être initié jusque dans le secret de ses études, pour le surprendre en quelque sorte écrivant ses livres, écoutons-le lui-même, il nous dira ces détails dans un style élégant qui fera connaître tout à la fois l'homme et l'écrivain. A la fin des *Discours d'Eutrapel*, l'auteur fait ses adieux à Lupolde, à Polygame, ses joyeux amis, et retourne à sa maison des champs : « Je l'ai bâtie, dit-il,
« d'une moyenne force, pour faire tête aux voleurs, coureurs, et à l'ennemi,
« si Dieu me vouloit châtier en cette partie : sous le crédit de quelques
« petites eaux qui l'environnent, avec les pourpris, bois, jardin et verger.
« Aux vergers me trouverez travaillant de mes serpes et faucilles, rebrassé
« jusqu'au coude, coupant, tranchant et essargotant mes jeunes arbris-
« seaux, selon que la lune, qui besogne plus ou moins en ces bas et in-
« férieurs corps, le commande. Aux Jardins, y dressant l'ordre de mon
« plant, réglant le carré des allées, tirant ou faisant découler et venir les
« eaux, accommodant mes mouches à miel; distillant les herbes, fleurs ou
« racines, ou, qui mieux vaut, en faisant des extractions d'icelles et les
« rendant en liqueur épaisse; et me courrouçant d'un pied suspendu en
« l'air, et attentif contre la taupe et mulots qui me font tant de mal, se-
« mant diverses et étranges graines ; mariant et joignant le chaud au froid;
« attrempant le sec de la terre, avançant les derniers fruits et contrô-
« lant par doctes artifices les effets et ornements de nature que le vul-
« gaire ignore. Aux bois, faisant rehausser mes fossés, mettre à la ligne
« mes pourmenoirs : et cependant, outre cent musiques d'oiseaux, une
« batelée de contes rustiques par mes ouvriers, desquels, sans faire sem-
« blant de rien, j'ai autrefois extrait et recueilli en mes tablettes le sujet
« et grâce, et communiqué leurs propos et mes balivernes au peuple,
« prenant l'imprimeur et renversant mon nom de Léon Ladulfi. Aux riviè-
« res, amusé et solitaire sur le bord d'icelles, pêchant à la ligne, allon-
« geant souvent le bras pour connoître, au mouvement de la ligne,

« quelle espèce de poisson vient escarmoucher l'appât : ou bien tendre
« rets et filets aux lieux et endroits où le cours de l'eau a vraisembla-
« ment fait plus belle passée. Quelquefois aussi, avec deux lévriers et huit
« chiens courants, me trouverai à la chasse du renard, chevreau ou lièvre,
« sans rompre ou offenser les blés du laboureur, comme font plusieurs,
« contrevenant aux ordonnances et à la justice commune : Ne faites à
« autrui ce que vous ne voudriez vous être fait. L'autre fois avec l'aurour,
« oiseau bon ménager, quatre braques et le barbet, avec l'arquebuse,
« deux bons chevaux de service et un pour les affaires de l'hôtel. Vous
« disant qu'après telles distributions et départements des heures, ayant
« premièrement fait les prières à ce haut Dieu, que la journée se puisse
« passer sans l'offenser ni le prochain, et employé quelque heure à la
« lecture des livres : il ne me faudra au souper, qui doit être plus copieux
« et abondant que le dîner, les sauces asiatiques, ni le breuvage d'Æschy-
« lus pour dormir. Adieu donc, Monsieur, j'appends à cette cheville
« (comme Vejanius, ce vieux soldat, attachant et vouant son corselet au
« temple d'Hercule) mon petit chapeau emplumé, ma cape avec son grand
« capuchon, mon pourpoint embourré, mon marcher de travers à han-
« che desloué, le baise-main, ma braverie, ris dissimulés, traîtres saluts,
« jalousies, envies, larcins des biens, avantages et honneur d'autrui, que-
« relles, l'amour, et telles constitutions et rentes hypothécaires, dont
« les cours des grands et villes trafiquent et font métier ordinaire. » Pour
achever ce tableau, qu'on nous permette d'emprunter encore à notre
conteur une jolie pièce de vers tirée des *Propos rustiques*, et qu'on dirait
avoir été destinée par le poëte au fronton de sa maison des champs :

   Suive qui voudra des seigneurs
    Les honneurs,
  Pompes et banquets de ville ;
  Ne sont en moi tels labeurs,
    Et ailleurs
  Passe le temps plus tranquille.

  Mes jours se passent sans bruit,
    Au déduit
  De cette vie ombrageuse :
  Dont un doux fruit est produit,
    Et réduit
  A ma vie si heureuse.

  La mort me sera joyeuse,
    Glorieuse ;
  Mais à cil qu'est de tous connu,
    Odieuse
   Et fâcheuse,
  Étant à lui-même inconnu.

      J. MARIE GUICHARD.

# DISCOURS

SUR

## LA CORRUPTION DE NOTRE TEMPS [1],

(PAR NOEL DU FAIL.)

Chacun parle de Dieu, et sait que la vengeance
De son bras criminel, suit de près notre offense ;
Mais ce savoir pourtant ne nous donne terreur,
Ainsi qu'il le faudroit, pour laisser notre erreur.

Je vais aux lieux plus saints, et quelquefois écoute
La voix qui fait trembler de nos temples la voûte,
Qui ne nous meut en rien, non plus que les rochers
Le sont aux cris aigus des déplorés nochers.

Car l'usurier est là, de nos biens la sangsue,
Qui voit monté en l'air notre maître qui sue,
Détestant son péché : qui ne laisse pourtant
D'aller sur intérêt, intérêt augmentant.

L'assassin y survient, l'ennemi de nos vies,
Contre qui ce prêcheur arme mille furies :
Qui cache néanmoins le poignard dans la main,
Pour, embrassant quelqu'un, lui planter dans le sein.

L'impie est tout auprès, l'ennemi de nos âmes,
Contre qui ce docteur allume mille flammes ;
Qui ne délaisse pas de couver dedans soi
Quelques points monstrueux encontre notre foi.

Et ce même prêcheur, lequel ainsi foudroie,
Qui nous fait de la mort et de l'enfer la proie,
Souvent a de coutume, encor qu'il dise bien,
De ce qu'il va prêchant, ne faire du tout rien.

Du Han, l'oracle saint non de notre Bretagne,
Mais de tout l'univers que cet océan baigne,
Hélas ! combien de fois, étant à ton Launay,
M'as-tu vu souhaiter n'avoir point été né !

[1] Extrait des *Mémoires du Parlement de Bretagne*, Rennes, 1579, in-folio, page 331-333.

Né en ce méchant siècle, en cette âge ferrée,
Où nous voyons au ciel la vertu resserrée,
Sans que tant seulement l'ombre de ce beau corps
A nous ombres, des dieux, paroisse ici dehors ?

Encor que ta maison soit le plus vrai modèle
Que nous ayons çà-bas d'une maison très-belle,
Et que par ce moyen tu dois bien être autant
De ce sort malheureux qu'aucun homme contant ;

Si as-tu souhaité trouver une province
Où comme dessus nous le vice ne fût prince,
Où on ne donnât point aucune autorité,
Sinon à la vertu, et à la vérité.

L'arabe d'usurier seroit lors pitoyable,
Le corsaire assassin auroit le cœur ployable,
Le mécréant douteux à Dieu se rejoindroit,
Et l'éloquent prêcheur feroit ce qu'il diroit.

Quant aux autres états, les hommes de justice
Du profond de leur cœur banniroient l'avarice :
Les nobles, pourchassant la réformation,
Ne seroient tenaillés d'aucune ambition.

Les parjures marchands n'auroient en leur langage :
Vous en paierez ceci ou cela davantage ;
Il n'y auroit qu'un mot, comme il n'y a jamais
Qu'une vérité seule, en tous nos dits et faits.

Il me souvient un jour que Bernard le prud'homme
S'adressoit à Barbaye, afin de savoir comme
Provenoit ce désordre, attendu qu'autrefois
Nous n'étions si méchants du temps du grand François.

Et qui plus l'étonnoit, qu'il y a tant d'offices
Tant de nouveaux états, tant de nouveaux supplices,
Pour punir les méfaits qui n'étoient en son temps,
Qu'il falloit nos péchés estimer bien plus grands.

Et Barbaye, notre ami, lequel a la science
De tous les bons auteurs, avec l'expérience,
Jetoit tout sur les grands, comme sur ceux qui ont
De leurs pauvres sujets le patron sur le front.

Et comment! disoit-il, le prélat qu'il faut suivre,
C'est cettui-là qu'on voit plus débordément vivre :
Le noble magistrat, ordonné de là-haut,
C'est celui d'entre tous qui communément fault.

Réformons tout cela, et qu'on voie le prêtre,
Exemple de bonté, être tel qu'il doit être,
Charitable, dévot, hospitalier, et saint :
Dieu sera vivement de nos âmes empreint.

Que le noble, en après, doucement se comporte,
Et que, pour la faveur de l'épée qu'il porte,
Comme petit tyran ne mange son vassal ;
C'est le second moyen pour triompher du mal.

Ce noble, mon du Han, comme prudent et sage,
Sous un chêne sera juge de son village,
Apaisant un chacun, punissant les excès,
Et vidant leurs débats sans forme de procès.

Adieu, si cela est, cette troupe pourprée,
Qu'on voit administrer la justice sacrée
Dans les palais dorés. Adieu les avocats,
Les offices nouveaux et les nouveaux états.

Quoi donc ! dira quelqu'un, que servira ton livre,
Ton recueil des arrêts qu'il ne faudra plus suivre,
Quand ce beau temps viendra qu'on gardera la foi,
Et le noble sera de ses sujets la loi ?

Ce sera un tableau où l'on verra portraite,
Tandis que nous vivrons, la faute qu'on a faite.
Cependant, si ton âge à le voir ne suffit,
Prends ce livre toujours, et en fais ton profit.

LE FOL N'A DIEU.

# POÉSIES
COMPOSÉES
## EN L'HONNEUR DE NOEL DU FAIL

et insérées dans les *Mémoires du Parlement de Bretagne*
(édit. de 1579 [1]).

---

*A. D. Natalem du Falium, Vir. Nob. et Clar.*
*D. de la Hérissaye, ac in Senatu Britannicæ*
*Celticæ Consiliarium.*

BER. GÉRAD.

Natalis, Rhedonæ decus altum, ingensque Senatus,
   Et magna Armorici gloria lausque soli;
Tam bene qui juvenis scripsisti rustica verba,
   Unde tibi tantus surgere cœpit honos:
Seria dum sribis magni decreta Senatus,
   Majus ut istud opus, gloria major erit.

## A MONSIEUR DU FAIL,
CONSEILLER DU ROI EN SA COUR DE PARLEMENT DE BRETAGNE.

---

Non, ce n'est point à vous, race infâme et perverse
De plaideurs obstinés, que notre grave auteur
Veut ores consacrer l'effet de son labeur :
Ce n'est point, dis-je, à vous qu'un tel œuvre s'adresse :

Ne à vous qui debout de langue piperesse
Chérissez le mensonge et les procès, afin
De les perpétuer et les rendre sans fin,
Comme si ne vouliez qu'ils prissent jamais cesse.

C'est donques à ceux-là qui pourchassent la mort
Du trouble, du procès, du litige et discord,
Et qui sont ennemis de noises immortelles :

---

[1] Le même recueil contient aussi une élégie par J. H., et une ode par J. D. G., qu'on n'a pas cru devoir reproduire ici ; ces deux pièces, démesurément longues, n'offrent qu'un faible intérêt.

Ils apprendront ici, par ses beaux jugements,
Retrancher le long cours de tous nos différends,
Vu les arrêts donnés sur pareilles querelles.

### SUR LE MÊME SUJET.

Lorsqu'on s'étoit acquis quelque gloire bien ample,
Remportant d'un combat et le prix et l'honneur,
Pour marque on appendoit les armes du vainqueur
Au lieu plus éminent qui fût dedans le temple.

Quand de nos pères vieux la façon je contemple,
Je les loue en cela qu'ils étoient désireux
De laisser un portrait de leurs faits généreux
A la postérité, pour lui servir d'exemple.

Aussi notre sénat, désirant faire ainsi
Comme les anciens, présentement ici
Ses armes il append au temple de Mémoire.

Armes certainement dont il a combattu,
Et mille et mille fois à ses pieds abattu
Ce monstre de procès, remportant la victoire.

P. MAHÉ, avocat en la cour.

# DISCOURS
# D'AUCUNS PROPOS RUSTIQUES,
## FACÉTIEUX
## ET DE SINGULIÈRE RÉCRÉATION
#### DE
### MAITRE LÉON LADULFI,
#### CHAMPENOIS,

*Revus et ampliés par l'un de ses amis.*

## L'ANGEVIN AUX LECTEURS.

Si Ladulfi, qui a tant bien usé
En ces propos des modernes rustiques,
Se fût autant aux civils amusé,
Il eût écrit de terribles pratiques ;
Mais puisqu'il n'a publié les trafiques
Et chauds marchés qu'on fait dedans la ville,
Se contentant de la manière vile
Du paysan tout rural et champêtre :
Suffise vous d'avoir en bien beau style,
Ce qu'au village en crédit a vu être.

PROBE ET TACITE.

# ÉPITRE [1].

## MAITRE LÉON LADULFI

### AU LECTEUR, SALUT.

Les philosophes et jurisconsultes ont cela assez familier, de décrire l'un contraire par l'autre, en baillant par icelui plus sûre et solide connoissance, que s'ils laissoient l'ombre d'icelui pour de prime face traiter leur supposé sujet; comme quand ils veulent proprement déchiffrer vertu, ils peignent vice de toutes ses couleurs; ou liberté, santé, froid, ils discourent par leurs opposites, servitude, maladie, chaud; qui donne au susmentionné contraire la grâce plus naturelle et trop mieux disposée. Au moyen de quoi, puisque les propos d'aucuns rustiques (que je nomme paysans, vilains, ou ignobles) nous sont en main, il ne sera, me semble, hors de propos, faire un bref et sommaire discours du nom et imposition d'icelui; ce que je ferai à beaucoup moindre difficulté, prenant ce que lui est (comme l'on dit) en diamètre contraire, qui est noblesse, non celle de laquelle se sentent et disent être embellis et armés un tas de logiciens et alchimistes, mais de celle primitive et premier commencement, qu'on appelle de race. Et pour répéter les choses de plus haut, en ce bon vieux temps qu'aucuns appellent l'âge doré, n'y avoit différence aucune entre les hommes en prééminence, hautesse, ou autre point d'honneur; ains étoient égaux, non partiaux ou divisés, usant d'une telle tranquille et louable communauté, que à la postérité n'a laissé que les regrets et souhaits d'un pareil siècle. Ne se souciant de dîner, sinon quand la faim les contraignoit d'aller ou au gland, ou fraises, ou bien sécher au soleil la chair de quelque bête par eux prise à course, et de la peau en

[1] Les diverses éditions des *Propos rustiques* offrent des différences notables; celles de Paris 1548, et de Lyon 1549, ne renferment que treize chapitres; la réimpression d'Eloi Gibier (Orléans, sans date), que M. Gustave Brunet, critique aussi érudit qu'éclairé, a signalée le premier aux bibliographes (*Bulletin du bibliophile*, 1841, p. 473), contient déjà le commencement du chapitre XIV et finit avec la chanson de maître Huguet. On a cru devoir reproduire ici l'édition publiée à Paris en 1554 par Étienne Groulleau; plus complète que les précédentes, revue et augmentée par l'auteur lui-même, cette édition a toute l'autorité d'un texte original.

accoutroient celui qui le plus en avoit métier. Vivoient au jour la journée, le premier à la porte passoit sans différence, ne se faisoient prier à laver leurs mains, encore moins à se seoir à table, aussitôt buvoient en leur bonnet comme en leur main ; couchoient indifféremment tous en une caverne, comme font aujourd'hui ces Égyptiens sophistiqués, et là purgeoient leur ventre et exerçoient les œuvres de nature, les uns devant les autres, sans faire les étranges, avecques excuses. Par ce moyen étoient pour lors inconnues noblesse, paysanterie, liberté, servitude et autres de semblable farine, invasions de droit naturel. Mais en cette paisible et humble façon de vivre, non guère demeurèrent : à raison que, eux en plus grand nombre percrus et augmentés, commencèrent espèces de querelles sourdre[1] entre eux : comme jamais ne demeurons longtemps fermes ni constants en notre heur. Par ce que possible Marion rioit plus volontiers à Robin qu'à Gautier, dont commença la manière de se battre pour la vaisselle, coutume qui a toujours duré. Ou que l'un avoit meilleure peau que l'autre, et parce qu'il étoit plus ancien, devoit lui appartenir ; ou par aventure l'un avoit mangé le gland tandis qu'un autre là branloit ; choses qui les provoquoient tellement à guerre et dissension, qu'ordinairement se combattoient à beaux coups de poing, de bâton, de pierre, s'entre-traînoient par les cheveux à écorche-cul, c'étoit pitié ; car d'autres façons de se battre, longtemps après ne les eurent : par quoi, qui avoit la mâchoire d'un âne étoit bien armé. En ces combats les plus forts avoient l'avantage, au moyen auquel les foibles étoient contraints faire entre deux aux cavernes, et se séparer pour le mieux : car la trop grande familiarité commençoit déjà être envieuse. Autres se retiroient plus loin seuls avec la seule, pour s'acquérir privément, ne remettant plus rien à la sus mentionnée communauté. Au moyen de quoi ceci fut tant démené, et avec le temps tellement continué, que les plus forts commencèrent à subjuguer et mettre en crainte les plus petits et abaissés, prenant une merveilleuse superintendance sur eux. Quoi voyant, élurent un d'entr'eux par commune voix, plus robuste, plus sage, et haut à la main, pour leur conducteur, leur souverain maître, en qui ils sussent se reposer de leurs négoces privés (car jà commençoient républiques et affaires politiques à se administrer), et recourir si aucun schisme ou différend s'élevoient entre eux. Quel maître ou supérieur commença à les gendarmer, les leurrer, les veiller, mettre aux champs, au monde, tellement que se voyant plus rustres et plus galants que les autres, non contents de leurs propres limites, usurpoient sur le territoire et voisinage prochain par continuelles courses. Et en ces (Dieu sait) bien dressées escarmouches s'entreprenoient, comme voyez qu'on fait aux barres, et le pris (de quoi est descendu de la prison, le prisonnier, le geôlier et la suite) étoit retenu en perpétuel servage, comme un coquin, un maraud, un bélître. Mais afin que ce maître gouverneur fût reconnu comme principal et plus

---

[1] Sortir, naître.

## AU LECTEUR.

éminent, lui donnèrent, par commun avis, chacun partie de son butin ou conquest, en signe de reconnoissance, par ce moyen se rendant à lui tributaires. Toutefois, voyant que le profit particulier commençoit à avoir lieu, à d'aucuns relâchoit cette rente ou devoir : car devant qu'entrer en bataille, promettoit au mieux faisant ou plus hardi assailleur, plus robuste combattant, à celui qui plus vivement étonnoit son ennemi, et quoi? cette exception ou immunité des devoirs susdits dus pour la supériorité. Lors y avoit presse, qui premier seroit au rang, qui le premier feroit brèche, le premier à l'enseigne. Par ce moyen, tendant tous à un même but, et d'une pareille émulation, le plus souvent demeuroient vainqueurs où, quand pour leur bien fait rien ne leur eût été proposé, ils se fussent attendus les uns aux autres, au grand intérêt de leur propre salut. Cette exemption ils appelèrent noblesse (comme la première chose qui leur vint à la bouche, la mode d'adoncques d'imposer à signifier), à cause que par leur hardiesse et brusque adresse aux armes (postposant[1] toute crainte de mort), ils acquéroient ce que aux autres, qui avoient tourné le dos, gagné le haut, ne s'étant mis au hasard, étoit vilainement dénié. Au moyen de quoi ces anciens Carthaginiens autant d'anneaux donnoient à leurs soldats (gens sagement reconnoissant les bienfaits) qu'ils eussent été en de batailles, et ce en signe de perpétuelle noblesse. Les Romains, ces vaillants conquéreurs, d'autant de couronnes leur homme d'armes honoroient (récompense digne du mérite) qu'il eût été à de journées, par ce moyen ennoblis. Quoi! Les Macédones avoient cette loi révéremment observée. Qui n'aura en la bataille occis quelqu'un des ennemis, soit en lieu public lié, billé, et attaché en un poteau en signe d'ignobilité[2]. Les Germains ou Allemands plus tôt n'étoient mariés (chose autrement vilaine) qu'ils n'eussent présenté la tête de leur ennemi à leur roi. Aux banquets des Scythes on offroit une pleine tasse de vin à la compagnie, et n'étoit loisible à celui qui n'avoit tué son ennemi au conflit, la prendre, comme s'il eût été vilain et immérité de cet honneur. Aux Bibles, Mardochée, Hébreu, fut anobli par Artaxerxès; et pour les causes mêmes, Joseph fait noble par Pharaon. Pour lesquelles raisons, tendant à une pareille fin d'une ambition honorable, crurent en grand et excessif nombre, tellement qu'ils (distinguant le populaire) se appelèrent désormais nobles. Le reste, qui tient en point péremptoire que la manière de fuir est de partir de bonne heure, furent appelés plébéiens, paysans, vilains, rustiques. A ces nobles survinrent historiographes de leurs batailles, faits et gestes, lesquels Alexandre le Grand étant au monument d'Achille, appeloit trompettes ou proclameurs d'honneur, et ont été tellement ingrats vers nos rustiques, que traitant seulement les hauts et excellents actes de ces puissants magnates, monarches et primats, n'ont voulu s'abaisser jusques, au moins, à dire qu'il en fut en leurs siècles; la raison étant prompte, que, comme dit

[1] Mettant de côté, méprisant.
[2] *Ignobilité*, pour ignominie.

Callimachus, vertu sans richesse est inconnue. Toutefois, aucuns ayant le jugement plus sûr, et regardant de meilleur œil, bien avertis de la commodité produite des champs, et félicité d'iceux, n'ont dédaigné à en traiter assez amplement. Caton, ce prudent et grave Romain, en a écrit et établi lois, tellement qu'il affermoit un laboureur être homme de bien. M. Cicero dit que rien ne peut être plus commode à l'homme libre qu'agriculture, ce qu'il expérimentoit assez en son Tusculan. Virgile, qui non moins aima les champs, que d'en écrire, appelle le laboureur, et celui qui habite les champs, fortuné; Horace, heureux. Végèce, autrement gentil compagnon, et bien instruit à la guerre, veut l'homme de guerre être nourri aux champs, et étoient nourris anciennement les enfants des princes aux champs, non en cette délicatesse des villes. Aglaïus, ce pauvre Arcadien, ne fut-il jugé par l'oracle d'Apollo, si cela fait foi, l'heureux de tout le pays? Quoi! et combien d'empereurs ont laissé l'administration des magnifiques et superbes empires, leurs pompes, hautesses et triomphes, pour se retirer aux champs, pour avoir l'aise et commodité d'iceux, et illec, jugeant cette façon de vivre beaucoup plus sûre, passer en tranquillité le demeurant de leurs ans? Comme Périclès, ce grave Athénien, Scipion l'Africain, Dioclétian, l'empereur romain, Caton le Censeur, le consul M. Curius. Avecques ce, tant et innumérables philosophes envieux du bien et félicité de nos rustiques, ont, pour à l'aise philosopher, choisi leurs études aux champs, comme les stoïques, druides, Platon en son académie, Sénèque, ce sage philosophe, et autres infinis. Au contraire, combien de paysans bons laboureurs ont été appelés de leur charrue pour prendre l'administration de républiques fortes et puissantes, toutefois sans eux ruinées, mal ordonnées, et, ce que l'on dit, à l'ancre? Ce vaillant charrier [1] Q. Cincinnatus en fera ample témoignage. Autant Atile Calatin, bon et excellent vigneron; Fabrice, gentil jardinier; Atile Régule, desquels la mémoire tant durera, que seront en vigueur charrue, soc, coultre [2], fouet et timon, pelles et râteaux. Que si nous regardons en quoi principalement étoit la richesse de l'antiquité, nous ne trouverons que bœufs, vaches, moutons, oisons et autres avoirs, tellement que Servius, roi des Romains, fit insculper [3] en la première monnoie romaine des bœufs et moutons, dont encore sont les moutons à la grand' laine. Mais, néanmoins que ceci demanderoit plus ample discours que les oreilles d'un délicat (possible) souhaiteroient, toutefois, pource que ce n'est le principal négoce, j'ai induit ce peu pour montrer, au moins essayer l'origine de nos rustiques par leur contraire. Contente-toi donc, ami lecteur, de ce peu que je t'offre, chose (sous ton jugement) soit indisposée et de mauvaise grâce : toutefois, en observant l'honneur et droit d'écrire, choses basses et humbles ne requièrent style élevé, ni grand'

---

[1] Qui conduit la charrue.
[2] Le *couteau* de la charrue.
[3] Graver.

façon de dire : pource que à tel saint telle offrande ; tel mercier, tel panier. Que si tu n'es content de ce, je ne pourrai, au pis aller, que te prier prendre tel quel petit présent en gré, comme tu ferois, d'une simple bergère, une potée de lait caillé ; car, comme dit Ovide, ceux qui n'ont encens à sacrifier offrent de la farine, ou de ce qu'ils ont pauvrement. Me recommandant à ta bonne grâce et à Dieu.

### G. L. H. A L'AUTEUR.

Tel cuide au vrai le badin contrefaire,
Ou le voyant est rendu peu content,
Entreprenant imprudemment de faire
Cela à quoi n'est apte aucunement.
Mais toi tu as si bien et proprement
Décrit les mœurs de la vie champêtre,
Que très-civil à tous t'es fait connoître :
OEuvre (ma foi) où n'est facile atteindre :
Pourtant qu'il faut parfaitement sage être,
Pour le vrai fol bien naïvement feindre.

# PROPOS

## RUSTIQUES ET FACÉTIEUX.

### I.

#### D'où sont pris ces propos rustiques.

Quelquefois m'étant retiré aux champs pour illec plus commodément et à l'aise parachever certain négoce, je me promenois, et ce à jour de fête, par les villages prochains, comme cherchant compagnie, où trouvai, comme est leur coutume, la plupart des vieux et jeunes gens, toutefois séparés, pource que, jouxte[1] l'ancien proverbe, chacun cherche son semblable : étoient les jeunes faisant exercice d'arc, de luytes[2], de barres, de sauts, courses, et autres jeux, spectacles aux vieux, étant les uns sous un large chêne, couchés les jambes croisées, et leurs chapeaux un peu abaissés sur la vue ; les autres appuyés sur leurs coudes, jugeant des coups, rafraîchissant la mémoire de leur adolescence, prenant un singulier plaisir à voir folâtrer cette inconstante jeunesse. Et étoient ces bonnes gens en pareil ordre que seroient les magistrats d'une république bien et politiquement gouvernée : sénateurs ou conseillers de parlements, pource que les plus anciens, et réputés de plus sainement et meilleur conseil, tenoient les places plus éminentes ; et les moyennes occupoient les moindres d'âge, et qui n'avoient tant de bruit ou en prud'hommie, ou à bien labourer. Quoi voyant, je m'approchai, pour avec les autres être plus attentif à leurs propos, qui me sembloient de grande grâce, à raison qu'il n'y avoit fard, dissimulation, ni couleur de bien dire, fors une pure vérité, et ce principalement en la colation de leurs âges, mutation de siècles, et aucunes fois regrets des bonnes années : où, ce disoient, buvoient et faisoient plus grand'chère

[1] Selon.
[2] Luttes.

qu'en ces temps. Lors, voulant savoir les noms de ces prudes gens, je tire par la manche quelqu'un de ma connoissance, auquel privément demandai les noms d'iceux. Celui, me répondit alors, que voyez accoudé tenant en sa main un petit bâton de coudre, duquel il frappe ses bottes liées avec courroies blanches, s'appelle Anselme, l'un des riches de ce village, bon laboureur, et assez bon petit notaire, pour le plat pays. Et celui que voyez à côté, ayant le pouce passé à sa ceinture, à laquelle pend cette grande gibecière, où sont des lunettes et une paire de vieilles heures, s'appelle Pasquier, l'un des grands gaudisseurs qui soit d'ici à la journée d'un cheval, et quand je dirois de deux, je crois que ne mentirois point : toutefois, c'est bien celui de toute la bande qui plutôt a la main à la bourse pour donner du vin aux bons compagnons. Et celui, dis-je, qui, avec ce grand bonnet de Milan enfoncé en la tête, tient ce vieux livre? Celui, répond-il, qui se gratte le bout du nez d'une main et la barbe de l'autre? Celui proprement, dis-je alors, et qui s'est tourné vers nous. Ma foi, dit-il, c'est un Roger Bontemps, lequel passé a cinquante ans qu'il tenoit l'école en cette paroisse; mais, changeant son premier métier, est devenu vigneron : toutefois qu'il ne se peut passer encore, aux fêtes, de nous apporter de ces vieux livres, et nous en lire tant que bon nous semble, comme un Calendrier des bergers [1], les fables d'Ésope, le Roman de la Rose [2], Mathéolus [3], Alain Chartier [4], les deux Grebans [5], Cretin [6], les Vigiles du

---

[1] *Le compost et Kalendrier des Bergiers*, espèce d'almanach qui fut imprimé pour la première fois à Paris en 1488.

[2] *Le Roman de la Rose*, poëme composé au treizième siècle par Guillaume de Lorris, et continué par Jean de Meung, dit Clopinel.

[3] Le livre de Matheolus, traduit du latin par Jehan Le Fèvre, et imprimé à Paris en 1492.

> Le livre de Matheolus
> Qui nous montre sans varier
> Les biens et aussi les vertus
> Qui viennent pour soi marier, etc.

[4] Alain Chartier, poëte et historien qui mourut pendant le règne de Charles VII.

[5] Simon et Arnoul Gréban, auteurs du *Triumphant mystère des Actes des Apostres*.

[6] Guillaume Crestin, poëte français du commencement du seizième siècle.

feu roi Charles ¹, et autres. Aussi ne se peut tenir qu'aux dimanches ne chante au lutrin, avec cette mode antique de gringoter; et s'appelle maître Huguet. L'autre, assis auprès de lui, qui regarde par sur son épaule en son livre, ayant cette ceinture de loup marin de peur de la colique, à tout une boucle jaune, est un autre gros riche pitault ² de ce village, assez bon vilain, et qui fait autant grand' chère chez lui que petit vieillard du quartier, qui se nomme Lubin. Et si vous voulez un peu vous asseoir avec nous autres, vous orrez ³ leurs propos, où possible trouverez goût. Ce que je fis, et, par deux ou trois fêtes subsécutives, les ouïs jaser et deviser privément et à la rengette ⁴, de leurs affaires rustiques, desquelles ai fait, par heures rompues et de relais, un brief discours, où j'ai eu non moindre peine qu'à une bonne besogne; car après avoir ahanné ⁵ longtemps, rêvant et devinant ce que je devois dire, étois contraint de boire deux ou trois voltes, gracieux compulsoire, pour me rendre la cervelle plus fresque et délibérée, et m'étoit une telle peine qu'au charretier, qui, pour aider à ses chevaux attelés à la charrette trop chargée, met son chapeau entre son épaule et la roue, pour aucunement les soulager, aucunes fois buvant à son baril, attaché au colier du cheval de devant.

## II.
### De la diversité des temps.

Anselme, ce prud'homme surmentionné, homme de médiocre savoir comme bon grammairien, un peu musicien, passablement sophiste et bon rueur de pierre, commença par une merveilleuse amiration ⁶ à déchiffrer le temps passé, que lui et ses coëvaux ⁷ là présents avaient vu, bien différent à celui de maintenant, disant : « Je ne puis bonnement, ô mes bons compères et anciens

---

¹ *Les Vigilles de la mort du feu roy Charles VII, a neuf psaumes et neuf leçons*, poëme par Martial de Paris, dit d'Auvergne, procureur au parlement de Paris, mort en 1508.

² Paysan, rustre.

³ Entendrez.

⁴ *A la rengette*, l'un après l'autre, par ordre.

⁵ Travaillé, réfléchi.

⁶ *Amiration* pour admiration.

⁷ Ceux qui sont du même âge.

amis, que je ne regrette nos jeunes ans, au moins la façon de faire d'adoncques, beaucoup différente et rien ne semblant à celle de présent; car vous voyez toutes bonnes coutumes s'amortir, et se changer en je ne sais quelles nouveautés qu'ils approuvent merveilleusement, et sans lesquelles un homme d'aujourd'hui est méprisé comme un niais. O temps heureux! ô siècles fortunés! où nous avons vu nos prédécesseurs, pères de famille, que Dieu absolve, ce disant en haussant l'orée[1] de son chapeau, se contentant, quant à l'acoutrement; d'une bonne robe de bureau, calfeutrée à la mode d'alors; celle pour les fêtes; et une autre, pour les jours ouvriers, de bonne toile, doublée de quelque vieux hoqueton; entretenant leurs familles en liberté et tranquillité louable; peu se souciant des affaires étrangères; seulement, combien avoit valu le blé à Loheac, Fleaux, au Liége; et au soir, au rais[2] de la lune, jasant librement ensemble sur quelque bagatelle, riant à pleine gorge; contant des nids d'antan et neiges de l'année passée; et, revenant des champs, chacun avoit son mot de gueule pour gaudir[3] l'un l'autre, et raconter les contes en la journée faits, chacun content de sa fortune et du métier duquel pouvoit honnêtement vivre; n'aspirant à d'autres s'ils ne se sentoient suffisants, comme vouloir, ou être notaire de la cour de Bobita ou d'autres, être gaudayeur, ou priseur, ou témoin synodal. Lors Dieu étoit aimé, révéré, vieillesse honorée, jeunesse sage, pour l'objet qu'elle avoit de vertu, lors florissante : tellement que je peux, avec tous vous autres, appeler ces temps passés temps de Dieu. Où est le temps, ô compères! qu'il étoit mal aisé de voir passer une simple fête, que quelqu'un du village n'eût invité tout le reste à dîner, à manger sa poule, son oison, son jambon, son premier agneau et l'âme de son pourceau? Mais comme aujourd'hui ce fera cela, quand quasi on ne permet ou poules ou oisons à venir en perfection qu'on ne les porte vendre, pour l'argent bailler, ou à M. l'avocat, ou médecin, personnes en ce temps presque inconnues; à l'un pour traiter mal son voisin, pour le déshériter, le faire mettre en prison; à l'autre pour le guérir d'une fièvre, lui ordonner une saignée, que Dieu merci jamais n'essayai, ou un clystère; de tout quoi feue de bonne mé-

[1] Le bord.
[2] Rayons.
[3] Réjouir.

moire Tiphaine La Bloye guérissoit, sans tant de barbouilleries, tripotages et antidotes, et quasi pour une patenôtre. Sur mon Dieu, dit alors Pasquier, mon compère, vous dites toute vérité, et me semble proprement être un nouveau monde. Mais puisque nous avons du loisir et jour suffisamment, je vous prie, avec le reste de la compagnie, de poursuivre le propos encommencé. Ma foi, répondit Anselme, il est vrai que j'ai fait l'ouverture et donné le commencement; mais de le bien continuer, j'en donne la charge à mon compère maître Huguet, que voilà, s'il veut dea[1] en prendre la peine. C'est bien avisé, dit lors Lubin; que chacun en die comme il l'entend. Mais pource que notre compère maître Huguet a rôti en beaucoup de cuisines, mangé pain de divers maîtres, vertevellé en plusieurs huysseries, et sait très-bien enfoncer les matières, il en dira, si bon lui semble, ce qu'il en pense. Maître Huguet ne se bougeoit point, quand dix ou douze se levèrent pour le prier leur dire la façon des banquets de son temps et manières de vivre, avec ce qu'il touchât un peu quelques points d'agriculture. A quoi s'accorda facilement le bon Huguet, qui, après avoir bu une fois de vin qu'ils avoient envoyé querir, et avoir accoutré[2] son bonnet qui lui pendoit sur les yeux, commença à dire :

### III.

#### Banquet rustique.

Puisque de vos bonnes grâces vous m'avez baillé la charge de dire et faire jugement de ce que j'ai vu et ouï, ô mes bons amis; ne la refusant, j'en dirai possible confusément, mais au moins la vérité. Et pource que les banquets et festins de nos antécesseurs[3] s'offrent, il faut penser que non moins étoient de bonne doctrine que bien instruits; non que je ne veuille mesurer la conséquence d'un banquet en variété, et magnifique apparat de mangeries, choses que ne connoissoient ces bonnes gens; car leur étoient inconnus poivre, safran; gingembre, cannelle, myrabolans à la corinthiace, muscade, girofle, poireaux à la dragée, tartes confites, et autres semblables rêveries transférées des villes en nos villa-

---

[1] De vrai.
[2] Arrangé, disposé.
[3] Aïeux, ancêtres.

ges, quelles choses tant s'en faut qu'elles nourrissent le corps de l'homme, qu'elles le corrompent, ou tout mettent au néant ; sans lesquelles toutefois un banquet de ce siècle est sans goût, mal ordonné et sans grâce, au jugement trop lourd de l'ignare et sot peuple, et s'il n'y a du cochon n'est jamais fête. Maître Huguet vouloit poursuivre, quand Lubin lui dit qu'il cessât de blasonner [1] les façons de faire d'aujourd'hui, vu que tout se faisoit pour le mieux, avec ce que l'antiquité avoit aucunes fois erré. Puisqu'il vous plaît, répond maître Huguet ; que je touche le blanc, je dirai ce que je vis faire passé cinquante ans en ce notre village, répétant ce que le compère Anselme a déjà dit, ce qu'aux jours fêtés plutôt fussent morts nos bons pères qu'ils n'eussent amassé toutes leurs bribes chez quelqu'un du village pour illec se récréer et prendre le repos du labeur de la semaine. Vîtes-vous oncques aux villes, quand y allez porter quelque fromage à votre maître ou autre ; quand quelque bourgeois ou citadin va souper chez son voisin, qu'il envoie son garçon devant, portant partie de son dîner? tellement faisoient-ils, lesquels après avoir bu de même et à toutes restes, le tout sans hasard, commençoient à jaser librement du fait d'agriculture, et à qui mieux mieux. Messire Jean, le feu curé de notre paroisse, étant au haut bout, car à tous seigneurs tous honneurs, haussant les orées de sa robe, tenant un peu sa gravité, interprétant, ou le Magnificat du jour, ou sur icelui donnant quelque bonne doctrine, ou bien conférant avec la plus ancienne matrone, près lui assise, ayant son chaperon rebrassé [2], et volontiers parloient de quelques herbes pour fièvre, colique ou l'amarris, et par tranchées des effets de Gémini. Le bon homme de curé se mettant aucunes fois aux champs, le tout à la bonne foi, se vantant de belles besognes (parce qu'il étoit ouï très-volontiers, et que, Dieu merci, il ne craignoit homme des deux prochaines paroisses, et ce disoit sans blâmer personne); ou à chanter du contrepoint, ou bien et rustrement faire un prône ; et que s'il étoit question de latin, néanmoins qu'il y fût un peu rouillé, il s'y entendoit tout outre, et autant que petit compagnon du quartier, et de ce s'en rapportoit à ceux qui le connoissoient, sans plus outre procéder. Autant en disoit de bien joliment empenner une flèche ou mettre une arbalète en corde ; de bien

---

[1] Critiquer, ridiculiser.
[2] Relevé, retroussé.

faire un rebec¹; et que plusieurs fois en avoit fait au meunier de Vangon; de tout quoi n'en craignoit homme, s'il n'avoit deux têtes. Et ce lui accordant, la pauvre femme devenoit en une merveilleuse amiration. Étoit-ce ce férial curé; fit alors Pasquier, qui; au prône de sa grand'messe; reprenant les fils de putains de la paroisse pour quelques insolences, disoit que s'il étoit leur père, qu'il les châtieroit très-bien? Celui sans autre, répondit maître Huguet. Mais, pour parachever l'ordre de notre banquet, au bout d'en-bas y avoit quelque Roger Bontemps, comme mon compère Lubin que voilà, contant des veilles ou fileries² qui avoient été en la semaine, où lui-même avoit été triompher, et fait je ne sais quoi davantage qu'il laissoit à penser à la compagnie. Contoit aussi de son poulain noir, qui lui étoit échappé près la vigne, et courut jusques aux landes de Liboart; et, allant après, avoit rencontré Marion la petite, ou la petite Marion, il ne lui chaloit³; lequel à laquelle, sans mal penser, avoit levé son fuseau, et en conséquence baisée, avec ce, fait offre de sa personne et d'une dragme de sa compagnie; et n'eût voulu, ce disoit-il, pour je ne sais quoi, qu'il ne l'eût rencontrée; néanmoins, que le jeudi d'après devoit aller à la Séguimère, où elle seroit, et là pensoit, s'il n'étoit bien abusé, pratiquer quelque cas, ou lui eût-il dû coûter quelque bonne chose. Le reste des bons lourdauds parloient du décours du croissant, quand il feroit bon planter porrée, temps convenable pour houer la vigne, pour greffer, ou couper la coudre ou châtaignier, pour faire cercles à relier tonneaux. Or bien, fit alors Pasquier, nous savons peu près qu'ils pouvoient dire. Je vous prie poursuivre la fin de ce banquet, et comme ils se gouvernoient après avoir rué si brusquement en cuisine. Après dîner, répondit maître Huguet, quelqu'un du village, comme vous pourriez dire Pestel, produisoit dessous sa robe un rebechon⁴, une chalemie⁵, en laquelle souffloit par grand' maîtrise, et tellement les invitoit le doux son de son instrument, avec un hautbois qui s'y trouva pour les seconder, qu'ils étoient contraints, ribon ribaine, leurs robes et hoquetons bas, commencer une danse. Les vieux, pour donner

¹ Instrument de musique, violon.
² Soirées passées à filer.
³ Importait.
⁴ Instrument de musique.
⁵ Flûte, chalumeau.

exemple aux jeunes, et afin de ne montrer être fâcheux, faisoient l'essai, tournoyant la danse deux ou trois fois sans beaucoup fredonner des pieds, ni faire gambades à la mâconnoise, comme nous pourrions bien faire nous autres. La jeunesse alors faisoit son devoir de tréper et mener le grand galop, et n'y avoit garçon qui ne dansât toutes les filles, fors messire Jean; qu'il falloit un peu prier, et dire : « Monsieur, ne vous plaît-il pas danser? » Toutefois lui, ayant un peu refusé pour faire la ruse du jeu, s'y mettoit et n'en y avoit que pour lui; car lui frais, et possible amoureux, contournoit ses commères tellement, qu'elles sentoient leur épaule de mouton et civette de la triperie à pleine gorge : et disoit ce vénérable curé : « Boute, boute, jamais ne nous ébattrons plus jeunes; prenons le temps comme il vient, maudit soit-il qui se feindra. » Et lorsque la fumée du vin commençoit emburelucoquer les parties du cerveau, quelque bonne galloise menoit la danse par sur table, bancs, coffres, autant d'une main que d'autre. Au reste, chacun le faisoit comme meilleur lui sembloit. Comment! dit alors Anselme, ces vieillards alloient-ils comme les autres? Nenny, répondit maître Huguet; ains étoient les bonnes gens près le feu, se chauffant d'un fagot de sarment de vigne, le dos au feu, regardant et jugeant des coups, disant : Cettui-ci danse bien; le père d'un tel étoit le meilleur danseur du pays; un tel avoit défié, les jours passés, tous ceux de Vindelles à danser. La danse finie, recommençoient de plus belle à dringuer et boire haut et net sans se blesser : puis, après s'être chauffés, si bon leur sembloit, alloient voir quelque pré ou champ bien accoutré [1]; là d'ordinaire s'asseyoient pêle mêle jeunes et vieux; fors, qu'il ne faut pas mentir, que les anciennes personnes avoient, comme bien étoit raisonnable, les plus honorables places entre les gens de bien. Lors quelqu'un des plus vieux, à la requête de ses coëvaux, commençoit à haranguer les jeunes gens, où avoit telle audience qu'à celui qui, étant venu de quelque pays étrange, veut conter quelque nouveauté. Je vous prie, dit Pasquier, si le reste de la compagnie le trouve bon, traiter les points principaux de cette harangue, étant assuré qu'ils disoient quelque cas de bon. Maître Huguet vouloit s'échapper, disant qu'il en avoit dit à la traverse ce qu'il avoit pu, et qu'un autre prît les fons; mais par importunes requêtes fut contraint

[1] Bien tenu, cultivé avec soin.

achever, disant : Puisque faire le faut, et qu'il n'y a ordre ni
remède d'évader, je vous dirai à peu près la teneur de l'oraison,
laquelle le plus ancien et de meilleur savoir, comme j'ai dit,
commençoit, disant :

## IV.
### Harangue rustique.

Mes enfants, puisque le Seigneur Dieu vous a appelés à cette
bien heureuse vacation d'agriculture, l'équité veut aussi, et est
bien raisonnable, que soyez diligents et prompts à l'exercer par
vertueux faits, bons et louables actes, dont avez la source, grâce
à Dieu, de vos pères et mères ci présents; le surplus parfera une
espèce de prud'homme, que je vois apparoître en vous, avec
signes évidents d'être à l'avenir gens de bien. Et puis bien dire
cela, avec toute la compagnie, que depuis cinquante ans, et
quand je dirois soixante je ne penserois mentir, notre village ne
fut en jeunes personnes autant florissant comme il est de présent,
et ce en toutes qualités, si vous regardez tant les bonnes mœurs
et grâces, dont ils sont ornés, comme grandeur et composition
de corps, puissance, avec fourniture de membres, jointe à ce
la légère et prompte adresse. Le bon Dieu nous a, comme en
toutes choses, merveilleusement fortunés en ce. Et toutefois, mes
enfants, jeunesse, ce que j'ai expérimenté, est tant folle et aveu-
glée, qu'elle ne regarde que les choses présentes, et ce qui est
à ses pieds, sans avoir l'œil plus haut, dont souvent sont gâtés et
abâtardis les plus nobles et meilleurs esprits. Au moyen de quoi
est frustrée et mise au néant la bonne expectation des pères, qui
de l'enfant merveilleusement aggrave le démérite. Que si par
exemples requérez confirmation, je vous produis deux de vos
compagnons, lesquels, sur mon Dieu, je ne nommerois si cela
n'étoit tout manifeste, Guillemin Plumail, et Geoffroy Thibie,
les deux autant gentils garçons en leurs jeunes ans qu'on peut
souhaiter, et autant bien instruits. Mais, ô bon Dieu! depuis
qu'ils ont commencé de hanter tavernes, bordeaux, pestes de
tout bon naturel, jeux de bibelots, courteboule, la bille, et autres
tels lieux débauchés, retirant en tout les cœurs des jeunes de
vertu, qu'ont-ils fait? Qu'est-ce? Sont brigands, voleurs, gardeurs de chemins pour tous potages, et besogne taillée pour le
bourreau, ayant proposé une fin malheureuse au noble et vertueux commencement. Quoi voyant la mère de l'un, comme

chacun sait, l'a fait prendre, et comme, par manière de dire, prisonnier, si bien qu'enfin reconnoissant ses défauts, et aussi contraint, est devenu homme de bien, bon preneur de taupes, et gentil faiseur de quenouilles, vivant simplement en la façon de notre état. L'autre, comme obstiné, demande l'aumône l'orée d'un bois, attendant l'heure qu'il fera l'office du loup à gripper la laine de l'agneau innocent, ou quelque autre plus vilain acte. Pourquoi, ô mes enfants, pour obvier à tous ces malheureux inconvénients, auxquels plus continuellement sommes duits[1], que à bien faire, il est de besoin en premier point aimer, révérer et craindre Dieu, comme celui qui souffre que devenions en mille aversités[2], pour nous montrer qu'il est le maître, et celui qui a procréé toutes choses pour notre profit et bien. Que s'il vous a donné parents riches, et départi de ses grâces, ne faut présumer ce venir de vous, par ce moyen encourir une fausse opinion, dont souvent jeunesse est abusée, et en conséquence glorieuse; ains[3] croire qu'en moins d'un tour d'œil vous peut ôter bœufs et chevaux, brebis, et tout votre avoir; et de tout ce lui en rendre grâces, et estimer qu'il fait tout pour notre utilité et profit, bien connoissant ce qui nous est nécessaire. Et à celle fin que mieux entendiez certains points observatifs de la vôtre et mienne vacation, gardez souverainement de mal parler de vos voisins, ou en aucun cas fouler leur honneur; pource qu'aucunes fois vous trouvez ensemble, disputant de l'excellence ou de vos terroirs, ou besognes, comme de vos faux, faucilles, cognées, et tels outils, ou préférez les uns aux autres, gardez ce entre autres choses, et qu'en louant les vôtres, les leurs ne soient déprimés, pource qu'il faut tout trouver bon, à raison que, comme l'on dit, à chacun oiseau son nid est beau; aussi que par la langue on voit plusieurs, beaucoup de maux et divers encourir : ce que, ce m'ait Dieu, je vois n'avoir lieu en vous, n'autres imperfections, de quoi ordinairement sont tachés jeunes gens. J'oubliois à vous dire que ès choses où n'y a remède, et moins de conseil, ne fissiez grand état, ni en prendre grand courroux, comme des aversités et maladies, qui le plus souvent viennent à vos bœufs, vaches, brebis, poules, et porcs, qui toutefois, néanmoins les bons pansements, meurent : car en bonne

[1] Conduits, entraînés.
[2] Lisez : adversité.
[3] Mais.

ou mauvaise fortune, il faut avoir un même visage, et constance accoutumée. De ma part, la plus grande occasion, et plus évident argument que puisse dire pourquoi mes ans ont été si longuement prolongés, cela je dis sans vanterie, c'est, et ne sais autre raison, que telle aversité qui me soit survenue au jour, jamais ne s'est couchée avec moi. Si ainsi le faites, vous vivrez heureux, fortunés en honnête tranquillité, et n'aurez compagnons en félicité. Car demandez, ou souhaitez-vous plus salutaire, ou plus libérale vie que la nôtre? moyennant que nous gardions d'aspirer à plus hauts états, vu mêmement que si sommes diligents à labourer les terres à nous laissées par nos bons pères, sera beaucoup, ne tâchant par grands héritages à les amplifier. Et avoient cela en une très-grande révérence, nos anciens, qu'il n'étoit loisible d'occuper plus de terre que ce qu'on leur avoit limité; ayant beaucoup d'observances, qui aujourd'hui ne sont, comme: celui être mauvais laboureur, qui achetoit ce que son champ lui pouvoit produire; mauvais le père de famille, qui faisoit ce le jour, que la nuit eût pu faire, sinon, dea, qu'il eût été empêché par l'intempérance de l'air : plus mauvais estimoient celui qui plutôt besognoit à la maison qu'aux champs, comme dédaignant la coutume. Et m'est avis avoir ouï dire d'un antique laboureur, accusé de ses voisins, disant qu'il avoit empoisonné leurs blés, parce que le sien étoit demeuré garanti, et les leurs gâtés et sans fruit, lequel prud'homme, sachant à tort tel crime lui être imposé, amena en plein jugement sa fille, de force inestimable, ses bœufs gras et refaits, son soc rondement acéré, son coultre très-bien appointé, disant que c'étoit sa poison et mauvais art d'ainsi bien accoutrer les blés. Or maintenant jugez si tel moyen n'étoit favorable pour bientôt gagner son procès. Mais, pour revenir, n'estimez-vous en rien cela, qu'au matin, frottant votre couille, grattant votre dos, étendant vos nerveux et muscleux bras, après avoir ouï votre horloge, qui est votre coq, plus sûre que celles des villes, vous levez sans plaindre l'estomac, ou la tête, comme feroit je ne sais qui, ivre de soir? et n'est sujet votre fût à la guivre, sinon quand il vous plaît. Puis liant vos bœufs au joug, qui, tant sont duits, eux-mêmes se présentent, allez au champ, chantant à pleine gorge, exerçant le sain estomac, sans craindre éveiller ou monsieur, ou madame. Et là avez le passe-temps de mille oiseaux, les uns dégorgeant[1] sur la haie, autres suivant votre

[1] Chantant.

charrue, vous montrant signe de familière privauté, pour se paître des vers sortant de la terre renversée. Autres qui là et çà volant, découvrent le renard, dont le plus souvent, avec la corde de Richard tendue, avez la peau, vous montrent d'aucuns signes futurs, avec autres pronostics, qu'avez de nature, et par commune coutume appris, comme le héron triste sur le bord de l'eau, et ne se mouvant, signifie l'hiver prochain; l'hirondelle volant près de l'eau, prédit la pluie, et volant en l'air, beau temps. Le geai se retirant plus tôt qu'accoutumé, sent l'hiver qui approche. Les grues volant haut, sentent le beau temps et serein. Le pivert infailliblement chante devant la pluie. La chouette chantant durant la pluie, signifie le temps beau et clair. Quand les poules ne se retirent sous le couvert par la pluie, d'assurance elle continuera. Les oies et canes se plongeant continuellement en l'eau, sentent la pluie prochaine; autant en signifie la grenouille chantant plus qu'accoutumé, ou quand ces vieilles murailles rendent de l'eau. La sérénité d'automne prédit vents en hiver. Tonnerre du matin signifie vent, celui de midi, pluie. Les brebis çà et là courant, sentent l'hiver approcher. Autres fois, pour laisser ce propos, que trop mieux entendez, ayant le vouge[1] sur l'épaule, et la serpe bravement passée à la ceinture, vous promenez à l'entour de vos champs, voir si les chevaux, vaches, ou porcs y ont point entré, pour avec des épines reclorre[2] soudain le nouveau passage, et là cueillez des pommes, ou poires à votre aise, tâtant de l'une, puis de l'autre : et celles que ne daignez manger, portez aux villes vendre, et de l'argent, en avez quelque beau bonnet rouge, ou une jaquette noire doublée de vert. Autres fois au matin regardant d'où vient le vent, allez voir à vos pièges, qu'avez tendus au soir pour les renards, qui vous dérobent ou poules, ou oies, aucunes fois la méchante bête les tendres agnelets[3], peu vous souciant de l'intempérie de l'air, fièvres d'automne, ou jours caniculaires, ains en ces temps, aux autres périlleux, avec la tête nue aux champs, billant[4], possible, une gerbe de blé, ou racoutrant[5] un fossé; par ce moyen êtes forts, robustes, allègres, plus la moitié que gens de ville, n'aimant

[1] *Vouge, vougesse,* espèce d'arme, serpe, faucille.
[2] Fermer, boucher.
[3] Petit agneau.
[4] Liant.
[5] Réparer, arranger.

que mignarderie, sous l'ombre, ne sentant leur homme fort en la brayette. Au moyen de quoi un bon capitaine aime un soudard nourri en ses jeunes ans aux champs, ce que j'ai vu lorsqu'il étoit question d'aller à Pharingues. Que si vous tombez en quelque maladie, comme c'est une chose naturelle, vous ne cherchez clystères, purgations, saignées, et telles badauderies : car vous avez le remède present en votre jardin, de bonnes herbes, desquelles la vertu vous demeure quasi héréditalement de père en fils. Qu'est-ce donc, mes enfants, que je vous dirai davantage? Je pense qu'il ne reste rien à votre totale félicité, fors l'amour du grand berger, laquelle, comme je pense, vous incite à acquérir par vertueux faits, provenant des bons et fructueux enseignements que notre curé, de sa grâce, vous expose, aussi qu'en conscience il y soit obligé. Pourquoi je le prierai, celui grand conservateur de nos troupeaux, qu'il nous doint[1] grâces de ne fourvoyer du chemin baillé à nous autres pauvres viateurs[2], me recommandant à vos bonnes grâces, vous priant prendre tout à la meilleure part, comme le votre ami, et d'un vieillard rêveur. Maître Huguet vouloit poursuivre la fin et issue du dîner, mais Pasquier lui interrompit son propos, disant à Anselme : Le banquet est très-bien déchiffré, et en bon ordre. C'est mon, fit Anselme; mais encore ne savons-nous le département, et comme le reste du jour s'emploie. Vous m'avez, dit maître Huguet, rogné la queue de mon propos quand je le voulois achever mais bien, or écoutez. La délibération finie, retournoient tous au logis, frais et délibérés, ou recommençoient à chopiner de même et de plus belle : et lorsqu'ils étoient venus au point, et qu'ils en avoient tout le long des sangles, commençoient à chanter de la plus haute mesure qu'on ouït oncques : A vous point vu la Péronnelle. Au bois de deuil. Qui la dira. Allégez-moi, douce plaisant' brunette. Le petit tueur. Hélas, mon père m'a mariée. Quand les Anglois descendirent. Le rossignol du bois joli. Mon Dieu, je viens vers vous demander allégeance. Tenez mon pain. Qui veut du lait, sur quoi ont été faites Je sens l'affection, sa réponse[3], et autres telles

[1] Donne, accorde.
[2] Voyageurs.
[3] Ce curieux passage des *Propos rustiques*, qui contient une liste de chansons populaires au seizième siècle, est ainsi conçu dans les éditions originales : *Au bois de dueil. Qui la dira. Allégez-moi douce plaisant brunette. Le petit cœur. Hélas mon père m'a mariée. Quand les Anglois des-*

chansons plus ménétrières que musiciennes, que Panphagos, fermier du sire Fiacre, avoit composées en lui portant du lait baratté pour refroidir sa femme en la ville et cité de Sirap [1]. Cela fait, reprenoient, sans intermission ou repos, à drinquer, tant que tout le monde fût soûl. Dont l'un, après que chacun avoit pris congé, convioit toute la bande au prochain dimanche à même banquet, et pareilles cérémonies, où estimoit leur faire gode chère [2], s'il ne lui coûtoit plus de je ne sais quoi. Sitôt qu'ils étoient retournés à la case, le bon père de famille s'informoit diligemment, s'il lui en souvenoit, comme ses bœufs, vaches, brebis, porcs avoient été pansés, et comme tout le ménage se portoit. Au reste, après avoir ôté sa robe, et jà commençant à se désaccoutrer [3], distribuoit les affaires du jour subséquent, selon que bon lui sembloit, et en ce point volontiers s'endormoit le bonhomme sur ses genoux. Que si le chat se trouvoit là, donnoit deux coups de sa patte à ses triquedondaines, qui pendoient : car en ce temps n'avoient haut-de-chausses, comme non violières, mais brayes [4]; toutefois les siennes étoient pour lors à la lessive. Après que la bonne femme avoit chassé la bête, et couvert le feu, faisoit aller au lit son bonhomme, toutefois après avoir donné ordre que tout fût le lendemain prêt pour charruer au clos devant, et que si le soc n'étoit en bonne pointe, on l'eût au matin porté au Plessis, à la forge, chez Guyon Jarril ; et s'il n'étoit à la maison, qu'on l'eût porté à Chantepré : car là y avoit un très-bon rapetasseur de socs. Par mon âme, fit alors Lubin, le conte nous est si bien mis devant les yeux, ô compère, que proprement me semble y être, et voir le bon homme Robin le Clerc s'ébattant ainsi à jaser, et envoyer quelqu'un à la forge. C'étoit un grand allant, dit Anselme, et me semble l'avoir autrefois vu. Oui bien, fit maître Huguet, si vous avez voulu, et étoit de ce temps, de quoi vous ai parlé. Puisque le compère Lubin a mis en termes ce bon lourdeau Robin le Clerc, répond Pasquier, il me semble qu'il ne sera que bon, qu'il die ce qu'il lui a vu faire : car ils ont demeuré en un même village. Puisque la compagnie, dit Lubin, me com-

---

dirent. *Le rossignol du bois joli. Sur le pont d'Avignon, et beaucoup d'autres telles chansons de bonne musique et meilleure grace*, etc.

[1] Anagramme de Paris.
[2] Bonne chère, chère divine.
[3] Déshabiller.
[4] Haut-de-chausses ouvert par devant.

mande qu'en mon rang je conte de Robin, j'en dirai comme je
l'entends, après vous autres, afin que la peine soit égale. Ce qu'à
lui accordé par l'assistance, commença.

## V.

#### De Robin Le Clerc, compagnon charpentier de la grand'Dolouëre.

Robin, dont est question, fut moult prud'homme, par ma conscience, et fut celui de tout son quartier qui autant bien faisoit un guéret; qui inventa; la bonne personne, mille bons mots concernant le fait d'agriculture, imposant à signifier à beaucoup à la bonne foi, et sans mal penser. Volontiers après souper, le ventre tendu comme un tabourin, soûl comme Patault, jasoit le dos tourné au feu, teillant bien mignonnement du chanvre, ou raccoutrant à la mode qui couroit ses bottes, car à toutes modes d'ordinaire s'accoutroit l'homme de bien, chantant des mains et cousant de la gorge mignonnement, comme il le savoit faire, quelque chanson nouvelle. Jeanne, sa femme, de l'autre côté, qui filoit, lui répondant de même; le reste de la famille ouvrant chacun en son office : les uns adoubant [1] les courroies de leurs fléaux, les autres faisant dents à râteaux; brûlant hars pour lier, possible, l'aixeul [2] de la charrette, rompu par trop grand fais, ou faisant une verge de fouet de néflier ou meslier. Et ainsi occupés à diverses besognes, le bon homme Robin, après avoir imposé silence, commençoit le conte de la cigogne, du temps que les bêtes parloient, ou comme le renard déroboit le poisson, comme il fit battre le loup aux lavandières, lorsqu'il l'apprenoit à pêcher; comme le chien et le chat alloient bien loin; du lion, roi des bêtes, qui fit l'âne son lieutenant, et voulut être roi du tout; de la corneille; qui en chantant perdit son fromage; de Mélusine; du loup-garou, du cuir d'Anette, du moine bourré; des fées, et que souventes fois parloit à elles familièrement, même la vesprée passant par le chemin creux, et qu'il les voyoit danser au branle, près la fontaine du Cormier, au son d'une belle veze [3] couverte de cuir rouge, ce lui étoit avis, car il avoit la vue courte, pource que depuis que Vichot l'avoit abattu de coups de tranches par les fesses, les yeux lui avoient toujours pleuré. Mais que voulez-vous? nous ne nous départons les fortunes. Disoit, en continuant,

[1] Apprêtant, accommodant.
[2] L'essieu.
[3] Instrument de musique dont se servent les bergers.

que en charriant le venoient voir, affermant qu'elles sont bonnes commères, et volontiers leur eût dit le petit mot de gueule, s'il eût bien osé, ne se défiant point qu'elles ne lui eussent joué un bon tour. Aussi que un jour les épia, lorsqu'elles se retiroient en leurs caverneux rocs, et que soudain qu'elles approchoient d'une petite motte, elles s'évanouissoient : dont s'en retournoit, disoit-il, aussi sot comme il étoit venu. En ce disant, faut penser qu'il ne rioit aucunement, ains faisoit bonne pipée. Que si quelqu'un ou une se fût endormie d'aventure, comme les choses arrivent, lorsqu'il faisoit ces hauts contes, desquels maintesfois j'ai été auditeur, maître Robin prenoit une chènevotte allumée par un bout, et souffloit par l'autre au nez de celui qui dormoit, faisant signe d'une main qu'on ne l'éveillât. Lors disoit : Vertu goy ! j'ai eu tant de mal à les apprendre, et me romps ici la tête pensant bien besogner, encore ne daignent-ils m'écouter ! Que s'ils ne rioient de ce, la vaillante personne faisoit un pet à trois parties qui les ébaudissoit tous, et rioient desmeshui à toutes restes. Le bon homme, las de conter, pource qu'il s'oublioit le plus souvent en ses fables, demandoit à Jeanne, sa femme, un petit à boire, le tout pour la pareille, et qu'il avoit bien gagné : et de ce en vouloit croire tout le monde, et elle pour la première. Vous souvienne de votre propos, dit maître Huguet, n'étoit-elle pas fille de Thibaut l'Escouvette, ce bon gautier ? De celui sans autre, répondit Lubin, et étoit votre cousine remuée d'une bûche, et ce par devers la paille. Pour revenir, la bonne femme ayant un pot en sa main, commençoit comme par force à y aller, disant qu'il avoit toujours cinq sols ou soif ; et qu'elle pensoit fermement qu'il eût un charbon au ventre, et que hardiment une autre fois ne retournât pas ; car plutôt crèveroit de soif qu'elle daignât faire un pas. Je voudrois bien, dit lors Pasquier, que la femme de chez nous m'eût tant contesté, je crois que Martin bâton trotteroit. Vous dites vrai, répondit Lubin, si à chacune injure que me dit ma femme je lui donnois un coup de bâton, il y a plus de dix-neuf ans qu'il ne seroit nouvelle d'elle. Mais écoutez comme elle lui disoit que toujours étoit sa coutume de l'embesogner à lui aller querir à boire, et qu'il n'y sauroit envoyer un autre, pource qu'il voyoit bien qu'elle étoit empêchée à dévider du fil mêlé, et qu'elle voudroit qu'il fût en gage de ce qu'il lui falloit. Robin ne la voulant contrarier, disoit qu'il ne lui chaloit, mais qu'il bût ; et s'efforçoit de lui complaire, disoit que peu lui de-

mandoit à boire, et que c'étoit une fois entre cent, et que une
fois n'est pas coutume; outre, que si elle vouloit toujours ainsi
tencer, il aimeroit mieux aller boire à la rivière, la priant à
jointes mains qu'elle ne lui fît tant acheter, ou que, par sa foi,
s'en iroit le lendemain chez la meunière, qui tenoit taverne à
Noyal, où là mèneroit leur diseur de saluts pour chanter tout
leur soûl, et qu'il aimeroit autant être je ne sais où. Sur quoi
elle lui répondoit qu'elle ne s'en soucioit guère, et que c'étoit
bien sa coutume; mais au moins le prioit qu'il ne la voulût battre
quand il seroit ivre, comme lui étoit chose bien accoutumée,
et qu'elle s'ébahissoit qu'il n'avoit honte. Ah! par ma vie, disoit
lors Robin, voyant qu'il ne la pouvoit avoir par force, j'aimerois
mieux être en enfer, ma Jeanne; à qui Dieu veut aider,
sa femme se meurt. Allez, ma mie, allez; que le meilleur des
diables vous rompe le cou, vous assurant que j'aimerois mieux
avoir mangé une charretée de foin pour crever, que tant languir. La
bonne femme, rechignant comme celui à qui on panse une bosse
chancreuse et seringue une chaudepisse, troussoit ses agoubilles
pour aller tirer du vin, avec protestation qu'elle tirât de celui
d'auprès le mur, et qu'elle ne feignît à l'emplir; parce que Roulet
Lambin étant survenu, demandant une cognée à prêter, boiroit
bien. Elle, revenue, leur bailloit le pot comme par dépit;
sur quoi ils se ruoient si brusquement qu'il ne sembloit pas
qu'une mouche y eût bu. Elle voyant, disoit que s'il eût été
honnête homme, lui eût pour le moins offert le verre; néanmoins
qu'elle ne l'eût pas pris, et que honnêtes gens se montrent
où ils sont, et qu'il lui en souviendroit par son Dieu. Puis, ayant
les mains sur les deux hanches et en pleurant, commençoit à
belles injures; de quoi le pauvre Robin rioit à pleine gorge, disant
qu'il connoissoit bien le naturel de la damoiselle, et que
c'étoit une femme pour tous potages; qu'elle avoit pris sa tête,
que c'étoit un diable coiffé et encore pis; que le diable lui avoit
forgé le moule à chaperon[1], qu'il n'y avoit rime ni raison en
toute son affaire; que voir un homme ayant tête de cheval est
chose fort étrange, mais une femme sans malice, encore plus; et
que la bonne bête sembloit au chien, qui cloche quand il vent:
aussi que à point nommé elle pleuroit, et que vraiment elle
avoit un quartier de la lune en la tête. Mais voyant qu'elle

---

[1] *Le moule à chaperon*, c'est-à-dire la tête.

le commençoit à gagner de paroles, et que desmeshui n'y avoit ordre d'avoir patience, il commandoit que tout le monde s'allât coucher, et qu'il feroit bien son appointement : par ce moyen, au matin étoient plus grands amis que devant. Saint Quenet! dit alors Anselme, voilà bonne forme de quereller et d'appointer, que je ne voudrois toutefois être chez nous, et vous prie ne le dire à ma femme; car trop lourdement se courrouceroit tous les jours avec moi; puis vous savez que je ne pourrois si souvent appointer, sans grand intérêt de ma personne. Sur mon Dieu, quand tout est dit, dit Pasquier, à nous autres vieillards rassotés, ne nous sont guère duisants [1] tels menus plaisirs; car desmeshuy ne nous faut que le mol lit et l'écuelle profonde; de ma part je quitte le métier à ces jeunes gens de frais émoulus. Vraiment, dit maître Huguet, compère, vous le pouvez bien, et ne point plaindre le temps passé; car j'ai vu qu'il n'en y avoit que pour vous; rien ne se tenoit devant vous; vous étiez le chien au grand collier le plus rusé de tout le pays, et le plus grand abatteur de bois qui fût d'ici au gué de Vède. Ne vous souvient-il de ces grands lits où l'on couchoit tous ensemble sans difficulté? Oui, ma foi, dit Pasquier. Mais je vous prie dire un peu ce qu'en savez; non pas de ce qui fut fait, mais la cause pourquoi on a ôté cette bonne coutume.

## VI.

### La différence du coucher de ce temps et du passé, et du gouvernement de l'amour de village [2].

Du temps qu'on portoit souliers à poulaine, mes amis, et qu'on mettoit le pot sur la table, et en prêtant l'argent on se cachoit, la foi des femmes vers les hommes étoit inviolable : et n'étoit aussi loisible [3] aux hommes, fors de jour ou de nuit, vers leurs prudes femmes l'enfreindre; ainsi étoit une coutume observée réciproquement, dont n'étoient moins à louer, qu'en merveilleuse amiration. Au moyen de quoi jalousie n'étoit en vigueur, fors celle de mal aimer, de laquelle les janins [4] meurent. A l'occasion de

[1] Convenables.
[2] Le commencement de ce chapitre a été reproduit à peu près littéralement par Pelletier du Mans et Nicolas Denisot, dans les *Nouvelles Récréations et joyeux Devis* de Bonaventure des Periers. V. la nouvelle CII.
[3] Permis.
[4] Niais, imbéciles.

cette merveilleuse confidence, couchoient indifféremment tous les mariés, ou à marier, en un grand lit fait tout à propos, de trois toises de long et de neuf pieds de large, sans peur ou crainte de quelque démesuré pensement, ou effet lourd : pource qu'en ce temps-là les hommes ne s'échauffoient de voir les femmes nues, et n'aimoient l'un l'autre que pour conter leurs pensées. Toutefois depuis que le monde est devenu mauvais garçon, chacun a eu son lit distinct et à part, et pour cause; aussi pour obvier à tous et chacun les dangers qui en eussent peu sourdre. Pource que depuis que moines, chantres, et écoliers, commencèrent à pérégriner, jeter le froc aux choux, différenter de couvent, vicarier et s'émanciper hors leur territoire, on fit par commun avis lits plus petits, au profit d'aucuns mariés (parce que le pain suit le jeu à la trace), et merveilleux intérêt pour les femmes, jouxte le dire de mon voisin Baudet. Maudit soit le chat, s'il trouve le pot découvert, qui n'y met la patte; aussi qui ne sait son métier, si ferme sa boutique, et aille aux prunes. Sur ma foi, dit Pasquier, la mode n'étoit que bonne : mais puisque toutes choses se changent, je pensois bien qu'elle ne demeureroit pas la dernière. C'est mon, dit lors Anselme, vous voyez toutes bonnes façons de faire s'abâtardir : car, puisque vous avez parlé de la façon du coucher, pensez-vous, à votre avis, que les amours des anciens se démenassent comme celles d'aujourd'hui? Nenni vraiment, dit Lubin, je le sais bien pour moi : car quand il fut question de me marier à votre nièce, j'avois d'âge trente-quatre ans, ou environ, auquel temps ne savois que c'étoit être amoureux, fors à la vulcaniste, qui est de tant frotter les pierres l'une contre l'autre, que le feu en sort; encore moins comme il s'y falloit gouverner, sinon que feue mère grand, dont Dieu ait l'âme, me montra le moyen de m'y enharnacher : avisez si aujourd'hui le jeune homme passera quinze ans sans avoir pratiqué quelque cas avec ces garses, comme chancres, fossettes, véroles, chaude pisse, ou être jà marié. Au moyen de quoi les enfants d'aujourd'hui ne semblent que nains au regard des anciens. Quoi? et l'âge de dix-huit ans est blâmé, quand n'entretient les dames, ne muguette[1] les filles, ne fait le brave, le mignon; et faut qu'en dépit de lui il erre avec cette sotte multitude, pour être compagnon en malheur, s'il ne se veut ouïr appeler partial, solitaire, veau, mélancolique, se reglant de sa

---

[1] Courtise.

tête opiniâtre. Maître Huguet prit lors la parole, disant avoir ouï dire qu'un homme ne peut être galant, brusque, escarbillat [1], éperruqué, et renommé moderne, s'il n'a hanté les gens, et fréquenté les personnes, même les femmes, dont les unes sont sages en tout temps, les autres sottes tout outre : et qu'anciennement peu étoient qui fussent rustres, et qui entendissent point d'honneur d'amour, vertu, et autres honnêtetés d'aujourd'hui. Et puis, disoit-il, que avez parlé de vos amours, je vous dirai la façon des antiques. C'est qu'un bon lourdaud d'adonques, ne sentant rien du brave qui en aima dix, au busc accoutré, comme d'une saye [2] sans manches, le beau pourpoint de migraine, bordé de vert et coupé au coude, la bonnette rouge, le chapeau dessus, auquel pendoit un beau bouquet bien mignonnement composé, la chausse jusques aux genoux, et pour cause, les souliers découverts, la ceinture bigarrée, pendante sur les souliers ; le bachelier ainsi frisque [3], tabourdant des pieds sur un coffre, disoit le petit mot à la traverse à Janne, ou Margot, et soudain regardant s'on ne le voyoit, l'empoignoit, et sans dire mot, la jetoit sur un banc, et le reste, je le vous laisse à songer. La besogne parfaite, secouoit les oreilles, et vire, après toutefois avoir donné un brin de marjolaine à la done [4], qui étoit la plus grande récompense, et entretien d'amour, qu'on eût pour lors : néanmoins que je ne dis pas qu'un ruban n'eût été reçu, ou une ceinture de laine, mais c'eût été à grand' peine; car trop se fût sentie obligée. Regardez, ô muguets, qui savez que c'est, et qui en faites métier, si par tel moyen viendriez à ce but prétendu, que vous appelez le don de merci, le contentement, la récompense du travail, le cinquième point d'amours, et aucuns docteurs, le vieux jeu, l'ancien métier, et la jolie gentille patarrade des cymbales ou mannequins. Non certes (assurément monacal); ains par longues et énormes protestations vous désespérez, vous mettez aux champs, parlez seuls comme lunatiques, envoyez rimes, êtes aux aubades, allez emmasqués, donnez de l'eau bénite à l'église, faites la cour, changez d'accoutrements, laissez belles signatures chez les marchands, entretenez gens pour vous seconder, endurez des personnes en vos propos,

---

[1] *Escarbillat* ou *escarrabillat*, gentil, mignon, beau.
[2] Sayon.
[3] Gentil, joyeux.
[4] La dame.

fondez querelles, contrefaites l'audacieux, êtes, ce que l'on dit, hardis entre les femmes, et muguets entre gens de guerre : car quelquefois avez la commodité de parler à elles en privé, vous êtes les plus mauvais que l'on sauroit voir, comme dire : Hé, ma maîtresse, voulez-vous que, pour votre amour conquérir, je me rompe le cou? mais pource que cela est un peu fâcheux, je combattrai, et fût le Turc, qui est grand terrien. Par la vertu saint Quenet, belle dame, cette dernière guerre, je crois que ce fut aux vents de Perpignan, je fis un coup de ma main, et seulement pour un simple souvenir de vous, dont toute la troupe, je ne dis rien. Ah, ma dame, mon souvenir, mon bon espoir, ma fermeté, mon petit cœur gauche, mon soulas[1], mon romarin sans tête, hélas amour! Las, qu'on connût, Je sens l'affection, Perrette, venez tôt, De ce brandon, Puisque vivre, N'est-ce pas grande cruauté! Quoi? que voulez-vous que je vous offre, dites-vous, fors ma personne, de laquelle, tant y a qu'elle est à votre service, que pouvez en disposer comme d'une chose toute vôtre, vous assurant que si me faites tant de bien de me recevoir des vôtres, et croire que le nombre de vos serviteurs est crû, vous trouverez en moi non moins d'obéissance qu'en ceux qui couchent toutes les nuits avec vous, ou que le cœur sera disposé pour l'effet mettre à fin. De toutes lesquelles belles prières et requêtes avez au bas d'icelles signé : Je ne vous connois point : qui est à dire que devez être serviteurs deux et trois ans, vous accommodant à toutes les inepties, sottises, bestries, niaisetés, chiardries, rêveries, mignardises, pusillanimités, impudicités, vertevelleries, mannequinages, lourderies, ignorances, et âneries; pleurer quand on pleure, et rire quand ou rit, persévérant en votre grande folie, afin qu'on connoisse votre constance assurée et maintien non variable. Cependant il survient quelqu'un plus rebrassé [2] que vous, qui vous ruse autant loin que vous étiez près, et lors est un duo à quatre diableries : car en dépit de vous il faut faire la cour à ce nouveau survenu, pour lui tirer les vers du nez, et là cautement[3] dissimuler, et faire bonne pipée; lui affermer que du tout vous vous êtes retiré d'elle, et que trop longuement y avez perdu et le temps, et vos pas, et qu'elle ne mérite qu'un homme de bien entreprenne rien pour elle, vu qu'à tous fait un

---

[1] Ma joie, ma consolation.
[2] Plus habile.
[3] Adroitement.

même visage, sans récompenser celui qui a desservi, délaissant la vertu, pour suivre la badinerie de Floquet le jeune. Et en tous ces beaux mots le cœur ne parle point : car vous faisant, un jour après, une œillade, un sourire de travers, un signe de gant, ou que vous puissiez toucher sa robe, ou lui lever son dé, ou son fuseau, vous êtes, ce vous semble, les plus heureux du monde, et très-béatissimes, si vous en avez reçu un baiser. Néanmoins qu'après que vous êtes détourné de sa vue, elle tire la langue sur vous, et si elle vous fait la moue, elle se moque à tout le monde de vous, disant, que vous êtes un très-beau jeune homme, blond comme une jument baie, d'une belle taille, de très-belle venue, et fort bien adroit à une table pour desservir bien habilement; et que vous serez homme de bien, s'il n'y a faute; si vous vivez vous aurez de l'âge; que vous avez bonne grâce, mais que vous la portez de travers; et autres mots, desquels si le moindre aviez entendu, vous iriez pendre de la honte qu'auriez, et mépris qu'elle a de votre personne. Et puis allez vous y frotter et vous fiez en telles coquines, putes, maraudes, lorpidons, et brigandes, qui dérobent l'un pour piller l'autre. Comment? dit lors Pasquier après vous avoir bien écouté, compère, à qui parlez-vous? vu que tels muguets et petits braves ne seroient pas les bienvenus en nos villages? aussi qu'il ne s'y en trouve nuls. Auquel répondit maître Huguet, qu'il lui pardonnât, et qu'il s'étoit fourvoyé sortant les limites de sa paroisse : ce que bien connoissoit, et que puisqu'il avoit tant poursuivi le conte, qu'il l'achèveroit. Là donc, dit Lubin, et quelle façon de faire doit tenir le muguet susmentionné? Je veux, répondit maître Huguet, qu'il laisse ces longues et fâcheuses harangues, qui, pour la vérité, ne meuvent en rien la dame : car il aura plutôt conquis ce qu'il prétend, avec un mot bien couché, et de bonne grâce, si la dame est courtoise et débonnaire, joint un peu de ce que l'on met en la gibecière, s'elle est avare, que par servir et faire le mignon longtemps, qui est l'office d'un jobe [1], ou caillette : car, pensez-vous, ils en voient tant et de divers, lesquels avec leurs bravades laissent passer, et sans flux, et y sont autant accoutumées, qu'un âne à aller au moulin : et me semble qu'on les peut comparer à ceux qui ont ordinairement gens de guerre, lesquels sont tant duits à les ouïr jurer, maugréer Dieu, et faire

[1] Niais, sot, nigaud.

les mauvais, que pour toutes ces mines ne daigneroient bouger, s'ils ne frappent à grands coups de bâton, ou mettent leur hôte au travers du feu, comme un fagot. Autant en peut-l'on dire de nos dames d'aujourd'hui, lesquelles ne prennent moins de passe-temps à voir un pauvre languissant se donner au diable et se désespérer, qu'à le voir à tous propos changer contenance, et perdre grâce pour la vue d'elles; lesquelles, ce me semble, faut qu'elles tiennent leurs cœurs avec elles enveloppés : car en quelque forme qu'elles voudront le feront mettre et changer, comme feroit le magicien avec son image. Mais quand notre amoureux produit un bracelet de perles grosses comme pois, les portes fermées lui sont ouvertes très-grandes, comme à passer une charretée de foin, qui est le souverain remède, la clef de la besogne, la peautre[1] du navire, le manche de la charrue. Vous en parlez, à ce que je vois, comme expérimenté, mon compère, dit Anselme, et crois que vous avez passé par les piques. Par ma foi, répond maître Huguet, je ne sais; tant y a que se j'en voulois dire ce que j'en pense, j'en ferois un livre aussi gros qu'un bréviaire. Mais, fit Lubin, ne se pourroient trouver quelques femmes, qui, non mues d'avarice ou convoitise, voudroient loyaument aimer? Il s'en trouve, dit Huguet, mais tant rares! De celles tant seulement parle, qui plus ordinairement font ainsi : car j'ai été trompé, comme les compagnons. Je ne m'ébahis, fit lors Pasquier, si vous aviez tellement la matière recommandée et en affection. Je vous dirai, pour ce que desmeshuy, mal conviennent tels propos à nous autres vieillards; retournons aux premiers, qui ne touchent que prud'hommie et antiquité : car par saint Aubert, vous ne faites que m'en faire venir l'eau à la bouche, et échauffer en mon double jaque, et nous avons bien fort affaire de savoir ce que vous faisiez tandis que vous étiez étudiant. Moi? fit maître Huguet, à Dieu ne plaise, qu'étant écolier, je fisse rien; avec ce que les écoliers en ont, s'il en demeure : car en vérité les femmes disent qu'ils n'ont pas si tôt attaché la brayette de leurs chausses, qu'ils ne cherchent à grande hâte à qui le dire, trop bien les rembarreurs de boutiques après souper, et des Messerres Scriptorantes. En bonne foi, dit Lubin, si ai-je autrefois ouï dire qu'avec la graine de fougère vous aviez fait je ne sais quoi. Ha,

---

[1] Le gouvernail.

vous êtes un galant. Maître Huguet en souriant, et tournant la tête à côté, disoit que Dieu pardonnât au temps passé, et qu'il faut tous passer par là, ou par la fenêtre. Or bien, disoit-il, dites donc quelque cas de votre village, Pasquier? Lequel répondit qu'il n'avoit vu rien en son temps, fors l'ancien Thenot du Coing, duquel tout le monde savoit la vie. Je pense bien, dit Lubin, que tous en ont ouï parler : si est-ce que vous êtes plus résolu en cela qu'aucun, à raison de la longue demeure près lui : parquoi dites un peu de sa manière de faire ; car cet homme-là fut fait en dépit des autres, et vivoit à sa guise, sans avoir regard aux façons d'autrui. Je dirai donc, fit Pasquier, ce que bon me semble, et se mouche qui voudra, s'il ne veut avoir de la gaule par sous l'huis.

## VII.

### De Thénot du Coing.

En ce temps, de quoi avons parlé ci-dessus, vivoit le bon homme Thenot du Coing, oncle de Buzando et cousin germain de Mouscalon. Ainsi appelé du Coing, pource que jamais ne sortit hors sa maisonnette, ou, pour ne mentir, les limites ou bords de sa paroisse. Par ce moyen lui étoit grand contentement attiser son feu, faire cuire des naveaux aux cendres, étudiant ès vieilles fables d'Ésope, allant aucunes fois voir si les geais mangeoient point ses pois, ou bien si la taupe avoit point bêché en ses fèves du petit jardinet, auquel avoit tendu filets pour les oiseaux, qui ne lui laissoient rien. Ah! vraiment, je dirai bien cela, et sans mentir, que de deux boisseaux de fèves qu'il sema, encore mesure de Châteaugeron, n'en eut jamais un bon quart avec ces larrons d'oiseaux ; aussi ne demandez pas comme il les donnoit au diable. Et toutefois, quand il les y trouvoit, et quasi tous les jours, il prenoit plus que plaisir à voir leur grâce de venir, d'épier, et s'en retourner chargés, qu'il ne faisoit à les chasser. Et puis, quand quelqu'un lui disoit : Comment souffrez-vous, compère Thenot, que devant vos yeux ils vous gâtent ainsi vos pois? Par la vertu saint Gris, si c'étoit moi! Oh! répondoit le prud'homme, mon ami, je ressemble à ceux qui ont querelle avec gens bien parlants, lesquels, devant qu'ils les voient, tuent et mettent à sac de paroles ; mais lorsqu'ils s'entre-rencontrent, jamais ne fut amitié plus grande. Ainsi est-il de moi ; car connoissant à vue d'œil le dégât qu'ils font de mes pois, je n'en suis guère content, et les souhaite le plus souvent en la rivière. Mais allant tout à propos les épier sous un coudre là auprès, et voyant l'industrie qu'ils ont à regarder çà et là si j'ai point tendu quelques lacs ou trébuchet pour les surprendre, pour vitement s'envoler, je me rends content, considérant qu'il est nécessaire qu'ils vivent par le moyen des hommes. Quoi ! et d'aucunes fois à peu près ils m'attendent, bien sachant, ainsi je le cuide, que ne leur veux aucun mal ; et le plus souvent ils font leurs nids en ma maison, comme l'hirondelle, et passerons, et autres, tout joignant, qui aucunes fois entrent familièrement dedans, ou viennent manger en ma cour avec mes poules et oies, où prends tel passe-temps qu'un prince souhaiteroit, et à grand'peine le pourroit avoir. Telles choses disoit le bon Thenot, sans mal penser. Et me souvient, disoit lors Pasquier en continuant ses paroles, qu'étant jeune garçonnet, comme vous pourriez dire votre fils Perrot (parlant à Lubin), il me menoit par la main, jasant avec son compère Letabondus, homme fort rusé et assuré menteur. Lesquels assemblés en contoient en dix-huit sortes. Le bon homme Thenot ayant un petit bâton à crochet, me faisant dire mille beaux mots à un chacun, et tous bien à point : puis, ma feue bonne femme de mère arrivant, comme de fortune, lui disoit : Par mon serment, compère Thenot, vous avez bonne grâce de ainsi bien apprendre mon fils à parler ; vraiment je vous suis fort atenue[1] : en bonne foi, vous êtes aussi mauvais que l'enfant. Oui dea, de beaux, répondit-il, laissez-nous faire tous deux, et nous ferons de beaux blés à moitié ; vous n'avez que voir ici, allez-vous-en filer. Lors je commençois, possible, à faire une maisonnette, et amasser force petits bois. Le bon homme de son côté rapetassoit quelque bagatelle pour m'aider, ou me faisoit un couteau de bois, un moulinet, une fusée, une flûte d'écorce de châtaignier, une ceinture de jonc, une sarbatane de seuz[2], un arc de saulx[3], et la flèche d'une chènevotte, ou bien une petite arbalète, et le trait empenné de papier, qu'il gardoit en sa fenêtre, un petit cheval de bois équipé à l'avantage, une charrette, un chapeau de paille,

---

[1] Obligée, reconnaissante.
[2] Sarbacane de sureau.
[3] Bois de saule.

ou bien me faisoit un beau plumail de plumes de chapon, et le me mettoit sur mon bonnet au vieux busq, et en tel équipage suivois le bon Thenot et son cher compère Réjouy, lesquels connoissant les choux et lard être cuits, ce voyant par les corneilles qui se retiroient des champs pour percher au bois, et du bestial, qui déjà étoit mis au tect[1], s'en alloient le petit pas, disputant quelque matière de conséquence, comme de regarder par leurs doigts quand seroit la fête de Noël, ou Ascension; car très-bien savoient leur compost, ou jugeoient de la sérénité des jours subséquents par les bruynes[2] du soir; puis me chargeoient d'un petit fagot de bois qu'ils m'avoient fait amasser, disant, en conscience, que jamais ne faut retourner à la maison vide, et que c'est le dire d'un bon ménager. Eux, arrivés, se mettoient, comme deux fourbisseurs, vis-à-vis l'un de l'autre, et grand'-chère; car tous deux mettoient très-bien le nez au baril, s'il en étoit question. Après souper recommençoient de plus belle à caqueter, écrivant au foyer avec chacun son bâton brûlé par le bout, affermant[3] que cela sert moult aux lunatiques. Un quidam passant par ce pays, et averti de la vie de ce Thenot, non moins sainte que louable, écrivit sur sa porte, d'un charbon de saux:

> Suive qui voudra des seigneurs
>   Les honneurs,
> Pompes et banquets de ville;
> Ne sont en moi tels labeurs,
>   Et ailleurs
> Passe le temps plus tranquille.
>
> Mes jours se passent sans bruit,
>   Au déduit
> De cette vie ombrageuse :
> Dont un doux fruit est produit,
>   Et réduit
> A ma vie si heureuse.
>
> La mort me sera joyeuse,
>   Glorieuse
> Mais à cil qu'est de tous connu,
>   Odieuse
>   Et fâcheuse,
> Étant à lui-même inconnu.

[1] Étable, écurie.
[2] Brume.
[3] Lisez *affirmant*.

En cet exercice passa son temps le bon Thenot, et véquit jusques à la mort en dépit des médecins, et mourut l'an et jour qu'il trépassa; à la grande joie de Tailleboudin, son fils, héritier principal, et noble, qui peu de temps après sa mort mit tout par écuelles, fut un terrible potagier, et mit un ordre non vu à ses affaires. Savez-vous bien, dit lors Anselme, de quel métier il est à cette heure et quel train il mène? Non, répondit Pasquier, mais bien ai-je ouï qu'on ne sait où il est, et estime l'on qu'il soit pendu. Tant s'en faut, dit Anselme, qu'ainsi soit, qu'il fait plus grand'chère qu'homme qui soit en la compagnie; et si voulez ouïr la méthode, je la vous dirai en deux mots. Lors prié par toute la compagnie, et ne refusant cette charge, commença à dire :

## VIII.

### De Tailleboudin, fils de Thenot du Coing, qui devint bon et savant gueux.

Comme a dit le compère Pasquier, dit Anselme, Tailleboudin désamassa [1] en peu de jours ce que le bon homme Jamet avoit acquis en toute sa vie; car quand se vit toucher argent comptant, il en départit à plusieurs dont il avoit le plus souvent affaire : mais pour bien entretenir cet état, vendit tout pour être riche; car, disoit-il, pensez-vous que je me veuille damner pour les biens de ce monde? Après qu'il eut bien gaudi et fait chère de toutes heures, il se vit de reste, de tout son bien, le livre des rois, qui est un jeu de cartes, trois dés, une raquette, et une boîte pleine d'onguents pour guérir son cancre et des poulains qu'il avoit achetés au lendit; quoi voyant, et que personne ne le connoissoit et que les gens l'avoient oublié, aussi que la faim commença lui allonger les dents, fut l'un des anges de Grève et bon petit porteur de hotte, crieur de bon garçon, et fort bon zélateur du bien d'amour. Un jour étant à Sirap pour quelque affaire, je le trouvai en front [2], et lui demandai la cause de la mutation de son état, et s'il n'avoit point de honte d'ainsi être coquin et maraud. Comment! me répondit-il, à qui penses-tu parler? l'habit, comme tu sais, ne fait pas le moine; si tu savois les commodités et gains de mon

[1] Dépensa.
[2] *Trouver en front*, rencontrer.

état, tu voudrois volontiers changer le tien au mien ; car j'ose bien dire et me vanter, sans faire tort à personne, que de tous les métiers qui au matin se lèvent, j'en parlerai suffisamment et comme un autre ; mais entre tous j'ai élu le mien comme le plus lucratif et de meilleur revenu, et sans main mettre. Et afin que tu l'entendes, je ne me soucie de cinq sous, si tu les dois, encore moins de planter, semer, moissonner, vendanger. Rien, rien ; j'ai tant de gens qui font cela pour moi ! Tel a un porc en son charnier, duquel je mangerai quelque lopin, qui toutefois ne le pense pas ; tel a cuit aujourd'hui du pain pour moi, qui ne le pensoit faire. Et n'estime, non, que si les accoutrements sont d'un coquin, que l'esprit soit lourdaud ou pécore. Viens çà, je gagnerai plus en un jour à mener un aveugle, le contrefaire, ou avec certaines herbes m'ulcérer les jambes pour faire la parade en une église, que tu ne ferois à charruer un an, et travaillant comme un bœuf, encore en être payé à l'année qui vient ; à moi, il ne me donne qui ne veut, je ne prends rien à force ; c'est une chose volontaire et non contrainte. Mais écoute, me disoit ce férial Tailleboudin, j'entends le dire à ce mur-là ; aie bon bec seulement, et je te ferai riche si tu me veux suivre. Il faut que tu entendes qu'entre nous tous, qui sommes en nombre presque inestimable, il y a trafics, chapitres, monopoles, changes, banques, parlements, juridictions, frairies, mots de guet, et offices pour gouverner uns en une province, et autres en l'autre. Quoi ? nous nous connoissons ensemble, voir sans jamais nous être vus ; avons nos cérémonies propres à notre métier, amirations, serments pour inviolablement garder nos statuts, que feu de bonne mémoire Ragot, notre antécesseur, a tirés de beaucoup de bonnes coutumes, et avec ajouté de son esprit. Auxquels obéissons autant que faites à vos lois et coutumes, néanmoins que les nôtres ne soient écrites. Il y a davantage, c'est qu'il n'est loisible à quelqu'un se vouloir immiscer de nos affaires, premier qu'il n'ait prêté le serment de non révéler les secrets du conseil, et de bien fidèlement apporter le gain, au soir, au lieu député ; lieu, possible, où le grand seigneur n'a sa table mieux garnie ni de tant de sortes, et ne boit guère plus frais, le tout à l'heure de minuit ; car le scandale est l'un des principaux points observatifs de notre religion. Puis me disoit : Vois-tu pas ces aveugles, ceux qui n'ont figure ni forme de visage ; autres les bras pendants, froissés par la foudre, qui toutefois sont d'un pendu, et les leurs serrés contre leurs corps ; autres ayant les mains crochues, qui les ont à table autant droites que toi; autres un jarret pendant à la ceinture; un contrefaisant le ladre, s'étant lié la gorge avec un filet; l'autre qui a brûlé sa maison, portant un long parchemin que nous autres lui avons fait et rendu bien authentique; l'autre tombant du mal Saint-Jean, qui a la cervelle autant assurée que toi; l'autre contrefaisant le muet, retirant subtilement la langue? N'as-tu vu celui qui affermoit le ventre et intestins lui tomber, montrant un ventre de mouton? et quelle piperie est-ce là! Et celui qui va sur deux petites tablettes, lequel, étant au consistoire, fait mieux un soubresaut ou une volte que bateleur ni baladin qui soit en cette ville? Par ce moyen, la rue où nous nous retirons à Bourges, s'appelle la rue des Miracles; car ceux qui en la ville sont tortus et contrefaits, sont là droits, allègres et dispos. Et te veux dire vérité, c'est que cette femme vieille que tu vois à Angers, n'ayant figure de visage entière, laquelle chante comme une seraine¹ quand elle est de retour, gagne plus que le meilleur artisan de la ville, de quelque métier qu'il soit. Croirois-tu bien que j'ai voulu affermer son gain d'un jour de Pâques quatre écus, et le rebillare du dimanche de Quasimodo trois francs? Et y a en ladite ville une femme de riches parents, laquelle, alaitée de notre heur, ne s'est jamais voulu retirer, quelque remontrance qu'on lui ait su faire, affermant le métier être trop lucratif pour le changer avec un plus honorable et moindre en pratiques. De ma part, je ne donnerois mon gain et autres émoluments du fief pour cent bonnes livres tournois, barbe rase, pied ferrat. Regarde, me disoit-il, cette énorme plaie en cette jambe, ne me jugerois-tu pour plus près de la mort, qu'autrement? Et cette face est-elle pâle et ternie; toutefois en un moment j'aurai ôté tout cela, et serai aussi gai et délibéré que toi; car voilà ma boîte avec mes onguents, et ce pour la jambe; pour ma face, un peu de soufre accoutré comme je sais. Tant en y a de voyageurs, les uns à Saint-Claude, à Saint-Main; autres à Saint-Servais, Saint-Mathurin, qui ne sont aucunement malades; et ceux-là envoyons pour voir le monde, pour apprendre. Par lesquels de ville en ville mandons, le tout en notre jargon, ce que savons de nouveau, même ce qui concerne notre fait: comme de quelque manière de faire, de nouveau inventée, pour attraper monnoie. Et, comme tu vois qu'à ces couvents monacaux se dé-

---

¹ Lisez *sirène*.

partent les paroisses pour prêcher et apporter émoluments en la fraternelle communauté, aussi avec nous se départent les provinces pour, à certains temps, rapporter tout au commun butin. Davantage, en notre métier y a femmes tellement expertes et savantes, que soudain qu'un enfant est né, car tous les jours en est bâti quelqu'un, ils le contrefont au tout, comme lui tourner la tête à côté, ou un pied, le faire bossu, lui apprendre à tourner les yeux pour faire l'aveugle, et ce principalement au soleil. Et penses-tu qu'il me fait bon voir haranguer une pauvre femme de village, et que je lui en conte de belles? car si elle m'a donné ou lin ou chanvre, il me faudra du lard pour faire un emplâtre; et, lorsqu'elle sera au charnier, s'il se trouve quelque cas à part, elle n'en sentira que le vent. Je lui vendrai quelque relique que moi-même ai apportée de Jérusalem, ou une image, ou quelque brigandine[1] de Malcus. Dieu garde de mal le compagnon qui depuis trois jours a gagné un bel écu pour porter une lettre; car penses-tu j'entrerai où tu n'oserois avoir mis le nez? Quoi! et les amours des grosses bourgeoises ne se démènent que par cinq ou six vieilles et laquais de notre collége, de quoi font un revenu Dieu sait quel, amenant l'eau au moulin d'une haute sorte. Même l'une d'elles avoit marchandé l'autre jour à Roboam protonotaire, et convenu de prix à dix écus, n'eût été qu'en demandant à Godebœuf, le principal valet de la maison, la dame, Qui? dit-il, la femme du sire Pierre? Oui, dit la prude femme, c'est la siresse elle-même. Allez de par le diable, allez, répond le juvène[2], il n'y a si gros personnage en cette ville, quand il la veut envoyer querir, qui ne la nomme bien ma dame; moi-même ne l'oserois appeler autrement. Avise quel hasard c'eût été si elle eût été sage! Il est bien vrai, avant que l'une d'elles puisse parvenir à cet honneur, état et degré de vraie maquerelle, qu'il y a de merveilleuses peines, non-seulement à excogiter et donner nouveaux conseils en bonne théorique, mais à les mettre en effet et pratiquer. Que ainsi soit, jamais notre bonne et antique mère Yrlande la Large n'eût souffert aucune avoir cette prérogative, que premièrement elle ne lui eût ramentu[3] comme, par son moyen, les trois dames de

[1] *Brigandine*, armure légère faite de lames de fer jointes, et qui servait de cuirasse.
[2] Jeune homme.
[3] Rappelé, raconté.

la grand' ville furent menées en une pipe de dans lecouvent des frères ermites, cuidant le prieur être des cendres; puis d'un abbé commandataire du lieu même, qui s'accoutra en ramoneur de cheminées pour mugueter sa cuisinière déguisée, cuidant tenir la prime del monde. A cette cause, il falloit qu'elles en trouvassent toujours des plus fines, ou autrement elles n'eussent pu parvenir à ce souverain degré. Lors je lui demandai : Écoute, Tailleboudin, ne crains-tu point de tomber entre les mains de quelque fin freté[1], qui connoît tes ruses et finesses? Ma foi, répondit-il, je crains cela comme feu, et ne voudrois principalement aller à Rennes; car aucuns de mes compagnons qui s'estimoient bien fins et qui en vendoient aux autres, y ont été frottés et étrillés, et laissé quelque oreille. Mais à propos, j'ai bien usé de plus grande ruse cette année. Comment? lui répondis-je. Par ma foi, dit-il, si fis; car je pris mes deux petits enfants, avec ma garse, et les monte sur mon âne. J'entends les enfants, et contrefaisois le bourgeois de Boulogne, spolié de mes biens par la guerre des Anglois, où je fis un merveilleux gain, et principalement de la garse que je pris à Huleu, affermant qu'elle étoit ma fille, et lors j'avois plus de muguets après la queue, plus de maquerelles; et elle qui savoit très-bien son badinage, contrefaisant la pucelle, néanmoins qu'elle eût couru tous les bordeaux de France, et qu'on eût plus fondu dans sa matrice qu'il n'y a de lettres au vieux Digeste, leur accordoit, moyennant une bonne somme qu'ils avançoient; et tandis qu'étois aux églises avec mon âne, elle pratiquoit de son côté, faisant semblant toutefois devant moi que jamais n'y avoit touché, pour donner meilleure couleur à la farce. Par ce moyen, elle étoit tellement poursuivie, que je fus contraint la donner à un gros chanoine, qui la me paya ce que je voulus. Puis, voulant partir, je la lui dérobai, et la vendis, par ce même moyen, à plus de quinze, qui tous eurent la vérole. Somme, je te dis, mon ancien voisin, mon ami, que j'étois gâté si j'eusse suivi ma première vie. A tant s'en partit le galant, et oncques puis ne l'ai vu. Je n'eusse pas pensé, dit lors Lubin, que c'eût été un tel client; car à le voir, au moins tandis qu'il demeuroit en ce pays, on eût dit qu'il n'eût su délier une mouche. Mais la cause pourquoi s'en alla hors du pays il y a dix-sept ans ou environ? A quoi répondit Anselme qu'il ne savoit, fors de

---

[1] Un homme habile, rompu à toutes sortes de malices.

dépit, parce qu'il avoit tout mangé son bien. Ce ne fut la principale, dit l'autre; ce fut pource qu'il avoit donné un coup de tribard au travers du bas de je ne sais qui de Vindelles, au moyen de quoi s'en étoit allé. Vous dites vrai, dit Pasquier; il y a je ne sais combien qu'ils eurent un grand débat, ceux de Flameaux et ceux de Vindelles; mais ma foi il ne m'en souvient plus. Maître Huguet demanda alors à la compagnie, s'ils trouveroient bon qu'il parlât de la périlleuse bataille d'entre eux, auquel fut répondu de tous qu'oui, et qu'il y avoit eu grand chaplis [1], même entre les femmes. Ce que fit maître Huguet, commençant à la source de la querelle, sans en mentir d'un seul mot.

## IX.

### De la grand' bataille des habitants de Flameaux et de Vindelles, où les femmes se trouvèrent.

Au mois de mai, que les ébats amoureux commencent à se remettre aux champs, ceux de Flameaux firent une archerie, où toutes les fêtes s'exerçoient fort, tellement qu'on ne parloit que d'eux par tout le pays, et à leur grand avantage. Mais ceci ne leur dura guère, que ceux de Vindelles (comme savez) prochains voisins, mus d'une envie, conspirèrent une haine couverte, oyant le los [2] et bon bruit qu'on leur donnoit, et qu'on ne parloit d'eux, attendu mêmement qu'ils étoient autant gentils galants, et hauts à la main, que voisins qu'ils eussent. Cette haine dissimulèrent, et feignirent, sans en montrer semblant, néanmoins que souvent se trouvassent aux landes et champaignes, à garder leurs avoirs, ou bien à bêcher, ou besogner en quelque autre métier, et là eussent belle envie de quereller. Toutefois ne purent longuement couvrir celle envie, et fallut qu'ils se déclarassent, comme le feu couvert par longtemps rend tout à un coup plus grande flamme, à cause de la chaleur beaucoup cachée. Aussi quelquefois quatre ou cinq de chacun côté, s'étant trouvés de fortune ensemble, commencèrent à contester, s'entre-donnant attaches de chacun côté, disputant de leurs prérogatives, où se sentoient merveilleusement foulés ceux de Flameaux, qui ne savoient la cause de toute cette menée, disant la querelle être fondée sur un pied de mouche. Au moyen

---

[1] *Chapelis* ou *chaplis*, combat, lutte, bataille.
[2] Louange, renom.

de quoi prioient ceux de Vindelles se déporter de querelles, et de plus les larder, et que tous s'entre-connoissoient, sans faire tant de mines, et que chacun avoit beau se passer de son voisin. Or, répondoient ceux de Vindelles, si nous avions autant d'écus, comme vous pensez bien valoir de crottes de chèvres, nous serions riches. Les Flameaux, sages, ne répondirent rien, pour ce qu'il n'est point de pire sourd que celui qui ne veut ouïr, sinon : Bien, bien, bien, nous leur dirons, vous êtes gentils et beaux enfants, allez allez, vous êtes ivres de lait caillé. Ceux de Vindelles répondoient pour leurs défenses, bien échauffés, que les Flameaux n'étoient que petits sotereaux, petits glorieux, moucheurs de chandelles, et masques de cheminée, se souciant peu du labeur de leur terre, aussi pauvres comme rats, et qu'ils n'avoient que le bec. Et touchant leurs terres, qu'elles étoient de meilleur rapport que les leurs, et de ce en vouloient croire en conscience ceux du gué de Vède, amis communs, et de tous deux prochains voisins. Et au regard de leurs bêtes, ils vouloient, si on avisoit qu'il fût bon, mettre leurs moutons à heurter contre les leurs, et autant en disoient des taureaux. Et que de mettre un tas de lourderies en avant, il n'y avoit aucuns propos, concluant comme dessus. Ceux de Flameaux répliquant fort et ferme du contraire, disoient être en meilleur soulage et plus fécond territoire que Vindelles, où il ne croissoit que chardons, épines, églantiers, vivant comme bêtes baptisées, sans quelque passe-temps, et qu'ils ne triomphoient en archerie comme eux, où alloient de très-belles filles, et qu'elles ne daignoient aller à Vindelles, pource qu'ils étoient niais, lourdauds, et gros veaux de dîme. Cette matière fut longuement démenée d'un côté et d'autre, et s'entrefussent volontiers donné sur le haut de leurs biens, si d'aucuns plus sages n'eussent été médiateurs, et modéré les colères trop ardentes. A chef de pièce, que les deux villages en furent abreuvés, chacun d'eux se sentit fort intéressé, demandant des deux côtés réparations merveilleuses. Même ceux de Vindelles, dont, pour parler privément, sourdoit tout le différend, disoient être trop outragés : car ne demandoient qu'un peu d'occasion de quereller, disant, pour parler à bon escient, qu'on leur devoit laisser manger leur soupe en patience, attendu qu'ils ne demandoient rien aux gens, si premier on n'eût provoqué leurs personnes : et que hardiment chacun se tînt sur ses gardes, s'ils ne vouloient avoir leur part du butin. Au moyen de quoi avisèrent, le tout par le conseil de ceux du gué de Vède, qui pensoient enfin occuper les deux villages, qu'ils donneroient le prochain dimanche une aubade à l'archerie de ceux de Flameaux, sauf à faire retour à qui le devroit, et de cet avis fut la meilleure part : même Pretin, qui mettoit le feu aux étoupes, et la cloche au chat, disant qu'il falloit leur en donner, puisqu'ils en demandoient, et qu'il savoit bien qu'ainsi en seroit lorsqu'ils leur rendirent leurs habits de leurs jeux tous rompus, et que ne seroit ni bien, ni honnêtement fait chercher leur amitié, produisant de ce une balle de querelles qu'ils avoient eues, comme vous savez que voisins ont de coutume. Après avoir de l'une et autre part examiné la matière et au long grabelé [1] la querelle, fut conclu, et de tous ratifié, que le prochain dimanche donneroient le choc à ceux de Flameaux, lequel venu, se trouvèrent tous chez Talbot le rebrassé tavernier, équipés à l'avantage, comme ayant broches de fer, fourches ferrées, vouges, leviers, tortouers, bâtons à deux bouts, fourgons, et quelque méchante pertuisane, encore de la journée de Monthléry. Et après avoir bu magistralement, et à la facultatique, se mirent hautement en ordre: et en chemin ayant le feu en la tête, bien résolus de faire un bel échec. Ils avoient devant eux pour faire la bravade, Tourgis, joueur de vèze, et le meunier de Guicholet, avec son hautbois, qui faisoient rage de souffler. Tant cheminèrent nos Vindellois, que ceux de Flameaux, qui y songeoient autant qu'à s'aller noyer, les pouvoient facilement ouïr, menant beau bruit, riant à haute voix, disant : Compagnons, nous ne sommes ici venus, ainsi que savez, pour enfiler des patenôtres; que chacun montre ce qu'il sait faire tant seulement, et puis laissez faire aux bœufs de devant. Et assez près du pâtis [2] où tiroient ceux de Flameaux, le son et bruit qu'ils menoient fit tant, que beaucoup de Flameaux vinrent voir en courant que c'étoit : et voyant être leurs ennemis mortels, furent bien ébahis; car jamais n'eussent pensé qu'ils eussent été si audacieux. Sitôt que ceux de Vindelles furent arrivés, commencèrent, sans dire mot, ni saluer la compagnie, à danser au branle. Lors quelqu'un des Flameaux se voulut mettre en leur danse, qui fut rechassé bien lourdement, lui disant qu'ils lui avoient amené des sonneurs tout exprès, pource que c'étoit le beau danseur. Puis se moquant de tout le village, disoient qu'ils n'osoient toussir [3],

---

[1] Discuté, considéré.
[2] Lieu où paissent les bêtes, pâturage.
[3] Tousser.

les belîtres, eussent-ils mangé un plein sac de plume. Les archers avoient cessé leur jeu pour voir l'arrivée. Mais oyant que cela provenoit des injures qu'ils se disoient les jours précédents, et qu'il falloit y donner ordre, retournèrent à leur archerie. Vîtes-vous oncques un chien ayant dérobé un lopin de lard, et étant vu, sachant qu'il a malfait, s'enfuir le petit pas, la queue entre les jambes, aucunes fois regardant après lui ? Tels étoient ceux de Flameaux, laids et quinauds, lesquels toutefois commencèrent à s'évertuer et prendre courage ; se proposant l'extrême vilenie que leur faisoient ceux de Vindelles, et leur téméraire audace, les venant défier ainsi jusques à leur porte : et qu'ils n'eussent jamais estimé que, pour si peu de paroles, encore où ils étoient les plus foulés, ils eussent voulu faire un tel tort. Le tout calculé, arrêtèrent que, s'ils ne donnoient le choc, ils étoient à jamais infâmes et déshonorés, et que de là en avant ne s'oseroient trouver aux bons lieux, ni compagnies : vu mêmement que leur honneur y étoit trop lourdement désavantagé. Le cœur crût à ces points d'honneur ainsi sommairement déduits. Au moyen de quoi échappant l'un par ci, l'autre par là, se trouvèrent bien trente chez la Jambue, qui tenoit taverne, où firent si bonne diligence, après avoir bu un coup ou deux, que tôt furent en ordre, aussi bien, ou mieux, que partie adverse, néanmoins qu'ils n'étoient en si grande quantité ; mais la victoire n'est le plus souvent au grand nombre. Etant prêts, avisèrent ne les assaillir en la plaine, car le hasard y étoit trop grand ; ains dresser l'embuscade au chemin creux, lieu pour eux avantageux, ce qui fut trouvé bon, même par un vieux routier, qui autrefois avoit suivi la guerre, qui disoit être loisible circonvenir son ennemi par toutes voies et manières. Se transportèrent là donc les offensés bien rebrassés, et résolus leur montrer leur bec jaune, et apprendre leur leçon. Les Vindellois furent tous ébahis, qu'ils ne virent personne d'eux, et que tout le monde s'étoit absenté, fors deux ou trois vieillards, lesquels s'adressèrent à eux pour leur remontrer quelque cas d'honnêteté : et que ce n'étoit guère bien fait ainsi rompre leur passe-temps, et, par manière de dire, les venir ainsi assaillir jusques sur leur fumier ; qu'ils pourroient bien s'en repentir, pource que tout vient à lieu qui peut attendre. Nonobstant lesquelles remontrances, jetant la tête aux chiens, firent un tour de danse, les dépitant par plusieurs injures diffamatoires. Et après avoir abattu leurs buts, prirent chemin confusément à s'en retourner, ne pensant à l'atrapouère [1], disant qu'ils n'avoient point de rate, et que ce n'étoient gens pour eux; qu'à tout jamais ils en seroient très-mal estimés, joint que de grand vent, petite pluie : de tout quoi en firent une belle chanson, qu'ils chantoient bien mélodieusement : puis la dansoient de bonne mesure, tellement que furent près du chemin creux, qui n'étoit faussement appelé creux, car il étoit fort obscur, bas, et tellement étroit, qu'une charrette en occupoit toute la largeur, auquel étoient deux coteaux d'un côté et d'autre, si hauts et droits, qu'impossible étoit de jamais échapper de là. Les Vindellois dansoient encore, et jasoient à pleine tête, quand ils commencèrent à entrer au chemin, auquel furent reçus d'une haute sorte; car ceux de Flameaux, qui étoient au-dessus et aux deux bouts, sans dire qui a perdu ou qui a gagné, commencèrent à charger sur eux avec belles pierres, ne sachant les Vindellois d'où cela venoit : toutefois, ainsi que depuis ils en plaisantoient, se trouvèrent bien étonnés, et furent tous ébahis qu'ils se voyoient abattre de coups de cailloux. Au moyen de quoi commencèrent à gagner le haut, courant à la foule pour sortir hors de l'étroit. Mais, ô mauvaise rencontre! vont à l'issue trouver une douzaine de ceux de Flameaux, qui avec gros leviers de charrette leur donnoient l'aumône de grands coups sur les épaules, et ainsi leur livroient leur souper. Ces pauvres Vindellois se voyant ainsi surpris, et tant doucement mener, crioient à l'aide, à la force, au meurtre. Hé, messieurs, ayez merci de nous! hélas! pardonnez-nous. Par le sang bieu, disoient ceux de Flameaux, les pardons sont à Rome, vous en aurez : tu Dieu! vous faites les rustres! et quoi? comment? torche, lorgne. Faut entendre, car voici le beau du jeu, que les femmes des deux villages pouvoient facilement ouïr les alarmes qui là se faisoient. Au moyen de quoi chacune se délibéra aller voir que c'étoit : car d'hommes n'y avoit que les âgés, qui étoient à garder l'hôtel, attiser le feu, et reculer le pot, qui y vinrent; mais ce fut sur le tard. Les femmes donc bien échauffées, et toutes affaires cessées, se trouvèrent là; et, comme Dieu voulut, celles de Flameaux rencontrèrent celles de Vindelles en front. Les Vindelloises voyant ainsi malmener et accoutrer leurs pauvres maris, voulurent en faire la vengeance sur les Flaminiennes, et de fait commencèrent à beaux coups de pierres; celles de Flameaux se revenchoient aussi à beaux cailloux : mais

[1] Au piège.

pource qu'il y avoit un bon gautier, qui jugeoit des combats, qui leur dit, en se moquant d'elles, qu'elles ne pouvoient jeter pierres sans lever la cuisse, elles commencèrent, par dépit, à beaux coups de poing sur le nez, traîner par les cheveux, égratigner, mordre, décoiffer, et faire mille maux, comme vous entendez que femmes font. Je laisse un peu ces femmes, et reviens aux Vindellois, qui honnêtement et au plus sûr avoient joué de l'épée à deux jambes, et avoient beau requérir miséricorde, et que pour la pareille on les laissât : car on chargeoit sur eux de si bonne grâce et forme, qu'en fuyant furent poursuivis jusqu'en leur village, encore ne pouvoient presque trouver leurs maisons, à raison de la grand' hâte et peur qui les conduisoit. Les Flameaux, au moins aucuns, vouloient plus outre et trop âprement poursuivre leur fortune; toutefois les plus sages dirent qu'ils en avoient tout au long de l'aune, et qu'il ne falloit se venger si cruellement. Cela fut trouvé bon, et se retirèrent avec la vèze et hautbois, de quoi ils se ébaudirent rustrement; et vont trouver les femmes, qui encore se combattoient. En conflit, y avoit des herbaudes d'un côté et d'autre, qui faisoient rage de frapper; une, entre autres, qui avec son soulier cloué chargeoit à tour de bras; une autre, avec le pied, ne trouvoit rien qu'elle ne mît par terre; une autre, avec une pierre qu'elle avoit mise en sa bourse, frappoit comme un casseur d'acier. Bref, il n'y en avoit pas une qui ne fît le diable. Et y fussent encore ces bonnes dames, si la nuit ne les eût départies. A cette cause, chacune se retira à son enseigne, n'ayant lacs ni couvre-chef en tête, le visage tout égratigné, les oreilles presque arrachées, et les cheveux Dieu sait comment accoutrés, et les robes rompues. Par le moyen de la nuit survenue, commencèrent à belles injures, comme putains, vesses, ribaudes, paillardes, prêtresses, bordelières, tripières, torpidons, vieilles édentées, méchantes, larronnesses, maraudes, coquines, sorcières, infâmes, truies, chiennes, commères de fesses, foireuses, morveuses, chassieuses, pouilleuses, baveuses, merdeuses, glorieuses, malheureuses, teigneuses, galeuses, vieilles haquebutes à croc, vieilles dogues plus ridées qu'un houseau [1] de chasse-marée, vieux cabas, demeurants de gendarmes, maquerelles, brouillons, effrontées, puantes, rouillées, effacées, mâtines tannées, louves. Et tellement crioient et brailloient ces déesses,

[1] Houline, guêtre.

que tout le bois de la Touche en retentissoit, ainsi que me conta depuis Hillot Fessepain, qui pour lors y étoit, coupant une branche d'orme pour faire un arc. De dire à la vérité qui gagna et emporta le prix, on n'en sauroit faire sûr jugement, attendu l'adresse et hardiesse de toutes les deux parties au fait de bien donner coups de poing, et de babiller : car de tous les deux côtés étoient presque rendues, qu'encore s'entre-menaçoient. Ce chemin, appelé vulgairement et notoirement creux, fut dès lors appelé le chemin de la Rencontre. Et si bien se sont maintenus en leurs colères et droits, que si par fortune se rencontrent audit chemin, comme deux hommes font assez souvent, faut nécessairement qu'ils se donnent le choc, et chargent l'un sur l'autre, seulement pour entretenir cette bonne et louable coutume, et ainsi l'ont promis et juré faire et tenir, et de leur gré et consentement les y avons condamnés et condamnons, comme de maintenant pour lors, et de lors pour maintenant. Et étoit ce que avois à vous dire de cette journée du chemin de la Rencontre, vous assurant que j'en ai dit comme je l'entendois. Anselme prit la parole, disant que les Vindellois, de tout temps immémorial, étoient fort querelleurs, et n'y avoit ordre en leur colère. Aussi que le plus souvent et toujours étoient battus, ou l'on leur faisoit quelques tromperies; et lui souvenoit, ce disoit-il, comment ils perdirent beaucoup, allant à aguillanneuf[1], parce qu'ils firent un trop grand tort, et sans propos, à Mistoudin. Je crois, dit lors Pasquier, que la compagnie ne me dédira en ce que je veux pour elle entreprendre, c'est que le compère Anselme conte des Vindellois, et de leur audace, même comme à leur honte ils furent à l'aguillanneuf. Ne faites tant de préoccupations, dit Anselme, car aussi bien j'étois délibéré de le dire.

## X.

#### Mistoudin se venge de ceux de Vindelles, qui l'avoient battu allant à l'aguillanneuf.

Poursuivant ce que le compère Huguet a jà conté, dit Anselme, les Vindellois, néanmoins que audacieux et glorieux, toutefois ont le bruit d'avoir amené beaucoup de coutumes en ce pays,

---

[1] *Aller à l'aguillanneuf*, c'est-à-dire, aller demander des étrennes au jour de l'an.

unes bonnes, autres mauvaises : même sont les premiers que j'ai vus, qui ont porté bonnets à cropière, chausses à la martingale, et à queue de merlus, souliers à poulaine, et chapeaux albanesques. Et avec ce sont estimés de tout temps les meilleurs et plus suffisants bouleurs du pays, et autant beaux mangeurs de fèves qu'on peut trouver : et d'assurance, qu'ils ne se cachent quand on dîne. Une fois s'avisèrent après boire, comme nouvelles opinions et fantaisies viennent aux pensées des hommes, puisqu'ils avoient beaucoup profité aller chanter de Noël au bas Champ, à Tremerel, à Telle, à Huchepoche, et autres villages, et qu'ils avoient amassé force pommes, poires, noix, et quelques unzains [1], et bu de même, qu'il ne falloit pour ce contenter, et quitter la partie, ains le premier jour de l'an, comme est l'ancienne coutume, aller à l'aguillanneuf, poursuivant leur fortune, qui au commencement leur avoit été prospère, et que la fin, ce leur sembloit, n'en sauroit être malheureuse. Au moyen de quoi, pour être bref, au jour dit, bien résolus et délibérés d'aller à l'aguillanneuf, s'équipèrent honnêtement de bons bâtons de pommier, fourches, vouges et quelques vieilles épées rouillées, avec une forte arbalète de passe, qui étoit au premier front pour servir de demander, Qui est là? qui bruit? qui vous mène? tue, tue, chargeons, donnons, et autres semblables mots et demandes de nuit. Mais afin que ne sois trouvé menteur, Baudet le faiseur de fuseaux étoit devant tous avec un tabourin de Suisses, qu'ils avoient emprunté de la Seguimère. Et étoit maître Pierre Baguette, celui qui faisoit tout le *tu autem*; et sonnoit du fifre, ainsi qu'il disoit, ayant sa rapière sous le bras, en faisant du bon compagnon, disant qu'il ne la portoit pour faire mal, mais pour piquer les limaces. Lubin Garot, celui que je visse oncques qui mieux prenoit grenouilles, portoit une grande et large poche, pour mettre les andouilles et autres émoluments de la quête; je crois qu'il portoit aussi la bourse. Hervé le Rusé portoit la broche pour le lard, néanmoins qu'aucuns me aient dit que c'étoit Colin Bridou; c'est tout un qui ce fut, cela ne sert de rien. Ainsi bien enharnachés, marchèrent longuement bien échauffés, chantant une chanson que maître Pierre leur apprenoit comme de sa façon, pource que très-bon étoit rimasseur, et étoit volontiers appelé à tous jeux qui se faisoient. Trouvèrent d'aventure, au delà du pâtis de Rolard, Mistoudin du village de Flameaux, venant

---

[1] *Unzain*, monnaie qui valait d'abord dix deniers, puis fut taxée à onze

mener ses chevaux boire du gué de Vède ou de Bellouse : car ce jour étoit venu de Larringues, où avoit mené une charrette de fagots à Robin Turelure, et plus tôt ne les eût su abreuver. Maître Pierre étoit devant, qui va connoître Mistoudin, l'un de leurs mignons de Flameaux, lui disant assez haut : Ah! Dieu te garde, or çà, compain, donne-nous aguillanneuf. Par ma vie, répond Mistoudin, messieurs, ici ne vous saurois rien donner, car je n'ai pas mon baudrier; mais s'il vous plaît venir jusques à ma maison, Perrine trouvera quelque cas pour vous donner, par ma foi; avec cela boirons. Sainte Marie! dit maître Pierre, ne demandant qu'occasion de frapper, et veux-tu nous envoyer à une lieue d'ici pour un lopin de lard? Par la mère Dieu! je t'apprendrai à railler les garçons, et manger les poires aux gens qui ne te demandent rien. En ce disant, lui bailla un coup de couteau par les cheveux, qui descendit sur le bras dextre, auquel l'eût vilainement endommagé si le manche du fouet n'eût tenu coup. Mistoudin, voyant que maître Pierre vouloit répliquer et ne lui suffisoit le premier argument, commença à piquer de la botte et donner du talon à sa jument, et vie, regardant s'ils le suivoient. Les Vindellois passèrent outre en riant. Mistoudin, jurant et protestant qu'il s'en vengeroit, galopa tellement, qu'il arriva en son hôtel hors d'haleine, et peu s'en fallut qu'il n'eût dronos par sa femme [1], pource qu'elle disoit que les soupes étoient trempées y avoit bien une heure, et qu'il ne se pouvoit garder qu'il ne la vît ou ramenant ses vaches ou allant à la fontaine, le méchant; et qu'elle vouloit bien qu'il entendît qu'elle étoit aussi belle et en bon point comme elle; mais c'étoit grand cas que la fantaisie des hommes. Le pauvre Mistoudin, s'excusant, disoit qu'il n'étoit pas vrai et que jamais n'y songea, quelque chose que dît Margot la hâlée, maudite et malheureuse mâtine et la plus mauvaise langue vraiment qui fût à un trait d'arc, et qu'elle seroit bien courroucée si elle ne tenoit toujours quelqu'un en ses caquets. Lors le pauvre homme, revenu en son bon sens, lui conta de fil en aiguille toute l'affaire, le tout en pleurant à grosses larmes. Au moyen desquels pleurs fut excusé, néanmoins qu'elle dît que c'étoit bien fait, et que c'étoient d'aussi bons galants comme lui, et qu'il falloit qu'il leur tînt grands propos, et qu'il ne falloit qu'une mouche pour l'amuser une heure d'horloge. Mistoudin, n'en son-

---

[1] *Qu'il n'eût dronos par sa femme*, c'est-à-dire, qu'il ne fût battu par sa femme.

geant oncques moins, dit qu'il s'en vengeroit ou mourroit en la
peine, et que s'il souffroit cela il en endureroit bien d'autres ; et sur
ce point, et en colère, voire qu'il ne daigna oncques souper, envoya
querir son frère Brelin et qu'il apportât son bâton à deux bouts ;
lequel à grand'hâte fut tantôt venu, et, bien échauffé, en entrant
demanda qu'il y avoit, quoi? comment? où sont-ils? qu'est-ce?
Par le sang dé, s'ils ne sont plus de sept, laissez-les ; hon hon,
ventre saint gris! Serpe Dieu, que n'est-il guerre! Sur mon Dieu,
dit Mistoudin, tel cas et tel, par tel moyen et par tel. Regardez?
mais toutefois, si est-ce pourtant, vous devez entendre, nenni. Et
cependant lui contoit toute l'affaire, y ajoutant et diminuant comme
un homme qui conte quelque querelle, et là où il est plus favorit,
donne plus de couleur et rend la cause meilleure. Lui dit outre,
qu'il étoit délibéré s'en venger par un moyen qu'il lui diroit, mais
qu'il fût assis et à son aise, et qu'il lui pardonnât s'il étoit hen,
car trop étoit fâché de l'offense. Rien, rien, dit Brelin ayant un peu
haussé son chapeau ; contez, contez tout : tu bieu, le sang ne peut
mentir. Par saint Just, ceux de Vindelles ne gagnèrent rien à nous
faire tort. J'espère, si mon bâton que voici ne me faut, qu'ils n'en
feront pas plus avec nous. Par ma conscience, fit l'outragé, j'ai
avisé que vous et moi leur donnions la chasse, la raison à la main :
pource qu'ils passeront par sus la chaussée de l'étang de Huchepoche, où il y a, comme savez, une planche au milieu à cause de
la chaussée rompue, entendez-vous? Poussez, poussez, dit Brelin.
J'entends et au delà. Au moyen de quoi, poursuivoit Mistoudin,
je serai au bout de deçà, vêtu en un linceul comme d'un homme
mort, ma faux en la main et pour cause. De vous, vous serez à
l'autre bout caché près la planche. Or, ces Vindellois, mes méchants, infailliblement passeront par là, car où diable iroient-ils
se détourner jusques à Jause? Et dès lors qu'ils seront tous passés la
planche, vous ôterez sans mener bruit le carreau. Alors qu'ils seront
auprès de moi, je me lèverai, ma faux en la main, vous assurant que,
de la seule grimace que je ferai, ils auront si belles vezardes [1],
que, s'ils ne s'enfuient, appelez-moi Huet ; et le beau du jeu sera
qu'ils tomberont tous dedans celle fosse, où y a encore de l'eau
pour sécher leurs brayes. Et après de la peur, ayant laissé leurs
hardes, nous aurons poches et sacs, et par ce moyen je serai vengé.
Regardez si je dis bien, car la colère me feroit possible entreprendre

---

[1] Peur, frayeur.

chose dont je ne pourrois venir à bout. Rien, rien, dit sa femme, vous n'êtes qu'un sot ; faites cela, et sur mon honneur vous en trouverez très-bien. Brelin, contrariant, disoit de bon vouloir y aller seul, et de donner le choc à toutes restes, quoi qu'il en dût advenir. Néanmoins, le tout mûrement et avec une sage et discrète délibération enfoncé, fut conclu et arrêté le premier propos; et après avoir bu une volte, prirent leur équipage et s'en allèrent audit étang, où chacun se mit en son lieu arrêté, par serment prêté sur la faux de Huguet, les reçurent en magnifique apparat et comme ils le méritoient pour venger cette injure tant atroce. Je les laisse là attendant ces messieurs d'aguillanneuf, semblables à Guillot qui, étant caché derrière un buisson, au soir, attend Marion qui vient de querir ses vaches, douteux si elle lui refusera ce de quoi elle a été par lui souventesfois importunée. Longtemps ne furent attendant, qu'ils ouïrent les Vindellois qui s'en venoient bien hardés et fasqués[1], jasant d'une haute sorte, même de Mistoudin, et qu'il avoit de l'aguillanneuf; et de ce louoient fort maître Pierre, lui en donnant l'honneur sans en rien réserver ; lequel glorieux de ce, se frottant le bout du nez, faisant bonne morgue, disoit qu'il en avoit bien vu d'autres et de meilleure étoffe; car quand il étoit à Breudebach, ville de Utopie, il en faisoit bien des siennes, néanmoins qu'on avoit rapporté au pays que la vieille Jeanneton lui avoit donné un soufflet; mais, ce disoit-il, elle l'avoit pris en trahison, et que bien lui étoit d'être femme, car autrement il l'eût écorchée. Et comme ils furent près de l'étang, maître Pierre, prié par aucuns qu'il fît quelque honnêteté de son épée, commença à montrer certains points d'escrime, et tous mortels, disant : Ce faux montant est dangereux avec une soudaine démarche à côté, ou bien en entrant d'un estoc volant, ou si vous voulez d'une basse taille, car jamais fendant ou revers ne vous sauroit toucher, pource que vous êtes toujours couvert. Voilà pour se battre à trois, tenez, autant d'une main que d'autre; voilà le secret du jeu, et seulement tenez là votre épée, disant, je ne vous demande rien, vous n'êtes point en danger. Vous me pourriez dire que je fausse mon serment, point, point. Je ne dis pas tout, il y a encore en ce bras-là une douzaine de coups, desquels le moindre mettra toujours un homme par terre, et fût-il armé de pied en cap. Voilà, disoit-il, la levée du bouclier de l'épée seule, et de l'épée

---

[1] Les poches pleines et bien garnies.

baise mon cul à deux mains ; voilà le moulinet qu'on a accoutumé de faire ; et tout cela. Maître Pierre, étant au bout de son savoir, cessa son jeu, et le premier étant sur la planche, dit qu'on ne se hâtât, et que le lieu étoit dangereux, et que maudit fût-il qui le devoit raccoutrer. Enfin ayant tous passé aidant l'un à l'autre Brelin, qui s'étoit caché, ne faillit à jouer son personnage, et après avoir levé le carreau qui faisoit la planche, se remit en son lieu pour voir le passe-temps, et néanmoins qu'il fût grandement fâché de l'outrage fait à son frère, toutefois si rioit-il tant fort que peu fallut qu'il ne fût ouï de partie adverse. Mistoudin l'offensé voyant le point commode, commence à soi lever peu à peu, faisant la roue à ce requise, et pour le froid qu'il avoit naquetant[1] des dents, qui donnoit à la farce une couleur merveilleuse, tant que ces gentils messieurs le pouvoient facilement apercevoir. Maître Pierre en sursaut, comme le premier choisit ce fantôme, et de la peur qu'il eut laissa choir son épée pour gagner le haut, et le reste à qui mieux mieux, criant à l'aide, *adverbia localia*, et pour mieux courir, laissèrent tambourin, broches, poches, lard, pièces de bœuf salé, jambons, oreilles, pieds, andouilles, saucisses, et ceux qui auparavant étoient les plus vaillants et les plus hardis, comme maître Pierre, furent les premiers qui tombèrent en la fosse susmentionnée, où de fortune l'eau étoit petite, car autrement ils étoient perdus, et n'en échappa aucun qui ne fît l'amende honorable et qui n'en eût tout son soûl. Cependant Mistoudin et Brelin, riant assez bas, amassèrent leurs bribes et s'en allèrent à leurs hôtels, vengés et riches de la quête des adversaires. Les pauvres aguillanneufs, pensant d'assurance être morts, furent trois ou quatre heures les uns sur les autres sans oser bouger. Toutefois sur le point du jour, un peu assurés, commencèrent à sortir, premier néanmoins mettant le bout du nez, regardant s'ils verroient rien, puis peu à peu deçà et delà examinoient les chemins. Et me souvient voir un fugitif, qui étant caché est cherché par une douzaine de sergents, et lorsqu'ils s'en sont allés, on lui vient dire : Monsieur, les clients s'en vont ; toutefois, non assuré de la peur conçue, n'ose montrer du premier coup que la tête, regardant encore s'il y a point de finesse. De cette cassade[2] en fut faite une chanson à sept parties, qu'on chantoit bien mélodieusement auprès du feu, à la grande confusion des Vindellois,

---

[1] Claquant.
[2] Bon tour, ruse.

lesquels le dimanche ensuivant firent un monitoire de ceux ou celles qui auroient point pris certaines poches et autres tels bagages. Et d'une même raison et pareil intérêt en fit un autre Mistoudin de ceux qui l'avoient battu. De tout quoi leur en fut baillé acte, et sur ce, plaidoyèrent longuement, et est encore par défaut de suite le procès indécis et au croc, qui (ainsi que pense) sera vidé aux grands jours futurs. Et est ce que je voulois dire touchant les querelles des Vindellois : si vous en savez davantage, dites, car je n'en sais autre. Sur mon Dieu, dit lors Pasquier, voilà bonne petite vengeance et de bon esprit. Ah! j'ose bien dire que ceux de Flameaux et Vindellois ne seront jamais amis, car toujours s'entre-font quelque fredaine, et y a toujours quelque procès entr'eux. Voyez-vous pas encore aujourd'hui Guillot le Bridé et Phelipot l'Enfumé à grand débat? je les écoutois avant-hier, mais c'est un grand triomphe. Je vous prie, dit Lubin, que vous contez tout du long, car ce sont deux bonnes têtes. Par mon serment, dit Pasquier, vous n'en serez pas refusé, compère. Vous avez bien connu le père de Phelipot? C'est mon, dit Lubin, un homme bien notable et bon prud'homme. Par ma foi, répond Pasquier, il avoit un autre fils. Cela n'est point à propos, venez au point, dit Lubin; auquel répondit Pasquier qu'il en étoit content et qu'il avoit grand' hâte. Oh! fit Lubin, j'en saurai plus pour rien d'avec Phelipot, que vous ne feriez pour un liard. Écoutez donc, dit Pasquier, et me pardonnez, car il falloit dire ce petit mot. Ah, vous ne mangerez jamais rien froid, vous êtes trop hâtif.

## XI.

### Querelles entre Guillot le Bridé et Phelipot l'Enfumé.

Du village de Vindelles fut élu pour franc archer Guillot le Bridé, tant pour sa hardiesse, même au plat, que pour la grandeur de corps : car beau mâtin étoit, s'il eût voulu mordre et courir après le loup, et crois aussi qu'il étoit gentilhomme, à cause d'un pré que son père vendit, et portoit en ses armes une esculée[1] de choux, billetée[2] de lard. Ce vénérable et discret Guillot, un jour

[1] Ecuellée.
[2] *Billetée*, terme blason. La billette est une pièce d'armoirie en forme de petit carré long.

étant à sa garnison (pour ce que les Canarriens faisoient mine de descendre), et là ne fit pas grands armes, et ne servit que de nombre, s'avisa que si le décours passoit, que sa porrée tarderoit beaucoup à planter, en quoi seroit trop lourdement intéressé : et pour obvier à tous et chacun les inconvénients qui en eussent pu venir, sans prendre congé de son capitaine, alla faire sa besogne, et payer quelques arrérages qu'il devoit à sa femme, ou pour rien ne se vouloit laisser encourir : car il les eût payés à double usure et intérêt, s'il n'eût voulu être battu. Après qu'il eut achevé son fait, qu'il entendoit, disoit-il, comme un autre, retourna à sa garnison, ses souliers bien mignonnement pendants à la ceinture, à laquelle étoit aussi sa rapière. Et arrivé conta si bien les raisons de son absence à son capitaine Tir'avant, et de si bonne grâce, car gracieux fut l'homme de bien, qu'il fut clamé [1] quitte et dit absous. Or, voici le point de la querelle. Phelipot l'Enfumé, aussi franc archer de Flameaux, voyant que Guillot étoit quitte, et qu'il n'avoit point payé d'amende, s'appliqua fort et ferme du contraire : et en colère, disant en son clein, que d'une même raison, et pareil fondement s'en iroit achever la plate-forme de son four, ou tailler sa vigne, attendu qu'autant étoit privilégié que lui, et en rien ne se sentoit inférieur à lui : car autant bien que lui et mieux s'étoit gouverné, le tout avantageusement, et selon l'assise au côté Geoffroy, concluant comme dessus : et que s'il avoit tort, vouloit payer quelque bonne chose à l'égard de toute la compagnie, de tout quoi demandoit réponds, sauf à passer du parsus [2]. Guillot ne dit mot, sinon que bien, et détacha une de ses aiguillettes, et en bailla un bout à Phelipot, lui disant : Tu m'entends bien ? Oui-dà, répondit Phelipot, et t'assure que je ne te crains. Voici un point de difficulté, que je ne veux laisser en doute. Couper l'aiguillette, ainsi que disent les maîtres, est une manière de défi, ou bien d'un cartel, qu'ils faisoient anciennement, coupant une aiguillette par la belle moitié, et tandis qu'ils étoient sans la renouer, comme un signe et renouvellement de colère, ils se combattoient, la part où ils se trouvoient, sans dire, qui a perdu, ou qui a gagné. Et n'étoit loisible la couper que pour justes, grandes, et favorables causes, comme de n'avoir payé son écot, ains sans dire mot à l'hôte s'en être fui, faisant semblant de

---

[1] Proclamé, déclaré.
[2] Surplus.

s'en aller pisser; n'avoir plegé [1] aucun quand il avoit bu à lui; avoir joué de fausse compagnie, comme dire, Attendez-moi ici, je reviendrai tantôt, pour le sûr, et n'y aura point de faute; avoir tiré la langue sur aucun, puis lui venir rire en la bouche; avoir dîné sans son compagnon, que premier n'eût été appelé trois fois sous la table; avoir entré en une taverne, sans avoir baisé la chambrière, qui étoit vilainement fait, et n'y avoit propos autrement; avoir parlé du vieux jeu, incarnation ou ancien métier, devant l'hôtesse, qu'elle ne l'eût entendu, ou eu quelque distribution après dîner. Pour toutes lesquelles causes se trouva cette coutume, qu'on appeloit vulgairement et notoirement incision, division, coupement, ou coupation d'aiguillette. Revenus quelque temps après de leur garnison, pour retourner à nos moutons, se portèrent toujours mauvais visage, même Phelipot, lequel ayant pris les pourceaux de son ancien ennemi Guillot, qui mangeoient ses naveaux en son jardin derrière, ne leur voulut jamais faire mal, ni pis qu'aux siens, ains les traiter comme appartient à bêtes de telle ou semblable gravité. Auquel comme Guillot eut envoyé son fils aîné Tredouille, le remercier du bien et honnêteté que de sa grâce avoit fait à ses porcs, dont lui restoit bien obligé, répondit: Ce que j'en ai fait, ce n'est l'occasion de chercher amitié avec ton père, mais mon naturel, qui ne consiste, dont je remercie Dieu, à me venger sur une bête, bien sachant ce ne provenir que de ton père, premier argument de notre débat. Au reste, assure-le de par moi, ce qu'il sait assez toutefois, d'une perpétuelle inimitié, et qu'il n'avoit que faire rompre ma haie, pour furtivement prendre mes choux, le larron; et me nier un unzain, que j'avançai pour lui au faiseur de roues, qui tous les jours me menace de me faire ajourner. Aussi que ses porcs sont continuellement sous mes poiriers, dont je me sens fort intéressé; et ne faut qu'il allègue mes champs être mal clos, car je suis celui, possible, qui regarde autant de près à les bien clore et hayer [2]: mais que ferez-vous à un larron? Ha, dit lors Tredouille, j'ai ouï dire à mon père que vous lui printes une bécasse à un collet [3] qu'il avoit tendu près la rivière, et près de Caillette; ne vous en

---

[1] *Pleger* ou *pleiger quelqu'un*, c'est-à-dire, cautionner, se rendre garant, répondre pour quelqu'un.

[2] Entourer de haies.

[3] Filet, piége.

souvient-il? Il faudrait donc. Hai? trut avant, dit Phelipot, debout, que je ne vous voie jamais. Voire mais, contestoit Tredouille, qui étoit aussi mauvais qu'un oison, si les étrilles et conclusions. Bo bo, vertu ma vie, fit Phelipot, par la dague saint chose, s'il faut que Martin bâton trotte? et qu'est ceci à dire? je ne serai donc le maître à ma maison? Alison : crois hardiment qu'il m'en souviendra, et fût à cent ans d'ici; et dis à ton père, que baste, et qu'un bon coup payera tout : à qui pense-il avoir affaire? sont des contes cela, tu Dieu! Vraiment, dit Anselme, voilà de très-belles querelles, et bien fondées. Ah ah, je vous dirois, répond maître Huguet, il est malaisé et quasi impossible que voisins n'aient quelque différend; je le sais bien pour moi. Il y a des gens avec lesquels vous ne pourriez avoir amitié, tant sont pleins de mauvaise grâce : et ne connois homme de ce pays, qui s'y puisse honnêtement régler. Par mon cotin[1], dit Lubin, il est vrai toutefois Perrot Claquedent, que tous avez connu, faisoit bien cela : car à grande peine ouïtes-vous jamais guère dire qu'il print noise avec voisin qu'il eût, et tant y a qu'il étoit d'ordinaire appelé des nobles, et à leur conseil, où il s'entendoit très-bien, et y gagna tout son bien. Vous dites le mieux du monde, dit Pasquier, mais c'est un entre cent; aussi que tout le monde ne peut pas avoir les couillons d'acier. J'ai souventesfois, dit Anselme, ouï parler de ce Perrot comme d'un grand allant, et qui à propos entretenoit fort ces gentilshommes, avec lesquels se trouvoit fort bien; même à quelques banquets qui se fussent faits, s'il en eût senti la fumée, n'eût eu garde d'en perdre sa part : que si vous trouvez bon que je die ce que lui ai vu faire autrefois, je mettrai peine m'y acquitter. Alors tout le monde le pria, et qu'il ne falloit ainsi demander congé d'une chose qu'il pouvoit sans commandement.

## XII.

### De Perrot Claquedent.

Grand merci, dit Anselme. Il n'y a celui qui ne connoisse que Perrot fut un bon vilain, tendre du pourpoint et du cerveau, qui volontiers ne se soucioit qui payât, mais qu'il bût. Mais il avoit un mal en lui, comme nous sommes tous impar-

---

[1] Chaumière, cabane.

faits, que combien qu'il fût de grand conseil aux affaires étrangères, aux siennes il étoit aveuglé, abêti, et de nul esprit, pource que, me semble, il est bien facile d'enseigner, combien que le remontreur ne sauroit faire. De Perrot, il régnoit en son quartier comme un petit demi-dieu et vrai coq de paroisse : régnoit, dis-je, à cause de sa grande diligence aux affaires d'autrui; par ce moyen, tout le monde accouroit à lui pour sa prud'hommie et savoir; car, pour mourir, qui est grand cas, un procès ne se fût intenté, que premier il n'y eût mis la main, assis son jugement sûr, et, avec ses lunettes apposées au nez, haussant un peu sa vue, enfoncé les matières; et pour récompense avoit la nouveauté de tous les fruits du pays, ou oisons, poulets, il ne lui chaloit; car indifféremment, et sans grand égard, il prenoit tout, néanmoins qu'il refusoit un peu, disant, mode des avocats, qu'il étoit assez contenté du bon vouloir; mais puisqu'on étoit tant importun, il n'y avoit remède. Il avoit aussi cela de bon, que quelque banquet qui se fît, il s'y trouvoit, encore sans y être invité, et commençoit à rire et saluer la compagnie dès l'entrée de la maison, disant : Dieu soit céans et les moines chez le diable! Voilà belle compagnie; Dieu doint[1] qu'à cent ans d'ici nous nous puissions tous étrangler. Et après qu'il avoit dévêtu sa robe, et mise sur un coffre, se mettoit à la table, où, quelque rebrassé qui y fût, nul n'étoit mieux adroit que lui, et qui mieux tînt son ordre, toujours en contant quelque fable, quelque cas de nouveau, quelques nouvelles fraîches, qu'il inventoit sur-le-champ, ou bien de quelque procès, que promptement intentoit, et tellement par divers incidents le continuoit, qu'il en venoit à son honneur. Puis disoit : Donnez-moi de ceci, prêtez-moi ce couteau, donnez-moi du vin pour boire, n'ôtez point cela, servez sans desservir. Dieu pardoint[2] à un tel; car voilà le morceau que plus volontiers il mangeoit. De tous poissons, fors de la tanche : prenez les ailes d'un chapon, néanmoins qu'aucuns docteurs dient d'une garse, Voilà le morceau pour quoi la bonne femme tua son mouton : et ce morceau honteux, demeurera-il? Madame, pource que vous ne dormez pas assez, vous plaît-il de ce pied de poule? Oh, le bon bœuf! je crois qu'il soit de carhes : donnez ce pigeon, je le mettrai au

---

[1] Dieu veuille, permette.
[2] Pardonne.

busq : encore un filet de ce vinaigre, ma fille. Ah, diable! ces chambrières vous l'ont gâté. Eh que vous avez mauvaise tête! Madame, un soupiquet ci-dessous ne seroit pas mauvais : mais qui mettroit encore ceci à la broche? Ha, ha, gentil levraut, tu sois le bienvenu ; ma foi, il n'est que mi-cru ; çà, donnez, je le mettrai à la mode de la feue reine Gillette. Comment, Monsieur, ceci demeurera-il? Je le crois bien, les premiers morceaux font ennui aux autres. Tiens, mon fils, mets ceci sur le gril, et je te marierai à ma fille aînée. Ce m'ait dieu, puis me donne à boire de ce flacon. Grand merci, Monsieur, je vous plégerai. Mets comme pour toi. Je vous servirai le jour de vos noces : tenez, mon petit ami, or ne mentez point, combien mangeriez-vous de ceci avant que les oreilles vous cheussent[1]? Ceci ne se fût sauvé devant moi il y a quinze ans. Oh, le bon appétit! tenez, comme il briffe[2]! Qui lui attacheroit des sonnettes au menton, vertu saint gris! Avoit-il mangé son soûl de gland, le galant? Je n'ai plus dent qui rien vaille. Il en y a qui ne mangent point entre leurs heures, ou plus au matin que au soir; je mange à toutes heures, et m'en trouve bien. Faisons comme les sergents, relevons mangerie : je ne donnerois pas de tout ce que nous mangeons, si nous ne buvons, une merde. Otez cette eau, il est assez fort sans elle; au matin tout pur, au soir sans eau : à fol, fromage. Mon ami, lève cette serviette : baillez à un vilain une serviette, il en fera des étrivières : de peur d'oublier mon couteau, donne-moi à boire. Je suis soûl; j'ai le ventre tendu comme un tambourin à cordes; je danserois bien en rond : mangez; vous ne buvez point : après avoir fait un bon repas, il faut devenir chiches[3]. Bren, si mes enfants sont gens de bien, ils vivront : après avoir bien brouillé, nous n'avons que nos dépens : du vin, ou j'en demanderai : après la poire, il faut boire : si femme savoit que vaut pomme, jamais n'en donneroit à homme. Or çà, compère, à cause de lui, pour l'amour d'elle. Là, ma cousine, si j'ai bien bu à ma commère, ma commère a bu à moi : là, vous n'en mourrez pas pour un coup à la bretesque[4]. Je ne m'en irai pas de céans avec la soif. Compère Anselme, dit maître Huguet, je vous prie, soyez bref, et le faire court; car je veux,

[1] Tombassent.
[2] *Briffer*, manger comme un glouton.
[3] Économes.
[4] *A la bretesque*, c'est-à-dire, à la manière des Bretons.

avant que la nuit soit plus avancée, vous dire quelque cas d'assez bon goût, le tout pour entretenir le propos de celle antique prud'hommie. Par mon serment, dit Pasquier, je dirois bien de Perrot davantage, le tout bien à propos. Mais, à raison de la nuit qui approche, et que nous en avons dit de vertes et de mûres, je suis prêt de quitter le jeu, vous laissant le temps qu'avois délibéré employer au demeurant de mon propos à votre dernier conte. Alors Lubin vouloit se lever, disant qu'il étoit las, et qu'à peine pourroit s'en aller, qu'il ne fût longuement attendu de sa femme, au moyen de quoi envoya querir sa jument noire, et demeura encore pour ouïr maître Huguet, qui commença.

## XIII.

### De Gobemouche.

Gobemouche, compagnons et amis, comme vous l'avez connu, étoit un terrible senault[1] et bon vilain, et payoit volontiers pinte ou tout le pot, quand il n'étoit point en son lourdaud. Quelquefois, étant de loisir avec son compère Trainefournille, faisoit de beaux souhaits et à profit, entre autres, pour être bref, que s'il étoit gros seigneur, il mèneroit ses bœufs à cheval, ou qu'il garderoit ses moutons à pied. Et que s'il y avoit quelque beau manche de fouet en pays, ou quelque beau quartier de cormier, pour faire un manche de cognée, il les auroit, ou y auroit bien tiré à la poche. Par ma vie! lui répondoit de même son compère Trainefournille, c'est très-bien souhaité à vous : et ne pensez pas, non, que je voulusse donner mes souhaits pour beaucoup; car le plus souvent, il m'est avis que je suis un grand seigneur, et en cet avis, fais mille belles maisons, et à la fin, je me trouve aussi avancé comme auparavant. Bo bo, disoit Gobemouche, je ne me soucierois pas beaucoup de tant de belles besognes qu'ont ces gros et puissants gentilshommes; il me suffiroit seulement de manger de ce beau lard jaune, à celle fin que les chiens me regardassent; et croyez d'assurance que je mangerois tout mon soûl de fèves et de pois, si le quart n'en coûtoit plus de deux unzains; autant en ferois de ces belles andouilles avec de la porrée, et des oies grasses lardées de vieux lard, et en rien

---

[1] *Senault*, gai et joyeux compagnon.

ne semble ceux qui aiment mieux deux chiens qu'un porc, il y a bien différence. Ce discret et honnête homme Gobemouche, un matin couplant ses bœufs pour charruer, près le moulin à vent, s'avisa, attendu qu'il étoit bien pour ce faire, qu'il envoyeroit son fils Guillaume à l'école, sous maître Bajaret. Nous avons, dit lors Anselme, maintes fois argué de grécisme ensemble. Je le pense bien, dit maître Huguet, car il fut bien savant, ainsi que m'afferma Haudulphi, un jour que le trouvai pêchant à la ligne. Et l'y envoya, pource que sa mère le gâtoit à lui apprendre mille sottes façons de dire et manières de faire fort étranges, comme ne pisser contre le vent, ne dire chat la nuit, ne rogner ses ongles au dimanche, car le diable en allonge les siennes; ne prendre chemise blanche, ne danser, ne chanter au vendredi, ne filer au samedi, n'étudier aux fêtes : mais loisible jouer aux quilles, aux bibelots, ou à cochon va devant. Pour guérir des verrures[1], faut toucher à la robe d'un cocu, d'un cornu ou d'un mouton; c'est celui à qui l'on biscote sa femme, dont à quelque chose sert malheur, moyennant que ce soit à quelque bon diable : pour la fièvre, prendre neuf petites pierres et les envelopper en un mouchoir, puis le premier qui les trouvera prendra la fièvre; faut être huit jours entiers, après les noces faites, sans toucher à sa femme, et au bout du terme, baiser l'autel et aller à l'offrande, encore avec protestation. Qui veut être marié en l'an, prenne le premier papillon qu'il verra. Qui veut gagner le pré Raoul de Rennes, ou le pourceau de Bléron, l'arpent de vigne de monsieur de Paris, ou le quartier des foasseries, ne faut se repentir dedans l'an d'avoir été marié. Qui garde les souliers en quoi on a épousé, cela sert moult à avoir bon ménage; autant en est des treize deniers desquels sont achetées les femmes, et bonne recette pour les garder et n'être janin, est de jamais ne les perdre de vue. Guillaume ayant changé presque tous ces petits mots, sous la doctrine de maître Bajaret, fut mandé par son père Gobemouche pour rendre raison et du temps et de l'argent ; et fut le messager grand Jean le beurrier, un férial buveur et bon compagnon, auquel Guillaume en contoit de toutes façons, et comme il l'entendoit, le tout à la bonne foi. Morbieu, disoit-il, qu'ils seront ébahis de me voir à cette heure! je suis sûr qu'ils me déconnoîtront; car je n'étois pas un tel galant quand j'y allai. Je n'en

[1] Verrues.

doute point, répondit grand Jean, attendu la coutume du pays; aussi que vous êtes habile homme et bon clerc. Per diem, disoit Guillaume, je ne dis pas pour me vanter ; car vanterie, comme dit l'autre. Mais quand il sera question d'arguer, je parlerai si bien latin, que ma mère n'y entendra rien. Oui, vertubieu! je ne dis mot, et gage qu'on verra beau jeu; demandez un peu : ha! toutefois, vous ne le connoissez pas; mais à propos, nous avons fait de bons petits tours ensemble. Par ma foi, mais je vous prie n'en dire rien, pour une après-dînée, nous avons, moi lui et un autre bon garçon, dérobé environ une douzaine de châtaignes à notre hôtesse, tandis qu'elle étoit à matines, et les allâmes manger au pré Fichaut, au soleil; puis chacun tire à la bourse pour avoir des pommes pour un liard et du vin pour un double : et vous réponds de cela, que tous fûmes ivres, et n'eût été je ne sais quoi, comme vous entendez, nous eussions querellé des lavandières qui étoient là. Voilà, mon ami, comme font les garçons quand se trouvent ensemble : aussi, que après bons vins, bons chevaux. Force beurre, force oignons, et grand' planté de moutarde, c'est sauce de morue et de merlans, aussi bonne que le pleur féminin pour les janins. Je m'ébahis, disoit grand Jean, qui ne cherchoit qu'à s'en défaire pource qu'il lui rompoit la tête, que vous ne vous hâtez, car ils vous attendent de tout le pays. Je crois que vous dites vrai, disoit Guillaume; il vaut donc mieux que me diligente : adieu donc, grand Jean. Adieu, Guillaume. Lequel, hâtant ses pas, commença à courir comme le viateur qui, étant à la pluie au milieu d'une plaine, voyant au bout un large chêne, possible creux, ne cesse de courir, le chapeau bridé, le bâton par continuelle motion çà et là branlant, jusques à ce qu'il ait atteint le but prétendu. Aussi Guillaume ne cessa jusques à ce qu'il fût rendu, hors d'haleine, et tirant la langue de demi-pied; et arrivé, trouva son père Gobemouche emmanchant une faucille, lequel, en sursaut, dit : C'est toi donc, Guillaume? Et de la chère? Toujours plus sain que sage, répondit notre férial Guillaume. Peu après, il salua mignonnement tous ceux du village, même Tugal le court, qui, lui ayant fait des chausses deux ans devant, lui avoit attaché la brayette derrière, en sorte qu'il le hayoit[1] mortellement: pourquoi j'eusse pensé qu'il ne l'eût daigné saluer, mais si fit,

---

[1] Haïssait.

Depuis fut, à la suasion¹ de sa mère, interrogé par dam Sylvestre Sortes, et fut trouvé bon grammairien positif et bon petit sophiste. Au moyen de quoi tint les conclusions à tous venants, sous l'if de la paroisse; et pource qu'il parloit haut, fut jugé, même par sa mère et sa cousine, les avoir mis tous sur le cul, et rendu quinauds; tellement qu'on parloit de lui jusques à Becherelle, à son bien grand avantage. Il est temps, dit Lubin, faire fin à nos propos, pour ce jour. De ma part, je m'en vais retirer, prenant congé de vos bonnes grâces, jusques à une autre fois, vous remerciant de votre bonne compagnie. Quoi voyant, tout le reste se retira, chacun à sa chacune, remettant le surplus à la prochaine fête, et montèrent sur leurs juments, qu'on leur avoit amenées. Mais avant que partir, maître Huguet, jà à cheval, se tourna vers les jeunes, qui commençoient à s'en aller, et leur dit, après avoir raccoutré son vieux brodequin : Enfants! tant que prud'homme a vie, il ne se doit esmayer². Au moyen de quoi servez à Dieu et le craignez, et ne vous souciez au reste; car c'est peu de cas que biens et tels points de fortune, auxquels nous confions. Faites donc grand'chère, mes petits enfants, riez, jasez, voltigez, gaudissez, buvez d'autant, entretenez les dames, triomphez, pennadez, ballez, gambadez, poussez les dés, virez la carte, faites les tours, fifres sonnez, frappez tambours, faites le pied de veau; long ce revers, roide cette taillade, fort cette pointe, haut le verre, mettez où il faut; entrez d'une estocade avec trois pas en arrière, et ne vous souciez que d'écrire, toutefois si vous avisez. Mais rien, ne laissez pas d'aller, et faites ce que je vous ai dit, et vous en trouverez bien : allez, mes enfants, que Dieu vous convoie³. Adieu donc, puisque boire ne voulez. Je me recommande à vous. Et moi à vous. Je vous prie, tel, m'envoyer un cent de lattes pour embesogner mes couvreurs, au matin, en attendant qu'il en soit venu de Monfort. Je le ferai, et n'y aura faute. Adieu donc. Écoutez, allez, allez, si ne vouliez dire, nenny non⁴. Bon, prou vous face. Que le diable y ait part à ceux qui veulent empêcher une bonne partie,

Puisqu'ainsi est.

¹ Selon le conseil, à la recommandation.
² Attrister, désespérer.
³ Conduise.
⁴ C'est ici que finissent les éditions des *Propos rustiques* publiées en 1548 et 1549.

## XIV.

**Les propos de la seconde journée, par Thibaud Monsieur et Fiacre Sire, neveux de maître Huguet [1].**

La prochaine fête, qui fut de saint Vincent, jour fatal pour les vignerons et capettes : de sorte, que si l'épine y dégoutte, est aux uns signe de bonne vinée, et aux autres de double portion : maître Huguet demeuré malade, vinrent ses deux neveux Fiacre Sire, et Thibaud Monsieur, bons garçons, et ayant toute leur jeunesse couru l'aiguillette et la poule, pour suppléer au défaut de leur oncle, et suivre les propos encommencés. Je suis émerveillé, dit Fiacre, voyant tous ses compagnons en un monceau, que nous n'avons autres manières et sortes de contes, que de la charrue, et de nos bœufs ; ce temps n'est plus comme il souloit [2], le présent ne semble au passé, et demande ce jour autres façons de faire, et différence de passe-temps. Par le sang dienne, messieurs, il faut parler de choses plus grandes et hautes. Qu'en dites-vous, cousin Thibaud ? n'êtes-vous pas de cet avis ? Sainte Marande, répond Monsieur, tout ce que vous voudrez : je suis de tous bons accords : baillez-moi seulement la partie. Parlons des bons tours, et souveraines sciences, que nous apprenions étudiant en la diversité de Sirap. N'est-ce pas bien dit, Fiacre ? Trop bien, répondit-il, par le saint de notre paroisse, et mieux rencontré que notre vicaire quand il prône, qu'en dépit de l'ivrogne : alors qu'il nous dût dire les fêtes de toute la semaine, feignant tancer les petits enfants qui ragent, et crient, s'amuse à regarder les mères d'un tel œil, qu'il s'oublie soi-même. Voilà rentré de cœurs, dit le sire ; est-ce point pour l'amour de ta femme ? Et ne prends point de l'autrui pour ton propre, répond le notable Thibaud : On sait bien que ta sœur estime plus son ombre que celle des sausaies [3] de Tours. C'est trop s'égarer de notre voie, dit son cousin, rentrons d'où nous sommes sortis. Il me souvient bien avoir autrefois ouï dire à mon oncle don Huguet, que, du temps de ses terminances, il fut amoureux de son hôtesse, et se fourra si avant en l'amour, qu'il laissa dia-

---

[1] Pelletier du Mans et Nicolas Denisot, éditeurs des *Nouvelles Récréations et joyeux Devis* de Bonaventure des Periers, ont reproduit textuellement un fragment de ce chapitre, y compris la *Chanson de maître Huguet*. Voyez la nouvelle CII.

[2] *Souloit*, du latin *solere*, avoir coutume. — [3] *Sausaies*, saules.

lectique, logique, physique, et toutes telles rêveries à tous les diables, pour mieux obtempérer à ses passions et entretenir ses fantaisies. Si bien que de sophiste, et fou logicien, il devint l'un des plus sots amants du monde, venant du premier coup parler à sa grande Perrine, lui disant : Hélas, principale et seule régence de mes entrailles! Que n'ai-je le moyen de vous en faire l'anatomie sans mort! Vous verriez comme mon cœur s'échauffe, le foie fume, mon poumon rôtit, et l'épine me brûle si ardemment, que j'en ai la rate gâtée, et tant que je suis perdu, s'il ne vous plaît me retrouver. Mon Dieu! que de peines à celui qui commence à aimer! il n'en peut manger sa soupe, sans engraisser sa jaquette. Ah, amour! quand je pense en votre assiette, je conclus qu'il y faut entrer par nature, et pousser en B dur : car le mol n'y vaut rien. C'est à propos de la musique, durant qu'il y apprenoit. J'ai encore bonne mémoire, qu'à la fin de tels bragueux[1] devis, mon oncle fut refusé. A raison de quoi se mit à contrepointer une chanson, que j'ai quasi oubliée. Tout beau, tout beau, Thibaud Monsieur, refermez votre bouche; j'ai avisé le coin du mémorial où je l'avois enfermée en mon cerveau, pour la garder plus sûrement. Elle étoit telle :

### CHANSON DE MAITRE HUGUET,
#### DU TEMPS QU'IL ÉTOIT AMOUREUX.

Ce refus tout outre me passe,
Et peu s'en faut que n'en trépasse :
Las! il faut endurer beaucoup
Pour aimer un seul petit coup!

Ah! vous avez grand tort, Perrine,
Je vous pensois douce et bénigne,
Mais j'ai bien connu à l'effet
Que vous vous moquez de mon fait.

Je vous ai déclaré ma peine,
Et que c'est qui vers vous me mène;
J'en souffre trop de la moitié,
Et n'en avez point de pitié.

Or, faut-il bien faire autre chose,
Car l'amour qu'est dans moi enclose
Ne me lairra point en repos,
Si vous n'avez autres propos.

[1] Divertissants.

Toutes les fois que vous vois rire,
Je vous viendrois volontiers dire :
Dites-moi, belle, si m'aimez;
Je vous aime, ne m'en blâmez.

Visage avez de bonne grâce,
Comme moi êtes grosse et grasse :
Aimez-moi donc, dame, aimez-moi,
Et mon cœur jetez hors d'émoi.

Si mon malaise vous peut plaire,
Mon heur vous pourra-il déplaire ?
Qui du mal d'autrui s'éjouit,
Le sien fait qu'on s'en réjouit.

Tous les jours en la patenôtre,
Pardonnons à l'ennemi nôtre :
Point ne suis-je votre ennemi,
Mais votre langoureux ami.

Si de m'aimer n'avez envie,
Pardonnez au moins à ma vie,
Et en ayez quelque remord,
Ou serez cause de ma mort.

Je ne saurois me plaire au vivre,
Languissant toujours à poursuivre.
Il vaudroit trop mieux n'aimer point,
Qu'attendre sans venir au point.

Aimez, puis qu'êtes tant aimée,
Vous en serez mieux estimée :
Votre grâce et votre maintien
Me gluent à votre entretien.

Mon amour commença dimanche,
N'est-il pas temps que vous emmanche ?
J'ai déjà trois jours attendu,
C'est trop pour un homme entendu.

Je ne puis bonnement comprendre
Quel plaisir c'est de tant attendre :
Du temps perdu je suis marri,
N'en déplaise à votre mari.

Quelle diable de chanson est-ce là ? dit Thibaud. Lorris[1] ne fit

[1] Guillaume de Lorris, auteur du *Roman de la Rose*.

jamais si long plaintif de sa rose, ni Matheolus[1] de son cocuage et bigamerie. C'étoit un terrible rithmart, pour un ami de trois serées[2]. Encore n'est-ce pas tout, répond Fiacre. Ho ho, attends, laisse-moi songer un tantet[3], je te dirai la fin en deux mots, puis viendrai au demeurant. Davantage, tu dois entendre que cette-ci est une plus qu'autre chanson : car la trouvant à goût, et ayant la veine en poupe, il la voulut encantiquer : je voulois dire mettre en cantique, afin que la done eût quelque égard à sa valeur, comme d'une chose outrepassant la coutume. Sais-tu pas bien l'autorité de messire Morice, touchant la bonne persévérance, qu'il allègue à ce propos? Outre plus l'on dit communement, que d'une amour aisée et facile, l'entrée n'en fut jamais plaisante : car, soutenoit un bon fripon, où elle est trop large, trop frayée, ou trop déguisée. Mordienne, quel docteur! dit Monsieur, et tu y es plus que distinctionnaire, tu entends toutes les questions. Je te prie, ne marchons plus avant, répond le Sire, et que je touche au but. Ta prose est si attirante, qu'elle me fait oublier mes couplets, de manière que si tu continuois plus guère, tu n'aurois quasi que me dire, ne moi que te répliquer. Or, paix donc.

   Ce gros Jean toujours nous écoute:
   Je crois que de nous deux se doute,
   Et est de peur quasi vaincu :
   Je te pri', faisons-le coqu.

   Tu entends très-bien la manière,
   Au soir, par ton huis de derrière ;
   Et sais qu'à moi n'a pas tenu
   Que plus tôt n'a été cornu.

   En ta maison n'est point les fêtes,
   Et ne va cherchant que les bêtes :
   Bélier il est, bien le sait-on,
   Faisons qu'aujourd'hui soit mouton.

Or çà, Fiacre mon ami, dit Thibaud, quelle réponse eut-il de

---

[1] Voir plus haut, p. 30.
[2] Soirées.
[3] *Un tantet*, un peu.

cet harmonieux chant? Il se peut chanter, comme je cuide, sur:
Puisque nouvelle affection. Quelle? cousin plus que germain,
répondit le Sire, pour mourir tout à un coup, s'il n'eût été des
fous de la haute gamme : mais son naturel empêcha pour l'heure
si bien la passion accidentelle, qu'il n'en eut que les fièvres.
Maître curé, lui dit la pute, qui vous fait si hardi de me requérir? Est-ce la bonne opinion que vous devez avoir de moi,
comme mon hôte et domestique? S'ensuit-il, pourtant si tous les
prêtres de notre paroisse vinrent ici chanter l'O le jour saint
Thomas, que mes besognes se mesurent à l'équerre? Allez, sot,
allez, benêt, votre règle n'est pas bonne, et est votre plomb trop
léger, pour compasser telles matières. Saint Veset! dit lors mon
oncle, si pensois-je bien entendre la perspective d'un fondement
si souvent découvert que le vôtre. Par ma foi, cousin mon ami,
mon pauvre oncle, ce voyant, eut recours aux réservateurs de
la doctrine amoureuse de son temps, même à Fines aiguilles,
Raves douces raves, et à Longue échine, Balais, balais : estimant
par le moyen de telles révérentes personnes, venir au bout de
ses ententes. Quoi? du premier coup se découvrir aux maquereaux et maquerelles? Par les dignes pierres, dont saint Étienne
fut lapidé, dit Thibaud Monsieur, c'est mal entendu le per. Il
n'y a au monde si sûr messager ni médiateur d'amours, que le
dedans d'une bourse bien garnie, et un cœur hardi et avantageux de demander, sans faire tant le puceau honteux, et le ba-
bouin.

> Par telles fortes pointes,
> On vient à ces atteintes.

Oui; mais, cousin Thibaud, répond Fiacre, il la vouloit avoir
comme amie, par bon, long, et obéissant service, non comme
putain; joint qu'il avoit appris la théorique de l'amour, et par
livre, sans qu'il l'eût oncques pratiquée. Entre autres il avoit lu
la répétition bragmardienne, et sur la loi de Julius des Adultères, faite à Toulouse en l'an cinq cent et sept. Là met l'auteur
la différence entre putain, paillarde, dame, maîtresse, et amie.
Sans point de faute, c'étoit une question qui passoit le commun
du village, aussi ne l'avoit-il jamais bien entendue : mêmement
qu'à grande peine un rustique de sa sorte peut être civil au

fleur de la marmite. Il faut marcher un peu plus loin, qui veut voir les hauts clochers. Et voici rage, dit Monsieur, et où en as-tu tant étudié? Je te prendrois aussi bien pour l'enseigne des bréviaires du curé, qui donne de si bon cœur les fièvres quartaines aux hommes de sa paroisse, et excuse tant bien ses paroissiennes. Tu sais qu'il est, je te dirois seulement ce mot en passant. Ce bon zélateur du déshonneur des femmes reprenoit, un lendemain de Noël, ses pitaux de leur mode de faire assez inconsidérée et sotte, et leur disoit : Je suis tout ébahi de vous autres, qui avez robes courtes, et les chemises serrées dans vos chausses, que vous ne suivez, en venant à la messe, les voyettes [1] des guérets, et ne passez par les rotes [2], sans monter, comme hernés [3], pas à pas sur les escaliers, avec vos souliers et sabots tout fangeux? vos pauvres femmes, filles et chambrières s'y crottent toutes leurs chemises, je m'en suis bien aperçu. Et te voilà plus mêlé que l'écheveau de notre chambrière, dit le bon Thibaud. Ah! cousin, répond Fiacre, la brayette sacerdotale est chose trop digne pour toi. Mais toi, cousin Sire, où as-tu pu entendre, et qui t'a si bien dissous les méthodes de planter le mai au trou d'antan? Je n'eusse pas su que tu t'en étois fui à Lyon, après que tu eus découvert les Sirapiennes [4], si tu ne m'eusses dit trois mots du jargon de la done Pernetta? Ainsi s'accusa le curé d'avoir levé le corset des patientes dames. Assure-toi, Thibaud Domine, que l'on apprend pour le jourd'hui plus avec aucun sire, que des quadrangulaires. Si pour le jourd'hui l'un de ces messires se trouve en noce, banquet, ou festin d'accouchée, avec leur clerc damp Josse le Bossu, il n'y aura bon morceau que pour eux, au moins s'ils sont privés de l'F tranché : puis après avoir mâché à la libre tudesque, soûls comme grive, font leurs déclamations des peines qu'ils ont pour servir leur mère, et à confesser. Voilà la plus grande et saine partie des propos de telles bestiales personnes. Mais d'un sire bien entendu, qui sait que c'est que de vivre entre les hommes de bon jugement, d'esprit, et de vertu, ses devis ne sont point sans profit. De sorte qu'on s'en ébahit, et les a-t-on en admiration,

---

[1] Petite voie, sentier.
[2] Route.
[3] *Herné* ou *hernieux*, qui a une hernie.
[4] Parisiennes.

même le noble de notre bourg. Car s'il est question de parler outre leurs marchandises, de navigation, d'architecture, des arts libéraux et mathématiques, civilité, honnêteté, science, et bonne expérience des manières de vivre et façons modernes, les bonnets à l'orbalestre en triomphent autant bien, que nos nouveaux Crémonistes et Florentins, dont la plupart n'a l'usage que de faire arrester l'épée [1], dresser la parade, et porter l'arrière-nièce d'une gibecière pleine de coton, feignant être acquits, ou commissions, pour les nouvelles guerres de Savoie. Et quant aux femmes de chaperon doublé d'un faux manchon de quelque vieux damas, et à bord par derrière de velours, où en trouvez-vous de plus galantes, nos gentilles femmes et courtisanes exceptées, excellentes et braves, que nos glorieuses de Sirap? Il ne s'en faut que les martres sublimes qu'elles n'osent mettre au cou : mais pour s'en venger elles en doublent leurs pelissons de taffetas changeant. Vraiment la coiffure de crédit a transféré le bon savoir, entretien, beau et bon parler, de l'extrémité à son milieu. Ah! ah, seigneur! répond Thibaud : car je ne t'ose plus appeler, tant je te vois scientissime, Fiacre, Sire, ni cousin, vous vous oubliez, et sortez de nos terres. Retournons, que les Anglois ne nous surprennent. Que fit notre oncle Huguet après l'outrageuse réponse de son hôtesse? Sur mon âme, tu as bonne retentoufle [2], je l'avois mise dans mes choux de dîner, si tu ne la m'eusses ramenée en mémoire. Que penserois-tu qu'il eût fait, dit Fiacre, fors recommencer une plus urgente poursuite? Sais-tu pas bien, qu'à gueule échauffée la décoction de joubarde et verjus est plus saine que l'eau fraîche et claire? Il est bien vrai que la dissimulation est une grande recette pour nos rusées du jourd'hui. Mais quoi? chacun ne se plaît pas à attendre dix ans pour un baiser, même d'une qui en derrière chauvist des oreilles [3], prétendant le coucher. La bonne personne rentre d'une fièvre lente en continue, passe tous les jours vingt fois devant sa porte, salue les fenêtres, adore l'huis, se passionne, se crucie et se tourmente : bref, fait plus de soupirs et admiratives à l'endroit de sa chambre, qu'un Milanois devant le dôme Saint-Ambroise, ou un Vénitien

[1] Tirer l'épée.
[2] Mémoire.
[3] Dresse les oreilles.

devant Saint-Marc : mande, et contremande, écrit, donne réveils et aubades de sa vieille guitare, qu'on souloit nommer guiterne, loue les savetiers du clos Moreau, pour les chansons, vend tous ses livres, saies et robes fourrées au printemps, pour la réjouir d'une algarade d'épinette désemplumée, avec quatre violons à treize cordes ensemble, et huit cornets, le tout à quinze accords. Or cuidoit-il après ces motets de chat-huant avoir quelque bon tour d'œil, joyeux visage, et gaie caresse; si que le vendredi d'après Quasimodo, ayant sa lourde aimée acheté pour dix ou douze sous de menuyse, pour traiter ses caméristes au vinaigre, et valets au persil, le poursuivant et vénérable amoureux, vêtu d'une saie de la robe nuptiale de son père, que sa sotte mère lui avoit envoyée, au bust noir, d'une chausse à la cuissotte et d'une marabaise grise, la voulut aller voir. Avint qu'en entrant, elle, qui étoit maîtresse chambrière de chambre, et cuisinière, tenoit sa jatte toute pleine d'eau saigneuse, tripes, amers, écailles de poisson, dont en couvrit ma nouvelle personne, pensant la jeter dans la rue, depuis sa couronne jusqu'aux talonnets de ses chausses, et si à point, que vous l'eussiez dit être une traînée, pour les écoufles et pies, ou le vieux gendarme d'Essone à tout son jaque de la paroisse. Lui, accoutré de ce nouveau masque, rentra dans son étude par l'huis de la ruelle, et se consoloit en lui-même d'avoir reçu ce récent déplaisir : d'autant, disoit-il, qu'il lui fut avis qu'elle avoit eu quelque deuil de lui avoir fait ce tort, qui seroit, possible, occasion de renfort d'amitié, et commencement d'alliance assurée. Comment? répliqua lors Monsieur, les dames de ville s'ébattent donc à faire endurer leurs amoureux, et prennent plaisir à les fâcher? C'est bien au rebours de Colette de Monsoreau, qui se réjouissoit depuis minuit jusqu'au point du jour, pour avoir oui chanter seulement le coq du secrétain de Candes, qu'elle avoit pris en amour le jour saint Martin en faisant son offrande. Aussi, répondit Fiacre, étoit-elle du temps de la passion de Saumur, où les femmes des anges aimèrent les diables. Finablement, maître Huguet notre oncle se dépouilla, et retournant le lendemain au matin à la première messe, trouva son tourment, dont lui ému, et impatient de bon espoir, lui donna tel soufflet de cinq ou six francs qui lui restoient dans sa bourse, qu'il la rendit plus douce que la grande Gilette, que sa petite chienne mignonne contrefait si souvent et bien sur le dos. Et c'est ainsi, qu'il y faut aller, de par sa mère, dit Thibaud ; non pas simuler le marmiteux [1] et l'observantin [2] trente-deux, ou trente-trois mois : à quoi me vouloit contraindre Colichon, si je ne lui eusse apporté un demi-ceint [3] de la foire de Chandeleur. Aussi n'estimez-vous pas, quand on fait l'amour à une femme qui a quelque peu d'esprit, qu'elle ne se doute bien à quelle fin c'est, et pourquoi? C'est donc folie de lui dire. Par quoi si l'occasion s'offre, vous n'attendrez qu'on vous die : Hors d'ici, niais : videz hors de ma présence, nouveau partout : voulez-vous qu'on vous ouvre avec les deux pouces ce qui se plaît à être pris par force? Par l'esprit de ma feue mère, dit Guillot, le plus ancien et premier des valets de la paroisse, c'est trop musé aux maladies de nature. Parlons un petit de notre assemblée prochaine, et avisons comme nous pourrons traiter les rêveurs de Cunaud, s'ils nous viennent à notre confrérie de la Dédicace, où monsieur OEnotrius sera prévôt de la Hémée. C'est bien dit, répondirent les neveux du vieil amant : et alloient coucher d'ordre les rangs qui y seroient tenus, si la pluie ne fût venue, qui les fit départir.

## XV.

###### La délibération de Guillot sur l'ordre de la Hémée, ou banquet de la dédicace de Borneu, fête annuelle de toute la châtellenie de Vaudevire.

Guillot, impatient, comme sont communément tous les gens de village, et assez indiscret, ne sut attendre au jour accoutumé, qui devait être la fête suivante, à déclarer sa fantaisie touchant l'appareil du banquet des confrères; mais sitôt qu'il fut arrivé à Borneu, après toutefois qu'il eut bu une tierce de vin, mesure du lieu, qui ne vaut seulement que neuf chopines de Chousé, et s'être séché en l'ombre de cinq ou six gros fagots et autant de bourrées, envoya quérir le vicaire de la paroisse, sans lequel en tels actes on ne fait jamais rien; Tonin l'Étonné, Hubert du

---

[1] Câlin, dolent, piteux.
[2] Attentif, circonspect.
[3] Ceinture de métal, d'argent ordinairement.

gué d'Ancône, Bastien Bibus et Philippe Davon, les plus beaux et gentils fesseurs de pain de toute la châtellenie. Auxquels venus il dit de bonne sorte : Eh! compagnons, vous soyez les très-bien venus: vous ne savez pourquoi je vous ai mandés? Non! non! Holà hé! tout beau. Je le vous vais dire, car à peine le devineriez-vous. Je crois que vous m'avez autrefois ouï parler des bons tours que nous firent les moines de Cunaud, quand j'y fus à la mi-août mener la fleur de ce bourg, et comme ils renvoyèrent quinze jours après vos cousines et ma sœur, sentant leur cordouan à pleine gorge, et le maroquin d'une lieue, et si foupies, qu'il les fallut mettre un mois en mue devant qu'elles eussent repris leur pli. J'ai toujours pensé depuis à m'en venger, et leur dresser une traînée, pour mieux les prendre au piége, que entre vous m'aiderez à tendre. De dimanche en trois semaines sera notre fête, et par même moyen le jour de nos confréries, auxquelles on vient de tous côtés, et d'Andrezé même et de la Segninière. Je serois d'avis, afin que nos voisins eussent meilleure envie d'y venir despendre[1] leurs six sous et trois, dresser quelques assiettes nouvelles et entremets pour désennuyer la compagnie, sans nous amuser aujourd'hui ni jeudi à un tas de folies que nous ont amenées une manière de nos bragards[2] qui ont hanté les villes et gens de bien, à deviser toutes les fêtes, les vêpres dites. Cela ne me plaît point; mais que leur sert-il de vouloir apprendre ceux qu'on ne peut enseigner, et perdre leur temps après vaines personnes? Qu'ils nous laissent tels que nous sommes. Boire bien aux jours fêtés, regarder si on a gagné sur son blé, et comme l'on pourra prendre nouveau terme de ce que l'on doit, n'est-ce pas notre état? Si est, et maudit soit celui qui abolit les bonnes usances[3]. Nous aurons donc, la soupe mangée et le brouet avalé, des oreilles de vache à l'étuvée, le poil ôté, cela s'entend; des pieds de bœuf rôtis, lardés de riforts[4]; des têtes de veau en pâte, farcis de culs de poule, et ce pour nous moquer de nos Cunaudistes; pieds de chapon à la fricassée, gésiers au civé, chefs de belin dorés, autrement appelés perdrix de la truanderie; gambes de ca-

---

[1] Dépenser.
[2] Élégants, petits maîtres.
[3] Usages.
[4] *Riforts, raiforts* ou *réforts*, grosses raves.

bre¹ à la sauce verte, saoul à la vinaigrette, hachis de groins de
truie, cochon bouluz², pource que l'on s'ennuie du rôti; levrauts
flambés, puis à mi-cuits les garnir d'orties, de peur qu'ils
sentent leur lande, avec quelques salades d'écorces de châtaignes,
queues de poires et têtes de rabes³. Pour l'entremets, jardz⁴ de
dix-huit ans, cuits au four, entre deux pâtes, et avec leurs
plumes. Il me souvient que l'année passée ceux de Villedieu
mangèrent toute la peau, et laissèrent la chair à qui la vouloit
prendre. Par sainte Agnès, marraine de ma feue tante, s'ils en
veulent manger encore un coup, ils auront la peine de la plumer,
s'ils n'ont les gosiers pavés de graisse. L'anatomie d'un vieux
mouton, et des canards à dodo l'enfant. Et si ne sont bien entre-
métés, appelez-moi nisques ou plus sot encore. C'est quelque
chose de savoir la cuisine avec son labourage; au moins si l'on
se trouve en quelques bons lieux on est estimé des fripons; mais
s'amuser, en lieu de connoître les saisons de l'année, l'opportu-
nité du temps, et savoir compter combien ont despendu les chevaux à monsieur en herbe, et le mulet de mademoiselle à l'a-
voine, à moucher une chandelle pour l'amour de Catin, à bien
tiser⁵ une torche, et regarder s'il faut rien à monsieur de Galopi-
nerie, et au vieux rechignard pelé de Chalonne, et n'être loué
d'autre chose, ce n'est pas grand intérêt pour avancer ces sept
vingts francs qu'il a eus pour toute succession de ses parents.
Je sais bien que Catin la Rude a dit qu'il y en avoit cent quarante et dix; mais je n'en crois rien si je ne vois le compte. Et
dea ce veau dîmeret, qu'à mille de millions de pannerées de
beaux diables : et trut, de bon gré, il ne vaut pas que j'achève.
J'eusse eu le joyau sans lui, le gros maroufle embadaudé; mais
il me fit chère d'une jambette si vertement, que je rompis les
mâchoires de la créature que je menois. C'est tout un, il sera
du nombre de mes mignons. Et du dessert vous n'en dites mot?
fit Toni. Comment? y aura-t-il du four? Oui, et de la cheminée.
Pensez-vous, répond Guillot, qu'on dépêche ainsi les matières?
Attendez du reste à demain. Buvons, et nous allons coucher.

---

¹ Pieds de chevreau.
² Bouillis.
³ Rave ronde, appelée *rabe du Limousin*.
⁴ Oies.
⁵ *Tiser*, pour attiser.

Voilà le retour de matines; si vous fussiez venu avec Maheu Bridou, ce fût fait. Et quoi! vous ne demeurez pas céans? Adieu donc, messieurs.

Jouir ou rien.

FIN DES PROPOS RUSTIQUES NOUVELLEMENT IMPRIMÉS
A PARIS.

# BALIVERNERIES
ou
# CONTES NOUVEAUX D'EUTRAPEL,
AUTREMENT DIT
## LÉON LADULFI.

## L'AUTEUR A SON GRAND AMI H. R.

Tu trouveras étrange, mon compagnon et ami, que, étant attaché à une tant grave et solide profession, me remettre, contre le naturel d'icelle, à forger (ce que l'on dit) sur une même enclume, et retourner la période étant révolue, dont n'a guère je suis issu. En quoi je suis vu contrarier à ce que dernièrement tu m'objectois, et en joyeuse colère, mon naturel (savoir) être du tout à contrepoil et biais, et qu'à mon horoscope estimois le mouvement du ciel avoir été tout irrégulier et de travers. Voulois davantage, pour me rendre parfait jurisconsulte, me bailler force livres de médecine en main, comme si, suivant le naturel de tous les hommes, je me fusse efforcé contre les choses défendues. Cela disois folâtrant et par jeu, mais à bon escient, ayant déchiffré par le menu maintes belles et graves autorités touchant la parcimonie et chicheté[1] du temps, non moindres en doctrine, que bien tirées de la philosophie ; jointes à ce doctes et bien enrichies admonitions, d'atteindre mon but d'assez longue main prétendu ; concluois par bons et bien rendus syllogismes, à me divertir de ces folâtres et inutiles écrits, m'invitant à tâcher je ne sais quoi du plus haut qui sentît ma vacation[2]. Et, me piquant doucement, reprenois fort l'édition de quelque œuvre assez inconsultément mise en avant, qui, pour le devoir de la matière, devoit encore être (suivant le conseil d'Horace) quelque nombre d'ans en mon étude. Cela, ami, comme je le trouvois bon, et venant d'un estomac[3] affectionné, et sans fard, aussi t'en rends-je grand merci. Mais, ainsi que l'ami a cette familière puissance d'honnêtement admonester, conjointe à ce une modeste répréhension, aussi n'est-il pas défendu à l'admonesté, sans s'opiniâtrer, se purger[4] vers son

---

[1] Brièveté.
[2] Métier, profession.
[3] Cœur.
[4] Se disculper.

ami, au moins par telles quelles raisons satisfaire à ses impressions aucunes fois assez soudaines. Car, à la vérité, le plus souvent blâmons l'institut[1] et façon délibérée d'autrui, ayant mal avisé sur ce qu'il a projeté en soi-même de longue main, nous arrêtant par une amour de nous (que les Grecs proprement appellent philautie) en nos seules conceptions. « Je m'ébahis (dira quelqu'un qui va mourir pour le peuple) comment il est allé là. — Mais pourquoi (dit un autre qui n'a que faire) fit-il cela ? » Sont les interrogatoires et admirations du fait d'autrui, qui beaucoup plus les malaisent et tourmentent que les leurs propres, peu, ou rien entendant qu'on se réserve toujours quelque point secret, qu'on ne veut, ou ne peut-on honnêtement communiquer, et, pour ce, faut alléguer quelques raisons crues et superficiaires[2], pour contenter si fâcheuse importunité, qui est un vice qu'on n'évite du premier coup, si on n'y regarde de bien près. Non que te voudrois rejeter cette légèreté sur tes saintes admonitions, et desquelles je te tiens grande obligation ; mais en usant de solution, ou plutôt de diffuges à tes contraires, je te pourrois, usant de compensation, balivernant et riant avec toi, déduire partie de mes motifs et arrêts ; en te confessant que mon naturel est folâtre, rire et écrire choses de même, encore ne sera-ce rien étrange et hors le naturel des hommes.

Penses-tu pas que cette vivacité, ou plutôt inconstance amortie, et le but de ma liberté rompu, je ne fusse un niais et abêti, comme je ne suis guère sage ? Il ne faut pas cuider du beau premier coup vouloir changer cette nature, et rompre les andouilles avec les genoux, pour la raison que c'est une chose de trop grand'peine. Quelques singes, par le commandement d'un roi égyptiac[3], ont été appris à voltiger, baller[4], et à toutes façons de soubresauts instruits, tellement qu'en rien ne ressembloient l'idée de leur premier animant[5] : toutefois, leur étant jetées quelques noix par la salle, tournant leur robe, coururent à ce que nature n'avoit voulu qu'ils oubliassent.

Même apologue d'une chatte, qui fut longuement chambrière de Vénus ; mais, ayant aperçu une souris, qui frétilloit je ne sais quoi, changeant son service à une prompte et allègre course, la grippa. Ceci nous admoneste qu'il ne se faut oublier d'être homme, et cuider qu'en changeant notre façon de faire le plus souvent à une plus dépravée, nous devenions plus sages. De ma part, si faut-il que les meilleures heures (que j'ai disposé à mon principal étude) dispensées[6], je remue ménage, je tracasse, je brouille ces belles besognes que tu vois, aux heures où les autres coutu-

---

[1] La conduite, la méthode.
[2] Superficielles.
[3] Roi *égyptiac*, roi d'Egypte.
[4] Sauter.
[5] Instinct.
[6] Employées

mièrement s'écurent les dents. Combien y a-t-il d'hommes au monde qui ne vivroient sans procès? Combien de gens autrement empêchés aux affaires graves et politiques, qui se réservent quelques heures pour jouer du luth, ou viole, écrire une épigramme? J'aurois grand peur, ayant laissé de brouiller, que je ne fisse comme Théophraste, lequel, ayant commué son labeur d'étude à ses aises, mourut : dont m'est avis que peu à peu se faut dérober de toutes choses qu'on veut changer, non de prime face s'adresser à choses élevées et enflées, ayant dédaigné les humbles et abaissées.

Mars, selon le proverbe, fut premièrement loué pour ses fils, et en rien je ne consens avec Pindare, qui, en paradoxe et en chose arrêtée, veut quiconque a volonté de perpétuer son nom, lui être de besoin de commencer par choses non basses, mais de grande étoffe, et hauts points ; car, pour résolution, il faut premier en dire de vertes et de mûres, ensemble baliverner, de sorte qu'avec le temps on puisse parler à bon escient. Quant à l'édition de mes rusticités, et ceci, mon grand ami, je te confesserai toujours, entre deux portes et honnêtement, être choses indisposées[1], mal couchées, mal dressées, sans lime, encore moins de grâce ; que veux-tu davantage, si le papier souffre tout? mais je te dirai que j'y songe une finesse, et l'ai fait tout exprès : car le sujet de l'œuvre bien troussé, rendu par bonne forme et élégante, n'eût d'assurance jamais échappé les calomnies et hautes interprétations de ces braves cerveaux : ou, comme ils sont en leur lourdois[2], homme ne s'y oseroit, ni daigneroit attacher, comme n'étant chose de grand prix, si ce n'étoit quelque Démocrite, ou Diogène avec sa besace, qu'ils indifféremment s'empêchent de tout. Qui fera que, me recommandant à toi, je m'obligerai que, si croissant l'âge, le savoir s'amplifie tellement que la plume plus vivement se puisse tourner, je te ferai part de plus amples Baliverneries.

## I.

#### Eutrapel amène un villageois coqu à Polygame.

Eutrapel, un matin, s'étant essuyé les yeux au mieux qu'il avoit pu, écuré et adouci son estomac de quelque pied de mouton, bu à l'égard d'un vin blanc, sur lequel voltigeaient mille petits estradiots[3], prit ses éphémérides, et là commence, par merveilleuse industrie faire ses élections[4], voir s'il lui seroit point improspère faire une saillie[5] aux champs,

---

[1] Mal disposées.
[2] Naïveté, ignorance.
[3] *Estradiots*, littéralement, des cavaliers armés à la légère.
[4] Délibérer.
[5] Aller.

et le tout révolu, et vu mêmement que Mercure venoit en trin ¹ aspect avec la lune, ne craignant que Saturne, ce vieux rassoté ², vînt en opposition par la quadrature que pouvoit ensuivir, prie l'un de ses compagnons lui faire compagnie, l'assurant qu'il y avoit je ne sais quoi de travers par le pays; et, sur ce pas, lui montre, à main gauche, une corneille, ainsi qu'il affermoit un mauvais signe, et que le coup tomberoit sur quelqu'un. « Mais, non pourtant, ne laissons pas d'aller, » dit Eutrapel. Ce faisant, et en disant propos Dieu sait quels, et aussitôt de côté, comme à biais, s'éloignèrent d'une bonne demi-lieue. Eutrapel, qui jamais n'avoit l'œil en un lieu, ains inconstant et vague, choisit à quartier et non loin un villageois s'étant fourvoyé du grand chemin, pour illec plus à l'aise endurer ses passions. Le vilain, syllogisant à part lui, faisoit terribles et énormes figures; une fois, haussant son chapeau, passant le doigt à sa ceinture, grondoit certains gros mots entre les mâchoires; puis soudain, reculant deux pas en arrière, mettant les deux mains sur le cul, jetoit profonds soupirs avec acclamations. A qui le vous comparerai-je mieux qu'à un joueur de luth? Le joueur de luth, ayant sa tablature devant lui, son bonnet haussé, ou sans bien et ententivement regardant l'accord de l'instrument, commence par une désespérée agonie à entrecroiser ses doigts, élargir sa main, pour plus prendre d'accord, suppléant l'adresse du doigt par un certain mouvement de bouche, par un honnête allongement de museau, par une morsure de lèvre outre le point de bonne grâce, par un contour excellent du menton, tirant parfois la langue à quartier, enfonçant ses sourcils, serrant de rage les dents; puis, tout à coup, laissant les outils, se gratte l'oreille gauche avec un regard essoré ³, et s'il est lunatique, le pauvre luth est fessé.

« Mort de diable, dit Eutrapel, qui est ce mélancolique ici? qui m'a amené ce rêveur? quel dissimulateur de vérité! quelle mine il fait! » Il le vouloit aller aborder, quand son compagnon, qui avoit peur de telles grimaces, le retint, lui alléguant que ce pouvoit être quelque philosophe, qui déchiffroit par nombres l'harmonie des corps supérieurs, ou bien être quelque vaudoyeur ⁴, ou sorcier, faisant le circuit dans ses champs. « Toutefois, quel qu'il soit, savez-vous pas (il allègue ceci davantage) que le plus grand tort qu'on eût pu faire jadis à un chevalier errant, c'étoit lui rompre le plaisir conçu par les pensements ⁵? Et qu'il soit vrai, Perceforêt ⁶ n'en fait point de doute. — Vous dites vrai, dit Eutrapel? Çà, çà, hauf, maître vilain! dit-il au mélancolique; qu'est-ce que tu marmonnes ⁷ là? quels diables de singeries fais-tu là? est-ce par mal, ou comment? »

1 Triple.
2 Sot, stupide.
3 Vague, hagard.
4 Magicien.
5 Pensées.
6 *Perceforêt*, héros d'un roman de chevalerie.
7 Marmotter, parler entre ses dents.

Le vilain eût volontiers gagné le haut, s'il eût osé ; mais, étant pris à l'improviste et sur le fait, ayant repris, par trois grands traits, son haleine, prit son chapeau à deux mains, faisant une bien profonde révérence, voulut passer outre. Mais, étant retenu par le compagnon d'Eutrapel assez importunément, fut par icelui trop lourdement repris d'ainsi parler et faire la tête éventée, et que c'étoit signe d'un cerveau vide et non guère assuré. « Rien moins que tout ce que vous dites, dit Eutrapel, c'est bien à lui que s'adressent tels propos ! Viens çà, qu'as-tu, bonhomme ? — Monsieur, répondit le paysan, oncques homme de ma paroisse ni près, ni environ, n'en eut si près des sangles. Oh ! si vous saviez ! — Comment ? dit Eutrapel, lui tirant une oreille, mon mignon, qu'est-ce qu'il y a ? As-tu perdu quelque vache ? — Nenni, monsieur, sauf votre grâce. — Qu'est-ce qu'il y a donc ? es-tu point marié ? Si tu l'es, tu es achevé de peindre. » Le pehon haussa la tête, se mordant une lèvre, et écrivant de ses doigts contre la pièce de son pourpoint. « Je ne sais pas, dit-il, qui vous a dit mon cas, il est aussi vrai que vous le dites. Vertu dienne ! comme il m'a incontinent, sans aller autour du pot, touché là ! Vertu saint gris d'hiver, quel enfant ! — Ah ! de par le diable, dit le compagnon d'Eutrapel, c'est un client, il en sait bien d'autres. Baille-lui voir ta main, tu verras qu'il dira. » Eutrapel, tout du beau premier coup, sans y penser, lui dit qu'il étoit coqu à peine de, etc. « Par ma conscience, dit le vilain, monsieur, il est vrai ; mon Dieu ! comme vous savez tout ! Dieu, voilà grand cas, m'avoir ainsi dit mon fait ! S'il vous plaît, monsieur, car j'allois à M. Polygame, mon maître et seigneur, voir s'il me donneroit quelque conseil. Mais, si vous vouliez, ô vertu bieu ! vous me relèveriez bien de cette peine. — Mort d'Adam ! dit Eutrapel, vas-tu là ? je t'y mène, je te fais tes dépens, je te fais parler au gentilhomme, c'est moi qui le gouverne. Il aime bien telles fredaines ; mais, écoute, coqu mon ami, ne faux pas à dire, sans rien laisser : car une fois, c'est un diable depuis qu'on fait le fin ni petit ni grand auprès de lui. — Le diable l'emporte, dit le coqu, si j'en mens d'un seul mot, et si je ne lui conte, et au delà, je sois tondu. » Ce faisant, tiroient toujours pays vers la maison ; et, jà étant en la basse-cour, Eutrapel ouït que Polygame n'avoit su dîner, au moyen de son absence. Vîtes-vous jamais celui qui, attendant la réponse de quelque chose pour son profit, par le messager qu'il a envoyé tout exprès, comme il mesure ses journées, compasse ses pas ; il le fait aucunes fois cheminant, ou le bonhomme se repose, ou bien fait emplir sa bouteille, ou icelle, sous quelque ombre, vide joliment.

« Il est maintenant, dit ce pauvre attendant, en un tel lieu, à cette heure il commence à passer une telle ville ; il ne boira pas là, car il a hâte. » Que si quelqu'un le contrarie (comme dire qu'il n'est pas possible qu'il soit là), il désespère, il fend, protestant qu'il a passé et au delà plus d'un trait d'arc. Tel étoit Polygame, qui non plus se fût passé d'Eutrapel, qu'un chat de sa queue, ou un coquin de sa besace. Eutrapel, entrant : « Savez-vous qu'il y a, monsieur? voici un gentilhomme que je vous amène, et avec, ce férial oiseau, du pennage [1] duquel s'en trouve assez compétemment par pays. C'est un coqu, monsieur; le prud'homme et sa prude femme n'ont garde s'entre-trouver, à cause qu'il chevaucha d'un côté, et elle de l'autre. Au moyen desquels préalables, monsieur, il vous dira le motif de vous être venu voir. » Polygame, tout ébaudi pour la venue d'Eutrapel, ayant soif pour l'attention ardente qu'il prêtoit, s'assit ayant bu, et disant au vilain : « Boute, boute, et ne laisse rien, je te prie. — Monsieur, répondit le rustique, puisqu'il n'y a qu'un bon coup à perdre, je vous dirai de fil en aiguille. » Eutrapel, considérant d'assez près la grâce de ce bon gentilhomme, comme celui qui avoit son chapeau sous son aisselle, se frottant assez gracieusement le jarret, et avec grâce s'escrimant, au moins mal qu'il pouvoit, de l'orée de sa sourquenie [2], commença à s'éclater de rire pour la nouveauté d'une bête tant privée; quand le vilain, se sentant piqué au vif, le prit assez lourdement par le manche, et en taille, lui dit : « Ecoute, autant vous en pend à l'oreille, je suis autant fin qu'un autre, et, peut-être, aussi fin valet, et autant vert galant comme, je ne dis mot. — Monsieur, dit Eutrapel, vous plaît-il pas qu'il tienne sa contenance sur moi? — J'avois, ce m'étoit avis, pourpensé [3] en mon fait jusques où il falloit. Je l'avois, me sembloit, choisie, mais combien faussement, et triée entre mille, comme entre une douzaine de pommes de rouget une de blanc-du-reau. J'avois attinté [4] mes bésicles, je dis comme il falloit, et quelque chose davantage, ainsi que l'affaire le pouvoit requérir. Item j'avois été au devin, où il m'avoit coûté deux bons carolus, sans mes dépens. Somme, j'avois fait ce qu'un homme de bon esprit doit, ou devroit faire en tel acte ; non pourtant, on m'a bien appris à me tourner; c'est un passe-temps que de ma femme tout le monde s'en sert; ma femme a beau monter aux échafauds, je suis des jouants. — Tu, dit Eutrapel, es trop heureux, et plus que sage; on te fait ta besogne, que veux-tu davantage ? — Ce n'est pas cela, dit le vilain : car, continuant ce que j'ai commencé, et revenant où il me tient, sa mère (une bonne pièce, ma foi !) m'avoit dit tant de belles besognes d'elle, que c'étoit la plus terrible ménagère, la plus douce petite mignonne, au diable la douceur ! la mieux entretenante les gens, qu'elle voyoit par tout une fois, et qu'on ne lui passoit rien par sous le nez, une femme à tout le poil, et qu'il ne falloit pas, non, lui dire ne quoi, ne comment : car, agardez [5], elle eût échiné un homme, défiguré le bas du ventre, accoutré en dix-huit sortes. Nous fûmes mariés, il n'y a homme de vous qui ne le sache. — Personne n'en doute, dit Eutrapel,

---

[1] Plumage.

[2] *Sourquenie*, souquenie, souquenille. *L'orée de sa sourquenie*, le bord de son vêtement.

[3] Réfléchi.

[4] Ajusté.

[5] Regardez.

boute. Un mois, deux mois, un an, autant du plus que du moins.—Oh! de par tous les chiens, nous triomphions, j'étois son fils, son mignon, son petit garçon, son boudin, son fuseau, son couillaud, que dirai-je? J'étois mon ami, son petit méchant, son tout, son beda [1]; à tous bouts de champ baiser, un petit coup de poing, je vous pince sans rire, et, le plus souvent, nous entreculbuter par terre, et à ce drap. — Tu étois, dit Eutrapel, regardant les soliveaux de la salle et contournant sa barbe, trop acharné sur la bête; poursuis. — La fête dura tant que le virolet eut vent en gré, et, peu à peu, comme vous entendez les choses, me fâchai, et avec ce, les oreilles m'allongèrent de demi-pied. Je commençai regarder à mes pièces, besogner entour mon ménage, aller de çà, de là, et à ne plus folâtrer contre l'ordinaire. Que fis-je! que fis-je! En ma conscience (notez ici que le vilain alloit de l'un pied sur l'autre, comme un apprenti de basse danse) je vais aux marchés d'un côté et d'autre; si je vais à Montroveau, j'achèterai ou latte, pour le lundi ensuivant, la porter à Beaupréau; ou clou, pour le jeudi, à Saint-Florent; ô les bonnes garces! — Voilà mon cas, dit Eutrapel, et ainsi employois le temps aller, venir, perdre, gagner, comme marchands font. A ton avis, dit Eutrapel, que faisoit, ce pendant, ta femme? — Ha, monsieur, mon ami, dit le complaignant, pardonnez-moi, s'il vous plaît; qu'elle faisoit? Bonne dame : elle besognoit à toutes restes de ses pièces, et je, pauvre vilain, étois, peut-être, en un chemin à toucher ma jument, la tirer d'une fange, relever la charge d'un côté, et icelle même sangler, tandis, hauf! qu'on sangloit celle de chez nous. J'étois, possible, buvant chopine au Fief-Sauvain, ou à Ville-Neuve, ma jument ayant une goulée de foin devant elle, tandis que ma femme, etc. — Ils buvoient aussi, dit Eutrapel, et à tes dépens. Mais à l'avenir, je te prie, autant que tu aimes ton honneur, que ce peu de gain que tu fais ne soit employé au galop des mâchoires. Plagues [2]! ce seroit assez pour devenir pire que fol, regardez-y avec un bout de chandelle; mais, je t'en prie, fillot mon ami; car tu sais bien (tu en sais bien d'autres) qu'il n'y auroit ordre, encore moins de raison. »

Le vilain, ayant jeté sa vue de travers sur Eutrapel, marmonnant entre les dents, décroisa ses jambes, et, de ce pas, sans mot dire, s'en voulut aller; mais Eutrapel, qui savoit gagner toutes manières de gens par une grâce qu'il avoit, outre le naturel des hommes, l'arrêta, le priant, pour la pareille, aussi bien, puisqu'on savoit qu'il étoit coqu, d'achever, et qu'il avoit grand'hâte pour un homme de pied. L'offensé, moitié force, moitié droit, demeura : et, s'étant couvert les genoux de son saye, soupirant avec un frappement sur sa cuisse, dit : « Ah! méchant razé! je m'en doutois bien : tu ne venois sans cause emprunter ma cognée. Mais, qui n'y seroit abusé? Venir là sous ombre de bonne foi! sans mal penser! Hauf!»

---

[1] *Beda*, bedon, homme gras et replet, qui a une bedaine; au figuré, épithète d'amitié et de familiarité.

[2] *Plagues*, plaies, juron. *Plagues-Dieu!* dit Rabelais, liv. I, chap. XVII.

Eutrapel le vouloit apaiser, mais il le pria le laisser endurer ses passions et se colérer, car tel étoit son naturel ; qu'en celle peau mourroit renard, et que, en ce faisant, il se sentoit bien vengé ; mais qu'après lui diroit en toute honnêteté le tout de l'affaire. Et en cet instant le coqu commença à joindre et serrer les mains, et par cinq fois les ébranler, sans mot dire ; puis, allongeant le museau, grinçant les dents, prit son chapeau, et, d'un coup demi-feint, le jette en l'air, prononçant telles ou semblables paroles : « Aussi haut de femmes mortes ! » Puis, ayant, d'une grande importunité, emprunté un couteau, découvrit la brayette de ses chausses, et icelle doucement posa en sa gibecière, treschaussa ses souliers, et de l'aiguillette de dessus la hanche gauche noua son petit doigt à sa ceinture, mit son bonnet de biais, et, priant que silence fût fait, commença, et qu'ils orroient merveilles. « Je, dit-il, pleurerois volontiers d'un dépit. — Point, point, mon petit sabat, dit Eutrapel, le caressant avec une chiquenaude sur le groin, poursuis de ce vénérable : car, ainsi que je peux colliger [1] et calculer de ton dire, c'est lui qui fait la diablerie. — Je vous ai jà dit, dit le paysan, que je devins bon petit marchand. De ce temps, messire Jean, assez et trop près mon voisin, comme chacun sait, au moins ceux qui me connoissent, passant ou repassant, me disoit toujours quelque sornette, me contoit quelque conte, s'arrêtoit à me demander quelque cas, et ce, outre la coutume : car auparavant je ne suis point souvenant d'avoir parlé à lui, qu'une fois qu'il entoit [2] un poirier. S'il avoit soif, il demandoit à boire à ma femme, la remerciant assez doucement ; avisez, je ne m'en doutois point, disant qu'elle prenoit beaucoup de peine, et qu'il la serviroit le jour de ses noces ; puis, se tournant vers moi, me montroit un couteau, un chausse-pied qu'il, disoit-il, avoit acheté à Chalonne, me demandant, en conscience, s'il étoit point trompé. Je lui en disois ma fantaisie, estimant qu'il faisoit cela sans mal penser. Aussi, me sentant bien heureux qu'il daignât venir chez moi, je lui présentois une selle [3] pour se mettre à l'aise ; disois à cette bonne demoiselle, qu'elle lui dépendit une poire de sarceau, ce qu'elle faisoit, la lui présentant de je ne sais quelle mine-là, que je ne trouvois mauvaise pour lors. Mais tant y a que, depuis, j'ai bien pensé, et est vrai cela que c'étoient ajournements de fesses. — Est-elle belle, dit Eutrapel ? — Oui, oui, ma foi, dit le vilain, et un petit beaucoup. » Il y avoit en la compagnie un vieux prud'homme, appelé Lupolde, qui étoit procureur de Polygame, qui s'entendoit en beaucoup d'affaires, même politiques et domestiques, lequel, prenant un singulier plaisir au discours, parla ainsi à l'offensé, voulant sauver l'honneur des femmes, et rogner la broche aux jaloux : « Je m'ébahis, dit-il, syllogisant de l'un doigt sur l'autre, comme tu es si soupçonneux. Il ne faut pas ainsi soudain juger des choses, et tant indiscrètement. S'il est

[1] Recueillir, conjecturer.
[2] *Enter*, faire une ente, greffer.
[3] Siège.

ainsi, qu'en parlant à une femme par quelques diverses fois, ce soit déjà un jugement contre son honneur, je serois d'avis qu'on leur baillât un masque, ou bien les rembarrer comme nonnains. Mais, ô bon Dieu! quelle plaie pour la conservation de la société humaine! ce seroit proposer erreur à toute honnêteté, et rompre toute bonne compagnie. — Je vous prie, notre maître, dit Eutrapel, le laisser conter à son aise, sans lui rien interrompre par votre philologie. Boute, compère, je te promets que tu as grâce. — Ah! ce n'est pas tout, dit le coqu, vous orrez, je commence d'entendre le pair. Il m'invitoit à manger chez lui, et user familièrement de sa maison. Je le faisois. Si j'avois affaire d'un crible, d'un marteau, je l'envoyois quérir chez messire Jean. — Et par qui? dit Eutrapel en souriant. — Ha dame! dit le vilain, c'est entendu cela, par ma femme, en bonne fille, qui y étoit aucunes fois plus, aucunes fois moins. Ils ne l'avoient pu trouver, disoit-elle, retournée bien échauffée; il étoit derrière un coffre, caché; il avoit fallu avoir de la chandelle pour le trouver; que c'étoit grand cas aussi, qu'on n'en achetoit un, aller toujours en emprunter chez les autres, qu'on ne craignoit point faire ennui aux gens, et presser son ami; et autres beaux petits mots qu'elle me disoit, sans que j'y pensasse emplus, ou jamais je n'entre en moulin, qu'à ma première chemise. Bien est-il vrai (il faut que je le confesse) qu'un jour je lui vis un demi-ceint, outre l'ordinaire, et des souliers découverts; et cuidai lors me douter de quelque chose; mais elle me fit à entendre (car que ne m'eût-elle fait à croire) que sa prude femme de mère l'avoit étrennée de cela. Non pourtant il me sembloit qu'elle étoit trop frisque, quelque cas qu'il y eût. Et ce diable de messire Jean, de son côté, tant mignon que rage, la chemise plus tirée, la chausse faite de même; il me disoit qu'il avoit gagné cela sur une dîme, et, ce pendant, me montroit ses vins, ses blés, me retenoit à souper; mais, devant toutes choses, il falloit que sa commère vînt : car, disoit-il, elle soupera là toute seule comme une bête; ayons-la, compère, je vous prie. Et bien de par Dieu, sa commère venoit presque par force, disant et protestant à l'entrée, que toujours étions dedans, ou dehors, et qu'autant vaudroit être à pain et à pot. Et moi, le bon Jean disois, pensant couvrir ce qu'elle disoit en mieux (eh! mon Dieu, que j'étois sot!) que puisqu'il plaisoit à messire Jean, il n'y avoit remède. Oh! quantes fois ils m'ont enivré! car vous pouvez entendre que j'aime le piot [1], que voulez-vous? et puis me mettre à dormir tout le long de la belle nuit. — Cependant, dit Eutrapel, il lui montroit la façon d'un châlit [2]. — Par ma botte fauve, répondit le pauvre Jean, je n'en voudrois mettre mon doigt au feu, car il y brûleroit. Mais nous retournés, et que j'avois, entendez-vous, passé mon vin, elle me remontroit les grandes honnêtetés qui étoient en cette personne d'Église; comme il nous aimoit, nous envoyer ainsi quérir à manger privément

[1] Le vin.
[2] Bois de lit.

avec lui, ce qu'il ne faisoit à pièce des voisins ; m'alléguoit aussi je ne sais quoi de lignage d'entre eux, qu'il lui avoit dit, l'après-souper, et qu'encore s'entretenoient quelque cas. Et je te dis, mon pataut, mon ami (me disoit-elle en me sautant au collet), que si tu étois mort, et que les prêtres fussent mariés, comme l'on disoit, je ne sais quand, je serois sienne. Pour tout cela, ne avant, ne arrière, j'allois, comme vous savez, aux marchés, et étant retourné (je retournois assez tard), je trouvois ce maître curé à ma maison, et, me sentant près, faisoit bien de l'embesogné, criant haut, demandant si j'étois point venu, si le lendemain j'irois à Ansenis, et qu'il y avoit affaire. D'autre côté, lorsque je débâtois ma bonne femme de jument, et feignant de point ne me voir, elle lui demandoit s'il m'avoit vu, que j'étois toujours dix heures en la nuit avant qu'arriver, et que quelque jour je trouverois pire que moi, comme voleurs, qui m'apprendroient à me retirer de meilleure heure, et s'ébahissoit fort que je n'avois honte de moi. Je trouvois cela tant bon que rien plus ; toutefois que mon compère Damp Josse l'Ecumeur (je ne sais si vous le connoissez, mais c'est un bon vilain) m'en avoit touché quelque cas à la traverse, comme nous revenions de Nantes ; et, pource qu'il ne fut oncques feu sans fumée, je lui dis un matin : « Venez çà, lui dis-je, Jeanne, on dit tel cas et « tel, ainsi et ainsi ; je te prie, ne hante plus si souvent avec notre com- « père ; non pas que, par ma conscience, je le trouve mauvais ; mais « voilà, rompons, si faire se peut, le coup, devant qu'il procède outre. » O mon Dieu ! comment dirai-je l'horrible mine que ce diable coiffé fit ? Par ma foi, j'en tremble encore. Elle jette sa quenouille d'un côté, son couvrechef de l'autre, commence à tourner par la maison deux ou trois fois, ouvrir un coffre, le fermer assez lourdement, enfin s'asseoir sur un billot de bois, et là des mains jointes se donner au travers de quinze beaux jeunes diables bottés s'elle y avoit oncques pensé, et que, (feste Dieu) ils s'en repentiroient, en feroit faire un monitoire, ou n'y auroit point de justice par pays, protestant que de quatre mois ne feroit chère à personne, non pas de six ; puis, se tournant vers moi : « Ah ! Jean (Quand le nom convient aux choses, dit Eutrapel, cela est galant), est-ce l'honnêteté que « tu as trouvée en moi ? dis, vieux ivrogne, ta pauvre femme (en pleurant) « qui tout le jour est à sa quenouille, faisant du mieux qu'elle peut « mettant tout bout à bout, encore ne pouvant vivre » ; et qu'on parloit toujours des femmes de bien ; concluant que n'étois aucunement digne d'elle, qui de si près regardasse sur elle. Que diable eussé-je fait là ? il n'y a autre chose, sinon que j'avois tort. — Toujours, dit Lupolde, les battus payent l'amende, ceux qui nous doivent nous demandent. — Rien moins que tout ce que tu as dit, dit Eutrapel, encore n'est-ce point assez touché le but. Tu me fais ici ouvrir la bouche, attendant quelque grand cas ; sera-ce point la souris d'Horace ? — Monsieur (dit le pauvre landore[1]), je dirai tout, m'assurant que ma consultation sera faite. — Vertu bieu !

---

[1] Lourdaud.

(dit Eutrapel, lui mignardant¹ une oreille) en es-tu encore là?— Je vous dirai donc en deux mots, dit le requérant et sans varier. Je vais un jour au marché sans m'amuser à boire; je reviens de bonne heure; je trouve le galant, pensez le reste. Je fus aussi ébahi comme qui m'eût donné d'une bouse de vache à travers le museau, et plus ne vous en dis. — Monsieur, dit Eutrapel parlant à Polygame, il y a bien des incidents en ceci; la journée d'un homme n'y paroîtroit guère; de ma part, je ne demanderois point plus ample probation², semblable au vif à celle de l'eunuque de Lucien, le galant dedans, le galant. — Vous y flez-vous? dit Lupolde, ce vieux rêveur. J'ai ouï dire au grand-père de ma bisaïeule, je ne parle pas de cette heure, que la prude femme est celle qui a les pattes velues; la hardie, qui attendroit deux hommes à un trou; la couarde, qui met la queue entre les jambes; la honteuse, qui couvre ses yeux de ses genoux; la peureuse, qui n'ose coucher sans homme; la dépiteuse, quand on lui baille un coup, elle en rend deux; la paresseuse, qu'avant de l'ôter, le laisseroit pourrir dedans; la débonnaire, quand on lui lève une jambe, elle lève l'autre. Et qu'il ne soit vrai, dit ce vieux grison, le meunier le fait par où l'eau saut; le pelletier, par où la peau faut; le boulanger, sur le sac au bran; le boucher, sur le baquet aux tripes; le laboureur, en la raie; le maçon, sur le fondement; le charpentier, en la mortaise; le marechal, sur le soufflet; et puis, dites que je n'y entends rien. — Il faut, dit Eutrapel, que ce vieux rassoté parle encore de cela, lui qui n'a dent en gueule; mais voilà, jamais bon cheval ne devint rosse. » Le bonhomme de Polygame prenoit plaisir à tout; mais, voyant que le paysan se fâchoit, parce qu'il se grattoit la tête du bout du pouce, dit : « Je vous prie, enfants, que vous donnez conseil au pauvre diable, et que commune résolution en soit faite. » Eutrapel prit la parole, et à la volée, comme étoit sa coutume, dit : « Monsieur le coqu, crois-moi, tu t'en iras à ta maison, feras semblant de l'avoir songé, feras bonne mine; prieras le curé, pour la pareille, de ne te plus fâcher en tes possessions, autrement tu entends avoir mandement de maintenue et sauvegarde; et à Dieu sois, mon petit coqu, mon ami. » Et, sur ce point, lui bailla une nasarde, disant : « Qui prends-tu? Quant au point que tu trouvas en l'affaire, tu devois prendre son bonnet, pour (s'il ne se fût obligé à payer pinte) le jeter par terre. Et vous, notre maître Lupolde, dit-il continuant, qui êtes docteur en Israël et maître ès-arts de Crotelles, je voulois dire bachelier, si le cas vous fût advenu, par votre foi, qu'eussiez-vous fait? lui eussiez-vous point donné les etrivières, comme firent ces vénérables coqus romains Semp. Musica à C. Gallus, lequel fut pris sur les œufs, et C. Manius à L. Octavius, un autre altéré? Fut-ce bien fait, à votre avis? Non. Je ferai le prêtre Martin. Car en cas, par la vertu de la verte, que je ne l'eusse écourté et rendu monsieur sans queue, je voudrois qu'on m'appelleroit Huet. Ah! de par

¹ Caressant.
² Preuve.

le diable, il y en eut d'autres du même quartier, car cette plage est fort sujette à coquage, qui furent plus avertis ; l'un appelé Bibiemus qui coupa les couillons rasibus qui bouge à un autre brimbaleur, qui en faisoit métier et sembloit qu'il y fût loué, qu'on appeloit Actiemus. Autant et non moins en fit Cerne à Ponce, et mille autres ; tellement qu'en (diligemment et de longue leçon) voyant leurs histoires, vous trouverez toujours plus de coqus (combien que ce nom soit dit par antiphrase et tout au contraire) que d'autres gens. Monsieur, vous qui avez eu tant de femmes en main, n'en direz-vous rien ? — J'en laisse l'offre à Lupolde, dit Polygame, car je connois le gentilhomme tel, qu'il eût pratiqué la loi Gracchus ; enfoncez un petit les matières, Lupolde. — Je, dit le bonhomme Lupolde, songeois, monsieur, contemplant la grâce du requérant ; et m'est avis, sous correction (ce faisant, il rebrassa sa manche, et de l'autre s'essuya le bout du nez), que préalablement et avant toutes choses, en ces matières, on doit regarder, comme au niveau, toutes circonstances, avant que, peut-être, indiscrétement juger de chose tant dangereuse, et asseoir une tache qu'encore avec le temps on ne pourroit effacer. De moi j'ai connu femmes, autrement chastes, et qui oncques n'avoient rompu le lien et alliance de mariage, l'honneur desquelles néanmoins auroit été par la trop grande et furieuse curiosité de leurs maris, blessé et vilainement souillé. J'appelle curiosité, en contre gardant, par une extrême servitude, un animant[1] tant sociable, et qui avec l'homme est né libre et affranchi de même puissance. J'appelle curiosité, en compassant de trop près ses pas, observant soigneusement ses grâces et contenances, épiant les rabais et couleurs d'œil, calomniant et interprétant à contre-poil l'entretien avec l'étranger, affable et doux, pour la raison du naturel, la privant de compagnie accoutumée, qui aimoit à honnêtement folâtrer, et lui bailler quelque vieille (ô peste et abâtardissement de ce bon esprit !) qui lui en contera de bien cornues ; aucunes fois assez lourdement retirant la pauvre malheureuse, qui avoit dérobé un regard sur la rue, pour l'intention que la vilaine conçoit qu'elle ait jà projeté quelque train[2]. Non que ce soit par sagesse, ou service qu'elle veuille au mari, car le premier présent la rendra maquerelle ; mais un dépit de ne plus être caressée, et ennuyée du bien que sa maîtresse, lui semble, veut pourchasser. La pauvre captive, ce temps pendant, trouvera tous moyens (pource que nous tâchons[3] aux choses défendues) s'émanciper comme hors d'espoir, hors les bords et limites de son honneur, aimant trop mieux servir celui qui point ne lui doit d'obligation, que d'être serve[4] à celui qui lui devroit être compagnon. Et si les comparaisons des choses sans âmes et animées sont supportables, aura l'on longuement arrêté le cours de quelque eau,

[1] Un être animé.
[2] Formé quelque projet.
[3] Désirons.
[4] Soumise.

qu'elle (se voulant venger par une résistance du tort qu'on lui tient) ne se déborde? Toutefois, laissant son premier canal, qui lui est comme époux, vague, et partie en divers lieux court çà et là, enfin tombant en un fleuve étranger, un adultère, qui soudain lui ôtera sa naïve pureté et douceur accoutumée; que si monsieur le jaloux, se purgeant en sa conscience, vouloit penser que l'amour qu'il lui porte est cause de lui faire souffrir telles passions, il faut qu'il entende que combien que l'amour en femme étrangère est réprouvé, en la sienne trop désespéré et ardent, est à détester et beaucoup moins qu'honnête. Ce que tout ensemble amassé a été cause de beaucoup de tels maux advenus. Il faut donc, qui veut être sage, faire l'un de ces deux points, ou lui donner telle et si grande liberté (pourvu qu'il entende qu'elle n'en veuille abuser), que jamais ne la pense répéter[1]; trompez votre valet, sujet au grip[2], baillez-lui votre bourse, ou du commencement, par une égale médiocrité, compassez si justement son pli qu'elle soit assurée de son office, lors elle ne tâchera usurper points avantageux, se voyant bridée par les bords qui lui sont constitués.

Cela, dit Eutrapel, ne s'adresse point à ce jeune homme, car (par l'âme de feu Baudet!) il est coqu du tout. — Par ma foi! monsieur, dit le folâtre, je le suis sans faute. Il n'y a point de remède. — Dea, mon ami, dit Lupolde, je te dirai : Il te faut piller[3] patience : une fois, tu n'es trop intéressé, au moins pas tant que te semble, on ne t'a rien dérobé, tu n'es en rien spolié, non plus que si de ta chandelle tu avois allumé une autre. Aussi, monsieur, que selon que j'ai colligé, et, au moins mal que j'ai pu, compris de son misérable discours, c'est un rufian, un paillard ordinaire; qui est un point assez suffisant et nécessaire pour donner occasion à ta femme d'en chercher ailleurs, se voyant frustrée de ce que par droit justement est sien, dont toi, non elle, es à blâmer; et ainsi, monsieur, le veut Ulpian, jurisconsulte. Quoi voyant Innocent, pape tiers, consulté par l'évêque d'Amiens sur le cas advenu entre le mari et la femme, qui en prenoient où ils pouvoient, et diversement l'un par dépit de l'autre, répondit que compensation fût faite, et que qui plus auroit mis, plus auroit perdu. Il me semble donc, monsieur, sauf meilleur jugement, que le bon Jean doit se contenter de tel appointement, et qu'il n'aille plus à l'écart. Car n'est-il pas écrit au saint Évangile qu'on aura telle mesure qu'on a faite? Au parsus, que le curé se retirera sur ses brisées, fera semblant que ce n'est pas lui, pourvu que tout lui soit dûment signifié dès lors comme dès à présent. Au vin. Le paysan fouilloit je ne sais quoi en sa gibecière, c'étoient deux carolus à l'épée, de quoi il vouloit à toute force faire présent à Lupolde. Mais Eutrapel retint gracieusement sa colère. « Car, disoit le vilain, comment? il ne daigneroit prendre mon

[1] Retirer.
[2] Vol.
[3] Prendre.

argent », et lui dit : « Coqu, mon ami, ne te scandalise pas, de grâce, veux-tu compagnie ? — Non, monsieur, dit le pehon ; mais grand'merci ; à Dieu doncques. »

## II.

### Eutrapel ayant assisté à une luite [1], désespère de faim.

Il y avoit deux gentilshommes voisins qui devant deux notaires avoient en forme déposé une bonne somme de deniers sur une entreprise de luite. L'un stipula, l'autre l'eut pour agreable. Eutrapel jamais ne perdoit [2] telles assemblées ; car toujours s'y trouvoit à propos, comme tabourin à noces, et toujours étoit le plus que bien venu. Le jour dit venu, chacun amena des luiteurs, tous d'épreuve, et expérimentés : uns de Rennes, autres de Dinan, aucuns de Lamballe ; et, étant arrivés au pré, lieu préfix [3] par le contrat, chacun présenta son homme. Le premier qui entra eut nom Pasquier, qui avoit luité, le dimanche précédent, à Vannes, et bien sachant qu'on lui bailleroit un bon rustre, il entre avec son pourpoint étroit, sa chemise attachée entre les jambes avec une aiguillette, parce qu'il n'avoit su trouver brayes à prêt [4]. L'autre, bien rebrassé, entra par un autre côté, bien échauffé, et avec une grande brave [5], protestant par son grand Dieu qu'il ne lui arrêteroit emplus qu'un grain de mil en la gueule d'un bélier. Il me semble voir Milo ou Hamatus, ces bons et excellents luiteurs, étendant leurs nerveux et musculeux bras, bons luiteurs, ai-je dit, si oncques en fut, neanmoins qu'en parlant privément Hercule leur eût toujours donné demi-quinze et une chasse. De ce pas il se baisse, prend de l'herbe et s'en frotte les mains par une singulière façon de faire, s'en vient à Pasquier les bras tendus avec un élargissement de main, disant : « Donne-toi garde de moi, si tu veux. » Il y eut Siclère, qui se leva son chapeau sous son aisselle, l'un des juges commis, disant que le jeu devoit être sans vilanie [6], et qu'ainsi étoit pratiqué par tout le pays, et qu'il ne gagneroit rien à lui rompre un bras, ou autre chose, et autres cas qu'il promettoit dire, sinon qu'il eût été vu favorit. Le galant n'en fit pas grand conte, et pour tous potages, lui dit que c'étoit un habile homme et qu'il se mêlât de frotter ses c... au soleil. Pasquier, pâlissant, pour rabaisser la gloire de ce jeune homme, et vivement l'aborder, partit ; aussi, qu'il faut dire le vrai, d'un petit de peur que lui faisoit ce grand mangeur d'honneur, s'adresse à lui, sans daigner ou toucher en la main, ou faire autres honnêtetés qu'on fait du commencement. Vous avez

1 Lutte.
2 Manquait.
3 Fixé à l'avance.
4 A emprunter.
5 Fierté.
6 Vilenie.

autres fois vu deux chiens, qui, ne s'osant attacher[1], tournent l'un vers l'autre et grondent, n'attendant que le coup. Tels étoient ces gens de bien, tournant à l'entour du rouet, tâchant par toutes manières de se happer, chacun à son avantage, et Eutrapel crioit : « Au diable soit la vilenaille, et grippez vitement. » Pasquier fut fin et rusé, qui prit mon homme par le bras droit, le charge du croc dedans, l'enlève et tellement le poursuit, que le pourpoint, ô méchante toile ! rompt et en emporte sa pièce hautement et net. Au moyen de quoi le coup fut si grand que tous deux vont tomber aux deux cantons du jeu de roideur, Dieu sait quelle cettui-ci pour sa force renversée, par l'espoir qu'il avoit que tout tiendroit coup ; l'autre, par un même moyen ayant mis sa force en l'air, se confiant en même sûreté que son compagnon. O la belle chute ! deux gros lourdauds, deux gros mâtins ; il me semble ouïr un grand chêne en la forêt de Chinon, qui, par la force du vent déraciné, tombant, renverse tout ce qu'il trouve. De cette secousse ne s'étonna guère Pasquier, si fit bien son compagnon ; toutefois il s'excusa au mieux qu'il put sur son pourpoint, le regardant de travers, maudissant je ne sais quel coquin de couturier qui le lui avoit bâti n'y avoit pas trois jours, parce qu'étoit ne près ne environ honnêtement cousu. « Pour cela ne avant, ne arrière, dit Eutrapel ; tenez, voici votre fin diable de cas », lui en baillant un. Le pitaud endossa sur sa grosse échine ce pourpoint tout fin neuf, regarde haut et bas, s'il lui étoit bien fait, saute trois pas à quartier, puis, en haussant les épaules, rouillant les yeux, s'en vient à Pasquier, qui ne faisoit pas moindre mine qu'adverse partie. De première entrée s'entrecrochent non guère gracieusement. Pasquier fait tant par ses journées, qu'il gagne l'épaule gauche, et sur icelle galantement lie sa main, tâchant, à toutes forces, lui mettre le bout de l'orteil au jarret ; l'autre, voyant la prise être de dangereuse défaite, lui met les deux mains par sous la poitrine, tient roide le jarret, se forçant le lever ; mais rien. Pasquier, qui entendoit la ruse, laissant l'épaule, saisit seulement le bras, tournant voir s'il le pourra aucunement ébranler ; il le croche, tantôt lui donne l'estrape, tantôt lui baille la jambe, toujours le pied en l'air, tâchant, s'il peut, mais nenni, lui mettre cul en giron[2], une fois l'ébranlant d'un côté, pour vitement le détourner de l'autre d'un tour de bras. L'autre, d'une même forme l'empoigne au travers du corps en le levant, et en se voulant dérober de lui par une traîne, le laissa aller, non pourtant il ne veut tomber, il en a fait serment. Il ne trouve cela ne beau ne honnête ; il aimeroit mieux avoir perdu un bon liard barré. « Comment ? dit Eutrapel, que veut dire tout ceci ? ils ne tomberont donc ne l'un ne l'autre ? se moquent-ils des gens ? font-ils cela tout exprès pour nous faire attendre ? Par Dieu, je m'en irai : car je commence à avoir faim. » Les pauvres diables menoient encore, cherchant les moyens de s'entreculbuter. Il y eut quelque controverse pour une chute ;

---

[1] Saisir.
[2] Le terrasser.

mais il fut décidé que le saut devoit pour le moins avoir trois quartiers : ils s'entr'empoignent, et de plus belle recommencent à escrimer des pieds. Les uns sont là qui disent : « Donne-lui du croc dehors ; » l'autre : « Poursuis ta prise ; » l'autre : « Si c'étoit moi, il ne m'arrêteroit guère par un tel bout ; » l'autre, qui leur semble aider par un occulte haussement d'épaules, s'allongeant le bout des doigts de fâcherie ; l'autre, ayant la bouche ouverte, regardant par sur l'épaule de plus près, se haussant sur le bout des orteils. « Je vous dirai vérité, dit Eutrapel, nous pouvons bien en mettre deux autres, car ceux-ci ont marchandé ensemble, ils se connoissent. » Les juges délégués en furent de cet avis, même Louaybaut de Parthenai le confirma, et qu'il l'avoit vu pratiquer quelquefois à Vezins et et à Saint-Mars. L'appointement donné, chacune des deux parties dit qu'ils avoient gagné, et qu'ils ne se soucioient pas de tout cela ; qu'on amenât un homme, et que de leur part ils en fournissoient un. Les mêmes allégations et pareils arguments produisoient les autres. Sur lequel différend, Eutrapel, qui mouroit de faim tout outre, prit congé de la compagnie, et annar[1] vite à la prochaine maison, qu'il pensoit trouver, pour apaiser l'ire de son ventre affamé comme un loup. Ce que voyant, la compagnie en fit autant, chacun prenant congé. Il y avoit deux gentilshommes connoissant Eutrapel, qui le vont trouver tout fâché ; et, interrogé par eux où il alloit, et raison pourquoi il portoit un si mauvais et étrange visage, répondit : « N'est-il pas écrit que d'un homme las, affamé, malade, amoureux, jamais n'aurez belle parole ? Par Dieu ! jamais tous ceux qui étoient à Sagunce n'eurent si grand' faim, jamais Énée et ses compagnons n'eurent les dents si longues que le pauvre diable.

S'il vous plaît, lui dirent-ils, venir avec nous ici près, chez un gentilhomme qui fait banquet à une troupe de gentilshommes et damoiselles, vous nous ferez honneur. » Eutrapel lève l'oreille. « Parents, dit-il, puisque vous avez crédit de mener quelqu'un en crope[2], laissez faire ; mais, enfants, dépêchons-nous. » Ils n'eurent longuement chevauché, qu'ils arrivent à la maison, toute remplie de robes de velours, de parades, et jà étoient prêts à se mettre à table. Ces deux gentilshommes, descendus, vont faire la cour aux damoiselles et caresser leurs compagnons ; mais Eutrapel, auquel ne tenoit de baiser, et moins de rendre çà et là à tas d'accolades, laisse son cheval attaché à une grille basse, et, sans dire mot, entre en la basse salle, où jà commençoit se faire le service, lave ses mains, se met à table, voyant toute la compagnie qui se prioient l'autre à laver, et s'asseoir selon les maisons. Eutrapel, entendant à ses pièces, commence à morfier et galoper des mâchoires, de façon non vue ; tantôt la main au verre, car devant que s'asseoir, s'étoit saisi d'un broc de vin, tantôt au plat, il faisoit rage ; ce qu'apercevant ses compagnons, vinrent par derrière à lui, disant : « Mon compagnon, que fais-tu ? tu gâtes tout. — Pour

---

[1] Alla. *Annar* est un mot patois.
[2] Croupe.
[3] *Morfier, morfiailler*, manger.

quoi m'y ameniez-vous? disoit Eutrapel. — Oui ; mais ; disoient-ils, demi-colérés[1], tu nous fais honte ; par Dieu ! tu as tort ; mais, pour la pareille, ôte-toi d'ici. — Par Dieu, mes compères, mes petits couillons, je me trouve bien ; à quoi m'y ameniez-vous ? — Par la mort de diable, disoit l'un, je voudrois qu'il m'eût coûté ma dague dorée, et n'être point venu. Je te prie, mon grand ami, ne sois point opiniâtre ; fais je ne sais quoi pour l'amour de moi ; je te prie, oblige-moi. — Bren, disoit Eutrapel, qui ne faisoit qu'étourdir les morceaux et leur faire demi-façon, à quoi m'y ameniez-vous ? Je te promets, mon compagnon, mon ami, disoit l'autre, que tu fais tort à ton honneur. — Par Dieu ! mon ami, disoit Eutrapel, à quoi m'y ameniez-vous ? » Voici, sur ces entrefaites, un bonhomme de maître d'hôtel auquel on avoit dit qu'il étoit arrivé un diable qui mangeoit tout, si on n'y donnoit ordre, lequel avec son saye à bombarde, bonnet à croupière, gibecière de fauconnier, et un petit bâton à crochet, arriva, et en voix quasse[2] et enrouée : « Mon gentilhomme, dit-il, que faites-vous là ? — Prud'homme, dit Eutrapel, fais servir, et ne me tabuste[3] plus la tête. Je suis un diable moi. » Le pauvre vieillard tourne bride vers la cuisine, disant quelques suffrages, affermant que ce n'étoit pas un homme, de vérité. Mais les compagnons, à chaque morceau, le prioient de se retirer, qui n'avoient autre réponse : « A quoi m'y ameniez-vous ? » Le reste de la compagnie et de sots monsieurs qui étoient là, pensant qu'il en dût faire cas, se cuidoient quasi moquer de lui ; mais, voyant que rien ne lui arrêtoit, se mirent pêle-mêle à table. Eutrapel n'en fit pas grand cas, et étant soûl comme un prêtre à noces franches, sortit hors la table, sans faire autre mine, fors qu'à l'issue de la salle il fit un gros pet, et leur dit : « Enfants, faites-vous gens de bien. » Et de ce pas monte sur son courtaud, s'en allant balivernant et se moquant d'eux, de quoi il en fit une rhythme, qu'il mit en un passe-pied[4]. Et le tout conta au bonhommeau[5] Polygame, qui en rit plus de deux heures, dodinant de la tête, et aucunes fois bavant sur la pièce de son saye, le bon gentilhomme.

### III.

Eutrapel conte d'une compagnie de gens ramassés.

Vous avez bien vu ce bourg, où vous avez voulu descendre pour boire, monsieur, dit Eutrapel à Polygame ; je me suis avisé, en venant, d'un cas arrivé lorsque j'étois jeune garçon. — Quel ? dit Polygame. — C'est que, les guerres finies entre les rois de Laringues et Pharingues, et que commandement exprès étoit aux soldats se retirer, chacun avec sa chacune,

---

[1] Demi-fâchés.
[2] Cassée.
[3] Tourmente.
[4] Espèce de danse qu'on trouve citée dans les poésies de du Bellay.
[5] Bonhomme.

le plus tôt et honnêtement qu'il leur seroit possible, sans que le bonhomme fût mangé, s'amassa (toutefois sans aveu, sans solde) une compagnie de gens bien aguerris, et adroits aux armes, ne se pouvant remettre à leur premier métier, et n'étant moins à craindre que fut Spartacus, un tel ramasseur de gens abandonnés, qui si bien donna à dos à Lentule, Romain, ou les onze mille diables à la journée des sabots. Tels étoient ces soldats, qui, au moyen qu'on n'y donna ordre, furent un nombre, non-seulement pour résister aux communes villageoises, mais pour assaillir quelque forte ville. Et, parce qu'ils avoient un prévôt ou deux aux trousses, ils étoient merveilleusement provoqués à mal pour double raison, le butin et proie les y invitoit, et la mort prochaine s'ils failloient à charrier droit [1]; dont imprimoient désespoir de leur salut, s'étant lourdement et sans avis écartés hors leur charge. Au moyen de quoi faisoient mille maux, même à ces pauvres prêtres, comme leur faire racheter leurs lettres beaucoup plus qu'elles n'avoient coûté, et icelui pauvre lioient sur un banc, et là vendoient ses c..., au dernier enchérisseur et éteinte de chandelle. Quoi voyant, le pauvre diable étoit contraint (autrement il étoit écourté) faire le dernier offrant, et mettre par sur les autres. Le bruit courut par le pays qu'ils devoient le lendemain venir à Mortagne, et que jà la compagnie commençoit à démarcher. Mais, ô bon Dieu! monsieur, par quel bout déchiffrerai-je la peur, l'étonnement, l'effroi, que sentirent de ces simples nouvelles les pauvres gens et de là et environ? Je me perds, je ne sais plus où j'en suis. L'un jetoit sa pelle, son trépied, son couteau crochu au puits ; l'autre, ayant sa crémaillère attachée à sa ceinture, son chaudron sur sa tête, son pot à lessive en une main, son soulier, qu'il écachoit [2] en l'autre, couroit, tant qu'il pouvoit, vers le bois de Landefleurie, pour illec cacher tout son ménage. L'autre, ayant chargé sa poêle à châtaignes sur son épaule, mis son chausse-pied en la pièce de son pourpoint, et sous le gousset d'icelui cousu huit unzains, descendu quelques andouilles de la cheminée, et icelles joliment entour liées à son vouge, couroit à la prochaine paroisse, disant : « Au moins si n'auront-ils pas tout. » L'autre, avec une hart ayant lié son sabot, sa bouteille, son alêne, son crible, sa brayette, son pot à graisse et ses ciseaux, couroit, à toute haleine, vers les navines [3] de Mazé. Item, j'en vis deux, l'un chargé d'un bissac plein d'un côté de pommes de Heri, en l'autre des saucisses et force moutarde, l'autre chargé d'un panier à laine, qui coururent par comparaison d'écriture plus que de Saint-Mathurin aux Rosiers. Autres chassoient leur bétail devant eux, et le chargeoient suivant l'exigence du cas. Les bœufs et vaches portoient entre leurs cornes force bassins, lanternes, fusils, ratières, entonnoirs, bâtons à deux bouts : « Car, disoient-ils, au moins, nous n'en serons point trouvés saisis. Il y avoit un chien qui

[1] Marcher droit.
[2] Froissait, écrasait.
[3] Champs semés de navets.

oncques ne cessa, par importunes adulations, chérissements¹, puis à l'un, puis à l'autre, frappement de queue, signe évident de vouloir soulager son maître par un service non accoutumé ; il ne cessa, je dis, qu'on ne l'eût chargé de demi-douzaine de fuseaux, qui fut occasion que tous les chiens, à l'exemple de l'autre, furent en semblable degré, et ceux qu'on ne vouloit charger, eux-mêmes prenoient quelque faucille, ou manche de fouet, afin qu'on ne leur eût reproché au gîte quelque point d'ingratitude, ou quelque insinuation d'amitié avec l'ennemi.

Les femmes étoient plus embesognées² que vingt à emballer leurs pelotons, engaîner leurs forcettes³, enfiler leurs aiguilles, contrepasser⁴ leurs épingliers, empeser leurs couvre-chefs, pimpeloter leurs tabourets, hanicrocher⁵ leurs moutardiers, faire de fausses fesses, atinter⁶ leurs collets, enferrer leurs demi-ceints, contrebiller⁷ leurs paquets, ensacher devidets en travers leur garde-culs, tabouler⁸ leurs cassettes, rembarrer leurs huges⁹, consolider leurs pesons¹⁰, enfoncer leurs sarbateines, contrepeter leurs outils, envelopper leurs quenouilles, confondre leurs hanicrochements, instruire leurs mets, calfeuter leurs travoils, emmancher leurs sabots, crocheter leurs contre-huis. Somme, c'étoit une merveilleuse débauche, une désespérée furie, une tragédie pire que celle de Sirap, quand l'oiseau à la grand' couronne s'apparut devant entre les deux colonnes herculiennes. Puis disoient : « Ma cousine, m'amie, mettez-moi ceci, s'il vous plaît en votre faisceau ; ma commère Mananda, dépêchons-nous, car si ces gens d'armes nous vont une fois trouver, nous en serons tant habelotées ; au fors nous n'en mourrions pas. — Vous (disoit une qui emballoit une faucille de Quintin) en avez vu beaucoup mourir ? — Je ne dis pas pour cela, disoit une autre, mais puisqu'à faire faire, j'aime mieux mourir de cette mort-là qu'autrement. » Par ma foi ! monsieur, peu s'en fallut qu'elles ne demeurassent ; mais (ô méchante quenaille !¹¹) voici dix ou douze grand's-mères, voyant le désordre qu'elles brassoient¹² à leurs fils, neveux, cousins, aussi bien averties que quand ainsi seroit on ne feroit cas d'elles non plus que de vieux cabas qu'elles étoient, soudain et en un moment en avertirent leurs maris, lesquels, non

---

1 Caresses.
2 Embarrassées.
3 Petits ciseaux.
4 *Contrepasser*, terme de blason, mettre l'un sur l'autre.
5 Accrocher.
6 Arranger.
7 Lier ensemble.
8 Frapper, heurter.
9 Coffres, écrins ; *rembarrer leurs huges*, c'est-à-dire fermer leurs coffres.
10 *Pezon*, ou *peson*, morceau de plomb que les fileuses mettent au bout du fuseau.
11 Canaille.
12 Causaient.

contents de ce, achevèrent d'empaqueter le reste des hardes, réservant l'information plus ample et punition de la trahison quasi commise, lorsqu'ils seroient à Fougère, où ils tiroient de droit fil, et le grand chemin battant :

> Aimant trop mieux perdre courtils 1 et granges,
> Que d'assurer leur salut aux étranges.

## IV.

Eutrapel mène Polygame voir la maison d'un paysan, et pourquoi la goutte habite les cours des grands seigneurs, et l'hyraigne 2 la maison des pauvres.

« Monsieur, dit Eutrapel à Polygame, il semble que vous ayez perdu vos c... aux dés, vous êtes aussi mélancolique, aussi biscasié[3] ; faites grand' chère (corbeau), le roi le veut bien. Voilà le soleil qui, já ayant découvert la cime du tertre de Saint-Laurent, et voltigé sur la chênaie de Bon-Espoir, nous invite sortir hors et nous essorer [4]. » Polygame, qui jamais ne contrarioit personne, et étoit de tous bons accords, le bonhomme fut content, et ayant à toute peine monté sur sa mule, et Eutrapel sur son petit chevalin, qu'il appeloit, par honneur, Aguysel, prirent chemin tout le long de la prairie, toujours balivernant et riant du meilleur de la ratelle. Au bout, tirant la goutterie, le bonhomme Polygame eut soif, et par une même impression, convenance et sympathie de mœurs (comme en une contagion), Eutrapel commença enrager de même accident. Il fallut descendre ; mais où, à votre avis ? Tout beau, à l'aise, compère, j'en parlerai. Chez un prud'homme rustique bon vilain, et qui jamais ne reculoit quant au fait et train de bien boire. Écoutez donc comme le vilain étoit logé. Étant entrés en la cour, close de beaux églantiers et épines blanches, voyez en une orée [5] un beau fumier amassé, des tects çà et là bâtis, en forme carrée, hauts environ de trois pieds et quelque poucée. Je laisse un petit appentis [6] joignant l'entrée, sous lequel étoient force charrues, charrettes, essieux, timons et limons, et viens au principal étage, qui en sa circonférence avoit dix-sept pieds en carré, et vingt-huit en large et non plus, à raison que le villageois disoit le nid être assez grand pour l'oiseau. La paroi ne fut ne jaspe, porphyre, marbre ; encore moins raiasse [7], tuffeau [8], querignan, ou dinge, ains sur belle terre détrempée avec beau foin, que le paillard avoit robé [9] de belle nuit, pour faire

---

1 Petit jardin entouré d'un mur ou d'une haie.
2 Araignée.
3 *Biscasié, biscarié*, qui a l'air malade, fatigué.
4 Prendre notre essor.
5 En un coin.
6 Dépendance.
7 *Raiace ou raiasse*, pierre très-dure et fort blanche dont on fait des figures.
8 Tuf.
9 Volé.

cette belle maison en belle heure. Sur la muraille étoient très-bien et très-beau entravées quatre poutres en quatre mortaises, le tout perpendiculairement et au niveau jointes ; au-dessus force sablères¹ et chevrons², dont étoit enlevé le beau pignon vers soleil couchant, guinchant³ un peu sur le midi d'un côté; de l'autre côté, regardant sur les prés de la Barmette, avec la lucarne que j'ai cuidé oublier. La couverture fut de paille et joncs entremêlés : « Car, disoit le vedel⁴, l'ardoise me coûteroit à amener. » Toutefois, le tout étoit si proprement agencé, que Hugues même, excellent couvreur, confessa que de mieux étoit impossible, et même à lui, qui de longue mémoire exerçoit le métier, à raison de la propre et jolie petite besogne : car l'un, une fois, ne passoit l'autre; le jonc de l'autre côté vert et pâlissant, qui donnoit un merveilleux lustre au chaume, les uns parmi les autres entremêlés ; avec ce qu'il avoit une vue tant ingénieusement dérobée avec une pierre ardoisine qui se tiroit avec une corde, que plus, par ma foi, je n'en sache point ; et au-dessus du faîte force marjolaine, et herbe au charpentier ; toutefois que par le derrière il étoit appuyé d'un chevron pour le vent, le tout en forme d'arc-boutant. Au-dedans n'étoient fenêtrages à l'antique, manquinages⁵, lambrissements, ouvrages damasquins, ne autres enrichissements ; mais en lieu de telles pompes étoient force bonnes pièces de grosse étoffe pour serrer ses outils. Mais entrons en la maison devant. A l'entrée, en lieu d'escalier, étoit le billot de bois plus bas que le seuil de l'huis, afin que, sans se malaiser⁶, on entrât facilement.

Entré, voyez justement près l'huis une cheville, à laquelle pendoit, d'ordre⁷, colliers, estulles, aiguillons, fouets, paronnes⁸, brides, et semblables équipages du métier, et ce à main gauche ; de l'autre vous détournant, comme si quelqu'un vous frappoit sur l'épaule, voyez (si le vouliez regarder, car de s'avancer tant) tant en juste ordre tant que l'un ne passoit l'autre, faucilles, vouges, serpes, fourches, leviers, socs, coutres, avec un boisseau plein de clous, tenailles, marteaux, cordes, alènes et menues ferrailles, qui toutes servoient à ménage, ainsi qu'affermoit le villageois, interrogé principalement sur cet article. De là en avant poussant outre, comme le naturel des hommes est insatiable, j'entends deux pas ou cela, trouveriez, si voyez l'avoir affaire, une table de bonne étoffe⁹,

---

1 *Sablère, sablière*, pièce de bois qui se pose sur une assise de pierre pour porter un pan de mur ou une cloison.

2 Poutre de moyenne grosseur employée dans les charpentes.

3 Tourne vers le midi.

4 Veau.

5 *Manquinages* ou *maniquenages*, ornements d'architecture sculptés.

6 Sans se gêner.

7 Rangés par ordre.

8 Pièce de la charrue à laquelle on attache les chevaux.

9 Bien conditionnée.

sans mignarderie¹, sans ouvrage, que plain, sur le bout de laquelle la touaille², ou nappe, ce m'est tout un, étoit encore du reste du dîner, comme voulant inviter et semondre³ l'étranger, ou le las, se récréer et solatier⁴ avec elle ; et ce qu'étoit dedans, c'étoit le bon pain frais et quelque lopin de lard restant du dîner, en rien ressemblant ces beaux et magnifiques bâtiments, où les yeux sont aucunement récréés, mais le ventre crie à la fin à l'aide. Bref, ce n'est pas son gibier. Tirant vers le foyer, étoit un coffre, auquel étoient en élégante disposition les hardes du bourgeois champêtre, comme chapeau, gibecière, sa ceinture bigarrée, et demi-ceint de sa femme, entremêlée d'odorante marjolaine, et là-dessus étoient les écuelles de bois, vollets⁵ et un picher⁶ de terre, vous appelez cettui-ci un pot à eau, une bue, ou un cruon⁷, un tranchoir, ou, selon la petite bouche, une toude. Baste le lit du bonhomme étoit joignant le foyer, clos et fermé de même et assez haut enlevé.

Je laisse les selles et chaises de bois tortues de nature, et les pièces bien rapportées, et viens au tect aux vaches ; car celui des brebis étoit de l'autre côté clos de gaules de coudres entrelacées subtilement. Je vous assure, mon Dieu, que Polygame trouvoit cela bien fort bon ; et, ayant la main sur son braquemard⁸, contemploit tout d'assez bonne forme, estimant la vacation être de beaucoup meilleure condition qu'une plus haute, et moins sujette et plus affranchie d'envie et émulation, choses qu'on trouve assez privées et non étranges à plus hauts états ; lequel, ayant bu de tel quel vin, et également secondé par Eutrapel, s'émerveilloit fort que, attendu que tout étoit honnêtement accoutré, qu'ils n'avoient même cure de chasser et nettoyer la maison de force hyraignes avec leurs rets, tellement qu'il compta plus de dix-sept mouches, qui toutes y perdirent lou cap⁹, et la moindre le pied, ce qu'il trouvoit assez mauvais. Mais Eutrapel, qui faisoit le suffisant et bonne mine, déchargea sa conception¹⁰ par une apologie non moindre en doctrine qu'en balivernerie : « Monsieur, dit-il, du temps que le renard prêchoit aux poules, afin qu'aucun scandale ne vous amadoue, entendez-vous ? Jupiter étant dispos de sa personne, ayant pris son nectar de l'après-dînée, au moyen de la chaleur trop violente qui le tourmentoit, issit hors salle, et, comme étoit l'ordinaire, trouve à chaque côté un tas de requérants, le petit libelle

---

1 Ornement.
2 Serviette, linge de table.
3 Solliciter.
4 Se réjouir.
5 Trait d'arbalète, javelot.
6 Pot à vin.
7 Cruche, cruchon.
8 Épée.
9 Tête.
10 Fit connaître sa pensée.

en main, lesquels il entendit, et falloit être dépêchés par ses maîtres aux
requêtes : car de ses affaires privées et de la maison, comme comptes,
rentes, revenus et étape d'hôtel, de tout cela lui-même en tenoit le bureau les samedis. Entre autres requérants choisit entre tous en un coin
une pauvrette et misérable femme appuyée sur des potences¹ mal habillée,
toujours rechignant, diablassant, tant fâcheuse, de mauvaise grâce, à laquelle aucunement n'étoit loisible de buquer² sans lui dérober une bastonnade ; et s'appeloit cette bonne dame (mais qu'il ne vous déplaise)
madame la Goutte, ayant requête en sa main. Auprès d'elle, en pareil ordre, sans s'avancer ou retirer arrière, étoit une pauvre et souffreteuse
hyraigne, aussi requérante, s'enveloppant (de honte, je le crois ainsi) le
nez du bout d'une méchante besace. Jupiter, non mû de la nouveauté
(car chèvres, loups, cerviers, singes, écrevisses et semblable menuail³
étaient à tout propos là, requérant formules, néanmoins que abâtardies,
pour s'enquérir des torts qu'on faisoit çà bas), et plus d'affection print
leurs requêtes, et icelles par diverses fois lut, s'étant accoudé sur le
timon d'une brouette, et sembloit bien, à voir sa mine, qu'il y avoit de la
folie. Le libelle de madame la Goutte, ainsi que disoient les maîtres, n'é-
toit fondé qu'en faveur, qui portoit que, supposé et qu'à la vérité
ainsi fût que Jupiter de sa grâce ne renvoyât jamais tel quel requérant
non content, ains autour de ses demandes, moyennant que raisonnables,
satisfait, que elle, néanmoins que indigne, ayant besoin de son aide, avoit
pris l'audace, conjointe peut-être avec témérité, lui présenter, pour sur ce
lui faire droit, sa supplication assez mal écrite ; mais qu'il excusât l'impuissance des doigts, qui aussi ne tendoit qu'à une fin accoutumée : c'est que,
combien qu'elle eût comme les autres animants⁴ sa demeure constituée
et en certains lieux bornée, où elle auroit passé la meilleure part et plus
de son âge ; toutefois, étant já abattue par la longueur de ses ans, et venant au point mortel⁵, auquel elle prouvoit nous tous être fardés⁶, n'estimant sa personne plus privilégiée qu'une autre, avoit délibéré (si Sa
Majesté trouvoit cela honnête) pour le peu qu'elle disoit avoir à vivre,
prendre desmeshui ses aises et du bon temps, attendu mêmement qu'elle
avoit souffert autant ou plus que femme du quartier. En alléguant la cause
et fondement total de sa misère, disoit qu'elle avoit demeuré, par son
commandement, comme Goutte, et en cette qualité, aux maisons des pauvres gens, où de grâce lui avoit daigné décerner sa demeure et asseoir
son domicile, auquel lieu avoit tant eu de mal, tant de calamités, que, s'il
n'y donnoit ordre et de bref, elle estimoit que Goutte jamais n'auroit

---

1 Béquilles.
2 Heurter.
3 Petites gens, personne de peu d'importance.
4 Animaux.
5 C'est-à-dire sa mort étant proche.
6 Destinés.

grand' vigueur; et, discourant de plus loin, disoit que ayant au plus habité la maison un ou deux jours de quelque laboureur, il lui faisoit mille maux, comme la mener à toutes heures aux champs, et là extraordinairement travailler, tracasser, aller aux vignes, fendre du bois, fagoter, relier tonneaux, moissonner; somme, tant barbouiller, qu'elle vouloit et concluoit par ses moyens que s'il avoit délibéré la tenir là plus longuement en cet état, qu'elle protestoit d'injure, de tous dommages et intérêts, n'entendant toutefois aucunement le fâcher, et que si elle étoit trop importune, qu'il pardonnât à son naturel. Voilà sa requête, laquelle Jupiter ne voulut dépêcher sans que préalablement n'eût vu celle de l'hyraigne, qui ne concluoit qu'au contraire, et à toutes forces demandoit congé de librement habiter les maisons des pauvres gens, quittant, cédant et transportant le droit qu'elle pouvoit prétendre aux maisons des riches, qui n'étoit pas petit, ainsi qu'elle l'affermoit à madame la Goutte, là présente. Car, au moyen qu'on la brouilloit, tourmentoit sur son écot, chassoit avec force balais, étant autant assurée de sa demeurance¹ comme un pont sur rouelles², n'entendoit que de plus y être, implorant Sa Majesté lui assigner quelque coin où elle pût sûrement et librement baliverner, autrement qu'elle entendoit (sauf sa discrétion) venir habiter avec lui, avoir lettres d'état et être de ses commensaux. Beaucoup d'autres bonnes choses étoient contenues là-dedans. Tout quoi ayant lu d'un fin bout jusqu'à l'autre, Jupiter se retira par merveilleuse et étrange façon, et haussant une main en l'air, croulant³ la tête, dit qu'il y donneroit telle provision que de raison. Eut-il dit cela, il appelle ses maîtres de requêtes, sans admettre cause d'absence, fût probable ou nécessaire; proposa l'espèce de l'argument, enfonçant les mérites de la cause *in foro conscientiæ, quod aiunt.*—Sainte Marie! dit Polygame, que tu fais trouver le conte bon!—Un potage, dit Eutrapel, ne vaut rien sans sel. Jupiter tonna, rouilla les yeux, gronda trois fois, signes évidents qu'il ne falloit faire la bête. Madame la Goutte et damoiselle Hyraigne, dûment appelées, assistèrent là par grande honnêteté, premier d'une pointe et d'un simple double, secondement d'une reprise avec une profonde révérence. Le tout vu au net, fut dit et appointé que l'Hyraigne, changeant de maison, demeureroit paisiblement, sans lui faire tort ne violence, aux maisons du pauvre populaire. Sur quoi elle voulut contester je ne sais quoi, et qu'elle ne demandoit que paix; mais on lui fit signe qu'on l'envoyroit là-dedans. Au reste, que dame Goutte, suivant sa requête et légitime et civile, laissant les maisonnettes des pauvres gens, iroit habiter aux cours des gros seigneurs, gentilshommes (j'entends des otieux⁴) à présidents, conseillers, avocats, marchands. Et dès lors fut donné commissaire pour les mettre en possession respec-

---

1 Résidence, habitation.
2 Roulettes.
3 Secouant.
4 Oisifs.

tivement, et est la raison pourquoi vous voyez cette tant belle et bien figurée tapisserie ci-dedans. — A la bonne heure, dit Polygame, vous n'êtes pas mal monté de fait, buvons. — Ce qu'il vous plaira, » dit Eutrapel reculant un pas. Ce faisant, son épée lui battoit un jarret. De quoi se moquoit fort Polygame, produisant son malchus[1], qu'il avoit près la pièce de son pourpoint, et alléguant maintes raisons de douter, concluoit qu'au regard de son temps, où ils se battoient en croix saint André, ce n'étoient en ce siècle que petits spadassins.

## V.

Lupolde conte de quelques harangues dites par un se méconnoissant et voulant muer son naturel.

Le prud'homme Lupolde s'en revenoit à l'aise de tenir les assises ou plaids de son maître Polygame, et étant monté le tout à l'avantage sur une méchante haridelle de cheval, son braquemard sur sa robe ceinte, avec le chapeau bridé. Il ne faut point mentir qu'il étoit en bon équipage. « Ah! bon père! ah! écus! dit Eutrapel, vous soyez le mieux que bien arrivé! Eh bien, de nouveau? Mentez un peu pour nous ébaudir[2], aussi bien, monsieur est tout triste. — Je fais bon vœu à Dieu, dit le bonhomme, si oncques j'eus tant mal à me contenir. — Comment? dit Eutrapel, sentez-vous quelques aiguillons de la chair qui vous piquent? ô laid amour en vieille chair! — Baille-lui belle, rencontra Lupolde; mais à bon escient, connoissiez-vous pas, les ans passés, un flacre, un sire; mais un badaud qui se retira je ne sais où, tellement qu'il nous a échappé quelque temps? Par ma vie, le pauvre sot ne cuide pas que le monde soit si grand. Mon Dieu! que c'est grand cas ainsi se méconnoître, et, à son désavantage, avoir une fausse présomption de soi! — Mon bon ami, dit Eutrapel, je vous prie, je connois le vénérable de longue main : a-t-il fait quelque beau coup d'essai? Je me doute qu'il ne vous ait tous culbutés et mis hors les arçons; car il vient de Lyon et est tout frais émoulu. — C'est assez, dit Lupolde, puisque vous connoissez le galant. C'est mon ma foi! il nous a bien escarmouchés et d'une belle levée de boucliers. Tenant nos assises, que chacun faisoit son devoir d'expédier en sommaire les matières, rendant droit à chacun, cette savante personne s'est présentée en assez bonne trogne; je vous assure, mon Dieu, que je le méconnoissois. — Peut-être, dit Eutrapel, qu'il ne se connoissoit non plus. » Lupolde, continuant, riant du bout des dents, disoit que le survenu, ayant pris place assez éminente, commandé aux assistants faire silence, touché seulement la cornière[3] de son bonnet,

[1] C'est-à-dire son épée.
[2] Réjouir.
[3] Corne.

avoit commencé d'une longue et prolixe harangue, et de peur de faillir au beau commencement du monde, avoit aussi par le menu déchiffré la *Légende Dorée* [1], ensemble la vie des Pères, disant éclaircir les allégories qui s'y pouvoient trouver. « Il s'y en trouve, disoit-il, assez souvent. » De ce pas se mit à nous exposer les émoluments [2] qui provenoient de grammaire; puis, par merveilleuses démonstrations, montra les commodités de la terre. Finalement, se voyant hors propos (combien qu'il n'y fût entré ne près ne loin), nous donne à entendre, par une galante description de lieu, la situation de Lyon, où il avoit été à la dernière foire, et par addition, soustraction et déduction, a montré combien c'est qu'il pouvoit tous les jours dépendre; et, prenant congé de nous, proposa son affaire, qui étoit de quelqu'un qui avoit hanicroché dans le froment de je ne sais qui, concluant à tout intérêt de la cause d'appel. Voilà la plaisante histoire de notre férial juvène, qui méconnoît le râteau, contrefait son naturel; il lui est bien avis qu'il est bien autre; somme, c'est un habile homme. — Jamais ne me parlez de tels clients, dit Polygame; encore si c'étoit quelqu'un de médiocre esprit ou quelque cas; mais ces anéantis qui veulent paroître, tant de bastonnades. Au contraire, s'il avoit je ne sais quoi d'étrange, il ne le faudroit sitôt insinuer, mai peu à peu dérober au populaire, pour, avec le temps, en faire état, et le rendre, d'étrange, propre et légitime. J'aime tant cela, quand ils me viennent mêler à leur retour seigle avec froment, et (ce que l'on dit) les choses profanes avec les sacrées! Pensez-vous qu'il lui eût fait la réponse des Lacédémones étant importunés par une longue lettre des Argiens? mais trop mal eût été employée à ce follet [3], *Janotus de Bragmardo* eut plus de grâce.—Je, dit Eutrapel, ne veux rien conférer: car comparaisons sont etc. Mais de ces longues oraisons jamais n'en fut bonne chanson chantée; voulez-vous quelque cas d'exprès? Pensez-vous que celui qui fut envoyé devers un grand seigneur de notre temps, enchargé de légation, et ayant ainsi commencé sa harangue: « Quand Scipion partit « de Carthage, sire... » fut bien ébahi quand ce seigneur lui répondit: « Après, après, on sait bien qu'il étoit à cheval. » A votre avis, que votre client, Lupolde, eût été là le bien venu. Il me semble, sous correction, que trop longuement l'avez souffert s'égarer; que ne lui disiez-vous, comme l'on fit à un prêcheur près La Guerche : Beau père, prêchez votre Évangile? aussi, monsieur le mercadant [4], montrez votre bec-jaune en deux mots? Mais voilà-t-il a vu quelque galant homme, peut-être près d'un comptoir, et icelui discourir et répéter quelque fondement de plus haut, et ce bon gentilhomme ici veut faire comme lui, ressemblant le petit homme, qui, au temps des neiges, veut asseoir ses pas où celui de grande

---

[1] La Vie des saints, ouvrage composé au treizième siècle, par Jacques de Voragine.

[2] Les avantages.

[3] Fou.

[4] Marchand.

et belle stature les avoit assis. Il le fait bon voir tirer ses petites jambettes contre le naturel de son marcher ; ne sera-t-il montré au doigt et ridicule aux enfants mêmes ? Tel est votre scientifique docteur, Lupolde, qui, d'un procès d'une vache, déduit toute la généalogie d'un veau ; c'est bailler les bottes d'Hercule à un garçon, et accoutrer Lupolde, que voici, ce bon vieux praticien, d'un corselet¹ gravé, le morion² en tête, et lui faire branler la pique. Allons, mon petit, allons boire, et te suffise que Durerius³, cet excellent peintre, ayant en ses jeunes ans fait des cannes petières⁴, et mettoit aussitôt une gibecière au bonhomme Bias, comme une pannerée de fèves à Pythagore, ce lui étoit tout un. Il lui sembloit bien une besogne être bien tracée et tous ses linéaments et traits compassés, s'elle étoit bien peinte de diverses couleurs. Toutefois, ayant regardé de plus sain et net jugement, enfin ne fit rien que le naturel, qui l'a rendu l'excellence de l'Europe. » Lupolde se sentoit piqué, au moyen qu'il avoit entendu (et mal) qu'il le falloit accoutrer d'un corselet, et s'en scandalisoit fort ; mais Eutrapel, l'ayant manié à l'ombre d'un pot de vin de Fouassière, le rendit content et de bonne volonté ; car l'homme de bien n'étoit pas fâcheux, même à Eutrapel, qui le rembarroit à chaque bout de champ ; puis, pour appointer, buvoient du meilleur tandis que l'autre amendoit, le tout aux dépens du bonhomme Polygame, qui, les y trouvant, donnoit dessus comme un casseur d'acier : « Mais, sur toutes choses, disoit-il, que ma femme ne nous y trouve point, ce seroit autant de dépêché. »

Puisqu'ainsi est.

1 Cuirasse.
2 Casque.
3 Albert Durer.
4 *Faire de la canepetière* veut dire, en langage vulgaire, être craintif, timide.

LES
# CONTES ET DISCOURS
### D'EUTRAPEL.

*Ridentem dicere verum quid vetat?*
Le ris n'empêche point qu'on die vérité.

*Omne tulit punctum qui miscuit utile dulci.*
Qui profite et qui plaît a gagné tout l'honneur.
HORAT.

LES
# CONTES ET DISCOURS
## D'EUTRAPEL.

*Ridentem dicere verum quid vetat ?*
Le ris n'empêche point qu'on die vérité.

*Omne tulit punctum qui miscuit utile dulci.*
Qui profite et qui plaît a gagné tout l'honneur.
HORAT.

# L'IMPRIMEUR AU LECTEUR [1]
## DÉSIRE JOIE ET FÉLICITÉ.

Ami lecteur, étant l'esprit de l'homme de telle nature qu'il ne peut demeurer à requoi, employant sa langue à déchiffrer les actions d'autrui ou les siennes propres, faute d'autre sujet, en quoi nous nous portons et poussons de nous-mêmes à des merveilleux accidents ou de flatterie, ou de calomnie, il ne faut aucunement douter que les *Contes d'Eutrapel*, qui ont jusqu'ici vu le jour sous l'abri du vénérable nom du seigneur de la Hérissaye, gentilhomme breton, n'aient encouru le danger auquel sont sujets les écrits de ceux qui excellent en quelque chose par-dessus les autres, au siècle principalement où nous sommes, siècle vraiment de fer, toutes choses y étant misérablement perverties et corrompues. Partant, époinçonné du désir de les remettre à la vue de nos François, beaucoup mieux disposés que par le passé, je leur ai prémis ce discours en forme d'avertissement, pour les vendiquer des véhémentes censures de tels calomniateurs, et convier un chacun à l'admirer plutôt que censurer, ne contenant rien d'où on ne puisse rapporter quelque fruit. Ce que je montrerai aisément, pourvu que l'on veuille apporter en les lisant toutes les considérations qui se doivent observer en la lecture de tels discours, lesquels sont pleins de mille et mille fictions tirées des poëtes, sans la connoissance desquelles ne peut parfaitement gausser celui qui en veut faire état, comme l'ont su très-bien pratiquer Rabelais et des Accords [2], scientifiques gausseurs. Ce seroit nous éloigner de notre propos, de vouloir faire ici mention de l'origine et excellence des fables poétiques : mais nous nous contenterons de donner le moyen qu'il faut tenir pour les entendre : d'autant qu'elles sont comme un accessoire très-nécessaire aux contes et sornettes. Le plaisir des fables poétiques est très-grand, et qui a bien de quoi repaître l'entendement humain ; mais il n'y a pas moins de quoi le faire vaciller et le troubler, s'il ne s'y comporte sagement : tellement que, comme pour ôter au vin la puissance de nuire et non pas ensemble la force qu'il a de profiter, convient le mélanger d'eau ;

---

[1] Cette épître, attribuée ici à l'imprimeur (sans doute Noël Glamet, de Quimper-Corentin, libraire à Rennes), ne se trouve pas dans les premières éditions du livre.

[2] Etienne Tabourot, connu sous le nom de seigneur des Accords, poëte et écrivain facétieux, contemporain de Noël du Fail.

aussi pour empêcher que la grande délectation des choses fabuleuses ne vienne imprimer en nous quelque mauvaise opinion, il faut tellement attacher notre jugement avec les discours de la vraie raison, que nous découvrions le profit qui y sera, sans nous laisser aller aux allèchements du plaisir seul. Ainsi nous percevrons l'utilité, en ce que sous l'enveloppement des fables nous trouverons infinis préceptes et enseignements pour nous rendre vertueux, ne les tirant point par les cheveux, comme l'on dit, mais rapportant à leur naïve intelligence. Que s'il y a quelquefois des propos étranges, et qui ont quelque apparence de mal, faut avoir recours au souverain remède, qui est l'opposition qu'il convient faire des sentences et opinions contraires des hommes illustres, afin que, contrebalançant le bien avec le mal, nous tirions et des uns et des autres le sens mystérieux et allégorique entendu sous telle fiction, de soi vaine et sans fruit? étant très-certain que la représentation des choses vicieuses ne nuit point, ains rend à la fin à ceux qui les ont faites la honte et le déshonneur qu'ils méritent, donne terreur à ceux qui les lisent, et occasion de les fuir. Car tout ainsi qu'un peintre, voyant l'ouvrage d'un autre très-mal fait, s'évertue, par la connoissance du défaut reconnu, d'apporter au sien la perfection requise ; de même en faisons-nous en la lecture des livres fabuleux, contes et sornettes, qui, bien qu'ils nous représentent des actes infâmes et méchants, ce néanmoins les recevant non comme véritables, ains comme bien appropriés à leur sujet, nous en tirons de bonnes et salutaires instructions. Et à cet effet est grandement nécessaire d'avoir et entendre les propres significations, éloignées et métaphoriques des mots communs et familiers en telles gausseries. Or, d'autant que les exemples sont témoignages assurés par lesquels il appert de la vérité ou non de quelque chose, j'en amènerai quelques-uns seulement pour découvrir le voile mystique des discours fabuleux. Jupiter a été tenu de l'antiquité ignorante pour le grand Dieu suprême et surpassant toute autre Déité ; mais qu'a-elle voulu signifier autre chose par icelui, que la cause première, qu'elle a reconnu donner être à tout ce qui est? Et où se peuvent mieux rapporter les puissances et facultés de tous les autres dieux (ôtée son erreur impie et ignorance) qu'aux effets divers de la nature en tous les corps humains? L'adultère de Mars et Vénus représente au vrai les hommes lubriques adonnés à leurs voluptés, et efféminés, ainsi devenus, par le moyen des propos lascifs, sales et impudiques congrès avec les folles femmes. Les Harpies et Vautours, que signifient-ils autres que les avaricieux, qui, comme ces animaux, sont âpres et désordonnément actifs à posséder les biens de ce monde, per fas et nefas? Puis donc, ami lecteur, qu'il est très-manifesté que l'utilité des contes facétieux est si grande, et que tu as la voie par laquelle tu y peux aisément arriver, reçois-les de bonne part, lis-les avec jugement et raison, rapporte-les à leur vraie intelligence, et tu en ressentiras le fruit et plaisir tout ensemble. Adieu.

# LES
# CONTES ET DISCOURS
## D'EUTRAPEL.

### I.

#### De la justice.

Eutrapel et ses compagnons, car il avoit sa bande à part, se promenoient à l'issue de messieurs de parlement, et devisoient des fâcheries, importunités, longueurs, dissimulations, éloignements et traverses qui se font aux procès : mettant en avant ce qu'ils avoient vu exploiter en tels affaires : et après plusieurs longs propos, s'avisèrent aller trouver et passer le temps avec Lupoldé, grand et souverain praticien, et magnifique songeur de finesses, sachant bien que pour un teston [1] ils le feroient babiller un long temps, et en auroient le plaisir; lui proposant plusieurs petites questions de neige, pour lui troubler l'esprit, le mettre aux champs et en colère. Plusieurs furent appelés à cette conférence, lesquels étant arrivés, Eutrapel qui en étoit conducteur, et auquel les autres avoient laissé la charge de mouvoir les questions, frappa un petit et foible coup à la porte de l'étude, encore qu'elle fût ouverte. Incontinent voici le jeune clerc en chausses à bourrelet, chiqueté [2] sur les fesses, nos neveux et successeurs auroient bien à faire d'un dictionnaire à cent ans d'ici, pour savoir que c'est : le pourpoint gros et enflé de bourre, descendant jusques au fin fond des parties casuelles d'entre les cuisses, à la polaque, ou, selon nos anciens, à la polaine; une plume à écrire pendante aux oreilles, et je ne sais quel parchemin en son poing, signal d'un homme bien embesongné [3] : lequel ayant fait une grande révérence à cul

---

[1] Ancienne monnaie d'argent.
[2] Déchiqueté.
[3] Affairé, occupé.

ouvert, demanda que c'est qu'on vouloit. Lors Eutrapel répondit qu'il étoit venu pour consulter, et avoir l'opinion de Monsieur, ainsi appeloit-il l'avocat, sur certaines grosses difficultés. Je m'en vais, répondit le clerc, voir s'il est point empêché : cependant ils regardoient trois ou quatre tableaux attachés par-ci par-là, où étoient dépeints, entre autres, un relief d'appel, en l'autre fines aiguilles, et en plusieurs l'Invention sainte croix[1]. Incontinent revint le clerc, faisant signe de bien loin qu'on se fût approché, et étant un peu avancé, leur dit, comme hors d'haleine, qu'ils n'eussent su choisir heure plus opportune, et que Monsieur achevoit des contredits de lettres où il avoit sué sang et eau. Lors entrant en l'étude, trouvèrent ce vénérable assis en une chaire de bois, emmaillotté et fagoté dans une grosse robe fourrée, deux bonnets en un chapeau, avec ses lunettes entravées sur le nez, faisant semblant minuter[2] quelque chose de haut appareil; et en sursaut, et comme ne sachant qu'il y fût survenu aucun, se détourna vers eux, les saluant d'un petit clin[3] de tête seulement, comme font les nonnains en leurs révérences claustrales. Eutrapel, au contraire, lui fit deux terribles et profondes révérences à deux étages, lui demandant s'il auroit bien loisir d'entendre à quelques petites difficultés qui lui tourmentoient l'esprit, ayant cependant la tête découverte, et faisant bien le marmiteux : l'avocat, au contraire, les jambes croisées l'une sur l'autre, et se renversant sur sa chaire, avançoit à demi le bras, signifiant qu'il eût à se couvrir, disant : Ma foi, mon bon ami, nous étions ci pour les affaires de monsieur tel, pour une demi-heure; toutefois ne nous épargnez pas. Comment, dit Eutrapel, faisant du courroucé, votre ami! qui en a fait le marché? c'est parler en maître, en prélat fâché, ou en président de la nouvelle crue[4]. Ah! monsieur, répond l'avocat, voyant n'avoir affaire à un apprenti, comme il cuidoit, pardonnez-moi, s'il vous plaît, c'est un mot de pratique, de quoi nous usons volontiers. Encore pis que devant, répondit Eutrapel, ce larron chicaneur ici use du mot de *nous*, comme si c'étoit un grand seigneur. Maioris excusoit le bonhomme d'avocat, disant, que

---

[1] *L'Invention de sainte-Croix*, dicton populaire, le moyen d'avoir de l'argent.
[2] Écrire.
[3] Signe.
[4] Nouvellement nommé.

parlant ainsi par ce mot de *nous*, il entendoit qu'il falloit pour le moins bailler une réale [1], sur laquelle il chaffaudoit [2] et bâtissoit ses moyens pour parvenir à l'écu. L'avocat, lors, se voyant soutenu et favorisé, dit qu'il protestoit d'injure, concluoit à réparation honorable, prenoit les assistants pour témoins, et en tout événement leur en demandoit acte et instrument. Noñ non, dit Eutrapel, je te mets en ma sauvegarde. *Usquè modò feci tibi honorem* ( disoit le diable à un prêtre, au livre des *Conformités saint François à Jésus-Christ*), *dicendo vos ; sed de cætero non loquar sic, sed dicam tu.* Donc n'auras mal ne ennui, et ne trouveras étrange si j'use en ton endroit de propos véhéments et de remontrances aigres : toi, dis-je, qui es ici assis comme une ratiere à prendre les passants, et attraper quelque pièce d'argent par finesses et ruses de ton métier, auquel pour le moins t'es ainsi entretenu l'espace de quarante ans, servant d'espion à toutes bonnes et religieuses consciences, les divertissant et empêchant de requérir et demander la paix, laquelle nous est tant recommandée par ce sacré-saint Évangile : et, au contraire, poussant les hommes en guerres, procès et différends. Oh! dit ce pipeur ici aux bonnes gens, donnez-vous bien garde d'accorder, nous ferons ceci, nous ferons cela ; c'est déshonneur parler le premier en matière d'accord! marchandise offerte est à demi vendue ; il n'est que d'avoir une bonne sentence, un bon arrêt, et le garder bien soigneusement en l'écrin de son coffre : cela fera entendre à la postérité et ceux qui viendront après, que nous avons été bons ménagers, ne nous sommes laissés aller sans baisser les lances : qu'un homme qui accorde facilement, en est plus aisément assailli, *qui veterem injuriam fert, novam invitat :* il faut tenir bon jusques à la dernière pièce, comme devant Cambrai. Et bien, il y va de l'argent, coûte et vaille ; qui bon l'achète, bon le boit ; tandis vous êtes craint et redouté de vos voisins, tout le monde vous fait la cour, et n'y a presse à qui vous attachera en procès, pource que vous êtes bon opiniâtre, homme roide, et qui ne pardonnez rien. Voilà les belles consultations que tu fais, pécheur extravagant que tu es ; ta vie est assignée sur ces beaux conseils ! Au lieu que tu devrois inviter et semondre toutes personnes à douceur, paix et

---

[1] Pièce de monnaie qui a cours en Espagne, réal d'argent, réal de billon.

[2] Echafaudoit.

tranquillité ; exhorter les pauvres parties faire juger leurs différends par leurs parents, voisins et amis ; adoucir les esprits revêches et opiniâtres : t'adjurant et promettant que si tu continues à l'avenir en une telle méchante vie, et que tu n'appelles tout le monde à réconciliation et amitié, je mettrai sur ton sépulcre, car tu n'as plus que deux jours utiles et de palais en cette terre, un trophée de tes belles victoires, savoir : deux grandes perches de bois, semées et cousues [1] de recollements et confrontations de témoins, griefs, salvations [2], contredits, avertissements, interrogations, incidents de faux, comparants avec plusieurs fins de non-recevoir, folles intimations et interlocutoires : tes lunettes et écritoires joignantes artificiellement le plan du tombeau, sans comprendre ton Code et Décrétales, les vrais outils et instruments pour forger un bon chicaneur; ensemble ton livre coutumier, brouillé, noté et marqué, et tout ce ménage attaché avec une belle hart, pour la memoire du pauvre chicaneur, et dès cette heure je vais appendre à ton logis l'image d'un appelant, avec un écriteau : *Céans y a bonne pratique.*

Les platoniques affermèrent en leurs écoles que les âmes dont les corps avoient été souillés et impurs, brouilloient quelquefois entre les sepulcres, et là tracassoient aux vieilles ruines et masures, en icelles résidoient et faisoient mille gambades : de sorte que Mercure, trois fois le plus grand entre les Égyptiens, tenoit y avoir en ces basses et élémentaires régions, lieux propres et spécialement désignés pour les âmes qui auroient autrefois reposé aux corps vicieux, remplis d'ordure et péché. Aussi toi qui as habité aux palais, cours et barres présidiales, travaillant les hommes et le repos de leur communauté, je t'oirois volontiers après ta mort, lutinant, barbouillant, et faisant le loup-garou, par ces vieux auditoires d'archidiaconés, embarrassé en quelques treilles de greffe, où jadis tu persécutas tant de bonnes gens. Je te verrois, ou plutôt le diable, dont tu es le vrai gibier, errant, fouillant, et remuant les vieilles ferrailles de plaidoirie, et après, te conjurerois, te renverrois en quelque prieuré caduc et désert, te citerois à trois termes devant la statue de Vénus en Delphes, où souloient, selon l'antique sottise des stoïques, répondre les âmes bien et dûment

---

[1] *Semées et cousues,* termes de blason.

[2] *Salvations,* terme d'ancienne pratique; écritures par lesquelles on répondait aux réponses à griefs.

appelées, et te rendrois vrai contumax ; et te ferois dire en barbe, que tes procès, amorce et feu le plus cruel, et dissipation de toute raisonnable et civile amitié, t'auroient perdu, et rendu la pareille de toutes tes méchancetés passées, chargé de dépens, tant de l'instance principale que d'appel, dommages et intérêts, de l'exécution réelle, et de ce que s'en est ensuivi. Le prud'homme d'avocat fut fort étonné, et sans l'assistance des autres, sous la faveur desquels il se tenoit assuré, il eût crié à la force, haro, ou quelque autre interjection bondissante et collégiale, et fait quelque esclandre notable : toutefois il se contenta de répéter ses premières protestations, et néanmoins qu'il se pourvoiroit où et comme il verroit en raison appartenir ; au fond, qu'il se garderoit de méprendre. Joint qu'il apprendroit bien à ce galant le venir fâcher jusques sus son foyer ; toutefois, vraiment, que s'il étoit regardé, car la robe longue[1] craint les coups, n'a qu'une pointe, encore entre les murs, où elle fait bien le quant à moi, il paieroit pinte, sans préjudice de ses droits, et autres actions réservées. Polygame prit la parole, blâmant quelque peu Eutrapel, de telle sorte toutefois que le bonhomme Lupolde n'en étoit pas mieux. Car, disoit-il, encore que la charge de l'avocat ou de l'homme de justice soit d'aider ou favoriser le bon droit et l'équité de la cause, néanmoins, soit ou pour la nécessité du temps, ou ne connoître les commandements et ordonnances de Dieu, les affaires sont venus en tel état, qu'il ne nous reste que la seule ombre de justice : la cause de tel mal venant premièrement des prêtres et autres ministres d'église, qui ne parlent au peuple de ce qu'ils devroient, ains seulement de ce qui concerne et appartient à la gibecière : puis, comme l'un mal suit l'autre, des parties plaidantes, qui ne tendent qu'à leur avarice et entreprises ambitieuses ; et après aux officiers de justice, lesquels sont comparés par les anciens aux vautours, qui ne vivent que de la charogne des corps morts : ainsi ceux-ci ne vivent que des débats et différends des pauvres hommes. Nous vivons, dit lors Lupode, de ce que nous pouvons ; notre métier est volontaire, il ne nous donne qui ne veut : vous m'en direz ce que voudrez, trop bonne et si aisée justice que vous la faites, n'est pas bonne ; et qui n'entend filer et manier un procès par ses longueurs et beautés, autre chose n'a appris que manger son pain en son sac, mourir de faim près le métier ; toujours l'ai ainsi vu de temps immémorial pratiquer ; il y a arrêt en

---

[1] On appelait les magistrats et les gens de loi *hommes de robe longue*.

mêmes termes de règle de chancellerie gardée inviolablement, *et lis perpetua* (disions-nous aux clients) *luceat vobis : qui altari servit, de altari vivere debet.* C. *Pastoribus,* ff. *de nant. fœur. et ibi Panor.* Ma foi, je ne gagne plus rien; le temps n'est plus comme il souloit, le monde s'est apparessé¹; toutefois vient toujours quelque peu d'eau au moulin; s'il ne pleut, il dégoutte; mais que faisais-je, bon Dieu! consulter des deux côtés, et être au jugement du procès, puis en cause d'appel faire les griefs ou les mémoires de la requête civile; accorder *de quola litis,* mettre un *defecit* en l'inventaire, retarder le jugement d'un procès de bénéfice; et cependant pratiquer une nouvelle provision pour un tiers: Je te ferai obtenir, pourvu que tu sois gentil payeur; cettui-ci aime l'argent, l'autre les garses; l'autre veut qu'on lui fasse de grandes révérences et baretades²; un autre aime le jeu, il seroit bon de perdre avec lui, ou bien se laisser tromper en quelque échange de cheval; un tel gouverne un tel; faut envoyer des gibiers chez un autre, consentir un élargissement d'un accusé, et le juger de même à deux; un beau petit renvoi par sous la corde, une traverse, un coup donné sous main, sans savoir d'où vient le vent, un bon ligueur, un bon taxeur de frais et dépens, faiseur de menées, un juge solliciteur, un Messieurs, il n'y a point de difficulté en ce procès, une fricassée sans dépens, un dos à dos, et hors de cours et de procès sans apparence; un avant que procéder, pour indirectement tirer les parties en accord, et y perdre la moitié; récuser une partie des juges pour en choisir à sa dévotion; cettui est de ma façon, je lui prêtai l'argent pour avoir son office, il fera cela pour moi, car il sait bien ce que je sais; l'autre ne prend pas de l'argent, mais une haquenée de cinquante écus, ou bien dix aunes de satin à mademoiselle; il faut avoir cette terre par droit de bienséance, et pour cet effet, lui supposer un crime, il est craintif; jeter cettui-ci en nécessité d'argent, pour lui donner ma fille; un notable acheteur de causaians³ et choses litigieuses; emprunter le nom de quinze ou vingt prêtres, et protonotaires à courtes-chausses, pour avoir plusieurs bénéfices; introduire de petites gabelles aux clercs de nossieurs qui

¹ Est devenu paresseux.
² Oter sa barète, son bonnet; faire des politesses.
³ *Causaians,* ou *ayant causes,* ceux qui ont des causes en litige, non jugées.

portent et rapportent les sacs, pour faire parler à monsieur, qui
fait bonne pipée à un treillis, regardant les pauvres parties toutes
morfondues à sa porte : *cætera supplebit consilium*. Eutrapel
alors, reculant un pas, jetant l'orée de sa cape sur son épaule,
filant ses moustaches, signe d'un homme malcontent, répliqua
maintes choses, et notamment qu'il s'étonnoit comme Lupolde
pouvoit en quelque conscience que ce fût regarder et advisager
un homme auquel il auroit fait le moindre trait de ses tromperies; tout ainsi que les deux augures de Rome, lesquels étoient
vis-à-vis l'un de l'autre, habillés de leurs longues chapes ponti-
ficales, l'un desquels disoit à son compagnon, qu'il s'émerveilloit
que, se voyant ainsi vêtus par une superstitieuse moquerie, ils ne
s'éclatoient de rire devant tout le monde. Et davantage, ajoutoit-
il, ne craignez-vous point, âme damnée que vous êtes, l'horrible
jugement de Dieu, par-devant lequel vous rendrez compte de
toutes vos cautelles[1], impostures et actions; et peut-être dès votre
vivant, comme les exemples familiers et domestiques le nous témoignent assez? car il ne faut que quelqu'un poussé et suscité
par la permission divine, et dont vous ne saurez d'où viendra le
vent, qui sera occasion que tout à un coup vous cracherez dans
le bassin tout ce que vous avez jamais humé et dérobé, comme
faisoit l'empereur Vespasien, qui disoit ses receveurs ressembler
une éponge, laquelle s'enfle dedans l'eau et en prend si grand'
quantité, qu'après en l'étreignant elle laisse tout et devient sèche:
ainsi il souffroit ses trésoriers se perdre au milieu des finances,
et icelles dérober, puis tout à un coup leur faisoit rendre son
argent, outre les grosses amendes extraordinaires en quoi il les
faisoit condamner, dont ils étoient ruinés et accablés eux et leur
postérité : quoique ce soit, si Dieu te laisse demeurer pour quelque temps en tes tromperies et méchancetés, comme souvent il le
permet par ses obscurs jugements, tu te peux bien résoudre en ce
point, que toi ou tes enfants satisferez quelque matin à telles in-
justices et déloyautés.

Crésus paya le péché de son aïeul, lequel, ayant tué son maître
et violé sa femme, tomba, selon la justice de Dieu, misérablement
entre les mains de Cyrus, son ennemi. Ceux de Corcyre interrogeant Agathocles, pourquoi tant furieusement il auroit assailli
puis gâté leur pays, rien plus ne répondit, fors que autrefois ils

[1] Ruses, tromperies.

avoient recueilli et fait plaisir à Ulysses son ennemi. De même raison les Thraces marquèrent au front leurs femmes, parce que leurs mères avoient jà pieçà [1] occis injurieusement ce grand harpeur [2] Orpheus. Tu me croiras si tu veux, mais pour résolution et áfin de le faire court, ne se voit point d'homme injuste et autre malfaisant au préjudice du tiers, qui ne le rende au double en son vivant, ou ses héritiers bientôt après, par quelque genre de punition que ce soit. Tu as dit vrai, dit Lupolde, tu nous en contes de belles. Je n'ai jamais vu honnête homme, pourvu que préalablement il eût juré de calomnie et purgé de conseil, qui plus ne prisât et estimât un simple praticien qu'une douzaine de tels spadassins comme tu es, mon enfant. *Necesse est veniant scandala;* il faut des procès, c'est une nécessité. Je ne doute point, dit Polygame, qu'il ne faille plaider, car, comme dit le proverbe, qui a terre si a guerre; et si ainsi on cuidoit supprimer et abolir du tout l'ordre et règlement de plaidoirie et le remettre en la généralité de certaines confuses ordonnances, arriveroit nécessairement ce que aux Romains : ils mirent au conseil et délibération s'il étoit expédient ruiner Carthage; Scipion dit que non, résistoit fort et ferme et l'empêchoit; nonobstant son opposition fut résolu qu'elle seroit du tout rasée et démolie, dont s'ensuivit que la gendarmerie romaine ayant perdu toute occasion d'embesoigner ailleurs sa jeune bouillonnante fureur, s'adonna à toutes débauches, insolences; fit ligues, se divisa et factionna de sorte, que depuis et de jour à autre à vue d'œil chéoit et tomboit une pierre de leur bâtiment jusques au dernier de leur ruine. Le conseil du chancelier du Prat fut semblable et suivi, quand il fut d'avis qu'on devoit faire la guerre à Milan, afin, disoit-il, de purger le royaume de ses humeurs corrompues, qui étoient les gens de guerre, pour lors oisifs et licenciés. Ainsi la plaidoirie nous nourrit et entretient des ennemis, voire jusques à notre porte, la juste crainte desquels nous fait marcher droit et tenir sur nos gardes, qui est le retardement de beaucoup d'entreprises et exécutions d'icelle. Dira toujours celui qui parle de l'État en machiavéliste, et homme corrompu : Que celui qui veut être grand doit favoriser les procès et petites guerres du peuple; car, comme disoit Trajan, lorsque la ratelle croît, les autres parties nobles s'apetissent; ainsi est bien con-

---

[1] Il y a longtemps.
[2] Joueur de harpe.

séquent que le peuple étant affoibli par guerres particulières, le seigneur en devienne plus riche, et introduise plus à son avantage telles gabelles et impositions qu'il verra, qui est la dépouille du labeur du peuple, dont sont revêtus et enrichis les officiers de justice et finances; lesquels après, par une réversion secrète, juste et caché jugement de ce haut Dieu, rendent leur gorge, et revomissent telles pilleries et concussions au fisque et panier de la république; qui est une je ne sais quelle récompense et revanche des affaires humaines, fondée sur la parole de Dieu, qui veut et ordonne qui nous sera rendu à la mesure que nous aurons mesuré les affaires de nos voisins. Quelques théologiens, comme saints Basile, Augustin et Hiérôme, soutenant l'opinion de Pythagoras, et Thémiste après eux, ont rendu telles justes punitions et vengeances à certains nombres, voulant dire qu'ayant offensé quelqu'un, il nous reste un ver qui ronge notre conscience tout le temps de notre vie, jusques à l'entière et inévitable punition. Se voient peu de gens ayant fait tort à leurs voisins, qui une fois en dix ans, aucunes fois plus tôt, aucunes fois plus tard, n'en aient été punis et reçu quelque coup et furieuse atteinte de là-haut. Bref, en telle multitude d'officiers que nous avons, il est impossible que la plupart d'eux, qui ont acheté leurs états en gros, ne les débitent et distribuent en détail et par argent. A grand'peine sauriez-vous tourner çà ne là sans trouver un officier, chose qui diffame infiniment la république, et qui rend contemptible [1] et en mépris l'administration d'icelle. Encore, répond Eutrapel, ne faut-il jeter le manche après la cognée; si faut-il venir au-devant des maux, et remédier aux occasions. Quand, dit Polygame, les républiques sont bien malades, il faut, comme les médecins, venir aux causes et purgations universelles, et non, comme les empiriques et médecins champêtres, qui apaisent bien la douleur, le fond de la maladie demeurant en son entier; on établira tant qu'on pourra officiers, érigera-t-on nouvelles juridictions, seront institués tant de parlements et siéges présidiaux qu'on voudra; car tout cela ne sont que médicaments spéciaux, et de quelque peu de prétexte et apparence, l'humeur péchant demeurant au surplus. Il faut donc aller plus bas et jusques au fond pour trouver l'encloueure [2] et le mal; qui est la religion et conscience des hommes, laquelle

---

[1] Méprisable.
[2] Le siége de la maladie.

n'étant réglée, demeurera une injustice perpétuelle entre nous. Il y a deux commandements et deux tables qui nous sont ordonnés; le premier, d'aimer Dieu sur tout, craindre ses ordonnances et jugements; le second, d'aimer notre prochain, qui sont tous hommes, comme nous-mêmes. Et combien que ces deux soient conjoints, et que le premier ne puisse assez être bien exécuté sans le second; toutefois, pource que nous sommes naturellement pécheurs, Dieu nous pardonne et remet gratuitement, par le sang de son Fils Jésus-Christ, les péchés que nous commettons au second commandement, en nous repentant et continuant en icelle pénitence d'avoir forfait, et rendant ce que nous retenons de l'autrui. Voilà l'Évangile, la loi et les prophètes, et tout ce que chante l'Église; si donc telles choses sont prêchées au peuple par bons et fidèles curés, et ordinairement mises et gravées par fréquentes et assiduelles exhortations en la tête et entendement de leur peuple, à votre avis, que deviendront les procès et querelles? Quand le fébricitant[1] a été purgé par le conseil du médecin, tous les frissonnements, altérations, dégoûtements, lassitudes de membres, et autres telles accessions, s'en vont au moyen d'icelle médecine; quand le bon prêtre sollicite ordinairement et pousse les consciences de ses paroissiens à la connoissance de Jésus-Christ, au mépris de ce monde, et de ces choses basses et corruptibles, il n'y a lieu de penser que les procès et débats aient grand'vigueur, avertissant son troupeau exercer amitié et charité les uns envers les autres, fuir toutes envies, jalousies, meurtres, ivrogneries et paillardises; leur mettant en avant le peu de temps que nous sommes en ce bas et misérable monde, qu'il faut mourir et assister[2] un jour devant ce haut Dieu, pour être jugés selon nos œuvres: lors ne se verra aucun procès et différend parmi nous; le bonhomme de curé se trouvera aux endroits du village où seront intervenues les querelles et difficultés; mais arrivé, comme dit Virgile, rendra une telle pacification, que par une simple gravité, et presque par sa seule vue, s'évanouiront et s'en iront en fumée les noises et discords, s'enfuyant qui çà, qui là, tels pertubateurs de la patience commune; ou s'ils vouloient tenir tête, se plaire et favoriser en leurs défenses et justifications, affublés de masques

---

[1] Le malade, celui qui a la fièvre.
[2] Paraître.

et fausses couleurs, là, se courrouçant d'une sainte colère, les exhortera à toute douceur, leur prononcera la sainte Écriture, ouvrira et fendra [1] leurs consciences par icelle, les menaçant en général des secrètes punitions et jugements terribles de Dieu, et en particulier, de changer leurs mauvaises conditions; et, comme dit saint Paul, que celui qui étoit ord [2] et sale, ne le soit plus, de sorte que peu s'en trouvera qui donnent nouvelle occasion de trouble. Ce prud'homme et ceux qui auront la charge de son Église et troupeau, s'informeront et enquerront diligemment et bien des cas particuliers et fautes qui se commettent en la paroisse, feront avertir secrètement les mutins et fâcheux se reconnoître et retourner à meilleure vie; depuis, s'ils sont revêches et opiniâtres, seront comme brebis galeuses, séparés du troupeau, et publiquement déclarés tels qu'ils sont. Ce bon curé sera comme la lumière et la lampe pour éclairer à toute sa paroisse, lequel conjoignant sa façon de vie à ses répréhensions et avertissements, fera ce que saint Hiérôme dit, que le peuple obéit volontiers au prêtre qui fait comme il prêche; et est bien malaisé qu'un homme ait opinion que ce soit malfait ivrogner, paillarder et battre le peuple, quand son curé, qui défend telles choses, commet lui-même tels péchés. Pourquoi, dit quelqu'un, y a-t-il tant de larrons, tant de paillards, et tant de gueux et mendicants [3] valides en cette chrétienté? pource, répond-il, que *dicunt et non faciunt*. Ils prêchent assez; ce sont les gens d'église, si vous appelez les fermiers gens d'église; car en cette Bretagne, de cinquante paroisses il n'y en a pas une qui ait son recteur résidant; mais, cherchez qui le fasse; encore demeurant sur leurs bénéfices, ils gâtent tout. Si vous leur parlez de rendre la troisième partie du revenu ecclésiastique aux pauvres des paroisses, où sont leurs biens, suivant les décrets et saints conciles, et que par ce moyen tout ira bien; vous vous voirez appeler huguenot, et leur ennemi mortel; crieront sur vous au lard [4] à pleine tête; feront comme les bons chicaneurs, qui poursuivent quelque méchant incident, pour fuir et éloigner le principal, où ils n'ont que tenir. Bon Dieu! s'ils avoient entendu saint Grégoire le Grand, Prosper, disciple de saint Augustin, Petrus Comestor, ce grand

---

[1] Touchera.
[2] Malpropre, souillé.
[3] Mendiants.
[4] *Crier au lard sur quelqu'un*, se moquer.

docteur scolastique [1], qui appellent les gens d'église, qui ne rendent ce qu'ils tiennent des pauvres, qui est la troisième partie de tous les biens ecclésiastiques, larrons et brigands ; à mon avis, qu'ils se changeroient en mieux ! Il en fut temps ; car la cognée, comme dit l'Écriture, est prête à frapper, et voyons déjà le bras haussé pour verser l'ire de Dieu sur eux, et peut-être sur le magistrat, auquel principalement telle correction appartient. Et pour s'étendre un petit sur cet argument, en la première Église, lorsque les dîmes n'étoient encore introduites en icelle, les pauvres étoient nourris des dons et offrandes que l'on faisoit aux assemblées publiques, comme récite Sozomenus en l'histoire ecclésiastique. Et par une grande cherté, Cyrillus, évêque de Jérusalem, vendit tous les meubles et ustensiles précieux, pour nourrir les pauvres ; ce que fit aussi Exupéranus, évêque de Tholose ; comme dit saint Hiérôme et saint Bernard, épître 348, au concile Agathense, aux chapitres 7148, 4957, fut défendu, sur le grand anathème et excommunication, aux évêques et prêtres employer à leur usage les biens destinés pour les pauvres. Et, dit saint Augustin, homél. 1, que les faisants le contraire seront condamnés devant Dieu, et peut-être à la vue des hommes, de tout ce que les pauvres souffrent, comme homicides. Cet ordre de la primitive Église, mal gardé par les gens d'église, fut changé par ce bon prince et empereur Charlemagne, lequel, comme appert par le cinquième chapitre du concile de Mâcon, distribua et mit le bien et revenu des ecclésiastiques et des paroisses en quatre parties, autorisant et entérinant le canon du pape Gélasius, quart. 1242 ; la première pour l'évêque, la seconde pour les prêtres et clergé, la troisième pour les pauvres de la paroisse, la quarte et dernière pour la fabrique et réparation du temple ; où depuis les évêques, riches devenus par libéralités des princes, ont quitté leur portion, en laissant pour marque et intersigne le droit de visitation de leurs diocèses ; et est réduit icelui revenu en trois parts, dont l'une appartient aux pauvres, comme disent Simplicius écrivant à Florencinus ; le pape Grégoire, lib. 12, Indict. 6, épître 33 ; lib. 11, Indict. 6, épître 49 ; Beda, lib. histor. Angl. ; Aventius, lib. 3 ; car les aumônes des hôpitaux sont de diverse et autre nature pour la nourriture des étrangers ; Sozomenus, lib. 5, cap. 16 ; Histoire ecclésiastique, et Paulus Diac. in Juliano. Or donc, voient ceux qui

---

[1] Pierre le Mangeur, théologien célèbre du douzième siècle, auteur de *l'Histoire scolastique*.

occupent le bien des pauvres, en quelle conscience ils peuvent regarder le ciel, de commettre tel larcin, seule cause de nos troubles, malheurs et désolations. Donc le seigneur du village voyant que ce bon personnage de curé fait tout office et devoir en sa charge, incontinent se mettra, par une sainte jalousie, à façonner sa vie et mœurs en l'endroit tant de sa famille que sujets; se composera et rangera à toute facilité et douceur, parlant à eux avec courtoisie et gracieuseté; eux, par une entresuite l'aimant et honorant; de façon que les procès mûs entre eux seront en l'instant jugés et terminés, premièrement par eux-mêmes ou par leurs parents et voisins; et, si la question est trop haute, par le seigneur et prêtre, lesquels, à l'envi l'un de l'autre et à qui mieux, s'efforceront vider telles difficultés selon et par la parole de Dieu, étant préposée aux chicaneurs, greffiers et tels petits mangeurs de peuple, qui sont sortis de la charrue, et s'écarteront, ainsi que s'enfuirent, à l'avénement de Notre-Seigneur, toutes sortes de ténébrions[1] et lutins dont le monde, à la suggestion du diable, étoit ensorcelé. Il y en a beaucoup qui osent affermer n'y avoir journal de terre en France qui ne soit plaidé et mis en controverse une fois l'an. Maître Pierre Rebufus[2] dit que cette monarchie subsiste, et est tellement fondée et soutenue, qu'elle ne peut être ruinée par les trois fléaux dont Dieu afflige ses peuples, peste, famine et guerre, si cette damnable chimère de procès n'y étoit ajoutée. De là est survenue la désolation aux bonnes maisons, la ruine des anciennes races et familles, pour avoir été contraints, les pauvres plaideurs, après y avoir employé et mangé leur substance, marier leurs enfants avec telles sangsues, faisant par là une infinie confusion d'ordres, bigarrure de conditions et qualités, mariant et assemblant l'épervier avec la huppe, la colombe avec le milan; et, en conséquence, une telle difformité en ce royaume, que tout s'en iroit sens dessus dessous, qui n'y mettra ordre : remettant les choses en leur premier état et splendeur, c'est à savoir que le tiers des biens ecclésiastiques soit baillé et rendu aux pauvres des paroisses où ils sont; que le gentilhomme épouse la demoiselle de race, suivant les anciennes lois *de maritandis ordinibus*, et celle *de Prosa-*

---

[1] Esprits de ténèbres.
[2] Pierre Rebuffi, jurisconsulte, né en 1487, près de Montpellier, mort en 1557.

*pta*, et qu'il soit seul administrateur de la justice; que le marchand se contienne en son métier, et se marie avec une femme de son état; à ce que le train de marchandise ait son cours et ne soit interrompu; que le laboureur demeure en la beauté et facilité de ses champs; et lors sera tout le monde content et satisfait, chacun suivant et embrassant la condition et vacation où Dieu nous a appelés. Quant à choisir les juges et magistrats, on a tant de fois recuit et rebattu cette matière, qu'il ne s'est trouvé que le roi Louis onzième pour y avoir donné bon ordre; car d'y aller et procéder par élection et à la voix du peuple, cela se résout incontinent en brigues, faveurs et toute corruption. Encore moins raisonnable qu'un prince donne tels offices à ceux qui les poursuivent et demandent; d'autant que par là ils montrent déjà leur indignité, et portent leur refus avec eux en les poursuivant; dont icelui prince Louis, sachant que l'un et l'autre moyen étoit déraisonnable, envoyoit secrètement personnages qu'il avoit expérimenté n'être flatteurs ni menteurs, par les provinces et gouvernements de ce royaume, pour s'enquérir diligemment des prudes gens et hommes capables pour le service, tant de la justice que de la guerre, lesquels ayant fait leurs chevauchées[1], prenant occasion sur autre charge, lui rapportoient par rôles les noms et surnoms de ceux qu'ils avoient trouvés dignes et reconnus pour gens de bien. Lors avenant vacation[2] de quelque état, ce prince regardoit sa liste, et le bailliage où il falloit pourvoir, sans écouter ni ouïr les langues piperesses[3] et courtisanes de ses mignons[4]; mais il n'en avoit point, comme lui dit le sieur de Brèse, ne gens qui le gouvernassent à leur plaisir. Sur-le-champ faisoit dépêcher lettres-patentes à celui qu'il avoit choisi sur sondit rôle. Vrai est que ceux ainsi envoyés et délégués par les provinces pour faire recueil de la renommée et réputation des hommes de valeur, doivent bien regarder, et de près, de quels témoignages ils s'aident en leurs informations, à ce que, par telle nomination, n'arrive que la pauvreté de celui qui sera choisi ne le tienne en mépris, ou que sa richesse ne le rende nonchalant. Cicéron, à ce propos, écrit que les sénateurs de Rome usèrent de tel langage à

---

[1] Voyages.
[2] *Vacation*, signifie ici vacance.
[3] Trompeuses.
[4] Favoris.

Caton le Censeur, fort vieil et caduc, le consultant sur la difficulté de deux hommes nommés pour être juges. Vous savez, dirent-ils, que nous approchons du premier jour de janvier, où nous avons accoutumé de départir [1] et établir les offices nouveaux ; Maulius et Calidanus veulent être censeurs, que vous en semble? Je ne reçois, dit le bon Caton, l'un, ni approuve l'autre : Maulius poursuit l'État pour la conservation et garde de ses biens, qui sont grands; et cela fait-il sans affection, quoi que soit, telle qu'il appartient à la chose publique; Calidanus est trop pauvre, auquel cas y a fort grand danger. Non que par là il blâmât la richesse ou la pauvreté; mais il vouloit dire que Maulius étoit noté de trop prendre son plaisir, et Calidanus trop curieux d'amasser. Et en tant que touche le nombre effréné et déréglé d'offices, tant de la justice qu'autres, dont ce royaume est notoirement remarqué, j'ai cuidé dire diffamé, et, entre les autres nations, noté d'excès et prodigalité, faudra par nécessité que le roi se dépêtre, par une bonne et sainte réformation de tous états, de telle vermine qui est venue avec la nécessité du temps, à la semblance des chenilles, qui tombent avec les brouées [2] et frimas. A l'exemple de Mathias Corvinus, roi de Hongrie, lequel étant marié avec la fille du roi de Naples, son beau-père lui dit qu'il convenoit à tel prince que lui d'avoir nombre de jurisconsultes et gens de robe longue près de sa personne; que cela l'autoriseroit [3], et rendroit son règne grand, magnifique et excellent; car un notable précepteur de tyrannie tient pour maxime et fondement, que la multiplicité et nombre d'offices et chicaneurs, est un gros appui pour asservir, cruéliser [4] et esclaver ses sujets. Proposition très-fausse, et une doctrine turquesque et barbare; car où la bonne volonté défaut, le prince et ses sujets entrent en défiance l'un de l'autre : dont sortent les éclats de rébellion, puis sont les rebelles punis, et enfin c'est une main dextre qui coupe sa main gauche, un corps mis en deux et en pièces, qui demeure bien souvent la proie d'un tiers qui voit jouer ces jeux, et qui peut-être a projeté le théâtre, ou prêté le bois pour dresser l'échafaud de telle tragédie. Ce bon Mathias, pour reprendre le point, crut aisément ce beau conseil, et mena avec lui une grande bande de ces bons

[1] Distribuer, assigner.
[2] Pluies.
[3] Lui donnerait de l'autorité, de la considération.
[4] Tourmenter cruellement.

personnages et chicaneurs en son royaume de Pologne, là où il leur fit bâtir un beau et somptueux palais, accommoder force salles, chambre, ériger greffiers, huissiers, buvetiers [1], secrétaires, chauffe-cires, et tout l'appareil convenable pour bien jouer le chicanours. Ils ne faillirent à tailler de la besogne, et, en peu de temps, mettre le feu par toutes les familles, en cas de procès, introduire nouvelles lois, former tout autre ordre et style judiciaire, tourner et renverser l'état et police de ce grand et opulent royaume, et où il n'y avoit que sept ou huit juges et quelques petites lois coutumières ; les gentilshommes, qui avoient accoutumé vaquer à tous exercices honnêtes et appartenant à leur qualité, comme étudier, piquer et dresser chevaux, tirer des armes, être doux, et amiables, et courtois aux bons ; hardis et courageux contre les méchants, accorder leurs sujets et vassaux, vindrent en telle combustion et malheur, qu'eux-mêmes se jetèrent à la suite de ces messieurs les nouveaux juges, chargés de sacs et poches ; bonnetant [2] et faisant la cour, tantôt à celui-ci, tantôt à l'autre. Les marchands aussi, ne voulant être les derniers, furent distraits de leur négociation pour apprendre le trictrac et science du palais, et où auparavant leurs affaires et boutiques se portoient heureusement pour la fidélité entre eux, et n'y avoir qu'un mot en leurs ventes et achats, ils devinrent néanmoins si déloyaux et injustes, qu'une chose qui valoit raisonnablement vingt sols avec profit honnête, ils la vendoient trente, outre perdre leur trafic et le convertir en offices. Le laboureur, de son côté, laissa son soc en gage pour apporter de la ville une commission, afin d'ajourner son voisin. Bref, il n'y avoit homme qui ne plaidât, qui ne se mît de ce métier, ou qui ne le fît apprendre à ses enfants, tant étoit la commune patience de ce pauvre et misérable royaume, altérée, brouillée et débauchée ; et, au lieu que la simplicité et rondeur avoit auparavant lieu entre eux pour assoupir et mettre fin à leurs procès, se trouvèrent si remplis de subtilités, finesses, distinctions aiguës, que ces beaux révérends légistes y avoient semé, qu'on ne parloit rien plus que de plaidoirie. Mais ce bon prince Mathias coupa incontinent, et retrancha les cours, jà par trop advancés, à ces harpies de docteurs, lesquels il renvoya à Naples, pour là subtiliser et plaidoyer tout leur soûl, remettant son pays au premier état ; ce qui lui apporta une grande gloire, et merveilleux contentement

---

[1] *Celui qui tient la buvette, qui donne à boire.*

[2] *Bonneter*, saluer en ôtant son bonnet.

à son peuple; tout quoi devroit servir d'exemple à tous princes chrétiens. Lupolde, oyant ainsi dépêcher sa robe longue au petit point, supplia qu'à toutes fins, et à quelque prix que fût le blé, cette consultation n'être éventée et publiée, principalement en l'endroit des grands, qui eussent la tête bien faite, et qui pourroient par tels moyens embrasser quelque réformation contre et au préjudice de cette noble et sacro-sainte chicanerie. Eutrapel dit lors, qu'il avoit vu, en la bibliothèque du Vatican, un livre auquel entre autres étoit ordonné que le consistoire des cardinaux devoit être composé moitié de nobles, et l'autre de roturiers, comme entre tous états et assemblées populaires doit être l'ordre ecclésiastique mi-parti et fendu en deux pièces, savoir nobles et roturiers; à ce que les gens d'Église, qui se sont donné la dernière voix et conclusion, accordassent les opinions des deux autres états à l'équalité, même poids et calibre. Et ainsi être d'avis que les parlements de France, qui se disent moyenneurs entre le prince et ses sujets, fussent composés de personnes nobles et roturiers également; qu'autrement la justice ne pourroit être bien administrée. Caïus Gracchus proposa une loi, qu'aux jugements des affaires publiques y eût six cents chevaliers et trois cents sénateurs, pour l'emporter à la pluralité des voix, s'assurant de celles des chevaliers, et en conséquence d'avoir deux voix sur une. Mais telle loi ne fut reçue, comme captieuse et séditieusement demandée. Et seroit la partie mal faite en un concile, si les évêques italiens, qui sont en nombre deux cent soixante et quatre, comme dit Blondus[1], soutenoient une opinion contre les François, qui ne sont que quatre-vingt-deux, et neuf archevêques, combien que la France soit deux fois aussi grande que l'Italie. Comment! dit l'avocat, nous tenons en notre pays de chicanois, que tous juges, principalement de cour souveraine, et leur postérité après eux, sont nobles, et avoir été ainsi jugé. Mais dommage, dit Eutrapel, qu'ils ne jugeoient le contraire, *foventes similem causam*, et étant en pareil intérêt. Je demanderois quel jugement de chasteté l'on doit espérer des femmes impudiques. De cinquante juges, vous n'en trouverez pas un qui soit vraiment noble; et davantage, j'ai lu en leurs privilèges, qu'ils jouissent de ces belles prérogatives et exemptions, tant et si longuement qu'ils tiennent et exercent lesdits états, et non au-

---

[1] Flavio Biondo, auteur de l'*Italia illustrata;* il mourut à Rome, en 1463.

trement. A dire vrai, dit Polygame, la république des Lacédémoniens, comme dit Aristote, fut ruinée et abattue, pour avoir mis, contre leur façon ancienne, gens non nobles et de basse condition aux charges et fonctions publiques. Romulus, distribuant et donnant ordre à l'état des Romains, sépara et divisa les nobles d'avec le peuple, auxquels seulement il ordonna la puissance et autorité de juger. Ce que Solon avoit auparavant fait en la ville d'Athènes ; et dit Lampridius, que Héliogabale fut diffamé, entre autres choses, de ce qu'il avoit mis et élevé au sénat romain hommes populaires et du tiers-état; et, au contraire, fut exalté et loué hautement l'empereur Severus, qui oncques ne souffrit autres officiers et gens de commandement, qu'ils ne fussent nobles d'ancienne race; laquelle s'interprète, tant du côté paternel que maternel; car autrement, clochant d'un côté, ils sont appelés métifs et briguets. Les forts, dit Horace, engendrent les forts; des lévriers viennent les lévriers; mais s'ils s'accouplent à une mâtine, il en sort une autre espèce de chiens bâtards et imparfaits. Mariez-vous à la fille d'un marchand ou autre du tiers-état, vos enfants auront l'esprit ordinairement tendu à la boutique, finesses et intérêts; car la poche sent toujours le hareng; et, de ma part, je crois que toutes gens équitables seront de mon avis. Je soutiens, quelque italianisme qui coure parmi nous, encore qu'ils aient d'aucunes bonnes conditions, que les grandes charges publiques se doivent bailler aux gentilshommes privativement[1] à tous autres, et quoi que ce soit, les souveraines, et en chef : qui étoit le dessein du grand roi François, comme très-bien harangua le seigneur de Rochefort aux états tenus à Orléans, 1560. Vous, dit Eutrapel, aurez bien la malegrâce de plusieurs, en soutenant telles propositions, et plus encore quand ils verront votre livre bâti sur cette enclume et sujet. Au demeurant, étant une fois ajourné, vingt et quatre heures après je fus toujours en fièvre, et eusse voulu être au ventre d'une chèvre, tant j'appréhendois les fumées de justice; et aimerois beaucoup mieux faire raison à celui qui me demanderoit injustement quelque chose à beaux coups d'épée, comme l'on faisoit jadis presque en toute l'Europe. Polygame dit lors, qu'à bonne cause telle façon de faire et gothique avoit été abolie et ôtée, et que le plus grand moyen et honnête de vider les procès, étoit par la

---

[1] De préférence.

pierre de touche, qui est la parole de Dieu, enfonçant par icelle les consciences des parties plaidantes, les faisant répondre de vive voix, en les adjurant au nom de Dieu, dire vérité, sans souffrir que le procureur, vrai nourrisson de mensonge, suborne et détourne la religion de sa partie. Et s'il se trouve la réponse être fausse et calomnieuse, lorsqu'il est question de son fait, qu'elle soit condamnée par chacun article en une grosse amende, suivant l'ordonnance de l'an 1539, laquelle les maîtres chicaneurs n'ont jamais voulu recevoir, l'appelant Guillemine, pour avoir été faite par maître Guillaume Poiet, lors chancelier de France; ce qui certainement chasseroit les pigeons du colombier, et couperoit la racine d'une infinité de procès; mais il faut toujours forger un sobriquet à la pauvre vérité. Témoin la statue ignominieuse de maître Pierre de Cugnères, étant en l'église Notre-Dame de Paris, vulgairement appelé maître Pierre du Coignet[1]; à laquelle, par gaudisserie[2], on porte des chandelles, le paillard étant lors avocat général, soutint que le roi Philippe de Valois, son maître, se devoit ressaisir du temporel ecclésiastique, pour être le fondement d'icelui mal exécuté, et seule cause de la dissolution des gens d'Église, et empêchement du vrai service de Dieu. Se dit que le jour de la donation de Constantin au pape Sylvestre, qu'aucuns ont voulu débattre, fut ouïe une voix disant : *Hodie venenum in Ecclesiâ seminavi* : à cause de laquelle opinion non suivie, l'on a fait de sa statue un marmouset; encore que les cordeliers, en leurs prêches, fâchés peut-être d'être forclos[3] et incapables de tels biens, aient soutenu maître Pierre en son opinion. Conclusion, les procès, différends et querelles cesseront, et non plus tôt, quand le peuple sera instruit en la crainte de Dieu par la doctrine et bons exemples de ceux qui la prêchent et annoncent, ou le doivent faire; autrement n'y a village en France là où il ne faille un parlement, et en lieu d'un

---

[1] « Les ecclésiastiques firent mettre un marmot en un coin de Notre-Dame de Paris, que nous appelons par une rencontre et équivoque du surnom où il est mis, Maître Pierre de Coignet, ne ayant toutefois, par ce sobriquet, effacé ce bien et utilité, que ce grand avocat du roi pourchassa à tous les siècles à venir. » Etienne Pasquier, liv. III des *Recherches de France*, chap. 25.

[2] Moquerie.

[3] Privés.

officier, vingt, pour finalement établir le royaume de Satan, fondé en mensonge, et anéantir celui de Dieu, qui est la même vérité.

## II.

#### N'entreprendre trop haut, et hanter peu les grands.

Un mien ami, dit Eutrapel, me récrivoit une lettre, par laquelle, entre autres, il essayoit me divertir et empêcher de trop entreprendre, et hâter en mes actions et affaires. Il y avoit un couteau, portoit la lettre, qui de lui-même se voulut faire un manche, sans attendre que son rang fût venu comme ses compagnons, qui étoient, et lui aussi, sur la boutique du coutelier, à faire la montre, et donner le bon jour aux passants : s'en alla un beau matin au bois, où il coupa de toutes sortes et espèces d'arbres, pour se choisir un manche; mais tantôt celui-ci étoit trop dur, l'autre trop gros, et la plus grande part lui déplaisant : mais le pauvret ne s'aperçut, qu'il ne fût un long temps, qu'en se tourmentant ainsi et tracassant par ces haies et buissons, il se fit cinq ou six brèches, et, qui pis est, se cuidant refaire et rétablir, se frotta à une pierre aguisoire [1], où il se consomma [2] de moitié, vrai qu'enfin il eut un manche, mais ce fut lorsqu'il n'en avoit plus de métier [3]. Que s'il se fût contenté du premier, qu'aisément il avoit bâti, il fût demeuré beau, entier, et de mise. Ainsi, continuoit la lettre, donnez-vous de garde que tant de travaux et de peines que prenez incessamment à croître [4] votre état, avancer enfants, et faire votre maison grande, ne vous rendent de bonne heure au logis et tombeau. Je vous veux dire et admonester suivre la vocation où principalement vous êtes appelé, vivre doucement, gracieusement, sans tant ainsi barbouiller parmi le monde, et ne fréquenter que bien peu d'hommes, mais vertueux, et ceux que vous jugerez vous être vrais et fidèles amis, et auxquels pour leur valeur vous voudriez bien ressembler; au parsus, de voir et mesurer vos biens, votre expérience, ce que vous pouvez, et ce que vous devez vouloir. J'ai, dit Polygame, tant vu d'hommes du commencement, et sur leur première jeunesse, avoir fait de grands amas et préparatifs, pour être quelque jour élevés aux honneurs, biens, et autorités, et promettre tant de belles aven-

---

[1] Pierre à aiguiser. — [2] Réduisit.
[3] Plus besoin. — [4] Accroître, augmenter.

tures, lesquels tout d'un coup tomboient beau saut et en ruine, à faute d'avoir avisé de près ce qu'ils étoient, ce qu'ils entreprenoient, et comme ils le pourroient exécuter ! J'en ai aussi vu d'autres bâtissant sur la bourse d'autrui, lesquels, pour tromper le peuple et eux-mêmes les premiers, qui engageoient tout ce qu'ils avoient et celui de leurs voisins, pour acheter chevaux, et accoutrements afin de braver, s'en vouloir faire croire chez les étrangers : estimant par tels moyens sophistiqués trouver quelque place, se marier ou heurter à quelque gros hasard et aventure : mais l'issue et la vérité qui découvre tout, les rendoit moqués et en mépris, attachés ordinairement et portant une longue et fâcheuse charge de dettes, qui les accabloit et faisoit demeurer sous le faix. Et combien qu'il s'en trouve quelques-uns à qui telles entreprises aient heureusement succédé [1], si sont-ils en tel petit nombre, que de cent, un ne vient à rencontrer le bon port, et en avons vu, et verrons encore, s'il plaît à Dieu, tel qui avoit chargé sa navire de larcins, et concussions publiques et privées, se rompre et perdre au même lieu et havre [2] dont il espéroit bientôt faire voile. J'en ai vu d'autres qui déterroient leurs pères et mères, parents et voisins, empruntoient par ci et par là pour suivre la cour des rois et princes : se rendoient humbles, serfs, et bien dévots, contrefaisant les rusés et courtisans, desquels un ou deux au plus y avoient du profit, et de l'honneur bien peu : et le meilleur du tout, comme choses mal commencées n'ont jamais bonne fin, ceux qui avoient été cause de la promotion et avancement de tels mignons, oyoient sa fièvre quartaine : je lui fais trop d'honneur à seulement le regarder, c'est ma faveur, sous laquelle toute son espérance est fondée et nourrie. Les autres qui veulent payer plus courtoisement, disent, de vous payer je ne puis, mais donnez-moi quelque sûr avertissement d'office ou bénéfice vacant, je vous y portionnerai au tiers : tuez votre ennemi, je vous ferai obtenir et dépêcher la grâce. Crois-moi, Eutrapel, la plus grande ruse et finesse qui puisse être, est d'aller en tout ce que nous faisons et disons, rondement et ouvertement en besogne : un sou venant d'un bon et religieux moyen vous rendra dix francs au bout de l'an, lesquels, mal acquis, vous feront tôt ou tard perdre le tout. Au demeurant, ne hante ou fréquente familièrement ceux qui sont ou se veulent faire plus grands que toi,

[1] Reussi. — [2] Port.

s'ils n'ont la tête et cervelle si bien faites qu'ils sachent bien conduire leur grandeur et n'en abuser. L'apologue d'Ésope, lequel vraisemblablement il a emprunté de l'Ecclésiastique, fait bien à ce propos : c'étoient deux pots, l'un de fer, l'autre de terre, qui délibéroient aller en voyage et commission; celui de fer soutenoit qu'ils devroient aller ensemble et de compagnie, *væ homini soli !* ils s'ébattroient, deviseroient, et gausseroient ensemble. Monsieur de fer, répondit celui de terre, vous m'excuserez, s'il vous plaît : je suis un pauvre compagnon, qui n'ai brebis ni mouton, mais je n'irai point avec vous, car il ne faut que un moins de rien, ou demi-colère pour me casser, et puis, adieu Fouquet¹ : allez votre chemin, et moi le mien : le premier arrivé fera le logis à l'autre. Vouloit le bon Ésope montrer par cet exemple comme il est malaisé et plus dangereux hanter les grands et ceux qui se veulent prévaloir sur les autres, et encore beaucoup plus de faire du compagnon, et trop familiariser avec eux. Un gentilhomme de ce pays ne suivit pas ce conseil, et peut-être aussi qu'il ne le savoit, comme notre noblesse, quelques-uns réservés, est ignorante des bonnes lettres : qui est l'occasion que l'administration de la justice leur est tombée des mains, et transférée, peu exceptés, aux gens du tiers-état. Or étoit-il voisin d'un assez grand seigneur, ayant au surplus une fort honnête et belle femme : et pour ne se contenter des affaires de sa maison, ne cessa qu'il n'eût accroché et trouvé moyen d'entrer en crédit en celle de son voisin, où la cuisine étoit plus grasse que la sienne. La Rivière, que j'appelle le plus grand, fut fort aise de telle rencontre, tant pour avoir un voisin à lui inférieur, auquel il se persuada commander un peu librement, que pour l'opinion qu'il s'étoit vîtement bâtie et pourtraite de faire l'amour à la femme de Launay, ainsi sera nommé le moindre. Ne se passoit guère jour que La Rivière, feignant aller à la chasse, ou tirer de l'arquebuse, prétextes et couvertures que les femmes mariées craignent assez, qu'il ne passât, allant ou retournant, par la maison de son voisin Launay, et parfois y dînoit de ce qui se trouvoit au pot, sans souffrir que la broche tournât, intersignes² de grande familiarité. Et d'autant que Launay avoit quelques procès, à la conduite desquels il alloit aucunes fois, La Rivière, qui avoit un

---

¹ *Adieu Fouquet*, dicton populaire, tout est fini, le mal est sans remède.
² Signes, marques.

laquais et un petit poisson d'avril [1], qui lui tenoit le bureau et épioit les allées et venues de son voisin, s'adressa un jour à sa femme : chez laquelle, fût par promesses, dons, et gracieuses menaces, ne sut oncques gagner un seul semblant de bonne grâce, pour aimer et faire acte dérogeant à son honneur : car les boutons d'amour, desquels la racine n'est corrompue, ne fleurissent jamais, et conséquemment ne produisent aucun fruit : au contraire elle remontroit à ce traître importun la souillure du lit nuptial tant abominable, mariage où elle étoit obligée, la rupture duquel étoit un péché presque indispensable et sans rémission devant la majesté divine : qu'en l'endroit des hommes, sa réputation, qui est ce que nous avons de beau et bon en ce monde, eût été tellement engagée, qu'elle n'eût de sa vie osé se trouver ne présenter en compagnie honnête et de valeur : brief, qu'elle avoit la crainte et commandements de Dieu si respectueusement engravés dedans elle, qu'en cette foi et confiance elle s'assuroit qu'il ne la délaisseroit, et ne la chargeroit d'un faix qu'elle ne pût porter, fût-elle aux plus cruels tourments qu'on lui pourroit préparer. La Rivière, se voyant frustré et trompé de son attente, demeura néanmoins en sa première rage et furie d'attraper et venir à bout de cette infortunée damoiselle. (Ah Satan ! que tu es un grand ouvrier pour surprendre l'homme et le faire tomber, lorsqu'il est désarmé (de la parole et crainte de Dieu) : et pour assouvir et effectuer ses perfides desseins, retint un soir le sieur de Launay, qui l'étoit venu voir, ayant au souper tous deux bu un coup d'extraordinaire, pour fermer et clore tout moyen à ce pauvre malheureux de se pouvoir meshuy retirer chez soi. Incontinent ce maître laquais fut dépêché, qui alla dire à la femme de Launay, qu'elle fût venue le lendemain au grand matin visiter madame qui se trouvoit mal, et dîner à la maison, aux enseignes qu'il pût recueillir des propos et paroles que Launay avoit dites, et mises en avant durant le souper, et après avoir fait grand' chère et fait haut de bois [2]. La damoiselle soupçonna quelque cas de sinistre et étrange, par un certain secret étonnement et frayeur d'esprit, qui quelquefois sert de message et avant-coureur du bien ou mal qui nous doit venir. Néanmoins, prenant courage, et s'appuyant sur la présence de son mari, y joignant les enseignes si vives et expresses, elle accompagnée d'une fille de chambre et

[1] Petit serviteur.
[2] *Faire haut de bois*, faire le glorieux.

d'un vieux prud'homme son parent, s'achemina vers le lieu que plus elle craignoit, et à bonne raison : car, traversant un petit bois taillis, voici se lever La Rivière, suivi d'un tas de ruffiens, matois, et demeurant de guerre, qu'il entretenoit, lequel, sans autre bonjour ne caresse, avance la pointe d'une dague contre l'estomac de cette misérable captive, la tire au travers du bois, et illec lui ravit par force, en aide de ses marauds, ce qui se tient tant cher et précieux entre les femmes de bien et d'honneur. Elle, tout échevelée, brouillée et terrassée, s'en retourne à sa maison, et le paillard à la sienne. Lecteur, quiconque vous soyez, aidez-moi, je vous prie, à contempler la grâce de cet infâme et déloyal, pour le regard des droits publics, d'hospitalité et de voisinage : et du pauvre Launay, lequel par aventure étoit encore au lit lors de la tragédie et triste issue de ce banquet affronteur : attendant, peut-être, son monsieur en quelque promenoir ou allée de jardin, tout farci d'excuses, révérences et baise-mains d'avoir tant longuement dormi : mais retourné qu'il fut à son hôtel, et ayant entendu de sa femme l'indignité du cas advenu, projeta tellement en son entendement, rêva et mordit ses ongles par tant et tant de fois, que, aux guerres dernières, apercevant La Rivière aller à l'escarmouche, et l'ayant longuement chevalé[1], buissonné et espionné, lui donna par derrière un coup d'arquebuse, duquel il mourut sur la place, dont ne fut mention ne nouvelle. Launay s'étant vengé, car cet esprit meurtrier, Satan, ne subministre[2] autre conseil à l'offensé, sinon : Venge-toi, tue, massacre, pour empêcher l'homme de pardonner aux repentants, fit d'aussi beaux exploits d'armes que gentilhomme de l'armée, qui accrut et étendit fort loin sa renommée : tellement qu'étant de retour en son pays, ayant trouvé sa désolée femme morte de regret, comme il est de croire, il épousa la femme de La Rivière, qui ne savoit ni entendoit rien de ces beaux affaires et discours passés. Je n'ai pas entrepris vous raconter les moyens et conduites qu'il dressa pour parvenir à ce mariage, tant y a que, se voyant investi et emplumé des dépouilles de son ennemi, devint assez insolent et trop haut à la main[3] : de sorte que par un désastre caché aux hommes, c'étoit une permission divine, la nuit, étant en ses bonnes, conta à la nouvelle mariée tout ce que dessus, et nommé-

---

[1] Poursuivi à cheval.
[2] Suggère.
[3] Fier, orgueilleux, superbe.

ment les moyens, et comment il avoit tué et s'étoit vengé de son ennemi. Elle, joignant le meurtre ainsi proditoirement[1] commis contre les anciennes formes et fondements de la noblesse françoise, aux premières amours, qui du côté des femmes demeurent toujours, quelques beaux et seconds mariages qu'il puisse survenir, comme disoit Didon, voulut aussi de sa part jouer le gros jeu, et montrer qu'elle étoit femme, c'est-à-dire vindicative: car un pauvre soldat affamé, et au reste hardi entrepreneur, auquel elle avoit donné cinquante écus et un cheval, comme il confessa depuis sur l'échafaud, tua d'un coup de pistole Launay: dont elle est encore en grand' peine: et qui, peut-être, achèvera le nombre de cinq meurtres, tous exemplaires. Eutrapel dit lors que l'histoire des empereurs Valentinien et Maximien est presque semblable; mais que, sans aller si loin, un grand capitaine de ce temps, faisant profession de la prétendue religion réformée, fut tué à un assaut donné à la ville de Saint-Lô en Normandie, n'a pas longtemps: punition jugée être advenue pour avoir, quelques mois auparavant, fait crier haro en la ville de Caen sur un gentilhomme nouvellement marié, pour se bâtir le moyen de débaucher et forcer sa femme. En Normandie, quand quelqu'un fait le haro sur vous, il faut par nécessité, fussiez-vous vêtu de velours vert, que vous fassiez solennellement votre entrée en prison, pour la mémoire d'un bon duc Raoul de Normandie, qui durera éternellement, pour la grande justice qu'il faisoit, comme qui diroit; Ah! Raoul, où êtes-vous?

### III.

#### De ceux qui prennent en refusant.

Il y avoit un procureur du roi en ce pays, lequel, un jour, en son auditoire crioit et s'échauffoit fort contre un pauvre compagnon, appelé Vento, accusé d'avoir tué plusieurs cerfs et biches aux forêts du roi. En ce temps, les procès criminels se jugeoient à huis ouverts, et en pleine audience, en présence du prisonnier, et sans qu'il y eût aucun lieu et moyen d'appeler. Ha, ha, dit Lupolde, *appellatio est theriaca oppressorum.* Saint Paul, qui étoit homme de bien, eut recours à l'appel quand on le voulut faire plaider devant Festus, parce qu'il étoit Tharsien[2], ayant

[1] Traîtreusement.
[2] De Tarse en Cilicie.

le privilége des seigneurs citoyens de Rome, et combien qu'il fût en voie d'absolution, *nam potuisset dimitti*, disoit le proconsul, *nisi Cæsarem appellasset;* qui est le fondement de la maxime de droit, qu'un appelant de peine afflictive ne peut renoncer à l'appel par lui interjeté. *Lege*, dit Eutrapel, *nam erubescimus sine lege loqui.* Or, continuant, disoit Polygame, Vento ayant les fers aux pieds, regardoit tantôt cettui-ci, tantôt l'autre, ainsi et à mesure qu'il oyoit les avocats, qui avoient lors voix délibérative, parler pour lui ou contre : vraie marque d'un homme qui requiert miséricorde, et qu'on aie pitié de lui : *Ingemiscendum enim casibus hominum*, disoit quelque empereur : sembleroit nécessaire trouver autres peines et sauver la vie, sinon en cas exécrables; car le diable, cet esprit meurtrier, ne demande que l'effusion du sang et ruine du genre humain. Et voyant que son cas alloit de mal en pis, et que la plupart branloient[1], et étoient d'avis qu'il fût pendu et étranglé, qui pis est, suivant les ordonnances, à la vérité un peu trop cruelles et sanglantes, et aussi qui ne se gardent, s'il n'y avoit autres bourriers en la flûte du prévenu et accusé, s'approcha tout bellement de ce procureur, lequel, rebrassant les manches de sa robe, larges et consulaires, fendoit l'air en quatre doubles, pour la conservation du droit des chasses et forêts du roi, haranguoit magistralement à tour de bras, jusques à être prêt de conclure furieusement à la mort. Mais Vento, anticipant la parole du procureur, et voyant qu'il s'en alloit par le pendant, s'il n'y donnoit ordre et prompt, s'aida du conseil qu'il avoit trouvé à la prison, le lieu du monde où se forment plus d'amitiés fines et cauteleuses consultations, ce fut de recourir à l'argent, et en bailler notamment à notre sire le procureur, comme celui qui fait ou défait, si le greffier est de son côté, un procès criminel. Ce qu'il fit bravement, car ayant fait provision d'une belle portugaise, qui valoit lors trente-quatre livres, s'approcha de ce criard, qui étoit sur le haut bout de sa rhétorique, et feignant lui dire quelques mots en l'oreille, lui mit cette belle pièce d'or en la main gauche, car c'est elle qui porte la clef des larcins et pilleries de justice, et la dextre sert à toucher l'orée et bord du chapeau ou bonnet, quand la bête est rpinse, et lors du grand merci. Le seul attouchement duquel précieux métal lui mortifia et rabattit tellement la parole, que se

---

[1] Hésitaient.

voyant pipé du jeu qu'il savoit le plus, et gratté où il lui démangeoit, renversa son plaidoyer et tout ce qu'il avoit dit auparavant. Ah! Vento, dit-il, que tu puisses devenir biche. Le paillard, Messieurs, voyez le danger où il mettoit nos consciences, vient me dire en l'oreille qu'il est clerc : il n'y a remède, c'est à refaire; voilà un procès perdu : *talis exceptio opponitur etiam in fine judicii.* Le juge avec les avocats, bien étonnés par cette péremptoire [1], ainsi dextrement controuvée et mentie, prononça jugement au profit du pauvre Vento, car il fut renvoyé à son évêque, où depuis que la cause en est là, eût-il mangé une charrette ferrée, il en sort toujours bagues sauves [2], hormis de la bourse, qui demeure toujours vide, contre ce que disent les physiciens, que *non est dabile vacuum*, aussi qu'en ce pays-là *non se immiscent sævis.* Eutrapel dit lors, que si maître Guillaume Poiet eût été chancelier de France en ces derniers troubles, aussi bien qu'il étoit l'an mil cinq cent trente-neuf, lorsqu'il rogna les ongles de si près à la puissance et juridiction ecclésiastique, il eût fait qu'en ce royaume il n'y eût eu qu'un magistrat : ce que longtemps auparavant de Cugnères et de Saint-Romain, mais ils ne tenoient que le parquet, avoient assez huché [3] et crié : sur le plaidoyer desquels se fondant Henri huitième, roi d'Angleterre, qui avoit l'original de leurs harangues, comme dit Jean Scorp, donna une merveilleuse bastonnade aux gens d'Église, s'appuyant sur ce que Notre-Seigneur dit à ses Apôtres, que les rois seigneuriroient et domineroient : vous autres, parlant à eux, ne ferez pas ainsi. Hay, dit Lupolde, *nolite tangere christos meos.* C'est chose étrangère, continuoit Polygame, d'ouïr parler au vieux temps où les juges prenoient tant d'argent des parties, et excessivement, et qu'en moins de rien, un homme ayant la robe longue sur les épaules étoit riche outre mesure, et n'y avoit voisin qui ne fût mangé par eux et mis en pourpoint [4]. Il y avoit, disoit-il, un président de Cour souveraine, qui aussi étoit juge particulier d'une province, voire officier d'aucuns prélats, barons, et autres seigneurs, comme les saisons et les temps ont leurs maladies, qui étoit le plus avaricieux et chiche qu'on ait jamais

[1] Conclusion.
[2] Sain et sauf.
[3] Proclamé.
[4] *Un homme mis en pourpoint*, celui auquel on a tout pris, à l'exception de son pourpoint.

ouï parler : il se logeoit volontiers en une taverne, à ce que les parties eussent moyen de communiquer plus familièrement avec lui, étoit au bout d'une grande table remplie de poursuivants, faisant grand'chère à leurs dépens, car toujours étoit franc de l'écot et défrayé : jamais ne payoit rien ; encore lui faisoit l'hôte quelque pension, que ce bon père en Dieu appeloit présent honnête. Il y avoit aussi un pauvre gentilhomme plaidant, auquel on dit que s'il vouloit avoir la raison et issue de son procès, il lui convenoit foncer[1] et bailler argent à ce maître président ; que, sans cela, il avoit beau le saluer et présenter placets, qu'il n'y feroit rien, non plus que le coq sur les œufs. Alors, s'étant enbardi, il entre chez ce juge, lequel il trouve en une chambre basse, avec un vieil serviteur, qui vendoit bien chèrement la porte, lui remontra sa cause, fait tout plein de devoirs à lui donner à entendre, et en concluant, mit et posa fort humblement, et avec grande cérémonie, dix écus sur le bout de la table. Le président, qui enrageoit et se mangeoit le bout des doigts qu'il ne les encoffroit, et d'autre côté, se voulant dépêcher de l'opinion que le client pourroit recevoir qu'il fût larron et attrape-denier, commença à le blâmer étrangement. Comment, dit-il, êtes-vous si impudent d'apporter de l'argent à un chef de justice comme moi ? Qui vous a apprins cela ? Voulez-vous me corrompre par vos beaux écus ? Il se voit bien que vous êtes quelque bon marchand, de me venir essayer de ce côté-là : sont les gens de ce temps-ci ; tout est corrompu et perdu. Le gentilhomme, se voyant ainsi approcher et reconnoître, allongeoit le bras, voulant reprendre son argent ; auquel le président répondit : Je ne vous ai pas dit que vous le repreniez, si m'avez bien entendu, et semble que votre cheval ne soit que une bête ; seulement je vous ai dit, mais prenez bien le fait, dont vient cette hardiesse me présenter argent ? Le gentilhomme vouloit à toutes fins se ressaisir de ses dix écus. Le président l'empêchoit, disant tout passionné et fâché : Que vous ayez la tête dure ! je ne vous blâme d'avoir là mis l'argent, nous sommes tous pécheurs, mais seulement de l'entreprinse et hardiesse de l'y avoir mis. Et bien, il y demeurera pour ce coup : mais une autre fois, songez-y de près et regardez d'être plus secret et avisé : voyez, s'il y eût eu des étrangers, comme vous et moi en étions ! Aujourd'hui, dit Lupolde, les parties ne parlent aux

---

[1] Payer.

juges que par courratiers et personnes interposées, afin de faire évanouir les preuves de concussion et pilleries; et n'ont, nosdits juges, les pieds plats et la tête si grosse, comme ceux du temps passé; mais ils font leurs méchancetés plus subtilement, couvertement et discrètement. Eutrapel dit qu'à Turin en arriva presque autant à une dame, du temps que ce bon prince de Melphe y étoit lieutenant du roi : elle dormoit, une après-dînée, en une chaire, moitié en guerre, moitié en marchandise, c'est-à-dire, demi-renversée, ses pieds assez hauts sur deux tabourets, montrant son quasimodo, la grand' Jeanne de l'Échiquier d'Alençon l'appeloit son ovale; le jardinier étant survenu pour entendre de sa maîtresse en quelle orée du jardin il planteroit des choux, voyant et trouvant son cabinet ainsi avantageusement ouvert, pensez que c'étoit au temps chaud, y logea petit à petit son ferrement : elle, sentant l'outil frétiller environ son haut-de-chausses, et ramonner sa cheminée, s'éveilla, disant : Qui t'a fait si osé d'entrer en ma chambre, dis, poltron? Le pauvre jardinier, qui étoit sur le point de laisser choir sa graine en cette fertile terre, se vouloit ôter; mais la dame répliqua : Je ne te dis pas cela; réponds seulement; mais pourquoi es-tu entré en ma chambre? Cependant nature, qui n'est oisive, besognoit, et déchargeoit de toutes parts son artillerie en ce beau rempart; duquel assemblage ainsi furtivement charpenté, naquit peut-être quelque potentat. Maître Guillaume Coudray dit à ce propos, qu'étant à un carême-prenant [1], étudiant à Bourges, ou plutôt allé pour y étudier, il se trouva en une compagnie de femmes qui avoient fait bonne chère, tellement que la parole leur ayant failli, chose mirande [2] ! elles étoient à la plupart endormies vis-à-vis d'un grand feu, et découvertes, en faisant un bel écart, et qu'en ce beau jeu, il en embrocha une, les Hollandois appellent cela fistuler. Je ne sais s'il répliqua *sit judicium curiæ*, car les bons ouvriers ne sont pas grands buveurs de vin. Tant y a que le lendemain, qui étoit le jour des Cendres, il se présenta à la dame, la requérant de continuer à l'avenir ce qu'il avoit si à propos et heureusement commencé le jour précédent. Elle, bien ébahie, ne se souvenant de

[1] On appelait ainsi les trois jours gras qui précèdent le mercredi des Cendres.

[2] Admirable.

l'acte, c'est boire comme il faut et à la grecque de perdre la mémoire, car un buveur qui se souvient est dangereux, lui répondit qu'elle n'entendoit aucunement ce qu'il disoit. Lui, de sa part, lui parla du lieu, comment, et les enseignes de tout l'affaire passée, et concluoit, par ces moyens, à ses précédentes fins, et si demandoit dépens. Et bien, dit-elle, bien soit, ou non soit ; hier tout étoit du lard ; ce qui est fait est fait, il n'y a point de remède ; qui est o.... si est o.... quelques docteurs disent qu'elle ajouta une F : aujourd'hui, qui est le jour de repentance, montrons par autres voies qu'il nous en déplaît. Au demeurant, retirez-vous, que je ne vous voie jamais, et sur votre vie, ne vous vantez de rien, et dites aux passants que vous n'avez rien vu, vie fouet, et au vent. Le compagnon retira le plus gaillardement qu'il put son épingle du jeu, suivant la glose ordinaire, prise de la rue du Feurre[1], où il est écrit de la propre main de Maugis d'Aigremont : *Omne animal à coitu tristatur, præter gallum, et scholasticum futientem gratis*. Le sieur de Bellefleur, brave capitaine, dit avoir vu aux Universités la plupart des écoliers et des soldats aux garnisons se vanter ordinairement, en mentant toutefois, qu'ils avoient fort grandes faveurs à l'endroit des femmes, à qui ils n'eussent osé avoir dit mot, et diffamer quelquefois la réputation et honneur de plusieurs d'elles qui n'y songèrent oncques. Vrai que les attraits et familiarités en sont cause ; car, comme dit la chanson, si vous la baisez, comptez quinze ; si vous maniez le tétin, trente, etc.

### IV.

#### Que les fautes s'entre-suivent.

Eguinaire Baron[2], grand et notable enseigneur de lois, s'il en fut oncques, lisoit en l'université de Bourges, avec une telle majesté, dignité, et doctrine, que vous l'eussiez jugé proprement un Scévola, tant il étoit sentencieux, solide, massif, et de grâce poisante[3], et faconde[4] gravité ; et l'ai vu, dit Polygame, avec son compagnon

---

[1] *La rue du Feurre*, à Paris, où étaient situées autrefois les écoles de l'Université.

[2] Eginaire Baron, savant jurisconsulte, né dans le diocèse de Léon, en Bretagne, mort à Bourges en 1550.

[3] Pesante est ici pris en bonne part.

[4] Élégante.

Duarenus[1], tous deux Bretons, avoir tiré des universités et nations tant de deçà que delà les monts, tous ceux qui vouloient apprendre le droit en sa netteté et splendeur. Il se courrouçoit âprement contre ceux qui avoient obscurci la beauté des lois par une infinie multitude et amas de commentaires; et entre autres, un jour que monsieur Lhospital, lors conseiller au parlement de Paris, et depuis chancelier de France, allant aux Grands-Jours de Riom, le vint écouter, et voir si le bruit et réputation qu'il avoit répondoit à la vérité et rapport du sujet. Le bonhomme étant dans sa chaire, accoutré d'une robe de taffetas, avec sa barbe grise, longue et épaisse, voyant qu'en son école y avoit des auditeurs non accoutumés, commence à plaindre les défenses que l'empereur Justinien avoit fait de non écrire et faire commentaires sur le droit civil, disant à ce propos, comme il étoit facétieux et riche en tous ses discours, que si un chien a pissé en quelque lieu que ce soit, il n'y aura mâtin, lévrier, ne briquet[2], d'une lieue à la ronde, qui là ne vienne lever la jambe et pisser comme ses compagnons. Ainsi si Bartholde, Balde[3], ou autre protenotaire du droit, ait en quelque passage, voire tout éloigné et hors du bord qu'il soit, traité un point et disputé, toute la tribale et suite des autres docteurs viendront illec compisser l'œuvre et même passage, y écrire par conclusions, limitations, notables raisons de douter et décider, ampliations, intellectes, répétitions, et autres apparats du métier, et feroient grand' conscience traiter les contrats, testaments et successions, sinon en autre titre, à travers pays, et tout au rebours : en appeloit pour témoignage, et prenoit droit par et sous le mot de Adelasia, qui a enveloppé sous sa vasquine, par le moyen du bon gentilhomme Bénédicti, toutes les décisions du droit, voulant, comme il faut croire, faillir avec les pécheurs, et, comme l'on dit, mieux aimer errer avec l'ignorance, que de bien dire et méthodiquement écrire, suivant un homme de bon entendement: jetoit tout inconvénient sur l'amnestie des temps, où les disciplines[4] auroient été dissipées et perdues pour en avoir abusé jusques au temps de ce bon et grand prince le roi François, premier

---

[1] François Duaren, né à Saint-Brieuc en Bretagne, mort à Bourges en 1559.

[2] Braque.

[3] Pierre Balde de Ubaldis, fameux jurisconsulte, élève de Barthole.

[4] Sciences.

du nom, qui fit bêcher et fossier¹ jusques au fin fond de la source et cause de la désolation des bonnes lettres, lesquelles reprindrent leurs premières beautés et les ailes dont les ignorants avoient si longuement volé, et les finets et méchants bâti par leurs songes et fables leurs grandeurs, et qui peu à peu s'écoulent et tombent de leur haut. Je le veux bien, dit Eutrapel, mais reprenant les erres de nos pisseurs, tout ce ménage se peut accommoder à plusieurs et presque à toutes choses. Si la femme d'un grand seigneur porte quelque habillement selon son rang et grandeur, une damoiselle à simple tonsure et de bas aloi, par faute de se mesurer², en voudra faire autant ; j'entends si son mari est un besmus³, qui ait trop lâché la bride et donné une fausse liberté à sa femme. Il me souvient qu'aux Grands-Jours de Bretagne, un avocat, qui morfondoit à Paris, y vint plaider, Vache de loin a lait assez ; et, pour son entrée, il dit deux ou trois fois ce mot : « Par disposition de raison » ; et pensez qu'il enfloit bien le gosier. Tous les autres avocats, comme singes, n'eurent autre mot ampliatif⁴ en la bouche et toute la séance. Et à la vérité, qu'en dis-tu, Lupolde ? ces mots de véritablement, il est certain, grand merci, messieurs, et autres de demi-pied de long, et qu'il faut prononcer à gorge ouverte, servent à un conte de chevilles et ciment, pour bien fagoter et lier ensemble les propos et pièces rapportées au plaidoyer, cependant qu'ils songent, étant ainsi égarés, en ce qu'ils doivent dire et conclure. De telle dextérité et finesse s'aidoit souvent Cicéron, ce friand babillard. Mais, dit Mandeston, il n'y a point de plus gentils pisseurs, puisque pisseurs il y a, que nos vieux historiographes en l'origine des Gaulois : parce que tous empruntant du premier qui en a écrit, les ont fait naître et issir des Troyens, à faute d'avoir diligemment et curieusement recherché le creux et fond de la vérité : comme ont fait depuis peu de temps Ottoman⁵, Renanus⁶, Ramus⁷, Cujas⁸, et sur tous le

---

¹ Creuser.
² Méconnaissant son état, sa condition.
³ *Besmus*, *bemus*, lourdaud, imbécile.
⁴ Superflu, inutile.
⁵ François Hothman, auteur de la *Franco-Gallia*.
⁶ Beatus Rhenanus, philologue et historien, mort en 1547.
⁷ Pierre Ramus, qui fut massacré le jour de la Saint-Barthelemi.
⁸ Jacques Cujas, le célèbre jurisconsulte.

seigneur du Haillan[1], grand historiographe de France, qui tout d'un coup ont rompu et éventé les cendres fabuleuses, navigations et habitations troyennes en ce pays; et quelques-uns d'eux montrent apertement que le langage des vieux Gaulois, quoi qu'en soit, Aquitaniques, et son original être en notre Basse-Bretagne. Polygame dit lors que l'imitation est le vrai siége de l'ignorance, d'autant que ce qui est bon en un endroit, ne vaut rien à l'autre: ce qui est convenable à vous Eutrapel, seroit indécent à Lupolde. Quel emplâtre et remède mettrons-nous à ce qu'écrit Diodore, que les hommes de son temps étoient tellement embasmés[2] et cousus aux conditions de leurs supérieurs, et si superstitieusement idolâtres de ce qu'ils faisoient, qu'ils les contrefaisoient en tout et par tout: car si le roi des Égyptiens clochoit[3], il n'y avoit fils de bonne mère qui ne fût boiteux: s'il étoit joyeux, courroucé, lourdaud ou habile homme, chacun en prenoit sa pièce pour le contrefaire:

Regis ad exemplum totus componitur orbis.

Le sujet se façonne aux humeurs de son roi: tel maître, tel valet; selon le seigneur, la mesgnie[4] est duite. J'ai vu de mon temps, dit Lupolde, mais ce rustre ici d'Eutrapel s'en moquera, que marchands et autres gens roturiers et du tiers-état n'eussent osé porter en leurs habillements, non pas un simple bord de soie, laquelle n'étoit employée que pour les équipages et accoutrements des gens de guerre, qui, retournés en leurs maisons, les donnoient aux églises pour les décorer et embellir. Quand une damoiselle de mille livres de rentes avoit une robe parementée de velours, et la queue de taffetas, c'étoit pour les fêtes seulement, et à toute sa vie: maintenant il n'y a personne, regardez de quel côté vous voudrez, qui, en abusant des saintes ordonnances de nos rois, ne soit tout couvert de soie, jusques aux paysans mêmes. En quoi les Anglois l'ont gagné, ayant défendu à toutes sortes de gens porter soies, sur grandes peines, qui sont exécutées; et ne prendre fausses qualités de noblesse sur autres grandes peines. Que feriez-vous là, dit Eutrapel, nous sommes en France comme les Athéniens, ils faisoient des lois assez, mais

---

[1] Bernard de Girard, seigneur du Haillan, auteur de l'*Histoire générale des rois de France, depuis Pharamond jusqu'à Charles VII*. Paris, 1576.
[2] Embaumés. — [3] Boitait.
[4] *Mesgnie* ou *mesnie*, famille.

pas une ne gardoient. Polygame dit lors qu'il n'y a moyen d'empêcher l'usage des draps de soie, où la plupart de nos finances courent, que les défendre étroitement sur grosses peines, et les permettre seulement aux putains publiques et petits enfants : car, si la peine n'est que la confiscation de l'accoutrement, chacun ne s'en souciera, non plus que celui qui alloit donnant des soufflets dedans Rome, puis faisoit payer l'amende, qui étoit légère et de peu de prix, à un sien valet portant la bourse après lui ; en quoi il avoit son plaisir à battre les gens, et à bon compte. Pour le regard de l'usurpation du nom, titres et armoiries de noblesse, les lois et ordonnances sont pleines de défenses portées par icelles ; à dire vrai, c'est un désordre qui diffame infiniment cette grande province[1], où vous ne sauriez avoir remarqué un vrai gentilhomme de race entre dix qui en portent les accoutrements, et occupent les terres nobles. Les Romains, comme dit Capitolinus en la vie de M. Antonin, surnommé le Philosophe, demeurèrent toujours en leur grandeur et monarchie, tandis que les trois ordres d'Église, Noblesse, et le tiers-état du peuple se contindrent chacun en son devoir, sans enjamber ne entreprendre sur les grades, priviléges et prééminences les uns des autres ; et publia celui prince philosophe une ordonnance, par laquelle fut commandé à toutes personnes faire déclaration par-devant les greffiers à ce commis, de quelle condition et race ils étoient issus, afin que cela tînt lieu de preuve à l'avenir, pour les qualités du peuple. Et longuement auparavant, les Juifs, en leur république, avoient, suivant l'ordonnance de Moïse, distribué leur peuple par tribus et races, les papiers et registres desquelles où elles étoient écrites, Hérodes, ce vilain meurdrier[2], fit brûler, parce qu'il n'étoit qu'un vilain, fils d'un marguillier ou garde de temple d'Apollo, et qui vouloit, par ce moyen, confondre et brouiller tout l'État, le réduire à l'équalité, et, par ce moyen, le faire précipiter et tomber de son haut, et se perdre entièrement. Le vrai moyen, dit Eutrapel, à un prince souverain de recouvrer une grande somme d'argent, au contentement de tous ses sujets, est de défendre les soies et usurpations de noblesse, et, pour cet effet, établir par les provinces bons et vertueux commissaires, pour informer contre ceux qui auroient, depuis l'ordonnance publiée, porté soie et autres

[1] La Bretagne. — [2] Meurtrier.

habillements défendus, et qui, depuis les cent ans derniers auroient faussement pris et usurpé la qualité de noblesse : car, pour dire vrai, encore que tout cela soit défendu, si ne peut-il être exécuté, d'autant que ceux qui en ont la charge seroient les premiers qui payeroient l'amende, comme étant de la même condition. A la vérité, dit Polygame, l'un erreur tire l'autre : quand on voit les lois méprisées et sans être gardées, chacun se dispense et dit comme nos pisseurs, puisque un tel ou une telle fait ainsi et ainsi, et qu'on n'en sonne mot, j'en puis bien faire autant ; puisqu'un tel est juge, et n'est qu'un ânier et ignorant, je le serai aussi bien que lui. Eutrapel fit la retraite[1] de ce conte, disant que vous ne sauriez mieux punir un vilain que par la bourse, et que les bonnes ordonnances, comme celles ci-dessus, bien établies, sont aisées à garder, pourvu que les officiers et exécuteurs d'icelles n'y aient intérêt particulier ou boursal : comme par exemple, il seroit beau que des putains réformassent un convent de religieuses, qu'un roturier jugeât de la noblesse, qu'un prêtre se mêlât de la guerre. Par le corbieu, dit le grand sénéchal de Normandie, Brézé[2], puisque le cardinal Briçonnet[3] veut voir nos gens d'ordonnance en armes, et qu'ils se montrent devant lui, je m'en vais, à pareille raison, assigner les ordres de prêtrise pour tenir à Chartres, dont il est évêque, et y sommes aussi bien fondés l'un que l'autre.

### V.

#### De la goutte.

Il se meut propos de l'impatience et douleur que reçoivent les goutteux. Maître Jean Fourreau dit qu'un gentil homme romain, appelé Servius Clodius, se fit empoisonner les cuisses pour la douleur de la goutte qu'il avoit aux pieds, et aima mieux en perdre l'usage, que d'être toujours en ce martyre ; ce que Marc Agrippa, un autre chevalier, suivit à peu près, mettant ses pieds en un bassin plein de vinaigre tout bouillant, pour apaiser la rage de cette méchante maladie. Eutrapel lui demanda, pource qu'il étoit des plus fameux apothicaires, combien il avoit de recettes contre

---

[1] Termina.
[2] Louis de Brézé, grand sénéchal d'Anjou, de Poitou et de Normandie.
[3] Guillaume Briçonnet, connu sous le nom de Cardinal de Saint-Malo, ministre de Charles VIII et de Louis XII.

la goutte attachées à son crochet. Il faudroit, répondit-il, des aiguilles autant qu'il en pourroit en l'église Notre-Dame de Paris, pour coudre les poches et sacs où sont lesdites recettes; car tout le monde est médecin, et principalement en cette maladie, où chacun y apporte son conseil, qui est la drogue, comme dit César, qui soit à meilleur marché. Eutrapel dit que les médecins sont encore après à savoir d'où procède la goutte; la plupart sont d'avis, pour ne faillir au général, qu'elle vient et procède de toute la masse sanguinaire corrompue; les autres, comme Fernel[1], du cerveau et parties adjacentes; Paracelse, que c'est un venin composé d'un vent enfermé, et qui court, selon le mouvement de la lune, par les veines et artères; puis se déchargeant sur les jointures et autres articles[2] foibles, cause telles et si extrêmes douleurs; et que si un goutteux naturel, qui ait apporté le mal du ventre de sa mère, s'accouple à sa femme pendant qu'il est aux abois et fort de sa maladie, indubitablement l'enfant qui en sortira sera goutteux, ou s'il ne l'est, les enfants de lui, voire à longues suites et générations, comme vous voyez aux bossus et ladres; et n'y avoir autre moyen de chasser cette maladie héréditaire, que se marier en race bien saine et non endommagée desdits maux, car petit à petit la semence contagieuse s'écoule et amortit. Quant à la goutte vérolique, elle se connoît plus par être aux charneures[3] et muscles du corps, qu'aux jointures, et n'en déplaise à nos médecins ordinaires, car c'est le vif-argent, dont a frotté les pauvres vérolés précieux, lequel, en quelque sorte qu'il soit mis, sinon qu'il soit réduit en sa première forme, c'est-à-dire, lui changer tous ses habillements, et le mettre en eau philosophale, perd, mange et consomme tout ce qu'il approche, contre l'avis de Thierry de Hery[4], et autres ses confrères barbiers. Bien est vrai que s'il est dépouillé et mis en beaux draps blancs, à coucher tout seul, et avec lui-même (alchimistes, où êtes-vous?) il guérira non-seulement la goutte, mais toutes maladies, quelque incurables qu'elles soient; combien que de soi pris au poids de demi-écu, et avalé, il fasse, sans offenser, sortir l'enfant du ventre de la mère promptement. J'ai assez, dit Foureau, ouï parler de cela, mais je n'en ai encore aperçu aucun effet; toutefois il se

---

[1] Jean Fernel, médecin d'Henri II.
[2] Articulations. — [3] Parties charneuses.
[4] Thierry de Héry, chirurgien, mort en 1599.

réveille beaucoup de choses aujourd'hui qui ont été ignorées des anciens, et pour mieux dire cachées, car celui qui est sur les épaules du géant voit plus loin que celui qui le porte; aussi voyons-nous ce que l'antiquité a su, et ce que depuis y est accru et ajouté; une chose ai-je bien apprise, c'est que la fin et essence des corps simples et composés, tirés par le moyen des chimistes, fait de merveilleuses opérations aux maladies étranges, lesquelles, quelque chose que nous en disions, ne se guérissent par longues et affamées diètes, et médecines laxatives souvent répétées, par lesquelles, avec notre *extractum* ou secret de Colocynte, nous soutenons les humeurs péchantes être petit à petit dérobées; car aux maladies longues et chroniques faut manger tout son soûl, mais sans excès: pour ce que nature ne veut être affoiblie, ains confirmée et confortée par bon nourrissement, et en cela n'être contrevenu aucunement à notre maître Hippocrate, quand il dit que tant plus on nourrit les corps impurs, plus on les offense; car cela s'entend d'un homme replet et humoral, mais, aux goutteux, paralytiques, hydropiques, et autres maladies endurcies et invétérées, cela n'a aucunement lieu, ainsi même que Gesnerus[1] a doctement écrit, et l'expérience d'autre part le nous montre. Lupolde lors dit que saint Jérôme, encore que son principal savoir fût en traductions, si étoit-il versé en toutes disciplines, dit à ce propos, que plusieurs goutteux se sont trouvés guéris et affranchis d'icelui mal, par avoir eu faim, soif et souffert autres incommodités qu'on reçoit par bannissement, prison et autres calamités; ce qu'est arrivé n'a pas long temps, ce fut l'an mil cinq cent cinquante-six, à Franciscus Pehius, qui, pour avoir été prisonnier, fut guéri de la goutte, qui l'avoit tenu jusqu'à cinquante ans, au moyen d'un bien peu de pain et eau qu'on lui donnoit. Je ne le trouve pas étrange, dit Polygame, car j'ai vu en quarante jours guérir goutteux de plus de vingt-cinq ans, faisant une diète non pas resumptive qu'ils appellent, et qu'il ne mangeât tout son soûl; mais il ne buvoit nullement de vin, ains d'un breuvage non fâcheux au goût, dedans lequel, à mon avis, il y avoit quelque infusion autre que celle dont les médecins usent ordinairement; et de ma part, disoit-il, je suis aussi au roolle[2] des goutteux, et n'ai trouvé autre remède, après avoir couru toutes les écoles des

[1] Conrad Gesner, naturaliste et philologue, qu'on avait surnommé le *Pline de l'Allemagne.*

[2] Au nombre.

médecins, empiriques, coupeurs de c..., vieilles devines [1], sorciers, arracheurs de dents, et vendeurs de thériacle, qu'un grand bassin d'eau froide, une esculée de sel dedans, puis une serviette trempée en cela appliquée sur les parties douloureuses; qui est la recette que le feu seigneur de Montmorency, connétable de France, disoit lui avoir coûté cinquante mille écus à apprendre; car, après longues et coûteuses expériences, il n'avoit trouvé que ce seul remède. Et si je me fais saigner le pied en l'eau de la veine qui sera plus grosse et apparente, du même côté où j'ai mal, pour tout assuré, ce que plus de trente fois j'ai expérimenté, le troisième jour après ma douleur cessera; et estime être ce vent ou *flatus* dont votre Paracelse parle, qui sort avec ce peu de sang que vous faites tirer, qui est occasion de sa soudaine guérison, laquelle commence incontinent que vous êtes saigné. Et de fait, feu monsieur Birague, cardinal et chancelier de France, vieux qu'il étoit, n'a trouvé que ce seul remède de saignée, non pour la guérir du tout, mais soulager le patient. Il y eut à Rome un empirique qui promit à un cardinal fort goutteux le guérir absolument; le cardinal, qui avoit tant vu de telles gens, lui dit que le lendemain ils en deviseroient plus amplement; pendant lequel temps il lui envoya son maître d'hôtel pour emprunter dix mille écus, auquel ce gentil guérisseur répondit être un pauvre compagnon, et n'avoir pas un bayoque [2] pour passer l'eau. La réponse entendue, retournez, dit le cardinal, lui dire qu'il vuide [3], sur peine des étrivières, comme un affronteur; car s'il savoit guérir de la goutte, il seroit plus riche que les Foucres d'Ausbourg [4]. Et bien, ce dit Fourreau, votre goutte est chaude; mais si elle étoit froide et stupide, comme il s'en trouve assez, votre si rare médecine d'eau et de sel y seroit-elle bonne? Oui, je vous promets, répondit Polygame, qui est pour faire enrager toutes vos maximes et théorèmes, vrai qu'il y faut mêler quelque chose qui ne coûte pas beaucoup, comme de la cendre de fousteau [5], de frêne, ou de métaux bien préparés. Je sais bien qu'il y en a qui ont jugé la goutte être une froideur et congélation de sang, qui cause et nourrit la débilitation et faiblesse des membres, assurant que

---

[1] Devineresses. — [2] Petite monnaie des États romains. — [3] Qu'il parte.

[4] *Foucres d'Augsbourg*. L'auteur veut parler ici de cette opulente et illustre famille Fugger, que Rabelais appelle *Foucquers*, et qui florissait à Augsbourg dès le quinzième siècle.

[5] Hêtre.

l'eau n'y vaut rien du tout, non plus que la diète affamée, ou médecine laxative; mais bien faire grand' chère, et tenir les vaisseaux du corps bien pleins et refaits de bon vin et vivres à l'équipolent : quelle opinion venue des Allemands avec leurs sueurs, s'en va gagner le prix contre l'erreur antique; mais le patient connoît mieux ce qui lui est propre et nécessaire, pour échauffer ou refroidir sa douleur, sans s'amuser aux divers conseils et recettes que lui donnent ceux qui le viennent visiter. Euripide, à ce propos, dit qu'il ne craint point tant la même maladie, comme les redites et répétitions de mots qu'il faut faire à ceux qui le voient, l'enquérant, combien de temps y a-il que vous êtes malade, comment est venu le mal, avez-vous été purgé, vous ennuie-il beaucoup, la tête vous fait-elle mal, allez-vous bien à vos affaires? et autres interrogatoires, dont les malentendus font la guerre au pauvre patient, qui est contraint leur répondre, s'il n'a donné ordre de les faire avertir qu'il ne soit importuné, oui, nenni; nenni, oui. Je leur mettrois un baloy[1] au pied de mon lit, dit Eutrapel, comme fit une femme du Puis du Mesnil de Rennes, laquelle étant en plein champ de bataille d'injures verbales avec sa voisine, et voyant n'avoir plus de poudre d'invectives pour tirer et se défendre, mit un balai à sa fenêtre, en disant, selon le patois du pays, *Palleva olu*. Dom Robert Jouaut, de la paroisse de Saint-Erblon, près Rennes, encore qu'il eût la mort entre les dents, étoit fort pressé d'une damoiselle à répondre comme il se portoit, et entre autres, s'il avoit rien pris ce jour-là; oui, dit-il, j'ai pris ce matin une mouche qui bruyoit autour de mon lit. Me souvient aussi de maître Jean le Clerc, chanoine de Dol, lequel étoit persécuté de la goutte (peut-être qu'elle étoit venue de la fièvre de Dol) autant qu'homme de son métier pouvoit être. Son curé de Mordelle le vint voir, et voulant à son jugement le réjouir, lui demanda s'il étoit aussi malade comme il avoit entendu par les chemins. Vertu saint George! dit le chanoine, qui tordoit la gueule comme le diable qui écrit le caquet des femmes, derrière saint Martin, ne le vois-tu pas bien? Ah, répondit le curé, l'on ne meurt pas volontiers de la goutte; il est bien vrai qu'elle fait grand mal, mais elle ne dure pas. Mordienne! s'écria le goutteux, qui écumoit et maugréoit[2] Dieu comme un chartier bourbé, si

---

[1] Balai.
[2] Jurait.

j'empoigne un bâton! va dehors, vilain, mâtin à gros poil; que la bosse d'hiver te puisse couper la gorge! M'ait Dieu, répondoit le sacerdot [1], amoncelant les lèvres ensemble, et faisant le petit bec, vous n'aurez de longtemps la pipe [2] pleine, puisque vous n'avez que la goutte. Quelle mine, à votre avis, fit lors ce misérable goutteux? je le vous dirai. Sans se souvenir de son mal, vaincu par une concution véhémente de ses esprits vitaux furieusement débridés, il se lève, prend un bâton, court plus de cinquante pas après ce maître curé, auquel il donna personnellement, en sa présence, et en nom privé, cinq ou six bons et notables coups de bâton. Depuis, lui ai ouï dire et affermer que de sa course il ne sentoit aucun mal, comme l'on dit de la femme de Glaume Truant de Tremerel, laquelle, sur le point de mourir, voyant le bonhomme Glaume monté à la bonne foi sur sa chambrière, reprit ses esprits, en disant : Ah, méchant, je ne suis pas encore si bas comme tu pensois; merci Dieu, madame la truande, vous irez dehors tout à cette heure. Semblable chose étoit survenue au fils de Crésus muet, lequel voyant le poignard sur la gorge de son père, dit, et lors se rompit le filet qui empêchoit sa langue, ne le tuez pas, c'est le roi Crésus. Lupolde dit que le métayer de la Hérissaye, malade à deux doigts près de la mort, ne fut remis et restitué en sa première santé, que par une colère de voir son valet Petit-Jean couper d'un couteau bien tranchant et affilé, de grandes lèches [3] et lopins de pain; et beaucoup plus qu'il n'en falloit pour le dîner de son tinel [4] et famille; de quoi fâché à outrance, après avoir craché de courroux force écume gluante, et gros sanglots qui lui étoupoient [5] les conduits, car nous vivrions longues années, si les canaux et tuyaux de notre corps n'étoient empêchés et bouchés, reprit par ce moyen ses esprits, qui jà prenoient un nouveau chemin pour s'en aller, huchant et criant à pleine tête: Paillard, auras-tu tantôt fait? je te voudrois toi et ton coutel [6] en la feusse [7] Dapigne; sainte Marande! il faut retourner au moulin; c'est autant dépêché; il n'y a pain qui ne s'en aille. Vous savez, dit Polygame, l'échange que Jupiter fit des domiciles et habitations entre mes damoiselles l'Hyraigne et la Goutte [8]. A l'Hyraigne,

---

[1] Le prêtre. — [2] Tonneau. — [3] Tranches.
[4] De ses gens, de sa maison. — [5] Bouchaient.
[6] Couteau. — [7] Fosse.
[8] Voy. le chap. IV des *Baliverneries*, intitulé : *Eutrapel mène Polygame*

à qui aux maisons des grands et riches on faisoit mille maux, en abattant, balayant et rompant ses toiles et filets, fut assignée la maison du laboureur. Et à la Goutte, qui n'avoit que mal et tourment aux champs, les palais et maisons des villes; où, depuis, bien traitée, chauffée et nourrie, elle est demeurée, ne craignant ou redoutant aucun, fors son ennemi conjuré et mortel, appelé Exercice; car l'eau, qu'on pense lui être contraire, est sa vraie nourriture, au jugement même de Galen [1], parlant des maladies aquatiques.

## VI.

### L'accord entre deux gentilshommes.

Les médecins trouvent les maladies de fort dangereuse conséquence lorsqu'ils ignorent la cause et source d'icelles : ainsi entre deux voisins d'un poids et d'une portée y a ordinairement, s'ils n'ont l'entendement bien fait à démêler quelques particularités et petits débats, qui à la fin s'amassent en un tourteau, duquel se compose une grosse et lourde querelle : comme puis peu de jours, dit Polygame, je me suis trouvé à un accord entre deux gentilshommes de ce pays, où j'ai appris de merveilleuses ouvertures et délicatesses pour y parvenir, et toutefois un seul moyen que vous orrez, fut suivi. C'étoient deux voisins qui vivoient tant obscurément et cruellement les uns avec les autres, qu'ils ne communiquoient ou parloient ensemble, et ne se voyoient jamais, encore que leurs terres et héritages fussent enclavés et entrelacés les uns dedans les autres : si d'aventure ils se rencontroient en quelque lieu de neutralité, et où l'un ou l'autre n'eût lieu et puissance de commander, vous eussiez vu les difficultés, grâces et contenances tant sujettes à l'ambition, que le meilleur du temps se passoit à qui seroit le plus vaillant et outrecuidé [2] opiniâtre : et si de fortune ils étoient tellement contraints qu'il leur fallût se saluer, il y avoit du débat assez pour empêcher tous les maîtres arpenteurs du pays, à savoir si la main alloit au bonnet ou si le bonnet alloit à la main; si le bot [3] frappit le palet, ou si le palet frappit

---

*voir la maison d'un paysan, et pourquoi la goutte habite les cours des grands seigneurs, et l'hyraigne la maison des pauvres.*

[1] Galien.
[2] Orgueilleux, arrogant.
[3] But.

bot. Leurs serviteurs, par une même contreliaison et ressemblance de conditions, se mesuroient authentiquement aux qualités et grandeurs de leurs maîtres : bravoient les uns les autres, magnifioient¹ de toutes parts les races, biens, autorités et richesses des maisons où ils servoient, avec tel respect néanmoins, pour les défenses que leurs maîtres leur faisoient, que telles mines et fanfares n'outrepassoient ni alloient plus loin qu'en simples menaces, avec quelque petit mot de gueule coulé à la légère. A hardi homme, dit Eutrapel, court bâton, à bon maître hardi valet. En tout quoi aussi le babil des femmes étoit entremêlé, qui se trouvoit su et découvert par quelques chambrières, qui sortoient de l'une ou l'autre maison, principalement de langage affiné dont les femmes à huis clos et en se désaccoutrant au soir savent dépêcher toutes choses. Ainsi et par un long temps s'entretinrent ces deux maisons, chacun en son côté voulant être défendeur, trait d'un habile homme, et n'être sujet de courir après son esteuf² : mais la rage de leur hypocrisie qui brûloit le meilleur de leur repos, ne souffrit longuement cette fardée persévérance, d'autant que l'un d'eux étant à la chasse, corna en passant près la maison de son compagnon trois ou quatre fois. Le droit de la vénerie le permet, dit Brahendaye. Il ne m'en chaut³, dit Polygame, il se faut éloigner le plus qu'on peut de la maison de son ennemi, si la bête n'étoit debout, encore y a-t-il grand moyen de s'y gouverner, seroit bien le plus raisonnable ne chasser qu'en son fié⁴. Mais, pour reprendre nos brisées, le seigneur de Fanfreluchon étoit absent de sa maison, et les femmes seules demeurées, plus étonnées de l'outrecuidance du seigneur du Fossé, qu'elles n'eussent espéré et attendu. Je laisse à penser à vous, qui êtes embéguinés et endormis aux commandements et complaintes de vos femmes, et leur êtes comptables de tout ce que vous avez fait, vu et ouï, comme ce pauvre Fanfreluchon fut réveillé et rabroué⁵ à son retour d'une longue râtelée de langage, et que toujours il n'est à l'hôtel quand il survient quelque affaire, qu'il

---

¹ Exaltaient, louaient.

² *Esteuf*, balle de paume. *Courir après son esteuf*, signifie au figuré être dans une position difficile et embarrassante.

³ Que m'importe ?

⁴ Fief.

⁵ Réprimandé.

n'eût su revenir de meilleure heure, et qu'un cœur bien logé
feroit bien d'autres contenances et démonstrations d'un cœur
vivement attaqué : venir corner si près! la peur qu'elle et ses
femmes ont eue, et tout cela. Le pauvre homme, pour contenter
cet animal, qui tailleroit bien de la besogne à toute une armée,
mais Dieu sait qui la coudroit, faisoit bien du fâché, se promenant à grands pas en la salle, avec de grands coups de poing dont
il battoit une pauvre table, hem! qu'il en tueroit dix de la chandelle, et vingt du chandelier, et que ce n'étoit pas tout un. Cela
apaisa aucunement le courroux des femmes, car elles sont aisées
à revenir, pourvu qu'on ne leur die leur vérité. Mais entre les
hommes se recommençoient de toutes parts leurs vieilles querelles, et jà les cendres d'icelles, quelque peu amorties, se rallu-
moient au souffle des divers rapports que l'on faisoit des uns aux
autres : toutefois un tiers voisin de tous deux, gentilhomme
accort[1], bien nourri et honnête, y mit la main, les méchants envieux en rioient et en étoient bien aises, les bons au contraire :
et y employa tant d'allées et venues, qu'ils résolurent se trouver
en un lieu pour accorder. Le seigneur du Fossé y envoya un
vieux conteur de races et maître d'hôtel, qui avoit ses patenôtres
pendues à sa ceinture et un petit bâton à crochet pour s'appuyer :
lequel fit le veau fort pertinemment, voulant mettre en question
lequel parleroit le premier, et faire de grands préparatifs, comme
aux difficultés qui se meuvent sur les pourparlers de guerres et
pacifications des rois et princes : même il demanda à boire, voulant représenter, disoit-il, le rang de son maître. Et quant à vous,
procureur du seigneur de Fanfreluchon, n'ai à besogner avec
vous, je ferai ce que je dois, ayant une partie légitime. C'est mal
commencé, dit le seigneur Ingrand, qui étoit le tiers et moyenneur, il faut de tout faire une fricassée broche mautaillée[2], et ne
rien aigrir : les serviteurs le plus souvent brouillent les affaires
de leurs maîtres, pour contrefaire les bons valets; le jeu ne vaut
pas la chandelle; le débat est mû entre deux voisins, gens de
bien et de vertu voirement : mais bien interrogés ne sauroient
dire pourquoi, ne à quelle occasion, sinon qu'ils sont trop riches
et puissants. Y a danger que Dieu, par un préjudice, ne leur fasse
sentir le peu de devoir qu'ils font en la dispensation de leurs

[1] Complaisant, accommodant.
[2] Mal taillée.

biens, les employant aux usages et conduites de je ne sais quelles folles hautesses, mal prises et pirement entendues. Autre chose seroit si l'un d'eux étoit quelque vilain enrichi, qui voudroit entreprendre et contrecarrer un gentilhomme : mais étant d'une même condition, bonne race et but à but, il les faut accorder : car, au fond, il n'y va que faute d'amitié, et d'avoir hanté bonnes et grandes compagnies. Je suis leur parent, et m'est loisible tout dire et librement : voici ce que j'ai avisé, car à ce que je vois, il faut traiter ceci comme une cérémonie de grande importance, et surtout que les femmes aient occasion se contenter, pour le moins ne se regarder de travers. Mademoiselle du Fossé ira dimanche en une telle église, où elle trouvera au banc qui est vis-à-vis l'autel Notre-Dame, et auquel l'une ne l'autre n'a droit de s'asseoir et agenouiller, la damoiselle de Fanfreluchon, et là se donneront le bonjour, avec quelques prières de toutes parts de prendre la place plus proche de la muraille, comme étant la grandeur. La messe dite, celle de Fanfreluchon se lèvera la première, et toutes deux ensemble, se tenant par les mains, iront jusqu'au milieu de l'église, où un gentilhomme viendra faire là révérence à ladite de Fanfreluchon, faisant mine de parler avec elle en secret : cependant celle du Fossé passera le guichet seule, car il seroit trop étroit pour elles deux, notamment en cette saison, où elles portent de gros culs hypocrités[1] et rembourrés, contre les lois de leur fessine. Cette bonne dame entrera dedans le cimetière, où elle sera trouvée par la damoiselle de Fanfreluchon, et elles deux au milieu d'icelui, en lieu où ne soit le chemin ne de l'une ne de l'autre, après s'être baisées, et donné respectivement chacune son coup de groin, prendront congé, et se retireront chacune en sa chacunière. Quant aux gentilshommes qui les conduiront, ils iront comme ils pourront et sans ordre, en forme de gens de guerre après avoir conduit leur enseigne, et là boiront pinte à la taverne, si bon leur semble, et riront, sobrement toutefois, du mal de leurs maîtresses. Au sortir du bourg, le seigneur de Fanfreluchon bien monté, et l'oiseau sur le poing, rencontrera celle du Fossé, et la saluant, fera excuse que de plus près ne peut lui donner le bonjour pour l'empêchement de leurs chevaux, et prendra le chemin avec elle, la conduisant jusques à un trait d'arquebuse près sa maison : où, lors-

---

[1] Faux, postiches.

qu'il se voudra retirer et prendre congé d'elle, surviendra
monsieur du Fossé se promenant, lequel sur telles entrefaites
priera le seigneur de Fanfreluchon prendre son dîner avec lui,
attendu qu'il est près et qu'il est déjà fort haute heure [1]. Quoi
fait, le seigneur des Orades, auquel je renvoie l'exécution du
présent arrêt, viendra à la traverse, comme vous voyez aux
comédies Mercure survenir à l'improviste : et parce qu'il est le
plus ancien, les fera s'entr'embrasser, dîner ensemble et boire
les uns aux autres à carous[2], à fer émoulu, et au reste les parties
envoyées hors de cour et de procès. Il fut ainsi fait et exécuté,
et étant ainsi déliés, décheviliés et purgés, sont les plus grands
amis du monde. A qui voulez-vous tenir et avoir procès, dit
Lupolde, sinon à ceux qui vous sont voisins? A quel propos
irai-je plaider avec un étranger? il faut bien que ce soit à ceux
qui me sont parents, lesquels ont toutes prochaines occasions
de me tenir un tort. Achille, lorsqu'il eut perdu sa garse Briséis,
se plaignant d'être venu à la guerre de si loin, rien plus n'allégua, sinon que les bœufs et moutons des Troyens n'avoient oncques
mangé l'herbe de ses pâtures, conséquemment qu'il étoit sans
occasion de les quereller. Il est bien heureux, dit le sieur de
Launay Péraut, qui a un bon voisin, et qui le sait bien manier,
entretenir, et prendre ses conditions en bonne part. Quand Thé-
mistocle vendit sa maison, il fit crier par la trompette, afin de
la vendre plus cher, qu'elle étoit près de bons voisins : et au
rebours bien infortuné et malheureux est celui qui a un fâcheux
voisin. Voilà pourquoi Virgile dit que de par le diable Mantoue
étoit trop près des faubourgs de Crémone. Lupolde dit qu'il ne
fut oncques bonne chanson chantée, se visiter et familiariser ainsi
avec ses voisins, et qu'en tout cela n'y a pas grand acquêt, le
savoir plus par expérience que par raison ; car il est écrit : Entr'aimons-nous, entre-hantons-nous. Mais Satan, qui est toujours
pendu à nos oreilles pour nous faire choir, l'empêche : *Omnia
interturbat Davus;* ce bélître ne peut être chassé que par l'in-
vocation du nom de Dieu, conjointe à la bonne vie. C'est bien
dit, dit Polygame : mais, comme dit l'*Ecclésiastique*, toutes les
œuvres du souverain sont accouplées et jointes deux à deux,
l'une à l'opposite de l'autre : par la Providence duquel un méchant

---

[1] Fort tard.
[2] Copieusement.

a en tête un enragé : un fou, un démoniaque : un glorieux, un
ambitieux, qui le serre de court¹ : et, comme dit en quelque
lieu Sénèque, chacun a son juge et contreroole près de soi, voire
jusque dedans son hôtel. Témoin un joueigneur ou puiné d'une
bonne maison, qui, revenu de la guerre, étant de genoux en une
église, au banc d'une maison que son aîné avoit puis peu de
jours vendue à un soi-disant noble, qui ne se voulut ou daigna
oncques lever à la venue de l'acheteur ; ains lui dit que le banc et
sépulcre de ses prédécesseurs, qui, étant dessous, ne se pouvoient prescrire en son préjudice, comme choses qui ne se peuvent vendre. L'acheteur dit que, foi de gentilhomme, il sortiroit
de là. Le puiné repart, dit que pour avoir été son père grand
anobli, et n'avoir, ne son père après, entré en possession de
noblesse; ains fait actes mécaniques : que pour être anobli, tout
n'étoit, pour ce, gentilhomme. Le roi Louis XI disoit qu'il ano-
bliroit assez, mais n'être en sa puissance faire un gentilhomme :
cela venant de trop loin et de rare vertu. Finalement, sur un
démenti, ce puiné tua ce nouveau enrichi, dont il eut sa grâce
fort aisément, depuis entérinée.

## VII.

### Jugements et suites de procès.

Eutrapel dit qu'il y avoit un procès mû par-devant le juge de
Vitré, à Rennes. Le demandeur disant : Ce cheval ici est à moi.
Le défendeur, au contraire, qu'il avoit menti, et qu'il étoit à
lui. Le demandeur, par ses moyens, soutenoit qu'il avoit nourri
le cheval en tel et en tel lieu : le défendeur, aussi de sa part,
maintenoit qu'il l'avoit nourri en tel et en tel autre lieu; et demandoient de chacune part dépens. Les preuves furent si concluantes, et prouvèrent, les parties, si bien leurs faits de tous
côtés, que les juges, travaillant sur ce qu'ils en devoient ordonner, furent contraints écrire les deux lettres N. L., *Non liquere*,
qui est à dire, comme disoient les anciens, je n'y entends rien,
ou à refaire : venez en personne à cent ans d'ici, on jugera votre
procès, comme il fut fait en Athènes, dont l'on a tiré ce mot de
*quousque* au jugement des procès criminels. Lupolde dit qu'en
tels cas, *potior est conditio defensoris :* ce que pratiqua Maxi-

¹ De près.

milian et ses successeurs pour le regard du royaume de Navarre, où ils n'ont aucun droit qu'une possession violente. Hautierre vouloit qu'on eût suivi l'avis d'Octavius en mêmes termes et en semblable difficulté de preuves. C'étoit du bon temps, dit Lupolde, que les rois et empereurs jugeoient les différends et procès de leurs sujets : ce bon prince fit bander les yeux d'un cheval contradvoué¹, et icelui conduire près du lieu où le demandeur disoit l'avoir nourri. Le cheval ayant senti l'air de sa naissance, un peu haussant le museau, couavé², gambadé et ruadé à son plaisir, s'en alla droit à l'étable où il avoit été véritablement nourri, et qui plus est, à son créneau et à la place accoutumée. Le défendeur se retira chez lui, ou demeura par les chemins s'il voulut, avec un pied de nez. Il me souvient, dit Lupolde, d'un paysan de la paroisse de Partenay, joignant à la maison de la Coustardière, appelée Glaume, je dirois bien Guillaume de la Perrière, lequel a un pigeon de palette, plus de dix ans sont qu'il lui paye tous les ans son fouage³ et tailles, et au delà ; car il porte son gros pigeon paté⁴, tantôt à Montfort, tantôt à Bescherel ou Rouville : là, il le vend ce qu'il veut, sans difficulté, parce qu'il est beau et propre pour tenir en la maison. Mais le paillard n'a pas été un jour chez son acheteur, quoi que soit, jusqu'à ce qu'on ne lui donne plus à manger de grain, qu'il ne s'en revienne à son maître ; et lui ai ouï dire et jurer qu'il l'avoit vendu plus de cent fois, toujours cinq ou six sous pour le moins, car c'est un pigeon de la grand' race, et un ménager perpétuel. Que si quelqu'un l'en mettoit en procès, comme *etiam pro uno ovo datur actio*, comme dit Accurse, il répondoit : Prenez-le, si vous pouvez ; *animal sit pro noxa*. Mais ils n'avoient garde, car *habebat semper animum revertendi*. Comme Pierre Guischard, quand, enterrant l'une de ses femmes, il ne songeoit qu'à se remarier et en recouvrer une autre ; vrai que à la dernière il avoit été trompé ; car ne songeant qu'elle dût mourir, et pris sans verd, il n'avoit pensé à faire sa provision. Il est aussi bon faire un tel procès, dit maître Antoine Thomas,

¹ *Contradvouer*, terme de barreau, former opposition. *Un cheval contradvoué*, c'est-à-dire un cheval dont la propriété est contestée à celui qui prétend en être le maître.

² Remué la queue.

³ Impôt que paye chaque feu.

⁴ Pattu.

comme celui d'un étourneau, dont parle Chassaneus [1], pour le regard duquel on plaida en première instance, plus de je ne sais combien, devant l'évêque d'Autun; et par appel et longues suites et années devant le primat de Lyon, et de là à Rome. Les uns disent que le jeu ne vaut pas la chandelle; les autres que c'étoit le plaisir d'un grand seigneur, et qui aimoit l'oiseau; les autres qu'il convenoit mieux que cettui-ci l'eût, que l'autre. Bref, chacun en disoit sa râtelée, comme fit Pipaut de la taille, où il n'étoit imposé qu'un denier. Polygame répliqua que le maître de Cyrus, pour essayer le jugement de son disciple, lui fit cette question: Il y avoit deux hommes, l'un grand et l'autre petit; le grand avoit une robe courte, et le petit une fort longue : j'ai ordonné qu'ils changeroient de robes, dit le maître, ai-je bien jugé? Oui, répondit Cyrus promptement et de galant homme. Non ai, répliqua le maître, car tel jugement est injuste et déraisonnable; et pour vous apprendre à faire droit et rendre justice équitablement à chacun et également, vous serez fouetté pour vous en ressouvenir. C'est, dit Eutrapel, comme d'un conseiller qui dit : Messieurs, je serois bien d'avis que l'accusé fût absous; mais puisque le bourreau est venu, il vaut mieux qu'il soit pendu; au moins, il n'y retournera pas. Aussi joyeux, dit Lupolde, d'un avocat plaidant une cause d'appel sur la recréance d'un bénéfice : Messieurs, dit-il, le meilleur et le plus apparent titre que j'aie en mon sac, est que ma partie, en se levant du lit, voit le clocher de la cure dont est question. Que si on objecte quelque simonie, et qu'il y ait vente et bourse déliée au contrat et marché du bénéfice, je soutiens être acheteur de bonne foi; même qu'il ne faut plus douter de la validité de tels et semblables actes, qui ont jà passé en force de chose jugée, *et hoc jure utimur*. Il est aussi bon, dit Polygame, comme d'un gentilhomme de ce pays, qui avoit nouvellement fait rebâtir un gibet pour avoir haut et bas la cheminée, qui fut tant sollicité par les importunités de sa femme, qu'il lui promit faire voir pendre un homme à icelui, d'autant qu'elle n'avoit oncques vu tel passe-temps, comme elle disoit, ce qu'elle désiroit sur toutes choses; et pour complaire à telles importunités, car autrement elle lui eût fait le groin, plus de deux lieues à pied, il s'avisa d'un pauvre com-

---

[1] Barthélemi de Chasseneux, mort président au parlement d'Aix, en 1541.

pagnon sien voisin, qui lui déroboit parfois quelque peu de bois pour soi chauffer, quelques pommes, et peut-être des poires, qu'il le mettroit en procès criminel. Ce qui fut fait; témoins pour cet effet administrés, et si fut écrit et rapporté par le greffier, ah! gens de bien, je ne vous puis voir, mon chapeau est percé : que l'accusé confessoit tout, en avoit bien fait d'autres, qu'il avoit aussi dérobé des prunes; et tellement exploité, que, pour gratifier la damoiselle, ce pauvre paysan fut pendu : et pour le réconforter, le prêtre de la maison lui disoit, étant jà en l'échelle : Mon ami, ce t'est un grand honneur d'être le premier pendu à cette belle justice toute neuve, joint le grand plaisir que tu donneras à ma Damoiselle, qui autrement seroit en grand danger de perdre son enfant : y a plus, car on chantera pour toi à gorge déployée, et une bonne mine [1] de blé pour ta femme et tes enfants. A cette charge, fit le pauvret le saut périlleux, où il demeura accroché au lacs courant. Mais depuis, quelque voisin s'étant éveillé, en avertit la Cour souveraine, qui renversa tel inique jugement; et fut le gentilhomme, outre la privation de sa haute justice, condamné en grosses amendes. Ne tarda pas longtemps qu'un autre juge, pour avoir fait exécuter de mort un Italien accusé d'homicide, qui, au lieu de dire : J'en appelle, avoit dit : *Ad vires apostolicas*, fut condamné en autres grandes amendes, et privé de son état, pour deux raisons : la première, que le mot *ad vires* étoit assez significatif; que le condamné se plaignoit de la sentence, auquel cas faut demeurer là, pour en être l'effet suspensif, et fût-il prononcé par un tiers, et bien veuillant; la seconde, que le juge n'avoit gardé les formes requises en l'instruction du procès, par s'être hâté, *nam præcipitatio est judiciorum noverca*, pour avoir et butiner [2] les hardes du condamné, qui, de sa part, les avoit pillées et volées pendant les troubles et malheureuses guerres dernières. Nous en sommes bien, dit Eutrapel; ils moururent toutefois, et ne leur servirent non plus ces belles amendes, qu'à ce capitaine gascon auquel un président de Tholose dit que la Cour lui faisoit grâce d'avoir seulement la tête tranchée, attendu qu'il avoit bien mérité la roue; lequel répondit qu'il donneroit bien le reste pour un viedaze [3]; me sou-

[1] *Mine*, ancienne mesure.
[2] Prendre.
[3] Visage d'âne.

venant des grands princes qui gagent[1] la vie de cinquante mille hommes, où ils ne couchent rien du leur, ressemblant au singe qui tire les châtaignes de sous la braise avec la patte du lévrier endormi au foyer. Polygame dit lors, pour reprendre les erres du procès de l'étourneau, avoir assez connu d'hommes tenant de ce naturel bigearre[2], qui, pour une chose légère et de presque nulle valüe[3], s'émouvoient et tourmentoient assez, eussent-ils perdu tout le leur ; et, au contraire, en cas d'importance, ils demeuroient affables, doux et amiables, ressemblant aux femmes qui brûlent une chandelle d'un douzain[4], pour chercher un pezon, qui vaut bien maille[5]. Le pape Clément eût surpassé tous les grands de son temps, comme dit quelqu'un, s'il ne se fût tant opiniâtrément arrêté aux choses basses et de peu d'effet. Se dit à ce propos, que l'empereur Titus se fâchoit infiniment si on le divertissoit à quelque affaire, lorsqu'il prenoit les mouches si élégamment avec la pointe d'un poinçon. A cette occasion, les Athéniens appeloient ceux qui dressoient querelles, et instituoient procès pour peu de chose, du mot grec συκοφάντης, tiré de σῦκον, qui signifie figue, comme d'un rien et de néant. Ceci servira à un marchand de ce pays, lequel s'aheurta tellement allant à la foire de la Guibray, avec son hôte, au pays de Normandie, qu'il aima mieux laisser ses compagnons, que de faillir à demander au juge du lieu la raison de son hôte qui lui surhaussoit le prix des vivres de deux sols par écot, plus qu'il n'appartenoit, cas qui requéroit police et célérité tout ensemble, demandoit que le procureur fiscal se fût joint avec lui pour son intérêt, car pour le regard du sien, il protestoit demeurer sur les bras et dépense de son hôte, comme est la coutume d'Allemagne, où le créancier, à faute d'être payé au jour dit, se va loger en la meilleure hôtellerie, y boit, mange et fait grand'chère aux dépens de son débiteur, jusqu'à l'entier payement. Et de toutes ses belles conclusions, lui fut dressé un beau libelle par un avocat qui poussa aux roues, comme il n'y a si méchante cause qui ne trouve un protecteur. L'hôte se défendit par belles négatives,

---

[1] Risquent, exposent.
[2] Bigarré, bizarre.
[3] Valeur.
[4] Monnaie de cuivre allié d'argent qui valait douze deniers.
[5] Monnaie de la plus petite valeur.

qui sont les armes les plus coutumières à telles gens; protesta aussi de protester plus amplement, et toutes autres exceptions pertinentes et de droit. Le juge en voulut aussi manger sa part, allongea un peu le bras de justice en faveur du pays, jusqu'à ce que les compagnons marchands, revenant de la foire au bout de huit jours, et qui avoient très-bien fait leurs besognes et emploites, trouvèrent notre plaideur, lequel, au jour même, avoit eu sentence, par laquelle les parties étoient mises hors de Cour et procès, sans dépens, avec injonction à l'hôte de bien traiter les marchands, et à eux de bien payer.

## VIII.

### Des pages et un capitaine.

Un gentilhomme de ce pays ayant longuement suivi les guerres sous ce vaillant homme, tant renommé, le capitaine Bayard, fit, pendant une trêve, un voyage par deçà pour visiter sa maison, parents et amis. Étant donc sur les marches du Maine, prêt d'entrer en Bretagne, entendant que le seigneur comte de Laval, qui mourut à la Gravelle l'an 1532, étoit en sa ville de Vitré, ne voulut perdre l'occasion de le saluer et faire la révérence, conter des nouvelles de la guerre, et par conséquent se faire connoître à lui. Étant descendu à son hôtellerie, accoutré comme étoit sa coutume, tout de bigarrures, et hors la façon commune, s'achemina vers le château, en la cour et entrée duquel il trouva plusieurs jeunes hommes, tant pages qu'autres, folâtrant et empêchés à plusieurs offices et devoirs, tels qu'on peut estimer en telles scientifiques et dévotes personnes. Et parce qu'ils virent ce nouvel inconnu, accoutré à la nouvelle mode, une longue queue de renard entortillée à son chapeau fait à l'albanesque, pensèrent bien avoir trouvé leur homme, la fève au gâteau, et quelque casanier mal nourri. Lui, connoissant et contremirant l'humeur de ce saint collége de notables docteurs, fit plus le grossier et lourdaud, haussant sa ceinture à mi-corps, frappant et jouant des doigts sur le pommeau de son épée, sublant [1] ou sifflant, lequel que l'on voudra, ou tous deux, une chanson du pays fort harmonieusement. S'étant, telle jeunesse, amassée à l'entour de lui, comme un vendeur de thériaque, les uns tiroient sa casaque, et tandis

---

[1] *Subler,* synonyme de siffler.

qu'il s'en vouloit défendre, un autre le tiroit par le côté. En toutes lesquelles fantaisies et sages opérations, il prenoit le plus grand plaisir qu'il pouvoit : toutefois se démarchant il leur montra un peu la dent, et que le jeu, trop ennuyé, ne lui plaisoit ; leur disant en langage de sa nativité, qui étoit le lambalois : Save quo li a, je vous taperé des soufflets, oay. Eh bien, mon ami, lui demanda l'un d'eux, qui faisoit bien le suffisant, le quant à moi, et se cuidant bien valoir quelque chose par sus les autres, qui vous mène en ce pays? Par ma fé, mon doux ami, mon fiston, c'estoit me mère, qui m'a ici envoyé quérir une place d'archer pour may et pour mes hers, ou un autre office. Voilà qui va bien, fit bonne mine à un autre des plus rebrassés, entretenez ce vénérable archer, tandis que j'en irai faire le rapport à monsieur ; lequel lui commanda que l'on fît monter ce gentil poursuivant d'office : et en l'instant voici entrer en la salle ce gentilhomme, suivi de toute la brigade bien échauffée ; lequel ayant fait la révérence, fut incontinent reconnu par deux ou trois gentilshommes, ses compagnons d'armes, qui assistoient et faisoient compagnie à monsieur le comte, auquel ils firent entendre son nom, et qui il étoit ; ce qu'ayant su, lui dit en s'avançant pour le recueillir et bien-veigner[1] : Ha! capitaine (il l'appela par le nom de sa maison, laquelle, comme il n'y a rien de durée, est aujourd'hui entre autres mains étrangères), comment vous va? il y a longtemps que votre réputation m'avoit fait souhaiter vous connoître, pour vous faire plaisir de bonne volonté, et agrandir votre renommée de ce qui seroit en ma puissance. La troupe débauchée se voyant, par icelles caresses non attendues, hors de conté, et s'être mécomptée, se voulut retirer en cachette et tapinois ; mais l'un des écuyers en ménaça les uns du fouet, et les plus grands de leur bien laver le nez, leur apprendre leur bec jaune, et à qui une autre fois ils s'adresseroient. Toutefois le capitaine supplia pour tous, qu'ils fussent excusés, leur en savoit bon gré ; et que si un jeune homme n'est un peu prompt et éveillé, malaisément et à peine pourra-t-il être bon compagnon, et se trouver aux lieux d'honneur : que de jeune ermite, vieux diable. Au reste, parlant à eux d'une face gaillarde, qu'ils ne se souciassent de rien, et qu'il avoit pareilles assez pour se revancher. Après laquelle petite galantise remise et pardonnée, vous les

---

[1] Bien recevoir.

ussiez, vue observer et recognoistre les façons, gestes et contenances de ce gentilhomme en tout ce qu'il disoit et faisoit, comme la vertu d'un brave homme se fait désirer et admirer en quelque lieu et forme que ce soit. Eutrapel lors se mit sur les rangs, et en voulut dire, disant qu'un messer Vénitien lui contoit un jour en la place Saint-Marc, de la France, où il avoit été avec leur ambassadeur, trouvoit les François gens honnêtes et humains, toutefois qu'il ne se contentoit aucunement d'une espèce et genre de petits hommes qu'il avoit vus en la cour habillés de diverses couleurs. Je ne sais, disoit-il, quels offices ils ont, s'ils sont des finances ou du conseil; mais ces petits diabloteaux qu'ils appellent pages, vous tireront tantôt par la cape, puis d'un côté, puis de l'autre, faisant semblant regarder ailleurs, et demander quelle heure il est : toutefois, disoit le prud'homme, je les estime gens de bien et d'honneur. Lupolde dit qu'il n'aimoit aucunement telle sorte de marchands mêlés, d'autant qu'un jour bonnetant et courant après un secrétaire qui lui tenoit sa dépêche en longueur pour attraper quelque écu davantage, ils lui dérobèrent son chapeau plus de dix fois, et autant le rachetoit toujours d'un douzain; mais qu'il en avoit eu bon marché, au prix d'un écolier qu'ils reconnurent, parce que huit jours devant il leur avoit fait la nique, et jeté des pierres, comme ils passoient par l'Université; néanmoins, voyant qu'il étoit seul, il échappa et en fut quitte pour demi-douzaine de chiquenaudes qu'un laquais lui donna en jur don., de l'ordonnance de ce prudent sénat : car c'est un point et maxime de droit, que les laquais se veulent comprendre, ou bien être accessoirement joints et associés, suivant l'édit, avec messieurs nos maîtres les pages, et ainsi avoir été jugé. Car quand l'huissier Beaussier dit commandement auxdits laquais se taire, ne mener bruit, et ne faire la guerre aux éperons appelants et intimés qui se promènent aux salles du Palais, ils demandèrent bien et beau le double de sa commission; et au demeurant, que leurs causes étoient commises ailleurs, où et quand ils seroient bien et dûment ajournés, ils répondroient, et non autrement, par le ministère et organe des pages leurs compères et anciens confédérés. Polygame dit que le même capitaine, duquel ci-dessus a été parlé, étoit marié à une fort honnête damoiselle, mais la plus avaricieuse et chiche qui fût au pays, n'osant manger son soûl, de peur que la terre ne lui défaillît, comme fait la taupe : si la laissoit assez faire le petit pain; de son côté, faisant grand'chère, mettoit tout par écuelles, ne se souciant au reste que de ses armes et chevaux ; mais, pour dire tout, il alloit aucune fois au change, disant qu'il gardoit sa femme pour les grandes fêtes, et qu'il ne la vouloit mettre à tous les jours : quelle proposition n'étoit pas bien agréable à celle qui y prenoit intérêt formel, encore qu'elle fût plus âgée que lui, et qu'il ne l'eût épousée que pour ses biens, et non pour ses vertus, ce qui se fait trop souvent, pépinière et source des plus malheureux et tristes mariages : un jour, se pensant bien caché, et hors la portée du canon, qu'il jouoit un peu trop familièrement à l'une des damoiselles, sa femme le prit sur le fait, et lorsqu'il n'y avoit plus que les ciseaux entre deux, disant : Vous excusez que je suis malade par fois, mais je veux bien que vous entendiez que la grange ne fut onc si pleine, que le balai ne peut bien derrière l'huis : et en ce disant, lui donna deux ou trois coups sur les épaules, comme vous savez que jamais coup de jument ne fit mal à cheval. Lui, de son côté, crie à la force, au meurtre, au feu, au feu bonnes gens, au feu. Ses serviteurs, à ses doléances et plaintes, accourent à longue haleine, et surtout son trompette, car il étoit lieutenant d'une compagnie de gens-d'armes, auquel il commande promptement monter au haut de la maison, et là trompetter et fanfarer, pour appeler tous ses voisins à son aide ; lesquels incontinent à ce cri, qui étourdissoit et se faisoit ouïr de bien loin, par ce vent grêle et tempestatif [1], se trouvèrent sur le lieu équipés et embastonnés [2], pour le secourir, éteindre le feu, ou faire quelque autre service signalé. Auxquels, étant en rond, à la façon de la guerre, il raconta son désastre et aventure ; entre autres, que sa femme l'avoit battu, ce qu'onc homme n'avoit fait : et pour cette cause les avoit fait appeler, pour le mettre en leur protection et sauvegarde ; que pour tel bienfait, afin de n'être ingrat, les vouloit présentement festoyer, ce qu'il fit ; car tout ce qu'il y avoit de pain, chair, vin, et autre artillerie de gueule, fut déployé, mangé et bu ; tandis que sa femme fongnoit [3] et rechignoit à pauses et demi-soupirs. Toutefois, connoissant le naturel de son mari, qui ne faisoit pas cas ni état de telles grimaces, elle descendit pour entendre d'où procédoit cette émeute et débauche ; ce qui lui étant rapporté, et voyant que

---

[1] *Vent tempestatif*, vent de tempête. — [2] Armés de bâtons. — [3] Peut-être *fougnoit*, c'est-à-dire refusoit.

toutes ses provisions étoient mangées et dépêchées, craignant aussi pareil inconvénient une autre fois arriver, promit à son mari, d'une contenance gaie et changée, car d'un trou, en matière de femmes, issent en même instant les pleurs et ris ensemble, ne faire jamais la folle, et qu'elle ne croiroit rien de lui, qui ne fût digne d'être cru, ou si elle-même ne le voyoit de ses propres yeux et en personne. En bonne foi, ma mie, dit une vieille tante, qui, voyant qu'aussi bien tout étoit perdu et abandonné, avoit triomphé à bien vider les pots, la jalousie fait plus mourir de femmes que les femmes ne font mourir d'hommes. Hélas! les bons vauriens y prennent plaisir; mais je leur laisserois si peu de quoi faire en leur escarcelle, et d'encre au cornet, qu'ils ne pussent voyager ne chevaucher ailleurs. Quand cela est, l'on a beau battre les cloches devant que les paroissiens soient venus : vous m'entendez bien. Et voudrois, par souhait, que tous ces bons galants, afin de tirer les preuves par leur bouche même, tinssent du naturel de Bertrand Avenel, ce gentil libraire de Rennes, qui, en dormant, dit tout ce qu'il a vu et fait le jour : où il a été pris quelquefois par sa femme; mais il sait ses défaites, et gauchir au coup [1], disant, par le conseil de son grand ami Dujon, ce docte jeune homme d'Issoudin, que ce sont rêveries et songes; et ainsi gagne pays jusques à la première fois.

## IX.

#### Que les juges doivent rendre justice sur les lieux.

Eutrapel se présenta un beau matin devant Polygame, botté, éperonné, et son cheval à la porte, prenant congé de lui, pour aller à Paris plaider, et où il avoit été appelé à la requête d'Hippocrate le jeune; s'arrêtoit aux juges des lieux qui connoissoient les parties et le mérite de leurs causes, *juxta illud, tu magis scire potes :* il buvoit avec eux, jouoit à la paume, faisoit la musique, et autres familiarités dont il se taisoit; conclusion, que les juges devroient ordinairement se promener par la ville, par les marchés, et tels lieux publics, et non résider et faire bonne mine en leurs études, pour entrer auxquelles y avoit plus de mal de la moitié qu'à jouer d'une mandore à gauche. Alléguoit à ce propos un juge de notre temps, qui étoit bête de compagnie, lequel

---

[1] Parer le coup.

un jour, atout¹ sa robe de soie, fut trouvé tournant la broche en la cuisine d'un chanoine, aussi géométriquement que le chien Teïon chez maître Jacques Girard, ce savant grammairien de Bourges, et ce tandis que le laquais, faisant semblant d'aller tirer du vin, étoit allé querir son maître et autres chanoines pour transumpter² et prendre le double de la trogne de ce tourne-broche, lequel, pris sur le fait, ne se soucia pas beaucoup des gausseries de telles gens, qui ont achevé et commencé leur journée dès le matin, ains, pour toute péremptoire, proposa qu'en matière d'aliments il ne falloit être trop formaliste et scrupuleux; qui devroit servir de patron à ces faiseurs de bonnes mines par les rues, qui aguignent³ sous leur chapeau si on les voit, s'ils marchent droit en pontificat⁴, et si on les salue de loin; car de leur part ils sont si chiches et ménagent si dextrement leurs bonnets, que s'ils rendent le salut, comme ils sont tenus, et être la récusation pertinente, comme dit Balde, il ne m'a point resalué, qu'ils n'en toucheront que le bord. Si César fût demeuré en son honnêteté, et continué à saluer les sénateurs, il n'eût pas été massacré; et si Minuti, président à Tholose, n'eût trop joint à sa crosse la gloire et superbe, qui est assez familière à cette qualité, il n'eût pas ouï l'arrêt qui lui fut prononcé : Monsieur le président, la cour ordonne que tout présentement vous irez querir le salut qu'entrant vous devez à cette compagnie, et lequel vous avez oublié derrière la porte; et n'y retournez pas. Ma foi, mon godelureau, mon ami, tu en parles bien à ton aise, dit Lupolde; devant avoir l'oreille de tels juges, la bourse n'aura que faire de curateur pour être bien désenflée, tant par leurs serviteurs, couratiers de procès, et autres solliciteurs alternatifs qui te mèneront baudement⁵ à di ai et hori ho. Ah! bon saint Louis, dit Eutrapel, et vous le sire de Joinville, son compère, qui tous deux sur la belle herbe, à l'ombre des ormeaux, jugiez les procès à tous venans, où êtes-vous? Le bon prince se laissoit tirer à la manche par les rues, et importuner par le simple peuple, pour leur faire droit et justice sur-le-champ; ce qu'il faisoit, appelés quelques personnages d'État qui le suivoient, et les voisins. Est chose absurde, dire que le peuple ne plaidoit lors si souvent comme il fait; témoins en sont les vieux papiers et registres,

¹ Avec. — ² Emporter. — ³ Regardent. — ⁴ C'est-à-dire fièrement, en se prélassant. — ⁵ Gaîment.

aussi que comme dit Cornélius Tacitus, tandis que les hommes seront, il y aura toujours des vices et querelles parmi eux; et soutient que pour contenir les sujets en amitié et obéissance du prince, être besoin que la justice se fasse sur les lieux. Qu'ainsi ne soit, si, pour le regard des choses criminelles, la peine d'un délit est principalement établie pour l'exemple et terreur du peuple. De quoi sert donc rouer un homme aux halles de Paris, qui a été condamné par un juge de Lyon, et où il a fait le délit? ou de quoi sert aux habitants de Saint-Mahé ouïr dire qu'un faussaire de leur quartier a été pendu au bout de cohue de Rennes? tout autant qu'il y a de différence à voir une chose et d'en ouïr parler. Il me plairoit donc, et le ferai quand j'aurai dérobé quelque couronne ou les bottes d'un malavisé, que messieurs les juges allassent de lieu en lieu, de ville en ville, rendre et faire la justice à qui on voudroit : comme les anciens François, desquels les Anglois tiennent encore beaucoup, que leurs prédécesseurs Normands y avoient apporté. Quant à notre Bretagne, il y avoit un seul juge-sénéchal, qui, se promenant par toute la province, jugeoit sur le lieu, et sans appel, tous procès, de quelque sorte et nature qu'ils fussent. Mais sur tous, les juges du royaume de Fez triomphent : ce sont pauvres gens allant de village en village, comme font les châtreux avec leur fretel[1], ou les barbiers des champs avec leur trompe d'un bâton de seü[2] creux et cavé, jugeant et terminant les procès et querelles du peuple. Le vénérable magistrat s'assied au beau milieu de la place, sur un billot de bois, son bissac sur l'épaule, et le bâton entre ses jambes, et là, tout enveloppé de plaintes en diverses façons, oit le demandeur, et celui qui le premier est arrivé, lui fait affermer sa demande être véritable, et au défendeur sa défense; et avoir ouï quelques voisins, il donne sa sentence sur-le-champ, laquelle est inviolablement tenue. Pour récompense de quoi et épices, il a un oignon ou deux châtaignes, du millet, et quelque autre petit ménage que les parties lui donnent. Et si parfois il se voit trop chargé d'affaires, il condamne tous les habitants du village à dîner ou souper, et faire grand'chère ensemble ; de quoi il n'y a pas un seul appelant, ni intimé, ni appelé en désertion. Pour tout vrai, dit Lupolde, il se juge plus de procès en un jour à la Pie qui boit, en la rue Haute, ou au Rabot, derrière

---

[1] Flûte. — [2] Sureau.

la cohue de Rennes, qu'il ne s'en juge au présidial en trois mois ;
et être le plus grand moyen qu'on puisse trouver, pour avoir la
raison d'un procès, que faire boire les parties ensemble. Mais
aux procès de conséquence, non volontaires, ains de nécessité,
comme il y en a beaucoup, que feriez-vous là? Bon remède, dit
Eutrapel: le roi envoie bien cinquante ou cent hommes d'armes
de ses ordonnances à cent lieues et beaucoup davantage quelquefois, pour là être trois ou quatre mois en garnison. Et quelle
raison de diversité trouvez-vous que trente ou quarante juges
voisent[1] exercer justice au pays dont ils ne sont natifs ni
originaires, qui est le seul moyen d'empêcher toutes brigues,
faveurs et corruptions, qui coûtent plus aux parties que le principal et accessoire du procès? devant que les méchants juges, car
il en faut toujours pour connoître les bons, aient déployé leurs
vénalités, et passé par la forêt de Grippe, leur temps de service
sera écoulé et fini ; si bien que les fuyards seront contraints
estuier[2] et rengaîner leurs récusations, renvois et évocations, qui
brouillent tant cette France, joindre, baisser les lances, et venir
droit au jugement et décision de leurs procès; et surtout ouïr les
parties en personnes et de vive voix, si l'affaire étoit de leur
fait, et non de leurs prédécesseurs et auteurs ; auquel cas y
auroit grande apparence de le faire un petit plus long. Polygame, prenant la parole, dit cela être fort aisé à dire, mais malaisé à exécuter; que défunt M. Charles du Moulin[3] avoit, depuis trente ans, donné avis au roi, par forme de consultation,
qui a passé par les mains de beaucoup, qu'il devoit, en ce tumulte et désordre de religion, se saisir du total revenu des biens
de l'Église, non pour se les approprier et faire siens, ains y pourvoir comme souverain magistrat; et ce faisant, sans toutefois se
départir de l'amitié, filiation et bienveillance de notre Saint Père,
faire qu'il n'y auroit plus de gueux, bélîtres et autres coquins
en son royaume, desquels il faisoit le compte à deux millions de
personnes, en leur faisant rendre et distribuer la tierce partie des
dîmes et revenu ecclésiastique aux paroisses dont ils sont natifs ;
et au demeurant, que ceux qu'on appelle le clergé fussent changés par évêchés, abbayes et paroisses, de demi-an en demi-an
alternativement; à ce que chacune province participât aux com-

---

[1] Aillent. — [2] Mettre dans l'étui. — [3] Charles Dumoulin, écrivain célèbre pendant les troubles de la réformation, mort en 1566.

modités et incommodités l'une de l'autre. Cela, dit Lupolde, seroit bien de difficile exécution ; car les gens d'église ont tant fait par leurs journées, qu'ils sont plusieurs fois plus riches que le roi, sa noblesse et le tiers-état; que si le royaume de France vaut onze écus, ils en ont sept à leur part, ainsi que ce docte Bodin[1] a écrit et calculé, sans parler du livre appelé le Cabinet du Roi[2]. Leurs richesses, dit Lupolde, leur feront trouver hommes et argent pour s'opposer à telles altérations et changements. Tu as dit vrai, Colin Briand, répondit Eutrapel; si c'étoient des coquins, et qui n'eussent rien à perdre, il y auroit apparence en ce que tu dis : mais quand la grand' main du roi parleroit, il n'y a papiste, huguenot, associé, ou les ligués pour la réformation, qui n'aidât ou poussât à la roue, à ce que telle chose s'effectuât, et que l'Eglise, qui est trop riche et pompeuse, fût dégraissée et remise en sa première beauté, comme les premiers empereurs chrétiens avoient ordonné qu'elle ne possédât aucuns héritages. Il me souvient, dit Polygame, avoir autrefois vu un sénéchal de Rennes, grand personnage et éloquent, dire en son auditoire, sur ce que le receveur du domaine s'excusoit qu'il n'avoit fonds ni argent pour fournir à quelques frais de justice qu'il convenoit faire. Je m'étonne, disoit-il, où le comte de Rennes, mon maître, il parloit des prédécesseurs des princes de ce pays, qui n'a que sept mille cinq cents livres de rente, songeoit, quand il a donné à quatre colléges de sa ville de Rennes, soixante mille livres de rente, et que telle disproportion et fausse mesure étoit injuste et bien subjecte à rescision[3]. Du Moulin vouloit aussi, par ses mémoires, que le roi annexât et joignît à son domaine entièrement tout le temporel ecclésiastique, pour en être seulement économe et dispensateur, et faire payer les gens d'église comme il fait ses autres officiers, et à leur main, pour avoir plus de moyen vaquer à prières, jeûnes et oraisons, et sans avoir occasion d'aller plaidassant ainsi par les justices, et amasser leurs droits, que les officiers du roi poursuivroient et ménageroient beaucoup mieux, et avec moins de scandale; joint le beau

---

[1] Jean Bodin, auteur des *Six livres de la République*, Paris, 1577.
[2] *Cabinet du roi de France, dans lequel il y a trois perles d'inestimable valeur, par le moyen desquelles le roi s'en va le premier monarque du monde, et ses sujets sont du tout soulagés*; 1581, in-8°. Curieux ouvrage sur les finances, attribué à Nicolas Barnaud.
[3] *Rescision*, terme de pratique, annulation d'un acte.

loisir et grande commodité d'étudier, prêcher, administrer les sacrements, et faire plus mystérieusement le service divin, qu'ils n'ont non-seulement de la moitié, mais du total en tout et partout; que cela n'étoit aucunement nouveau, même que les princes françois avoient autrefois mis la main bien avant à cette affaire; concluoit que cela se devroit faire pour la décharge de la conscience du magistrat et des gens d'église, dont ceux qui avoient entendement plus net, le souhaitoient pour le bien et repos de tous. Ainsi se disoient les apôtres *missi* ou envoyés, et seront beaucoup mieux reçus et ouïs les étrangers, que ceux originaires du pays, *nemo propheta in patriâ*, nul n'est prophète en son pays, chacun désire que ses imperfections ne soient décelées; ce qui se fait plutôt chez nos voisins qu'en nos villages, où l'on nous connoît jusque dedans la rate; laquelle connoissance diminue et apetisse beaucoup de notre réputation, et par conséquent les choses sacrées moins révérées. Vous avez beau corner au peuple, faites ce qu'ils vous commandent, et ne vous prenez pas à leurs œuvres; car il ne croit jamais la parole, laquelle il tient pour une fable, si elle n'est conjointe à bons exemples, vertueux et de sainteté. Quand ils prêchent, payez bien vos dîmes, et toutefois ils en retiennent la troisième partie, due aux pauvres de la paroisse, qui est celui qui ne die[1] : Je puis bien dérober, puisque notre curé est le premier qui tombe en cette faute? Quand il crie à pleine tête : Tu ne paillarderas point, et que le peuple sait et connoît que s'il y a une belle femme, fille ou chambrière en la paroisse, qu'il ne faut essayer à la débaucher par quelques arts et artifices que ce soit; à votre avis, chacun ne dira-t-il pas, tous les moines comme l'abbé : Puisque nos supérieurs s'en mêlent, ce n'est point de péché? Et ainsi des autres fautes, qui sont telles en ce jour que celui sera sans esprit, qui ne jugera que toutes les pauvretés que nous souffrons, et autres plus grandes que nous attendons, et que nous voyons déjà prêtes à marcher, sont fondées et prennent leur source du débordement de tous états, dont les gens d'église en sont la première et dernière cause. Tout ceci soit dit sans offenser les bons, et les décrets et ordonnances de la sainte Église catholique, en laquelle s'il y a quelques vices ou erreurs, si est-elle toujours Église. Si ma mère est putain, disoit Marillac, évêque de Rennes,

---

[1] *Die* pour dit.

à ce propos, encore est-ce ma mère; à laquelle les souverains magistrats doivent rendre sa chasteté et premiers habits nuptiaux, s'ils se veulent conserver en la crainte de Dieu et amitié de leurs sujets, afin de satisfaire et clore le bec à ceux qui disent qu'ils reviendront à l'Église quand elle sera nettoyée et repurgée, comme font les citoyens en leur ville quand la peste est hors : ce qui ne fut onc en cette Église visible et militante; et faut, disoit saint Paul, qu'il y ait des hérésies; mais la difficulté gît à bien juger qui est l'hérétique.

## X.

### Des bons larcins.

Tourtelier étoit l'un des plus gentils et experts maréchal, serrurier, arquebusier, fondeur de cloches, et artillerie, qui fût en tout notre Océan : et me souvient, dit Polygame, que messieurs du Conseil, qui lors étoient en Bretagne, expédiant les appellations criminelles, furent bien empêchés en ce point de droit, que pour l'excellence d'un bon artisan et ouvrier, ou autre considération de qualité, on peut remettre et commuer la peine de mort. En quoi plusieurs étoient d'avis que sur l'appel de mort interjeté par Tourtelier, accusé de fausse monnoie, on devoit avoir l'avis du roi, comme telles grâces dépendent de sa seule grandeur. Toutefois la fréquence de tel délit emporta la balance, et mourut bouilli en l'eau avec toutes ses sciences ouvrières. Il savoit forger et polir fort proprement les arcs d'arbalète; mais la manière et industrie de les bien tremper, comme faisoit Houlard d'Avranches, le plus expérimenté en cet article qui fût deçà les monts, lui défailloit. Tourtelier, toutes choses cessantes, habillé en gueux, se présenta à la forge de Houlard; et après plusieurs injures reçues, coquin, grand truand, grand pendard, fut installé à fendre le bois, porter le charbon et frapper sur la grosse enclume, où il faisoit mille fautes et incongruités : tantôt il frappoit à côté, tantôt à travers, et le plus souvent sur le billot où elle est plantée. Les serviteurs, qui tous étoient venus de parties lointaines pour apprendre de Houlard et notamment pour crocheter ce secret de la trempe, donnoient avis qu'on devoit chasser et renvoyer ce grand vilain Breton larron et ignorant en son pays. Le Breton, dit Eutrapel, qui déroba le cordeau de quoi le Normand devoit être pendu, se doit-il appeler larron? car j'ai lu que *Britones non latrones, sed laterones dicebantur, quòd clauderent latus principum :* et étoient gardes-corps des princes, comme l'on voit les Écossois, le tout pour la sûreté et fiance[1] qu'on avoit en eux. Les autres disoient, que ce seroit grande aumône lui faire gagner sa vie : qui émeut Houlard à le prendre de plus près à son service, estimant qu'il pourroit s'aider de ce gros ânier à bourrelet, à faire ses eaux et trempes, sans crainte qu'il en eût compris la science. Il entre au cabinet, il souffloit à grandes tirasses : mais Houlard en riant lui apprenoit à modérer les soufflets, et les mener par les moyens compassés et requis. A-vous bien vu, dit Eutrapel, jouer des orgues, c'étoit moi qui soufflois : ou bien d'un sot organiste, lequel tancé et rabroué de ce qu'il ne faisoit rien qui valût, répondit : Messieurs, quand je cuide sonner un *Sanctus*, le souffleur souffle un *Gloria in excelsis*, où les plus fins seroient trompés. Tourtelier, continuoit Polygame, fit tant en ses journées, qu'il apprit, par ses feintes niaisetés, tout ce que son maître savoit : et un jour de petite fête que les compagnons étoient allés à la débauche, et le bonhomme de Houlard à sa grand'messe, Tourtelier, lequel, comme dernier venu, portant la clef de la forge, fit un petit arc d'arbalète trempé et mignonnement dressé, lequel il mit sur la grosse enclume, la clef sous l'huis, et au pied vers les trois Maries près Rennes, dont il étoit. Le lendemain vous n'eussiez ouï que, où est la clef, où est la clef, où est le Breton? je disois bien qu'il nous donneroit un coup de son métier ou de son fouet : finalement cet arc trouvé, et appris n'être de la façon de pas un, Houlard l'ayant fait monter, et connu qu'il étoit de sa trempe, se happa au nez, disant aux compagnons, pour s'assurer encore de plus : Est-ce point quelqu'un de vous qui l'a fait? mais il ouït *unâ voce dicentes*, ce n'a pas été moi, ne moi, ne moi, *et per omnes casus*, ne moi, ne moi. La plupart disoient que c'étoit bien fait, et qu'il n'eût pas montré son secret à l'un d'eux, qui le venoient trouver de si loin et à grands frais : ce fut à Houlard à piller patience de Lombard. Mais un jour étant venu à Rennes, comme étoit sa coutume, avec dix ou douze chevaux chargés d'arbalètes, il va reconnoître à la butte du champ Jaquet son valet Tourtelier, qui de sa part avoit apporté

---

[1] Confiance.

pareille marchandise. Ce fut lors, qu'après avoir honnêtement requis pardon de telle tromperie, qu'il baptisoit du nom de bonne, *nam veteres bonum dolum dixerunt*, laquelle lui avoit coûté maintes injures et coups de poing sur ses épaules, ils s'embrassèrent d'un haut appareil, burent ensemble, à la charge que Tourtelier céleroit la science de tremper, et auroit bon bec, et que Houlard de son côté l'accorderoit avec les compagnons de la Frairie blanche, auxquels il se recommandoit, *omisso medio*, et sans autrement approuver leurs qualités. Lupolde se mit sur les rangs, disant que telle promesse et vœu n'est non plus tenable, que celui d'une femme qui auroit juré et promis n'ôter sa chemise au lit, suivant la glose singulière au Canon *Manifestum* 33 *quæst.* Mais celui des quatre mendiants, dit Eutrapel, qui est, jurer et faire cette haute promesse, qu'ils vivront sans rien faire aux dépens du peuple et aux enseignes du bonhomme *Peto*, d'Orléans : est-elle tenable passive? car active ils l'ont ainsi chiffrée, *ne mutetur.* Je n'entends en ce comprendre frère Fredon[1], et les galants hommes de sa suite; mais j'approuve avec toute l'antiquité, ce brave et nécessaire larcin de Cneus Flavius, autant que celui dont nos théologiens scolastiques font de celui qui a dérobé l'épée dont quelqu'un avoit délibéré tuer son voisin : car il prit en la librairie publique de Rome le livre des actions et formules de mettre en procès et ajourner, le publia et mit en lumière, si bien que ce livre tant curieusement gardé, apprit à tout le peuple par quantes manières on doit plaider. N'a pas longtemps qu'un certain philosophe alchemiste me vint trouver, se vantant et se faisant fort savoir cette belle pierre philosophale, à laquelle se sont frottés, heurtés et rompus tant de gentils esprits : dont les uns y sont demeurés fondus avec leurs bourses, car ils font de cent sols quatre livres, et de quatre livres rien : et les autres, qui ne sont tant hasardeux, s'en retirent bagues sauves : autres plus spéculatifs, s'appelant spagiriques, devinez que c'est, car il n'est hébreu, grec, latin, ne bas-breton, font comme les jurisconsultes dont parle Cicero, *cùm in jure nihil proficissent, ad rubricas sese contulerunt*, n'ayant rien appris en droit, se sont retirés à la chicane : ainsi ces bons opérateurs n'ayant pu rencontrer leurs transmutations métalliques, se jettent par leurs sels, extractions,

---

[1] Voyez le *Pantagruel* de Rabelais, liv. V, chap. 27 et 28.

huiles, quintessences, sur la médecine, qu'ils appellent nouvelle : où quelquefois il se trouve je ne sais quoi de bon, comme disoit la bonne femme, qui pêchoit à tout un mail [1] en la mare de son fumier : laquelle sur ce qu'on lui disoit qu'il n'y avoit aucun poisson dedans, répondit que les coups portent quelquefois qu'on n'y songe pas. Cet abstracteur d'idées ou essences, suivoit Eutrapel, vouloit à toute force et extrémité, que je l'eusse accommodé de lieu pour faire la réduction des quatre éléments, selon Raymond Lulle [2], ou des trois principes selon Paracelse [3]; et puis, dites que je n'y entends rien! et cela fait, que j'eusse à chercher quelque royaume pour acheter, parce qu'il fourniroit d'argent. Appeloit à son aide les livres de Jean, pape vingt-deuxième [4], la lettre d'Alexandre le Grand à Aristote, qui est en Aulugelle, les traités de Salomon, des princes africains, et pour clore, le conte du magnifique Meigret. A tout quoi Eutrapel disoit avoir répondu, qu'il ne doutoit aucunement de tout cela, mais s'ébahissoit, attendu les grandes promesses qu'il faisoit, comme il étoit si mal en point, sans chausses, souliers, et un méchant manteau qui ne lui atteignoit que le bout des fesses. Et sur ce disoit que ce vaillant philosophe lui avoit dit bien bas et en l'oreille, qu'il falloit et être expédient que les enfants de la science marchassent aussi sur la terre en toute pauvreté et humilité ; de peur qu'un roi ou grand seigneur ne l'eussent enfermé en quelque château, et le contraindre à faire illec une infinité de lingots d'or, par le moyen desquels se pourroient mouvoir de grosses guerres injustes et mal fondées, desquels scandales et meurtres il ne vouloit, pour mourir, être occasion, ne y participer : et que l'issue de leurs contes avoit été, que ce souffleur et affronteur lui demandoit un teston à prêt, à don, intérêt, ou autrement dûment. Polygame lors, qui étoit assez tardif en ses jugements, car de fol juge brève sentence, étoit au bout de ses finesses, sur la vérité de cette pourpensée et haut louée science chemiste : laquelle n'osoit assurer, pour n'y entendre rien que pour ouïr dire à des hommes vains, et notables advanceurs de contes et crédits. Bien le retenoit aucunement le

---

[1] Avec un filet. — [2] Raymond Lulle, l'homme le plus savant du treizième siècle. — [3] Paracelse, médecin et alchimiste, mort en 1541. — [4] Jean XXII, élu pape le 7 août 1316, auteur de quelques traités sur la physique et la transmutation des métaux.

témoignage d'Oldradus[1], le plus éminent et insigne jurisconsulte de sa saison, lequel, en un sien conseil, affirme la science d'alchimie et transmutation des métaux être permise et non défendue, pourvu qu'il n'y ait péché en la forme ni en la matière : et avoir lu au commentaire de Jean André, sur le titre *De falsis*, au spécule[2], que de son temps il avoit vu à Rome, il faut qu'il y ait deux cents ans et plus, Arnaud de Villeneuve[3] faire de petits lingots d'or, qu'il exposoit à tout examen, et qui le soutenoient. Et Cardanus[4], qui est de notre temps, raconte d'un apothicaire trévisan qui convertit l'argent vif en pur or, devant la seigneurie de Venise : cela doit être arrivé l'an mil cinq cent quarante-sept. Ce que Scaliger, réformateur des théorèmes de Cardan[5], ne peut digérer. Le pape Léon dixième eut bonne grâce, quand Augurel[6] lui présenta un beau livre en vers latins, nommé *la Chrysopée* ou *l'art de faire l'or*, espérant avoir quelque présent pour récompense, quand il lui donna une belle grande bourse de satin, disant, puisqu'il savoit et écrivoit la façon de faire l'or, il n'avoit besoin, à ce compte, que de bourse et sacs à le mettre. Lupolde, qui étoit un grand souffleur, mais c'étoit au verre, disputa longuement sur cette première réduction du corps à l'âme, qui est cette eau philosophale, tant cherchée et moins rencontrée : qu'il avoit connu un grand nombre d'hommes ruinés par cette fine folie, et avoir vu de son temps que le grand rendez-vous de tels académiques étoit à Notre-Dame de Paris, ou aux portaux d'églises, que Nicolas Flamel[7], grand et souverain arracheur de dents en ce métier, avoit fait construire; et surtout on les voit par bandes et régiments, comme étourneaux, se promenant aux cloîtres Saint-Innocent, à Paris, avec les trépassés et secrétaires des chambrières, visitant la danse Marcade[8], poëte

---

[1] Oldrade ou Olrade, mort à Avignon en 1335. — [2] Il est ici question du *Speculum Juris* de Durand, qui fut commenté et augmenté par Jean d'André, canoniste du quatorzième siècle. — [3] Arnaud de Villeneuve, auteur d'un commentaire sur l'*Ecole de Salerne*, mort dans les premières années du quatorzième siècle. — [4] Jérôme Cardan. — [5] Voyez l'ouvrage de Jules-César Scaliger, intitulé : *Exotericarum exercitationum liber quintus decimus de subtilitate ad Hieronymum Cardanum*. Paris, 1557, in-4o. — [6] Jean-Aurèle Augurello, mort à Trévise en 1524. — [7] Nicolas Flamel, personnage qui vivait au quatorzième siècle, et auquel la tradition populaire a longtemps attribué un pouvoir surnaturel. Voyez la *Biographie universelle*, tome XV. — [8] Macabre.

parisien, que ce savant et belliqueux roi Charles-le-Quint y fit peindre, où sont représentées au vif les effigies des hommes de marque de ce temps-là, et qui dansent en la main de la Mort. Parmi lesquelles peintures y a, des deux côtés du cimetière, deux portraits d'un lion rouge et d'un serpent vert, illec fait mettre par icelui Flamel, avec bonne dotation pour l'entretènement [1] d'iceux : et dit-on, vous en croirez une partie, et l'autre vous la pourrez mettre à meurir, que jamais la fiole de Tantalus, ou les deux lampes trouvées encore ardentes environ cent ans sont, au territoire de Padoue dedans le sépulcre de l'ancien Olibius, n'y font rien, si vous ne voulez y coucher et employer le saint Graal, qui étoit une fiole d'un baume si mirifique, après lequel les chevaliers errants couroient, comme petits gars qui auroient adiré [2] leurs vaches. Polygame dit avoir lu en Gratarolus [3], allemand, qu'en la tour de Londres y avoit encore en ce jour de petits fagots d'or faits par Raymond Lulle sans aucune minière : et avoir vu à maître Jacques Even, maître des monnoies de Rennes, une image d'or prise sur les Espagnols, après le sac de Saint-Quentin par ceux de Saint-Malo; qui jugea, avec les autres orfèvres, et après plusieurs examens, être bon or, mais faictis [4] et non naturel : qui croiroit que les cailloux et fougère se pussent transmuer et convertir en verre?

## XI.

#### Débats et accords entre plusieurs honnêtes gens.

C'est une vieille coutume en ce pays, et crois que partout ailleurs, de se trouver et amasser chez quelqu'un du village au soir, pour tromper les longueurs des nuits, et principalement à l'hiver. Au temps, dit Lupolde, que nous étions aux écoles à Bern près Rennes, sous ce docte sophiste Gaillard, car il eût bien prouvé, à fine force d'arguer, que vous eussiez dîné, encore que vous n'eussiez rien mangé que votre mors de bride, comme les mules du Palais : il se faisoit des fileries qu'ils appellent *veillois*, tantôt à la Valée, tantôt à la Voisardière, à Souillas, et autres lieux

---

[1] L'entretien. — [2] Perdu. — [3] Guillaume Grataroli (et non pas *Gratalori*, comme le portent toutes les éditions des *Contes d'Eutrapel*) était né en Italie, mais c'est en Allemagne qu'il publia la plus grande partie de ses ouvrages. — [4] Fabriqué.

de réputation, où se trouvoient, de tous les environs, plusieurs jeunes valets et hardeaux[1] illec s'assemblant, et jouant à une infinité de jeux que Panurge n'eut onc en ses tablettes[2]. Les filles, d'autre part, leurs quenoilles sur la hanche, filoient; les unes assises en lieu plus élevé, *verbi gratiâ*, sur une huge ou met à longues douettes, à fin de faire plus gorgiasement pirouetter leur fuseau, non sans être épiés s'ils tomberoient; car, en ce cas, y a confiscation rachetable d'un baiser; et bien souvent, il en tomboit de guet-apens et à propos délibéré, qui étoit une succession bientôt recueillie par les amoureux, qui, d'un ris badin, se faisoient fort requérir de les rendre. Les autres, moins ambitieuses, étant en un coin, près le feu, regardoient par sur les épaules des autres et plus avancées, se haussant sur le bec du pied, et minutant les grimaces qui se faisoient en la place et comble de l'hôtel, tirant et mordant leur fil, et peut-être bavant dessus, pour n'être que d'étoupes. Que si, par fortune, le gros Jean, Robin, ou autre montroient, aux jeux qu'ils menoient, le haut de leurs chausses à découvert, ce n'étoient les dernières à rire à gorge déployée, avec la main entr'ouverte devant les yeux, pour assurer toute chose et se garantir du hâle. Là se faisoient des marchés, le fort portant le foible; mais bien peu, parce que ceux qui vouloient, tant peu fût, faire les doux yeux, remettre les tetins descendus sous l'aisselle, par le continuel mouvement du fuseau, en bataille et en leur rang, dérober quelque baiser à la sourdine, frappant sur l'épaule par derrière, étoient contrerôlés par un tas de vieilles, qui perçoient de leurs yeux creux jusque dans le tect aux vaches, ou par le maître de la maison étant couché sur le côté en son lit bien clos et terrassé, et en telle vue qu'on ne lui pût rien cacher. Je ne me veux pas restreindre si exactement, et de si près, sous l'édit des présidiaux, qu'on ne pût dire le petit mot cahin caha, mais c'étoit faire l'amour par mariage; car, en telles assemblées, beaucoup d'honnêtes familiarités sont permises, comme en Allemagne, où les garçons et filles sont couchés ensemble sans note d'infamie, et leurs parents, interrogés sur les articles de telles privautés, répondent *casté dormiunt*; c'est jeu sans vilenie, et là se préparent et commencent de très-bons et heureux mariages. Eutrapel, qui étoit merveilleusement scrupuleux et difficile à faire tomber en bonne

---

[1] Jeunes garçons. — [2] Voyez le *Gargantua* de Rabelais, chap. XXII.

opinion cette fréquentation si approchante, en l'endroit mêmement des Allemands d'aujourd'hui, qui, ayant dégénéré et perdu leur première et rustique naïveté, sont tant francisés, espagnolisés, italiénisés, disoit qu'il n'y auroit pas grande sûreté en icelles approches : que nature étoit trop coquine ; que c'étoit mettre le feu bien près de l'amorche ; et sœur Binette souloit dire qu'un chose étoit bientôt coulé ; et avoir ouï dire à sa grand' tante que don Jean Orry de Noyal sur Seiche demanda à notre maître Prau, y prêchant notamment contre la paillardise des prêtres, qui l'avoient refusé de l'accommoder : Venez çà, frère Jean, si une belle fille vous chatouilloit au lit, et pinçoit sans rire, que lui feriez-vous ? Je sais bien, répond magister Nostrandus, que je devrois faire, mais je ne sais que je ferois. Passons outre. Lupolde, de son côté, se fâcha d'être ainsi interrompu par ce muguet, qui toujours étoit en fièvre comme les singes, ou celui à qui Marion a tardé venir à l'heure dite ; y joint, comme dit Homère sur le calendrier des bergers, merde, *gallicè loquendo*, en la bouche du prêcheur qui n'est écouté : place, place, voici monsieur. Les valets de la Valetière, pour reprendre notre chèvre à la barbe, ainsi sont appelés les jeunes garçons à marier, et entre les anciens, étoient les jeunes gentilshommes appelés jusqu'à l'âge de dix-huit ans, valets, qui se nomment, en ce jour, pages, avoient été trompés peu de temps auparavant, allant auxdites veilles et fileries, par ceux de Trémerel, associés de longue main aux habitants de Ramussac, pour raison, ainsi que l'on croit, des épines qu'ils avoient mises sur le bout des échaliers, de sorte que cuidant mettre la main dessus pour passer de l'un champ en l'autre, se piquoient les mains avec grande effusion de sang, pleurs et ris *in eodem subjecto* : par autres fois avoient noué des genêts, et attachés ensemble au travers des routes par lesquelles ceux de la Valetière, Houssière et Orgevaux devoient passer la nuit : occasion que les premiers tomboient de grands sauts à dents, qui apprêtoit aux derniers moitié figues, moitié raisins, moitié peur, et moitié ris ; et non contents de ce, lorsqu'ils rencontroient les pauvres valetois, leur demandoient, faisant bien les simples et marmiteux, s'ils avoient passé par tels et tels endroits, puis tout d'un coup s'éclaffoient de rire si démesurément, qu'ils en pissoient en leurs chausses et celles de leurs voisins, et bien souvent en fussent venus aux mains et entrebattus, sinon que les plus rusés de la Valetière empêchoient qu'on ne passât outre :

bien que quelques-uns d'eux alléguassent et missent en fait que
les filles de la Simonnaye, à l'occasion d'icelles moqueries, ne
leur faisoient si bonne chère comme elles avoient accoutumé, et
qu'on s'en étoit bien aperçu, tant à la soule¹ de Chanteloup, où
elles se seroient cantonnées et mises à part, que pour n'avoir
daigné, en fenant² aux prairies de Château-Letard, répondre aux
chansons que les hardelles³ de Rolard disoient de l'autre côté,
la seule rivière de Seiche entre deux, fors la pauvre Armelle Simon, qui, encore qu'elle en fut bien tancée par ces dépiteuses,
s'avisa, pour sauver l'honneur commun, répondre à un seul ver-
set de chanson, encore en voix bêlante et tremblante, comme les
Allemands. Si conclurent-ils néanmoins qu'il falloit avoir leur
revanche, à quelque prix que fût le blé, mais par un moyen
honnête et mieux délibéré, que trouva dom Jean Pichon, l'un
des plus adroits pêcheurs à la ligne qui fût au quartier, et
n'en déplaise au meunier de Blochet; lequel, ayant découvert une
filerie de haut appareil qui se devoit faire à la Touche, et où
ceux de Places n'auroient garde de faillir se trouver, dressa aux
quatre cornières⁴ d'un travouil⁵ quatre gros flambeaux composés en belle molaine⁶ sèche et bien ointe de graisse; et lorsque
André Lohéac leur espion les vint avertir que sans doute les
Placerons avoient déjà passé la fontaine de Bouillant, faisant beau
bruit et tintamarre, dom Jean commença à tourner et virer leur
instrument, avec son équipage, petit à petit, à pause et intervalle; puis, tout d'un coup, comme les mouvements d'une horloge, dégouttés si vitement, que tout sembloit être en feu. Quand
les maires, échevins, et autres habitants de Places aperçurent ce
terrible engin, ainsi miraculeusement enflammé et brûlant, ce
fut aux premiers à tourner le dos, fuir le chapeau en main, à
longue course, criant et huchant à la force, miséricorde, et renversant, rompant et brisant tout ce qu'ils trouvèrent devant eux,
aussi furieusement comme le gros bataillon des dix mille lans-
quenets du marquis du Gast, à la journée de Cerisolles, l'an mil
cinq cent quarante-quatre, fit sur le reste de l'armée impériale,
qui fut occasion de la rupture d'icelle, par la charge foudroyante
des quatre-vingts hommes d'armes avec leur haut appareil et

---

¹ *Soule, soulle,* jeu de ballon usité en Bretagne. — ² Faisant les foins.
— ³ Jeunes filles. — ⁴ Coins. — ⁵ Dévidoir. — ⁶ *Molaine* ou *molène,* espèce
d'herbe.

chevaux bardés du seigneur de Boutiers, Dauphinois ; vous eussiez ouï, comme à un loge qui peut [1], lorsqu'ils furent un peu éloignés et pris haleine, criailler et s'entr'appeler afin de se recueillir et remettre ensemble, pour gagner leur village, même pour attendre partie des filles, les unes desquelles étoient aux bouillons jusques à je ne dis mot : les autres et la plupart ayant perdu quenouilles, fuseaux, pezons, et semblable attirail du métier, sans y comprendre une trentaine de couvre-chefs, sauf erreur de calcul, qui demeurèrent pendus et accrochés par les haies et buissons, comme la peur aux talons met des ailes. Le lendemain il ne couroit autre bruit partout, qui vola jusque bien loin hors le pays à Clays, que ceux de Places avoient trouvé le loup-garou. Autres affirmoient que c'étoient les fées courroucées de ce que les filles alloient la nuit, et que plusieurs étoient tombées à la renverse, et avoient fait le saut périlleux. Mais la plus saine et suivie opinion fut que c'étoient les sorciers de Retiers, qui cherchoient du trèfle à quatre feuilles, pour aller à aguillaneuf, suivant la règle du *Publicandis*. Toutefois, les choses bien connues et avérées, et même par ce dom Jean qui avoit fait toute la traînée, qui s'en étoit vanté, et avoit publié l'affaire chez Pitouays, au bourg de Saint-Erblon, leur demeura seulement l'envie de s'en pouvoir venger, et rendre la pareille en même monnoie, conduits et menés, ce dit l'on, car je ne veux rien mettre du mien, ne rien controuver, *Sponde, præsto noxa est*, soyez caution, assurez-vous quand et quand de payer, par la consultation de Bourtouraut, auquel menant un muid de vin, ils avoient refusé deux chevaux pour le dégager et tirer son harnois d'une bourbe et fondrière d'entre le Vionnoy et Galemeaux ; néanmoins, après y avoir bien songé et rêvé, *in utroque jure*, se résolurent n'en faire cas et en rire comme les autres, lorsqu'on viendroit sur tels propos, et être le souverain expédient pour se dépêtrer de toutes injures. Tu es usurier, disoit quelqu'un ; lequel répondoit à quartier, et non de droit fil : Il ne l'est pas qui veut. Autrefois, Tu es un glorieux : Oui, répondoit-il, car il me sied et m'appartient, pour avoir toutes les parties et forteresses requises à un brave et galant gentilhomme ; et non à toi, qui es un vilain envelouté [2]. Buridan dit que tu es un méchant, que tu as fait ceci et cela : la réponse fut : Mon doux ami, dis au

---

[1] Un sauve qui peut, une déroute. — [2] Habillé de velours.

seigneur Buridan que s'il lui plaît m'ouïr et écouter sur le progrès de ma vie, qu'il apprendra bien d'autres imperfections et fautes sur moi, que celles qu'il m'impose. Cicero avoit cela de bon, traverser les raisons de l'avocat son adversaire, dont il ne ne se pouvoit dépêtrer que par risées et facéties. Démosthène, un joueur de plat de langue comme lui, fit dextrement, lorsqu'on lui objecta qu'il avoit fui le jour de la bataille : Oui, dit-il, pour combattre une autre fois, et reculer pour mieux sauter. Le Chiquanoux d'Aurillé ne prit pas ce chemin, dit Eutrapel, car les valets et courtauds de boutique, laquais, martinets du collége de la Fromagerie, et autres fripons et gens d'honneur de la ville d'Angers, voyant qu'il se courrouçoit et prenoit à partie tous ceux et celles qui l'appeloient Chiquanours, les fit ajourner devant le prévôt, concluant, depuis le soleil levant jusques au couchant, à réparations d'injures et prohibitions à l'avenir. Les défenses furent faites et signifiées à ban et cri public ; mais les ajournés et leurs associés, prétendant intérêt pour n'enfreindre la sentence, le voyant passer, disoient seulement de main en main chic chic ; ce qui lui tourmenta encore sa caboche de plus de pied et demi, jusques à les mettre de nouveau en procès ; mais le juge, parties ouïes, déclara les défendeurs mal et follement intimés, avec adjudication de dépens, taxés à deux pots de vin et la suite, et que ce mot chic chic, bien enté, pouvoit facilement, et de gré à gré, engendrer une chiquenaude, voir demi-douzaine. Les écoliers de Poitiers, sur la défense faite par l'assesseur, ne porter épées chez Mathurin le pâtissier, les traînoient après eux, alléguant qu'il n'y avoit contravention à la sentence ; et qu'en pareils et semblables termes il avoit été jugé dernièrement par le juge d'Angers avec le Chiquanoux d'Aurillé, et que *sententia in simili facit jus. l. Nescio, ff. de vasquinis tollendis.* Mais le bonhomme de juge étoit fâché d'ailleurs : c'étoit qu'une bande d'iceux écoliers avoient appelé, relevé et intimé de la sentence par lui donnée contre le chien de Bergeron, lequel il avoit condamné par provision être en prison huit jours au pain et à l'eau, pour lui avoir happé son chapeau qu'il tenoit en sa main, allant tenir son audience. Le même hasard et accident fit quelque brèche à l'honneur de ceux de Nonnaïtou, quand ceux d'Amantis vinrent par dépit danser autour de leur cimetière, avec le petit bonnet et la belle feuille de chêne, joints et adhérés pour se reconnoître, trois ou quatre gros cailloux en leurs bragues[1], le moindre coup desquels rué de ces forts et puissants bras abattroit l'homme et cheval armés : car s'ils n'eussent rien dit, ains seulement les regarder et en rire, en forme de corps politique ou autrement, il ne s'en fût pas bâti une chanson mondaine qui trotta par tout le monde, c'est-à-dire, jusques à Chante-Pois, Tramabon, Mordelles, et autres provinces adjacentes. Polygame voulant ajouter, ou plutôt conduire la suite du précédent conte, dit que du temps que premièrement il fut envoyé à Poitiers, pour devoir étudier, il trouva à Château-Giron, où est cette grande tour, de laquelle tous les jeudis, soit jour ou non, il se tire de dix à douze mille livres de beurre jaune comme or, sans qu'il en tombe une seule pierre, Charles Lancelot, et grand Jean de Pire, son frère, voituriers et bons compagnons, qui furent nos guides et meneurs. Et d'autant, dit-il, qu'ils me trouvoient à leur fantaisie bon rompu et goulu de même, parce que volontairement, et sans me faire tirer l'oreille, je tirois à l'escarcelle[2] pour leur donner le vin, ils me promirent, en revanche, me faire par les chemins bon traitement et composition honnête ; mais pour le regard, me dirent-ils, de votre compagnon, parlant d'un écolier sortant du collége, c'est-à-dire, s'estimant, au jugement de sa mère, du curé, et de lui, le plus habile du pays, il en aura des plus mûres du panier ; et vous sauvez par les marais au mieux que pourrez, encore y travaillerez-vous, si vos bottes ne sont à l'épreuve des mares de Tancre. Au soir arrivés que nous fûmes à Moulins, ce n'est pas en Bourbonnois, pour ne mettre une erreur et *qui pro quo :* comme le secrétaire de l'empereur Charles-le-Quint en la capitulation de la prise du duc de Saxe, où il mit *enig* pour *euig*, l'un signifiant *sans*, l'autre *avec*, qui fut cause de le retenir cinq ans prisonnier : car il se trouva écrit : *avec prison*, où il estimoit y avoir *sans prison*. En quoi ne faut faillir, témoin ce grand Auguste, qui déposa un sénateur pour ne avoir entendu l'orthographe, et écrit *isi* au lieu de d'*ipsi*. C'est donc près la Guierche, où les suppliants vont entrer en grosses et terribles disputes : grand Jean, qui se disoit demandeur, se complaignoit énormément des mauvais et étranges tours que Charles son compagnon lui avoit faits, les articulant sur ses doigts par le menu et en détail, fort méthodiquement. Vraiment,

---

[1] Haut-de-chausses. — [2] Tirer de la poche, payer.

monsieur Joannes, ainsi s'appellera l'écolier, il me déplaît qu'un homme de savoir comme vous, je ne dis autre chose, et soit signifié; mais pour le fait, s'il vous plaît entendre toute la râtelée. Oui da, répondit Charles, j'accorde que monsieur en juge, s'il lui plaît en prendre la peine, et s'y acropir, comme si la goule de toute la cour de Parlement en avoit fumé en robes rouges. Par mon chef, faisoit bonne mine sire Joannes, enflé d'une certaine amour de lui-même, se voyant bonneter et appeler monsieur : Il n'y a point d'ordre, que vous autres qui, par raison, comme disoit Brandacier sur le XX ou XXII<sup>e</sup> livre, que je ne mente, de la *Truie qui file*, comme l'on va du collége Sainte-Barbe à Montaigu, êtes les plus beaux : *per diem*, accordons, je payerai plutôt le déjeuner. Comment, monsieur, accorder? faisoit grand Jean; vous êtes habile clerc, et bon joueur de vèze, je n'en doute pas, et m'y connois peut-être autant qu'un qui ne le sauroit pas si bien que moi, et ne vous déplaise; mais pour revenir, ce méchant. Tu as menti, c'est toi. Holà, holà, messieurs, tout beau! Mais en les départant[1], lui fut ottroyé trois ou quatre bons coups de poing clos sur sa bonne femme d'échine, et son chapeau, de moult grande autorité, foulé aux pieds à l'antiquité, et selon l'usance locale du lieu où se faisoient telles assignations et distributions manuelles. Le sens et sang un peu réconciliés et refroidis, le moyenneur insista que de part et autre la cause fût débattue et plaidée selon que le cas y affiert, et à beaux huis ouverts, offrant tenir la main à tous deux, si l'on voyoit que la lune fût levée, et qu'elle eût pris son cotillon de tous les jours. Les torts et griefs de grand Jean furent, que Charles, partie adverse, faisant semblant lui demander à la bonne foi : A qui est cette maison-là? quelle heure est-il? aurons-nous foison de vendanges à la mi-carême à cheval? l'a-vous point vu? et semblables menus suffrages; lui auroit, furtivement et de guetapens, contre l'ordonnance, pissé en sa gibecière, lui auroit attaché une peau de connin[2] sur l'épaule, feignant de l'autre main lui tirer sa chemise au collet; l'avoit un jour borgné et bandé les yeux, et mené à un nid de tresée, un oiseau passager ainsi qu'il l'appeloit malicieusement, où il devoit prendre les petits, mais qu'il s'étoit emmerdé, parlant à l'antique, et comme il faut, toute la main gauche, au grand mépris et scandale de toute

---

[1] Séparant. — [2] *Connin* ou *connil*, lapin.

la frairie blanche de Pâce : il lui avoit, l'année des trois jeudis, vendu des coquilles, encore que lui complaignant retournât du mont Saint-Michel. Aussi, qu'allant au pardon de Lantreguier, il décousit un hardillon de la boucle à la sangle de son cheval de limons, à faute de quoi il fut contraint boire du vin sans eau, et chevaucher un pied chaussé et l'autre nu : qui plus est, et où il n'y a aucune réponse fondée en droit ou coutume, il lui avoit baillé entre Saint-Jean de Sannes et Mirebeau, un gros étron femelle gelé à garder, enveloppé dans un linge, lui donnant à entendre que c'étoit un lopin de bœuf salé, que la grand' chemise de Douai lui avoit donné en bonne conscience, pour eux rafraîchir et boire le coup : car vous entendez que bœuf salé fait bien boire; bien boire passe la soif ; *ergo*, bœuf salé passe la soif; mais que cette honnête marchandise mêlée, s'étant détrempée en sa manche, et découlée en partie jusques sur son fouet, que depuis trois jours il avoit coupé à l'épine Pierre Noial, il auroit été contraint se dépouiller, laver tout son menu ménage, tandis que ce vénérable bailleur de fèves à my-croist, cabrioloit, faisoit le pied de veau, et les gambades, puis, tout à coup, se pâmoit à force de rire : qu'on l'eût bien traîné à écorche-cul jusques à vous m'entendez bien, sans tambourin ne sans lanterne : joignant à tout ce, plusieurs exécutions réelles, grandement préjudiciables et tortionnaires, desquelles, si monsieur n'y mettoit la main, il protestoit d'en avoir un monitoire à fer émoulu, lui dût-il coûter, hen! Notre maître Joannes vouloit sur l'heure condamner Charles, sur le simple rapport de sa partie, comme fait aujourd'hui notre jeunesse, laquelle étant de plein vol constituée en dignité et magistrat, croit et prend les plaintes des premiers comme deniers comptés et non reçus, voire qu'il est malaisé et difficile leur faire perdre telles premières impressions et rapports. En quoi, sur tous autres princes, excella le roi Louis XII, surnommé père du peuple, avec ce seul mot de latin qu'il savoit, *audi partem;* car on avoit beau lui corner à la tête, ni importuner son compère Plessis-bourré, de le croire : sire, c'est le plus méchant, c'est ceci, c'est cela; on n'avoit autre réponse, sinon *audi partem :* je m'en enquerrai, pour après y donner ordre. Mais Charles Lancelot voyant son juge ouvrir la gueule de demi-pied de large pour lui prononcer son dicton, dit qu'il allât tout beau, et qu'il le récusoit, parce qu'il avoit les pieds plats, et qu'il portoit son écritoire à gauche : qu'il cherchoit midi où il n'étoit pas; que dernièrement il avoit abreuvé du fin fond de ses chausses toute l'assistance de l'auditoire de Bobita, et y avoit persisté : qu'il avoit le nez fait comme un homme de par le monde : qu'il avoit entamé un pot de beurre sans *visa* ne *pareatis :* coutumier ordinaire de pisser contre le vent, ressembloit à un valet de trèfle, clochoit devant les boiteux, embrassoit et rien n'étreignoit; parloit assez sans voir ne s'en repentir : par ces moyens, incapable de toute incapacité juger; ne rien entreprendre contre la porte de la Tranchée, pré l'Abbesse, ne autres équipages. Toutefois, s'il étoit regardé, il consentoit accorder, pourvu, et non autrement, qu'il ne lui coûtât rien que la barbe secouade. Conclusion, que M. Jean, qui portoit venaison, et avoit argent frais, paya l'écot, où furent présents et appelés tous prétendants et intérêts; et, continuoit Polygame, y fîmes chère lie, et bûmes, comme dit Menotus[1] en ses Sermons, à tire-larigot. Et Dieu sait s'il paya sa bienvenue quand il fut à Poitiers, à un tas de tiers opposants débauchés, qui pour lors y étoient; car la plupart l'appelant monsieur sans queue, attrapèrent, par emprunt, en toute humilité, et à rendre au premier voyage de Charles le messager, mais il est encore par les chemins : les autres lui vendoient livres, où ils n'avoient rien, dont il falloit plaider; on lui accoutra des laquais en filles, auxquels, en faisant l'amour, il n'étoit rien épargné; on lui dressa tout à propos une querelle, où il lui coûta son paillard d'argent; car son ennemi, prétendu ensanglanté, et soudainement, en faisant le holà, couvert de manteaux, et mené chez Pelegeay, au Vieux-Marché, pour y être médicamenté et guéri, fut occasion de lui arracher toutes les dents de sa bourse, dont furent nourris long espace de temps les suppôts de la Faculté; et pour l'achever de peindre, sur ce qu'il fut contraint se retirer pour la nouvelle de la mort de son père, et lui tirer le surplus et reste de science qu'il avoit en sa gibecière, le conduisirent jusqu'à Rocheriou, l'appelant monsieur plus menu que sel, faisant semblant vouloir payer leur dépense et bien-allée; mais Charles le voiturier, qui avoit prêté l'argent du délogement, dit que vraiment monsieur n'avoit garde d'endurer cela, pour être de trop bonne maison; dont l'un d'eux, pour le hâter, et aller trouver un autre nouveau pigeon, lui dit qu'il dût être jà par les chemins, pour cou-

---

[1] Michel Menot, cordelier, connu par ses sermons, mort à Paris en 1518.

rir l'état de son père, et que par aventure quelqu'un en pourroit être pourvu; mais il repartit gravement, qu'ils avoient beau aller et venir, que c'étoit autant de temps perdu, parce que ledit office lui avoit été laissé par le testament de son père, en vouloit croire Charles, qui ainsi le jura sur toutes les serpillières et bâts de ses chevaux, ferrés ou non. Lupolde dit que ce révérend jurisconsulte, fils d'un riche pitaut, homme de justice, ne se soucia pas beaucoup des lois; car il avoit trouvé le mascaut[1] et argent de son père bien enflé; se mêla aussi d'être juge, car tout fut débridé en cette saison-là, qui étoit sur l'an mil cinq cent cinquante-un, et la porte de justice vénale, et si ouverte, qu'ayant de l'argent, on passoit partout, et, comme dit Cicero, les nouveaux ignares et pécunieux[2] étoient promus et avancés aux magistrats, le jugement desquels faisoit et tenoit rang aux opinions sans poids ne mesure. Ce fut à cet habile homme récompenser sa sottise et imperfection de son nouvel office, et payer le vulgaire en quelque monnoie rognée ou autrement, en faisant bonne pipée, allant par la rue saluant à poids de marc, et force soie sur le dos, vrais ferrements pour entrer bien avant en la réputation populaire, pourvu qu'on parle peu, avec un haussement d'épaules et yeux sourcilleux et admiratifs, en faisant bien le raminagrobis, son résoluement, véritablement, et les matières douteuses : toutefois, afin qu'il ne fût vu ignorer aucune chose, il accorda aux parties plaidantes aller en certaine commission, de quoi il se repentit depuis plus de quatre fois, car il ne savoit par quel bout il devoit commencer ou achever son procès-verbal, et comme il en pourroit sortir à son honneur, quelque trogne renforcée qu'il fît. Deux choses en ceci le tourmentoient : la première, son devoir et charge, qui lui défendoient demander l'avis et comme il se devoit gouverner en telles affaires, vu que par la loi civile, c'est crime de lèse-majesté, douter de la capacité d'un officier examiné, reçu, et qui a fait le serment; auquel erreur il se fût embourbé lourdement, s'il eût ouvert le bec de la déclaration de son insuffisance : la seconde et plus vive, qui lui donnoit droit en la visière, étoit qu'il avoit refusé pour adjoint les greffiers et commis de son auditoire, qui étoit souverain, et que son clerc, plus goudronné que savant, écriroit sous lui; les parties étoient liées, n'y avoit plus moyen dire : Je ne le cuidois pas, parole d'un étourdi, et

---

[1] Trésor. — [2] Riches.

qui ne regarde plus loin que le bout de son nez. Il faut donc essayer toutes choses, et sur le formulaire d'une commission de chancellerie, dont peut-être il se souvenoit en avoir vu sur le bureau de sa chambre, va en bailler une de même à la partie demanderesse, pour ajourner le défendeur, ainsi commençant : Nous M. Jean, etc., par la grâce de Dieu, conseiller, etc. Ce premier exploit donna occasion au second que voici, de les mettre tous deux en un sac à part, pour le tout être communiqué à qui être devoit, en rire à fond de cuve : Nous, maître Jean, âgé de trente ans, purgé de conseil ou environ, à vous messieurs mes maîtres et compagnons, s'il vous plaît, savoir faisons publiquement et notoirement qu'à la vérité du fait, je montai sur mon cheval botté et éperonné, le quinzième jour dudit mois, et fis monter sur un autre qui n'étoit mie [1] mien, mon clerc, ayant devant lui mon manteau, mon bonnet en son sein, et l'écritoire au côté. De là arrivâmes péremptoirement au petit Saint-Aubin, où je vous promets qu'il y a de mauvais chemins, et pour ce regard seulement fîmes commandement extrajudiciellement, *in quantum ad nos pertinet, vel pertinere dignoscitur*, aux juges de sur les lieux, en parlant à un poilier venant de Ville-Dieu les faire r'habiller, ou bien dire, je ne le ferai pas. Et parce que nous vîmes un clocher, il nous fut avis qu'à notre jugement il y pourroit avoir quelque église, dont ne fûmes frustrés de notre petite expectation, et entrant dans icelle, dîmes un *De profundis*, duquel la teneur ensuit, *De profundis clamavi, etc.* Quoi fait, nous remontâmes à cheval à l'aide d'un appelé Huches et autres praticiens *extra muros*, lequel pour n'avoir ôté son chapeau *cum reverentia quâ decet*, fut par nous pris à partie, sauf son recours, attendu lesdits mauvais chemins, dont il me souviendra toute ma vie. De là, traversant la lande de Gauteret, nous rencontrâmes, comme on ne songe pas les choses, le mouliner d'Andoille, auquel nous demandâmes son nom ; lequel, en paroles fières et arrogantes : Monsieur, j'ai nom Gilles, le petit mouliner à votre joli commandez-le-moi, et ne vous déplaise. Et d'autant que le cheval de mon valet se mit gratuitement à pisser, le mien lui voulut de gré à gré faire compagnie, de quoi, nos très-honorés seigneurs, je vous ai bien voulu avertir, sans néanmoins vouloir entreprendre aucune juridiction.

[1] Nullement.

Ce fait, car il faut tout dire en un procès-verbal, nous arrivâmes à Saint-Germain l'Eguiller, les uns disoient environ une heure, les autres deux, comme *tot capita, tot sensus* : et nous logeâmes chez Perrine Lochet, car Robin Trouilles étoit à la forge ; et sur ce que le demandeur me requit un peu trop familièrement et en compagnon, si nous voulions boire, cela fut occasion de ne lui obtempérer, parce qu'il faisoit trop de je ne vous dis autre chose. Joint que nous avons cela de louable et ancienne coutume de père en fils, ne déjeuner jamais, fût pour nous-mêmes, fors à requête du procureur fiscal, dûment fondé, selon que l'œuvre le requiert. Et voyant au cadran être temps de dîner, nous délivrâmes défaut sur partie adverse, et par le profit, encore que le citre[1] ne fût guère bon, de quoi il se faut taire pour le présent ; attendu le fait dont est cas, nous fîmes assez bonne chère, Dieu merci et vous. De tout quoi, et plusieurs autres choses de conséquence, nous avons rédigé cestui notre présent procès-verbal, pour servir au jugement du procès, comme appartiendra. Lupolde dit que telle race de juges sont appelés par les procureurs et avocats, leurs grands amis, zélateurs et bienfaiteurs du Palais, pour les appellations qu'ils taillent en leurs décrets et belles sentences qu'ils donnent : et que Dieu leur doit bonne vie et longue, car sans eux il leur faudroit tout quitter.

## XII.

### Ingénieuse couverture d'adultère.

Apulée raconte une couverture et déguisement d'adultère finement et dextrement controuvé, et qui fit que les battus payèrent l'amende. Un jeune homme, dit-il, appelé Philisiterus s'enamoura d'une jeune dame, belle et de bonne grâce, femme d'un homme d'autorité, mais cruel, fâcheux, et tellement contregardant cette pauvre désolée, qu'elle ne faisoit pas ne marche, qu'une longue traînée d'espions ne lui fût ordinairement en queue et sur les talons. Philisiterus sut bien faire son profit de tout ; n'eut moyen plus exprès, que d'alléguer cette prison et captivité, laquelle il lui fit proposer et mettre en avant par un serviteur appelé Myrmece, ayant la principale charge se tenir près, et avoir l'œil sur sa maîtresse, et sans cesse être au guet

---

[1] Le cidre.

et en sentinelle, lequel il avoit gagné et pratiqué par argent et promesses, grands couratiers et maquereaux en telles affaires, au moyen desquels sa folle liberté fut relâchée et aucunement déchargée; car, sous cette confidence de loyauté, il entra de nuit chez cette damoiselle, où il fit ce qu'il voulut. Mais voici le désastre : le mari survient, ayant sans cesse un tableau de soupçon au devant ses yeux, qui frappe à l'huis, non un seul coup, comme l'on doit aux portes de respect, mais en grands trac trac, à la mode des mascarades, par tant et tant de fois, que le pauvre amoureux n'eut loisir que s'affubler de son manteau, se mucer[1] et cacher en un coin, qu'on l'eût bien mis en la bourse d'un denier, attendant que Myrmece usoit de grandes longueurs et exceptions pour ouvrir l'huis. Quoi qu'en soit, il échappa entre la peur et le danger. Le mari voyant, le lendemain matin, les souliers de Philisiterus demeurés sous le lit, entra en si violente et âpre présomption qu'on avoit remué le ménage de sa femme, qu'il fit mettre son valet Myrmece aux colliers en plein marché, comme pour lors il étoit permis aux maîtres. Eh, bon Dieu! dit Eutrapel, où étoit la pauvre misérable? Le texte n'en sonne mot, dit Polygame, mais ceux ou celles qui ont passé telles piques, vous en pourront conter. Tant y a que la résolution du maître étoit, après avoir donné la torture à ce concierge, le faire mourir pour la révélation de l'affaire, et à qui appartenoient ces beaux souliers. Mais Philisiterus, entendant le discrime[2] de vie où étoit son poisson d'avril, voulut, par un terrible revers, assurer toutes choses; et ce faisant, et entrant en la place, où étoit le mari, s'adressa à Myrmece, lui donna trois ou quatre bons coups de poing : Va, méchant, lui disoit-il, en le battant, falloit-il hier que tu me dérobasses mes souliers aux étuves, larron que tu es? Dieu doint bonne vie à qui t'a fait mettre ici : aussi bien seras-tu pendu; tu n'en perds que l'attente. Le bonhomme de mari, voyant l'honneur de sa femme bien net et justifié, rendit les souliers avec plusieurs grands mercis, confessant haut et clair qu'il avoit tort. Lupolde, à ce propos, dit que n'a pas longtemps une femme du métier s'ébattoit avec dom Glaume Fauchoux à la même danse du loup, la queue entre les jambes; mais voici la pitié; car Jean, le mari, qui venoit du marché, tout mouillé, hucha dès l'entrée de la cour qu'il mouroit de froid,

[1] Se blottir. — [2] Danger, péril.

et qu'on lui fît du feu. La femme, pour couper la tête à deux tout d'un coup, et étouper deux pertuis ou trous, ne me chaut lequel, d'une cheville, répond prestement à Jean, qui établoit sa jument, que le feu se mouroit, mais je le rallume; et au paillard : Mettez-vous en ce van, qui étoit sur deux hauts soliveaux non terrassés, et assez éloignés des sommiers[1]. Jean, arrivé avec l'onglée aux doigts, qui s'accroupit vis-à-vis le feu. Voici aussi dom Glaume, qui par trop se remuer, tombe, van et tout, en belle place; et, se relevant vitement, dit : Tenez, voilà votre van que je vous rends. Oh! oh! dit Jean, se tournant au bruit, vous le rendez bien lourdement. La femme, pour aider à tout, dit qu'il étoit une grande année de tels rendeurs, et qu'à prêter amis, et rendre ennemis; mais que le moyen étoit ne rien prêter que sur gage. Eutrapel dit que la femme d'un monsieur de Paris, qui savoit, ainsi le cuidoit-il, tous les moyens pour empêcher que sa femme, qui étoit bien serrée et tenue de court, ne prêtât sa feuille de sauge, où les femmes ont logé leur honneur, assez près de mardi-gras; mais il ne savoit encore pas un bon tour, ni une vieille chambrière qu'il avoit de longtemps, et qui, à la suite de la cour, avoit par grand espace servi du métier d'étressisseuse : c'est elle qui est, après le bagage, montée sur un âne chargé de boîtes où sont les eaux de myrrhe, alun, et autres astringents pour resserrer et consolider les parties casuelles des femmes. Non vraiment, il ne le savoit pas. C'est que sa femme allant à la messe avec son *vade mecum* de chambrière, fut, par une partie dressée, jetée une jallée[2] d'eau sur la tête. Quoi fait, elle se jette soudain en la maison accordée, où elle trouva Catin Pourceau, vous l'avez connue, qui la recueillit par grand pitié. Hélas! ma mie, dit-elle à la vieille, allez tôt lui quérir d'autres habits, tandis que je la chaufferai, la pauvrette. Ah, comme elle tremble! La chambrière courut, mais la maîtresse eut ses œufs de Pâques à toutes restes. Où est ma femme? dit le mari, bien ébahi voir la vieille ainsi seule et hors d'haleine. Elle lui conta de fil en aiguille toute l'histoire, et ce qui étoit passé. Patience, s'écria l'homme de bien, quiconque s'est mêlé de ceci en avoit deux; il m'en a donné d'une : retournez plus vite que le pas; mais il n'y aura plus que le nid, les petits s'en seront allés; fines gens y ont passé : il est de telles gens

---

[1] Solives de charpente. — [2] Jatte.

assez: priez Dieu pour les trépassés. Lupolde ne savoit quelle pièce coudre à ceci; car, disoit-il, notre France n'avoit onc esclavé¹ ne captivé les femmes, jusqu'à ce que les Italiens leur ont montré et appris cette science turquesque et barbare, qui ne tient aucun trait de la connoissance du Dieu vivant. La Nature même, en ses opérations et ouvrages, ne souffre rien de contraint; car si vous arrêtez le cours d'une rivière, elle se débordera et gâtera tout; le feu enfermé, comme l'on voit aux mines, fera crever et péter la terre. Tenez une femme serrée, gardée, et obligée tant que vous voudrez, si fera-t-elle un saut en rue malgré vos dents, s'il lui en prend envie; ou si elle ne se peut bâtir quelque moyen propre à ses desseins, elle s'en fera donner, fût-ce au palefrenier; mais si vous lui permettez une honnête et chrétienne liberté, vous ferez que son incapacité, qui lui est naturelle, se formera en une bonne et sainte perfection. Eutrapel répondit que pour tous souhaits, sans préjudicier à sa liberté, il voudroit être le plus riche cocu de France, pour avoir de l'argent tout son soûl, faire carous², jouer à trois dés, hanter fillettes, boire bon vin, et cuire ses petits pâtés. Lupolde répliqua que tel souhait ne contenoit aucune marque de générosité et valeur, comme aussi il s'assuroit qu'Eutrapel en avoit parlé en sa gausserie accoutumée, et non à bon escient : car si cette proposition est indubitable et sans débat, que les choses que nous tenons précieuses, malaisément souffrons-nous que d'autres y touchent; ains se contentent de la seule vue; plus fortement, suivant toutes les doctrines, même la théologie, souffrirons-nous que le ventre de nos femmes, où gît l'officine et boutique de la procréation des enfants, et les honnêtes et saints plaisirs qui nous y sont ordonnés de la propre bouche et parole de Dieu, soient souillés et contaminés par autres? Lequel cas advenant, est permis laisser ces vilaines et impudiques bêtes, et retraits de l'ordure et vilenie de l'adultère, lesquels autrement en un mariage légitime et bien reposé sont estimés impolus et sans macule³. Et demanderois volontiers à une femme soi-disant chrétienne, et qui n'ignore qu'il faut mourir, ressusciter et être jugée par la grâce et mérite de notre Seigneur voirement, mais conjointe à nos œuvres, de quel œil, de quel visage, de quelle contenance peut-elle regar-

---

¹ Enfermé. — ² *Faire carous*, boire copieusement. — ³ Non pollués et sans tache.

der son mari, vers lequel elle se sera forfaite, en prostituant et abandonnant son corps; et, comme dit le Prophète, en ouvrant et élargissant les cuisses, *divaricare crura*, à un autre qu'à son consort et mari, n'a-t-elle point mille furies, mille tourments, et infinies alarmes, et pourtraits de péché et condamnation, qui lui vont incessamment brouiller l'entendement et la vue? Il sembleroit, dit Polygame, que par telle sentence des femmes mariées, vous absoudriez les hommes adultères, leur ottroyant quelque plus grande et licencieuse permission. Je ne l'entends pas ainsi, répondit Lupolde, car le commandement de Dieu est général : Tu ne seras point adultère. Mais j'ai voulu dire que s'il y a de la faute, elle est plus tolérable, parlant politiquement, pour le regard de l'homme que de la femme, et aux courroux et débats qui surviennent en mariage, c'est à la femme de rechercher son mari : ce que les Romains en leur temple de la déesse Deipara, gardoient, et se devoit la femme réconcilier au mari et chercher l'appointement. Ce que dit expressément saint Paul, chapitre VII, en la première *Épître aux Corinthiens*; y joint, ce dit la loi, que le ventre est toujours certain, lequel infecté d'autre et bâtarde semence, transfère les successions et biens ailleurs que le droit et la nature ne permettent. Servira, dit Eutrapel à ce propos, la réponse d'une belle et gentille dame de la ville de Laval, où elles sont presque toutes de belle taille, beaux visages, et le corps bien fait : *Juxta illud :*

> Qui veut belle femme querre [1],
> Prenne visage d'Angleterre,
> Qui n'ait mamelles normandes ;
> Mais bien un beau corps de Flandres
> Enté sur un c.. de Paris,
> Il aura femme à son devis.

Car un jeune et grand seigneur, bien courtisan et embabillé[2], après plusieurs longues harangues et narrations de sa passion amoureuse, du tourment qu'il prenoit pour elle, lui répondit : Monsieur, je vous entends bien; vous voulez monter sur moi, mais votre échelle est trop courte; tendez ailleurs, vous promettant que si j'en avois deux (elle parloit du n.. à l'envers), vu votre grandeur et importunité, je vous en prêterois un de très bon cœur; mais je n'en ai qu'un qui est voué et dédié à mon

---

[1] Querir. — [2] Beau parleur.

époux, auquel je le garderai, Dieu aidant, sans qu'autre que lui besoigne à cet atelier, où la truelle d'autrui feroit ruiner tout le bâtiment. Cette gaillarde réponse, principalement sur ce mot de courte échelle, émut ce poursuivant criées à lui montrer son laboureur de nature prêt à faire voile si elle eût voulu lever l'ancre, disant : Madame, au moins pour l'amour de Dieu, donnez-lui l'aumône. Je ne fais pas, répondit-elle, mes aumônes si près du l.. renversé et huis derrière; c'est à la grande porte et en place marchande. Et ainsi se retira avec ce qu'il avoit de poisson pris, louant la brave et sage réponse de la dame, de laquelle, si elle lui eût obéi, il n'eût fait cas non plus que d'un bouchon de cuisine. Le même gentilhomme, pour se réconforter d'un procès qu'il avoit perdu, alloit par la ville de boutique en boutique, de rue en rue, cherchant des griefs à intérêt, gaussant et disant quelque bon mot, où il demanda à une grosse femme s'il y avoit longtemps qu'elle n'avoit vu son n.. Par mon âme, répondit cette grosse pièce de chair, cheminant entr'ouverte, comme ces gros pourceaux gras jusque sur la cheville du pied, monsieur mon ami, il y a plus de six ans. Je vous prie, dit-il, quand vous le verrez, me recommander à lui. Oui, en bonne foi, répondit-elle, et à son voisin par le marché. Ah! ventre saint-keut, répliqua-t-il lors, j'ai perdu cette-ci aussi bien que mon procès; jamais une fortune ne vient seule ; ces gros ventres ici, encore que César est imâtque là-dedans ne logeoient trahisons ne méchancetés, ains en ces maigrets et pâles, ont ordinairement de bonnes atteintes, la ruade sèche, et le coup de partie en la bouche, et bien à propos. Il devoit aussi ajouter, dit Polygame, que tels gros tripauts et ventrus ont la nature tellement composée et bien faite, que eussent-ils mangé pierres de taille, tout se convertit en sang, la vraie pâture de joyeuseté et de grand' chère; témoin le roi Louis XI, quand il festoya les Anglais à Amiens, à l'aide de je ne sais combien de gros hommes choisis qui buvoient sous la porte, festoyant les étrangers, et leur tenant table ronde et ouverte à toutes fins. Il ne faut pas, dit Eutrapel, que ces prud'hommes se restreignent à faire le petit pain; car ils se verroient flétrir et diminuer jusques à devenir à vue d'œil secs et physiques. Ville au Renard s'est avisé, en cet hiver, ne boire plus et faire grand' chère, comme il souloit faire le fin; mais sur ce changement de vie, il est mort beau sault; il connut sa faute, mais trop tard; car voulant retourner à son premier métier, son estomac ayant changé d'avis, de nourriture et façon de vivre, l'a laissé par les chemins, comme un cheval accoutumé à quatre mesures d'avoine qu'on remettroit à deux.

## XIII.

#### De l'écolier qui parla latin à la chasse.

Nous étions à la chasse aux lièvres, en la lande de Halibart, où se trouva un jeune magister écolier, revenant de Paris; il nous en contoit de belles; tantôt qu'il avoit vu le roi, tantôt qu'il ne l'avoit pas vu, mais qu'il n'avoit tenu qu'à lui; et plusieurs autres traits harmonieux, qui sortent du collége. Brifaut, distributeur des lévriers, lui dit, qu'à sa démarche, il ne le jugeoit être meilleur clerc que lui, encore qu'il ne sût à grand peine sa patenôtre. Ce disant, le mit en garde avec un lévrier en lesse, lui commandant expressément ne dire pas un seul mot, alléguant que tous ces bonnets carrés, à la venue des chapeaux, ils sont fort écourtés, toutes écritoires, et tels autres bâtons à feu, portoient bedaines et malheur à la chasse, et partout ailleurs aussi. Le grammairien jura sur les *Bucoliques de Virgile*, qu'il tenoit en main, d'assister en silence pythagoric; ou bien offroit, s'il étoit question de questionner, rester debout, sur le haut d'un fossé, le doigt en la bouche, comme un démi-Harpocrates; là, ne disant rien, et n'en songeant pas moins, toutefois. Et bien bien, dit Brifaut, nous le leur dirons; mais que la fête soit venue, nous la chômerons, ressemblant au gueux, lequel interrogé s'il vouloit gagner une pièce d'argent pour être des pleureux à un enterrage [1], répondit ne pouvoir pleurer, mais qu'il ne laisseroit d'être bien marri. Tantôt les chiens avoir été découplés, voici le levraut qui sort en campagne au badé, et suivi de même. L'écolier, du côté duquel se faisoit la chasse, allongeant ses pas, serrant les oreilles, cria : *Ecce, ecce! heus tu, veni ad primarium :* et ce disant, pour n'avoir pratiqué le secret de la lesse, qui est ne l'entortiller au bras, ains en avoir un bout en la main; son lévrier, voyant la proie, le tirassa et traîna plus de six seillons [2] loin. Brifaut voyant avoir perdu son gibier, lequel à la vue et voix de ce vénérable épouvantail avoit tourné à gauche, vers les bois de Borrade, dit que ce n'étoit pas la pre-

[1] Enterrement. — [2] Sillons.

mière fois que ces beaux latineurs lui avoient débauché son fait, lequel il entendoit comme un autre. L'écolier, défendant sa cause qui ne valoit rien, car il n'est rien si injuste qu'un ignorant, dit, bien rebrassé, qu'il n'eût jamais pensé que les lièvres de Bretagne eussent entendu le latin, comme font ceux de Paris, que *lepus currens per prata*, disoit Ovide, *non est esca ad præsens mihi parata*, et qu'une autre fois il seroit meilleur joueur de rebec, et bon pipeur à l'épée à deux mains. Lupolde dit qu'il vaut mieux se taire le plus souvent, que parler sans être interrogé : *Auditor multa, loquitor paucula*, soyez toujours, disoient les anciens, répondant, et non demandeur, *Tutiores sunt defensoris partes*. A ce propos, je viens, à heure présente, consulter trois avocats fameux, choisis et triés sur le volet et plus experts du barreau, *an chimera bombinans in aere sit primæ vel secundæ intentionis*; et, *utrum frater Cordelatus, in latrinis suffocatus, remaneat demerdatus in die judicii*; à savoir mon, si les boiteux iront tout droit en l'autre monde, et autres plusieurs questions quodlibétaires, que nos jésuites semblent vouloir ramener selon l'antique sophisterie, commencée à tomber cinquante ans sont ou environ, comme l'amusement des fous, et empêchement du cours de toutes doctrines. Sur lesquelles demandes j'avois été appelé devant le juge de notre ville. Le premier a longuement disputé, couru et extravagué par tous les coins et cornières du droit : n'y a eu canon ne bombarde qui n'ait tiré son coup, mais rien donné au blanc, ressemblant au bâtisseur qui a de la pierre, bois, chaux et mortier assez, défaillant au surplus en la structure, liaisons et autre symétrie de l'œuvre. Le second, cachant son jeu, *ter quaterque concutiens illustre caput*, branlant et baissant la tête, a trouvé la matière difficile et de haute spéculation. Le tiers, plus avisé et ancien, lequel pour sa longue expérience, a parlé le dernier, comme est la coutume en tous conseils et jugements, ayant fait son profit des deux opinions, a été d'avis que je devois défaillir, et ne comparoître aucunement : que cependant j'aurois plus grand loisir à me fortifier, trouver mes défenses, et ma partie adverse à se désenivrer et perdre les sauts de sa première colère. De quoi je me suis très-bien trouvé, pour avoir sur ce dégel, et ainsi temporisant, disposé notre procès à un bon accord et pacification. La réputation de Cardan, ce grand médecin milanois, s'il eût su revoir et trancher ses écrits, avoit volé partout, dit

Polygame, quand, revenant d'Angleterre médicamenter un certain mylord, il fut appelé à Paris pour visiter un autre seigneur malade, où les plus renommés médecins de Paris, c'est-à-dire de l'Europe, n'y furent oubliés, estimant qu'il ne laisseroit rien à l'hôtel, pour le discours de la maladie, et sur les points d'icelle. Sylvius[1], Hollerius[2], le Goupil[3], Fernel[4], Charpentier[5], le Gorris[6], le Grand, bien préparés, bandés et emorchés, s'étant fait instruire, par sous main, de la cause, l'état, augmentation et déclination de la maladie, s'y trouvèrent, et par eux-mêmes fut déféré la préséance et prérogative de cette conférence et pourparler à Cardan, lequel, en la refusant, l'accepta, comme font les évêques, *nolens volo*. Celui qui avoit la charge principale du patient, ébaucha de la matière par un long flux de paroles, où, ne se souvenant du commencement, et s'étant perdu au milieu de son conte, Hollier le redressant, et écorchant l'anguille par la queue, fit la conclusion, disant que le rapporteur s'étoit peut-être, par sa grande multitude de doctrine, un peu écarté, n'observant ce qui a été plusieurs fois dit, *bene, sed non hic*, c'est bien dit, et avec grand' éloquence et science, mais mal à propos. Cardan, à tous ces intervalles de l'Université, ne fit qu'un simple et petit clin de tête, à la mode de son pays, qui ont, ce disent-ils, mais on ne les peut croire, plus en leurs magasins qu'en leur boutique. Ce fut pitié d'ouïr les plus jeunes sur la doctrine des Grecs, Arabes, des Latins, tant vieux que nouveaux. Fernel, lors estimé en toutes leurs écoles le plus fin pionnier et fossoyeur aux creux de la médecine et philosophie, y apporta tout l'apparat, et ce qu'on pourroit dire. Sylvius, en son ordre, avec sa facilité de langage latin, qui l'avoit rendu admirable partout, dit aussi merveilles. Mais Cardan, opinant le dernier, sans autre propos, et faisant la résolution de telle et si docte délibération, ayant bien choisi et élu le nœud de la maladie, dit seulement : *Ha bisogna d'unno clystere*. Cette troupe médicinale, mécontente au possi-

[1] Jacques Dubois, professeur de médecine au collége royal, mort en 1555. — [2] Blaise Hollier ou Hollerus, auteur de commentaires sur Hippocrate et Galien.

[3] Jacques Goupil, reçu docteur en médecine de la Faculté de Paris en 1548.

[4] Déjà cité, pag. 166.

[5] Jacques Charpentier, médecin de Charles IX.

[6] Jean de Gorris, doyen de la Faculté de Paris en 1548 et 1549.

ble, disoit : Cardan vaut mieux loin que près, *minuit præsentia famam ;* et lui disoit de son côté : *Ingannati tutti los pedantes ; io sono medico non di parole, ma d'effetto.* Eutrapel se joignit aisément à cette opinion, de laquelle il concluoit, par l'autorité de ce savant homme Panurge, que *magis magnos clericos non sunt magis magnos sapientes*, et n'en avoit vu de sa vie deux convenir en une opinion, ne bien dire l'un de l'autre. J'étois, dit-il, n'a pas longuement, non point en la ville de Paris, mais au royaume de Paris, qui est à la vérité la plus grande et peuplée ville que les quatre meilleures de la chrétienté, auquel lieu j'amassai quatre médecins et leurs mules accessoirement, le tout pour entendre et savoir d'eux si j'avois la vérole ou non. Le premier, sans autrement s'enquérir de la vérité du fait, et pour avoir plus tôt son demi-écu, dit que je l'avois pour tout vrai, ou bien *apte nate* et habile de recueillir bientôt une si riche et opulente succession, et qu'il falloit faire une diète de dix jours à beau gajac, salsepareille, et être graissé et latiné à bel *emplastrum de Vigo*, pour de là passer au royaume de Surie[1] et duché de Bavière. Le second, par un certain esprit de contradiction ou autrement, mon ami spirituel et bienveillant, m'assura que la goutte que j'avois aux jointures, et non aux muscles et charnures des membres, ne signifioit aucunement la vérole; bien conseilloit faire grand' chère à l'accoutumé, et aux pleines lunes recevoir quelques parfums de soufre, arsenic et vif-argent mêlés et fondus ensemble. Le tiers, renfrogné et à face ridée, s'écoutant parler comme un porc qui pisse, prononça que l'un et l'autre moyen étoient manifestement impertinents : que lorsque les bien avisés médecins afferment le vif-argent être l'alexipharmaque ou contre-poison de la vérole, ils n'ont jamais entendu parler de ce mercure et vif-argent vulgal, qui est fait de fiente et de foin, ains d'un vif-argent métallique et corporel, qui, prins en bien petite quantité, voise pénétrer tout le corps, jusques aux ongles et autres extrémités, et là, séparer et chasser le pur d'avec l'impur, et rectifier et rendre en son entier toute la masse sanguinaire. Le quatrième condamna à plate couture tout ce que le dernier avoit dit, n'approuvant pas beaucoup ce que les premiers avoient délibéré, l'appelant Paracelsiste et affronteur, et que le souverain remède gisoit en un caractère, fait en son ascendant *tempore et loco prælibatis* : mais voyant les difficultés,

[1] Syrie.

répugnances et contrariétés à se résoudre aux dépens du produisant, qui étoit ma propre bourse, ils eurent quelque pitié de moi, et par avis commun ordonnèrent pour ce coup que je serois ce que j'étois. Je prouvai à l'apothicaire qui les avoit assemblés et fait la partie, que tous quatre ne savoient rien. Le premier dira que le second est un empirique : le second que le premier sait je ne sais quoi en la théorique, mais rien du tout à la pratique. Le tiers, si les autres trois savent, assurera que les médecins grecs et arabes, desquels ils sont imitateurs, n'ont entendu les vrais fondements et théorèmes de la droite et vraie médecine, les maximes de laquelle consistent en trois principes, savoir : soufre, mercure et sel. Quant au quart et dernier, il en a déjà dit son avis. Lupolde dit que les médecins d'Angers se font bien valoir autrement; car, à les ouïr s'entre-louer, on diroit que *nulla inter artifices differentia* : il n'y a bas ne haut entre eux, et qu'ils sont tous d'une venue comme la jambe d'un chien, d'un même poids, savoir et balance; vrai que les plus subtils et courtisans vous diront bien en curant leurs dents, et toussant à quartier : Oui, il est savant homme, mais ceci, mais cela; comme, quelque chose qu'il en soit, il se fait en toutes races et sortes d'hommes, qui volontiers ne prennent plaisir d'ouïr louanger et bien dire de leurs voisins et compagnons, ains d'un ris de chien et déloyal, je parle des envieux formés, tirent ordinairement une aiguillette de l'honneur aux galants hommes; mais pour tout ce ne l'arrachent-ils pas.

## XIV.

### D'un qui se sauva des sergents.

C'étoit un sergent. Demeurez, dit Eutrapel, car en ce seul mot vous comprenez et enveloppez toutes les méchancetés qui au matin se levèrent, et où la boîte de Pandore a plus versé et répandu de mal. Ce maître Simon de sergent, continuoit Lupolde, étoit ordinairement ivre, ajournoit parlant à personne, encore qu'il en fût éloigné plus de dix lieues, occasion qu'il étoit ordinairement attaché à quelque inscription de faux : un petit chien qui le suivoit lui servoit de recors et témoin. Les notaires du tablier de Rennes, par risée, comme ils ont l'esprit gaillard et éveillé, lui bailloient quelquefois des obligations sur Antoine Arena, Huon

de Bordeaux, le Chevalier à la cotte mal taillée, don Pierre de
Castille, messire Cotal d'Albigne, ou Geofroy à la grande dent [1],
pour mettre à exécution, lui supposant quelques bons vauriens
qu'ils voyoient passer par la place, desquels il recevoit pour salaire toujours quelques coups de poing : c'étoit à qui lui feroit
plus de singeries et de mal, car il en faisoit à tous. Ce fut lui, encore, qu'on l'attribue à un autre de même ordre et collége, mais
c'est un acte réitérable, qui étant tombé en une grosse fièvre furieuse, pour avoir été condamné aux dommages et intérêts, à
cause qu'il auroit pris un quidam au corps sans commission ne
décret, répondit au curé qui lui disoit : Général, mon ami, voici
votre Créateur que je vous ai apporté; n'êtes-vous pas bien prêt
et appareillé de le prendre? Non par-bieu, je ne le prendrai, si
je ne vois la commission : mordienne, j'y ai été grippé. Tout son
cas n'étoit que faussetés qu'on lui faisoit faire et rapporter; car,
comme il se dit, à mal exploiter bien écrire; il étoit emprisonné,
suspendu de son office, ni pourtant laissoit-il exercer, sous ombre, qu'il appeloit de tout ce que l'on disoit. Si on lui eût demandé quelle heure il étoit, il eût répondu : Je m'en porte pour
appelant; s'il voyoit quelque étranger de qualité, il lui demandoit franchement sa bienvenue, et le conduisoit jusques à son
hôtellerie, allant devant lui, et faisant faire place à tout sa verge
et baguette, où le plus souvent il pratiquoit quelque lippée franche. Ce fut donc par un matin que jour il n'étoit mie, qu'il accorda prêter seulement son assistance pour prendre un gentilhomme au corps, où il seroit bien accompagné, et qu'il ne se
souciât seulement que des bouteilles. Tout beau, dit Eutrapel,
l'ordonnance défendante n'accompagner les sergents, n'avoit
point encore d'ailes; ce gentilhomme étant à bâtir quelque marché en belle taverne, car rien ne se fait en ce pays avec les paysans, ne fût cas que de louer journalière, qu'il n'en faille boire.
Ayant été reconnu et mieux espionné; car par l'art de la guerre
il faut premier reconnoître l'ennemi, après donner l'alarme, et
puis venir au combat; il n'eut loisir que se jetant à corps perdu
par une fenêtre, et se faisant voie à travers quelque endroit plus
foible, gagner le cimetière, et vitement entrer en l'église, fermer
le guichet, et, pour se voir suivi à toute bride, se mettre sur
une palette tapissée et cousue d'images en une vieille chapelle.

---

[1] Personnages que la vieille romancerie a rendus populaires.

Eh! bon Dieu, dit Eutrapel, tu tomberas, pauvre saint! Mais non fera; car étant ainsi en rang de bataille, son épée au poing, ressemblant un saint Julien ; ô nécessité! que tu sais bien faire promptement ouvrir les cabinets de tant d'esprits qui sont en l'homme! oit d'une voix et tumulte : Où est-il? Garde çà! garde de là! il est au letrin[1]; non est; c'est derrière le grand-autel; les plus ingambes, oh! le gros rat! qu'il étoit monté au clocher; et la meilleure part s'entre-regardant par pitié, frottant leurs nez, et plus tonez, comme dit le Bas-Breton, que fondeurs de cloches, jugeoient qu'il s'étoit fait invisible, pour avoir, au matin, mis du plantin sous la semelle gauche de ses souliers, avec trois grains de sel. Et depuis ai ouï dire, suivoit Polygame, au fugitif qui faisoit bien la piaffe[2] sur cette palette, que les plus dévotieux d'eux s'agenouillèrent devant lui, implorant, par toutes oraisons et prières mystiques, son secours, à ce qu'ils eussent bonne issue de leur quête et poursuite, parce qu'il étoit en équipage plus éminent et bragard que les autres ses voisins, tous chassieux et moisis. Eutrapel prit la parole contre Polygame, combien qu'à regret, concluant par bons et fessus[3] syllogismes, que les images ainsi bien parées ne sont le plus souvent de grand émolument et profit aux curés; et s'adressent, les bonnes gens, plus familièrement aux vieilles, et desquelles ils ont plus de connoissance; et, par exemple, soutenoit que le prieur de Château-Bourg, successeur de ce docte Pierre Colson, qui a laissé une belle mémoire par sa bombarde, voyant que l'image de saint Roch, qui étoit en son église, gagnoit honnêtement ses dépens, et étoit de bon revenu, encore qu'il fût tout poudreux et pourfilé d'iraignes, s'avisa le faire repeindre tout à neuf, jugeant par l'argument *à majori ad minus*, qu'on estime valoir beaucoup en logique, et au midi deux degrés par deçà le bois de Vincennes, que si les bonnes gens lui apportoient force dons, présents et offrandes, étant si pauvrement vêtu et accoutré en gueux; à plus forte raison hausseroient-ils les brevets et s'élargiroient davantage, quand il seroit magnifiquement habillé et bien en point. Mais, comme disoit de bonne mémoire Mérence, la chose tourna sur le chose; il en arriva tout au rebours, comme il survient bien des inconvénients

---

[1] Au lutrin.

[2] *Faire la piaffe*, faire le brave, le glorieux.

[3] Solides, concluants.

entre bouche et cuiller; car les pauvres villageois, voyant ce bon patron saint Roch ainsi brave, et en équipage de chevalier de l'ordre de la grande année, cessèrent lui rien donner, disant entre eux : A cette heure qu'il est gentilhomme, pensez-vous qu'il voudroit prendre un denier, une poignée de filasse, deux œufs, comme il faisoit lorsqu'il étoit roturier et du tiers-état? Tels étoient les discours et pourparlers de cette superstitieuse simplicité rustique en matière de théologie; car en choses politiques, et où il va de leur profit ou perte, ils sont autant avisés qu'en autre saison qui ait jà pièça passé; cela fut occasion que le saint fut remis en son premier état, sali et barbouillé comme devant. Ceci soit dit sans offenser la mémoire et vénération des vertueux et saints personnages passés de ce siècle en l'autre, qui jouissent, bienheureux, du repos éternel.

## XV.

#### De l'amour de soi-même.

Étant en Avignon, l'un de nos compagnons étoit tellement saisi et impiété d'une certaine ambition et hautesse, jugez si altesse serviroit, qu'il se trouva à chef de pièce, avec le temps, à la longue, choisissez, le plus fâcheux, intolérable et difficile, jusques à ne s'en pouvoir aider, ne savoir par quel bout on le devoit prendre. Tantôt il vantoit et trompetoit sa noblesse, combien, ainsi que dit Pathelin[1], qu'il fût issu de la plus vilaine peautraille[2] qui fût d'ici au pont Lagot; une autre fois ses biens; mais ses père et mère et les autres enfants les lui gardoient, encore qu'ils fussent acquis par très-mauvais moyens; aussi s'en sont-ils depuis allés comme ils étoient venus, ce qui advient ordinairement; et s'il s'en trouve qui durent et prennent quelque long trait, c'est brûler à petit feu, et pour tomber un plus beau saut. Par autre fois, quand il étoit en sa haute game, il frottoit sa hardiesse à sa prétendue doctrine, faisant, comme l'on dit, du guerrier parmi les écoliers, et de l'écolier entre les soldats : et prenoit son grand plaisir en ces vains et fallacieux discours, con-

---

[1] *La farce de maître Pierre Pathelin, avec son testament à quatre personnages;* facétie que quelques bibliographes attribuent à Pierre Blanchet de Poitiers, poëte qui mourut en 1519.

[2] Canaille, populace.

tre lesquels et telles humeurs fantastiques il ne faut jamais contester; tant qu'il en demeura si enflé et plein de superbe collégiale, que rien ne duroit auprès de lui. Nous autres, ses compagnons, dit Eutrapel, lui mîmes ces quatre vers de Martial en son étude : si vous les trouvez bons, vous en mangerez, s'il vous plaît; sinon ce sera pour la seconde table.

> Belle tu es, et pucelle, et du bien
> Tu as beaucoup, et vraiment on le dit;
> Mais quand par trop tu en fais ton profit,
> On te le nie, aussi qu'il n'en est rien.

Pour toute cette belle poésie, laquelle il n'estimoit en aucun point lui appartenir, ne laissa continuer sa folle persuasion, *mentis gratissimus error*, et faire le glorieux tout au long de l'aune, pouce et tout. Un jour qu'un gentilhomme provençal vint dîner avec nous, l'on commença à parler de la bonté et courtoisie du roi François Premier, l'un des meilleurs et plus honnêtes gentilshommes que la terre porta onc. Il vous eût dit, parlant à ce courtisan et habile homme, duquel il entendoit assez les passages, lui mettant la main sur l'épaule : Tel, votre vertu et services méritent bien davantage que le présent que je vous fais, prenez le cas que ce fût un état de président où maître des requêtes; vous priant de continuer, pour le succès des récompenses qu'en pouvez et devez espérer; vous recommandant faire droit à mes sujets, et décharger ma conscience vers Dieu de la justice que je leur dois. Le maître ès arts fut si sot que prendre icelles paroles pour lui, à son avantage, et lui avoir été prononcées à bon escient, et pour son regard, par ce grand prince; quand grossissant sa voix, et en basse taille, il répondit : Le roi trouveroit bien peu de tels hommes que moi, hen! hen! La Motte, aussi présent, qui n'avoit daigné rire, comme les autres, de ce badin sans farine, lequel, pour une certaine antipathie et contrariété d'humeurs, comme onc mâtin n'aima lévrier, onc vilain un gentilhomme, ne ignorant un savant, dressa à notre Jobelin bridé une bonne et gentille partie : c'est qu'il feindroit parler grec en quelque endroit du dîner, combien qu'il n'y entendit rien du tout, parce que notre client s'étoit vanté en plusieurs lieux de respect, même à son hôtesse, qu'il en savoit toute la fusée. La Motte donc commence à dégaîner quelque pièce de latin, et que s'il y avoit qui en sût davantage, qu'il ne le célât en si bonne compagnie. Magister Bémus s'apercevant assez que telles lettres s'adressoient à lui, de sa part braqua et débagoula cinq ou six tranches de τύπτω (*typto*), duquel il avoit ouï faire si grand cas à Tusan[1], au collége des Trois-Évêques; et, pour se faire rendre plus admirable, joignit à messer *typto*, duquel mot il avoit fait sa seule provision en grec, *Dominous Deous magnous*, et autres prononciations transylvaines, œilladant, en ce disant, toute l'assemblée, comme s'il eût voulu dire : Eh bien, y ai-je été; où sont-ils? Toutefois, ne se souvenant que le bon menteur doit être riche en mémoire, il lui échappa dire *magnus et stultus*, qui fut la première pierre et diminution de sa réputation; mais celle qui l'assomma du tout, fut quand La Motte, répliquant, forgea sur-le-champ, et sans rien emprunter, un certain langage inconnu et baragouin, qu'il assuroit être du plus fin et délié grec qui fût en toute la Juiverie, et où Homère *cum sociis suis* avoit sué sang et eau, *et ibi Bartolus*, le priant en dire son avis; mais le pauvre homme demeura court, comme le bon Accurse[2], *Græcum est, non potest legi*. Depuis, s'étant acquis quelque espèce de honte, encore qu'il eût le front épais à demi-pied, changea une partie de ses sottes et lunatiques façons de faire, en je ne sais quoi de meilleur, fréquentant les grandes compagnies, et s'y rendant sujet; fuyant les basses et petites, où il avoit toujours été le maître et embeguiné son cerveau, et puisé la maladie Saint-Mathurin, et de Nerf-féru[3], et depuis se trouva honoré du titre de conseiller en cour souveraine, combien que la poche sentît toujours le hareng, *naturam expellas furcâ*. Polygame dit que la plus grande finesse qui soit en ce monde est aller rondement en besogne, parler son vrai patois et naturel langage, sans le pourfiler et damasquiner, comme font nos refraisés et gaudronnés de ce jour. Et Cicéron, qui se connoissoit bien en telle marchandise, reprenoit aigrement tels parleurs, et qui mêlent la langue grecque avec la latine. Mais si la traînée n'eût point failli à un voleur, qui en avoit ouï conter à la gueule du four, son affaire se fût mieux portée; car un prévôt des maréchaux l'ayant pris et appréhendé, le fait seoir avec commandement, comme est la coutume, dire vérité; mais le paillard répondit en langage de lanternois, et où l'on n'entendoit que le haut allemand. Ce fut à chercher

---

[1] Jacques Tusan, professeur de langue grecque.
[2] François Accurse, le célèbre jurisconsulte.
[3] *La maladie Saint-Mathurin et de Nerf-féru*, la folie.

de toutes parts interprètes, déchiffreurs, dénoueurs d'aiguillettes, et autres gens de l'autre monde, qui y eussent rien entendu; Thaumaste et Panurge[1], avec l'art de Lulle, y eussent perdu les ambles[2]. Voilà notre prévôt bien ébahi et fâché tout ensemble, et cet ingénieux bélître bien aise, cuidant avoir trouvé la fève au gâteau. Beaucoup bien dévots le jugeant être quelque diable canoniste et extravagant, mandé exprès pour empêcher les exécutions de justice, combien qu'il ne le puisse, tant a de poids la vérité, qui est appelée fille de Dieu. Mais voici l'un des archers, plus délié et accort : Ah! monsieur, dit-il au prévôt, je gage mes bottes, qui sont toutes neuves, que je le ferai parler aussi bon françois qu'homme de sa paroisse. Lors, s'étant placé au lieu du prévôt, le greffier à son côté et l'oreille au vent, demanda en langue inconnue, et hors l'étoile journale, je ne vous puis dire quoi, ne lui aussi. Le prisonnier, de sa part, jouant d'un même jeu, lui répond et paye en semblable monnoie de singe. Eh bien, dit l'archer, écrivez, greffier, qu'il confesse être demeurant au pertuis de Born, ne savoir aucun métier, et qu'il dira la vérité. Puis recommençant son interrogatoire par le même patois, le prisonnier lui répond de même, et vent pour vent. Or dites donc, greffier, interloquoit ce maître juge à crochet, qu'il confesse avoir été à telle volerie, qu'il donna le coup de mort et emporta la bourse. Le galant ayant perdu ses sauts, voyant qu'il étoit temps de parler, et que son cas s'en alloit par le pendant, s'écria : Holà! monsieur le diable de greffier, effacez tout, c'est à recommencer; un trait de plume n'est pas tant, vous savez si j'ai confessé ou non : au demeurant, je suis clerc tonsuré, et en ai belle lettre; demande être renvoyé à mes juges, vous récuse, vous prends à partie. Résolution, oncques fripon fripier ne fut si topic[3] et ordonné en toutes les exceptions dont il se peut aviser, lesquelles furent bientôt démantelées et ruinées par une roue sur laquelle il fut rompu; et sut lors combien il est malaisé, voire impossible, que la peine n'accompagne le péché devant ou après midi, tôt ou tard. Et ainsi le voyons-nous pratiquer de jour à autre; témoin un cas survenu en pareil accident et hasard, dit Eutrapel, pour ce que les faits ne furent oncques semblables;

---

[1] Personnages du roman de Rabelais.

[2] *Ambles*, certaine allure du cheval. *Perdre les ambles*, c'est-à-dire se fourvoyer, s'égarer.

[3] Raisonneur.

aussi y a-t-il grand'raison de diversité qui en approche, et ne s'en éloigne beaucoup. Par une forêt de ce pays, pour vous faire le conte, passoit de cheval[1] une belle jeune femme mariée à un boulanger, allant querir du blé à l'autre côté de la forêt, au milieu de laquelle, ne songeant en aucun inconvénient, elle rencontra un prêtre, fort mauvais et dangereux garçon (chose étrange, que cette qualité serve de fable et bouffonnerie au temps où nous sommes), et pour accompagner cette belle prud'hommie, faux témoin ordinaire, brigand et meurtrier, qui faisoit aussi peu de cas tuer un homme, que boire un verre de vin sans eau. Plusieurs fois fut accusé, et plusieurs fois échappa par la porte dorée, et un beau renvoi à son évêque, qui ne s'en soucioit plus loin que la chandelle fût éteinte, et que le suif fût consommé et la bourse vide : qui le fit devenir tant licencieux et abandonné, qu'il ne se cachoit que bien peu en toutes ses insolences et malversations. Aucune fois les bonnes gens des champs s'amassoient, qui vous l'étrilloient en toutes façons; mais il ne s'en soucioit pas, car il avoit sa revanche un pour un, et à mesure qu'il les rencontroit, si bien qu'il étoit craint comme vingt loups gothiques au mois de janvier. Cette pauvre femme le reconnoissant, se cuida sauver, et Dieu sait comme elle tremblotoit et frissonnoit : mais le truand, qui savoit les routes et adresses, se trouva au devant, prit son cheval à la bride. Mort-Dieu! putain, dit-il, me cuides-tu échapper? il y a longtemps que tu es en mon papier : çà! allons! vite! mais qu'on se hâte! Le pendard tenoit la bride du cheval, lequel il conduisit par tant de voies obliques et circuits, qu'il s'assura d'un endroit propre pour exécuter sa volonté désordonnée : et lui avoit pris ce peu d'argent qu'elle avoit pour payer son blé, lui présenta la pointe d'une dague sur la gorge avec blasphèmes et menaces horribles, que si elle faisoit, tant peu fût, contenance autre que de femme joyeuse, elle se pouvoit assurer qu'elle mourroit. Au reste, qu'il étoit bon compagnon, n'étoit de fer ou acier non plus qu'un autre : s'il apercevoit que volontiers et agréablement elle y prît plaisir, lui rendroit tout son argent, et bay au bout, à la charge qu'à l'avenir il auroit la jouissance d'elle toutes fois et quantes. La pauvrette, voyant que pour ce coup elle échappoit la mort, se sentit incontinent mue et inspirée de la main de Dieu en cette relâche, dissimulant que

---

[1] A cheval.

la peur et refus ne venoient que de l'appréhension de la dague, et que longtemps étoit qu'elle désiroit pour son regard le voir, connoître et avoir son accointance. Pendant cet entretien, elle s'approchoit à petit pas avec le prêtre, qu'elle tenoit par la main, d'une caverne profonde là près, où, comme en plusieurs lieux de la forêt, on avoit autrefois tiré quelque mine de fer. Eh bien, ma grosse garse, disoit le bouquin [1] enflammé, et qui brûloit de mille feux, puisque je vous trouve en telle délibération et volonté qu'il me plaît, je te prie, ma douce amie, prenons tout le plaisir entier en ce temps chaud, et nous dépouillons tout nus sous ces beaux ombrages et arbres feuillés; ce que, en hontoyant, elle accorda, se décoiffant, détachant, et toujours petit à petit, s'avançant vers cette fosse, où vous verrez bientôt notre curé bien pris; tant que rien plus ne restoit qu'à se dévêtir et ôter sa chemise. Ainsi temporisant jusques à ce que le docteur fût à trois coups aussi nu comme quand il sortit du ventre de sa mère, voulant, tout enragé, exécuter promptement; mais, pour avoir beaucoup de plaisir ensemble, la sollicitoit âprement d'ôter sa chemise, vite, vite : ce qu'elle accorda par une requête qu'elle lui fit, se tourner un peu à quartier et de l'autre côté, parce que nous autres femmes, disoit-elle, avons parfois je ne sais quoi que ces hommes ne peuvent honnêtement voir. Le ruffien allongeant et dégourdissant ses bras, puis faisant regimber son engin, et frottant et nourrissant ses facultés naturelles, s'étant tourné vers cette fosse et regardant dedans, cette brave femme se jetant et lançant d'une allégresse et hardie promptitude sur ce mâtin, le vous fit descendre sans échelle plus de trente pieds bas, où il se fût rompu le col, n'eût été un receveur sans compte qu'il trouva au fond de la caverne, qui étoit de l'eau noire et pourrie, toute cousue et semée de crapauds, sourds [2] et couleuvres, qui l'eussent étranglé, n'eût été un petit relais et morceau de terre où il se garantit. La femme, avec une peur chaussée aux talons, se raccoutre, monte sur sa jument avec tout l'équipage du prêtre, et au pied, regardant sans cesse si ce pendard seroit assez méchant de sortir; mais il n'avoit garde : bien crioit-il, A la force, au meurtre, à l'aide, bonnes gens! Et à telles voix ainsi épouvantables accoururent les forestiers, ne pouvant juger, du premier

---

[1] Vieux bouc, homme libertin.
[2] Reptiles.

et second coup, où se faisoit tel hurlement et horrible tintamarre ; mais enfin aperçurent maître Révérend, qui disoit les patenôtres du singe, tremblant le grelot, et protestant comme un chausse-pied, ou mieux comme l'aiguille d'un cadran ; et l'ayant retiré à mont, avec plusieurs hars qu'ils nouèrent ensemble, et le connoissant pour celui qui troubloit et diffamoit l'honneur et sûreté de leur forêt, dont ils étoient quelque peu notés, le livrèrent au prévôt des maréchaux, qui le fit chevaucher et épouser une roue à l'envers. Ainsi de telle vie, telle fin : *Ita ut vixit, ita et mortuus est.*

## XVI.
#### D'un fils qui trompa l'avarice de son père.

Les anciens ont tant fait de cas de nécessité, qu'ils en firent une déesse, voulant signifier qu'aux affaires où nous sommes pressés, notre esprit se réveille, devient brusque et gaillard, et sans être pesant et engourdi, comme lorsque nous sommes aux pleins souhaits, profondes voluptés, et en la paille jusques au ventre. De vrai, celui de qui les biens et fortunes sont ou petites, ou brouillées, se sait mieux avancer et rendre honnête homme, que ceux qui sont nés chaussés et vêtus ; comme l'on dit du roi Louis XI, le premier qui ait mis ses successeurs hors de page, car le parlement, prévôt et Université de Paris s'en faisoient croire auparavant, et qui mieux savoit les nouvelles de ses voisins. Étant en la mauvaise grâce de son père, oh! que régner et commander absolument est chose douce! se retira à son cousin le duc de Bourgogne, où il apprit à faire le petit pain, à ménager l'écu, qui le rendit tellement admirable au maniement de ses affaires, qu'entre tous les princes il a bien peu de compagnons, et en lui fut vérifiée et accomplie la prophétie du roi Charles VII, son père, quand il fit dire à icelui duc bourguignon, *qu'il nourrissoit un renard qui mangeroit ses poules.* Car à la fin il dépeça et échantillonna si bien la maison de son hôte, qu'il lui en demeura de belles pièces, lesquelles il soutenoit lui avoir été arrachées de la sienne. Et à ce propos des pères qui sont trop rigoureux en l'endroit de leurs enfants, s'en est vu, puis peu de temps en ce pays, un si tenant et fâcheux, qu'il ne bailloit à son fils que peu ou rien pour son entretien ; lequel, d'autre côté, empruntoit par-ci par-là tout ce qu'il pouvoit, jusque-là d'être enferré bien avant aux brevets des marchands, usuriers, et autres gens de main mise et d'intérêt ; bien

souvent les affrontoit, et couchoit de sa conscience à toutes restes.
Tout l'emplâtre et défensif qu'il appliquoit sur ce mot, tomboit
sur l'avarice de son père, jusque bien souvent dire à ses compagnons courant la même fortune, et qui étoient en même cause,
plût à Dieu que ton père se fût rompu le col à porter le mien en
paradis, et autres imprécations et maudissons [1] de semblable
volume. Le père, à qui il coûtoit plus de je ne sais combien pour
espionner les actions de son fils, entendoit assez telles nouvelles,
où il faisoit la sourde oreille, prenant plaisir, qu'il estimoit profit,
tenir ainsi ce jeune homme en telles altères [2] et calamités, le
menaçant parfois se remarier, au cas qu'il feroit du compagnon,
ou donner et mettre son bien en telles mains qu'il ne l'oseroit
regarder. Au surplus, qu'il trouvât sa bonne aventure comme il
pourroit, et qu'autrefois il avoit été sans denier ne sans maille,
jusques à ce que pour le présent il ne daignoit dire. Ce fils, voyant
tant d'honnêtes voyages se passer sans être employé aux belles
charges et entreprises de guerre, non pour la religion, que la fièvre
quartaine puisse serrer les veines à ceux qui en soufflent les consultations pour leur profit particulier aux conseils des jeunes
princes, ains contre ceux qui nous tiennent à fausses enseignes
les provinces, royaumes et états tous entiers. Il s'avise donc, en
cette extrême nécessité, jouer un bon tour à la chicheté de son
père, et remettre sus l'honneur de ses ancêtres et de sa maison;
se faisant fort que les braves et galants hommes tiendroient son
parti, prit à cet effet chez le marchand force draps noirs à crédit.
Vous qui ne payez comptant, jugerez de la loyauté du vendeur,
et des acclamations et battement de poitrine qu'il fait au prix et
aunage. Il fait faire ses accoutrements de deuil, les paquette en
sa malle, et fouette vers le Poitou, où son père avoit une belle et
riche terre, et de grand' valeur, le fermier de laquelle, un opulent
vilain, avoit entre ses mains le revenu d'une année tout compté,
prêt de porter à son maître. Mais il fut gardé de cette peine; car
ce jeune gentilhomme ayant pris ses accoutrements de deuil, et
valet, et laquais aussi renfrogné et triste, va descendre en la
maison de son père, conta à peu de paroles au fermier la mort
d'icelui survenue, lequel en ses derniers propos se recommandoit
à lui, ayant enjoint sous peine de désobéissance qu'il le changeât
aucunement, et qu'il l'avoit trouvé toujours homme rond et bon

[1] Malédictions. — [2] Privations.

serviteur de la maison. Il étoit un peu dur et rigoureux, mais, fermier mon bon ami, vous entendez bien que tel ménage ainsi raccourci au petit pied ne revenoit que sur mon agrandissement et avantage. Oh! monsieur, disoit le fermier poitevinant, et faisant bien la chatemite, pour être entretenu en la ferme, il n'y a remède, il faut tous passer par-là ou par la fenêtre; encore m'est-ce grand contentement qu'il a laissé un héritier qui m'aime, ou je suis bien trompé, duquel je m'assure tenir encore à l'avenir et continuer les fermes que le riche homme m'avoit fait de cette terre; vous suppliant m'excuser, courbant en ce disant, puis un genou, puis l'autre, si quelquefois vous ai refusé bailler argent, car, sur ma conscience, j'avois défense du défunt, et crois en avoir encore en ma pochette; non, c'est ailleurs, où je mets mes lettres, comme s'il vous eût tenu pour bien suspect; et entendez trop mieux, en chauvissant et riant en faux-bourdon, que depuis que les bottes de nous autres pères peuvent servir à nos enfants, nous, comme les chats, ne les voudrions voir qu'une fois l'an, pour chercher leurs aventures, puisque nous leur avons mis les ferrements et moyens en main, pour gagner leur vie. Il y a autre chose, dit le porteur de deuil, et vous remercie. Dea, vous entendez les guerres où le roi est empêché, et combien me seroit reprochable, et viendroit à déshonneur de faillir en telles affaires et endroits, où, quelque pauvreté qui m'ait commandé, si me suis-je ordinairement trouvé en tels bons lieux pour le service de sa majesté. Or, maintenant que la guerre est, et que j'ai fait tout bon office d'enfant au bon homme, que Dieu absolve, il me faut en toute diligence aller trouver les compagnies qui marchent où je suis appelé, et jà partie de mon train a pris les devants; pendant, ce me sera un fort grand plaisir et à vous profit, que demeuriez en ma terre à pareilles conditions et charges que vous la teniez de feu monseigneur et père, combien que j'en aurois bien davantage si voulois y entendre et prêter l'oreille. Ho! Pierre, c'étoit le valet, combien est-ce que ce gros homme m'en a offert à la dînée? Eh! monsieur, disoit ce Jacquet, il n'est que lier son doigt à l'herbe qu'on connoît; ne changez jamais les anciens serviteurs : le bonhomme, Dieu ait son âme, avoit souvent ce dicton en la bouche; mais comme il étoit ménager, il lui falloit à chaque renouvellement de ferme ses cent écus pour le pot-de-vin, et une année d'avance; je ne sais comme vous en ferez. Le fermier, qui pétilloit de peur que tel marché lui échappât, eut bientôt conclu sa ferme. Lors notaires en besogne; cent écus baillés au maître, et dix à sire Pierre, qui avoit, disoit-il, bien soufflé aux étoupes; l'avance d'une année reçue, outre celle de l'an passé prête à échoir, chacun en ceci pensant avoir trompé son compagnon. Le fermier syllogisoit¹ sur ses doigts, Il y a pour gagner tant pour cent. L'autre, Il perdra quelque attente seulement, mais par provision, j'empocherai cette dragée perlée, laquelle se fait tant chercher. Ne tarda pas demi-jour après le délogement de l'héritier. Voici la diablerie à quatre personnages; voici la bataille; voici le conflit de preuves, que l'un des gens du père, c'étoit un vieux notaire, monté sur la mule de la maison et botté de foin, n'arrivât garni de quittances pour recevoir les deniers échus, avec ample procuration de faire nouveau bail pour l'avenir : il exhiba au fermier ses facultés, son pouvoir général et spécial, bien passé, bien instrumenté. Le fermier, au contraire, lui montre ses pièces, objecte le vrai seigneur qui lui a fait bail nouveau; informe sommairement que le fils a porté le deuil, tant et si longuement que tout va bien; que le notaire est un manifeste prévaricateur, et qui voudroit bien, avec sa mule, jouer à quitte ou à double. Le notaire, au contraire, maintient son maître être vivant mourant, et si métier est confisquant, ainsi le prouvera; conclut toucher l'argent à ses périls et fortunes. Le juge, sur la contrariété des faits, car ils en étoient bien avant, appointa les parties à informer. Et fut bruit commun que ce pauvre misérable avaricieux de père, usurier tout le soûl et tant qu'il pouvoit (à Rennes, on l'eût appelé fesse-Matthieu, comme qui diroit batteur de saint Matthieu, qu'on croit avoir été changeur), en mourut de dépit, de rage, et tout forcené d'avoir perdu ce monceau d'argent, et trompé par ses propres entrailles. Ainsi en puisse-t-il prendre à ceux qui brûlent la chandelle par les deux bouts, dit Polygame; et malaisément, comme dit Aristote aux *Polices*, sera bon capitaine, qui n'aura été soldat et obéi, été bon père à ses enfants, s'il ne leur a donné quelque honnête liberté et moyens de laquelle il leur puisse souvenir et exécuter quand il en sera temps; ce qu'il fera au contraire par un argument de nécessité, s'il a été en sa jeunesse casanier, un anicheur de poules², et à gogo en sa maison, l'escarcelle pleine, un bon ivrogne,

¹ Comptait.
² Celui qui met les poules couver.

et faiseur d'accords en sa paroisse aux dépens du paysan. Un gentilhomme normand fit tout au rebours, dit Lupolde, mais pour venir à même effet et conclusion, comme il y a divers chemins pour aller à la ville. Sa femme morte, il s'habille tout en vert, et de ce pas va très-bien et très-beau bailler à nouvelle ferme à grand marché, et prendre une bonne avance de deniers, une terre appartenant à la défunte, vers lequel il y avoit aussi sûre obligation que sur le dos d'un lièvre en la lande du Maine. Quand, dit Polygame, un fermier gagne honnêtement, sans gâter et défricher la terre, il fait son profit et celui de son maître, duquel même il est aimé, et se rend à son commandement et familier, comme j'ai connu un gentilhomme grandement moyenné et riche, qui, en une sienne terre, avoit un fermier tout raillard[1], et avec lequel il prenoit un singulier plaisir aux petites joyeusetés et tromperies qu'ils s'entre-faisoient. Hervé d'Olim, c'étoit le fermier, le donnant toujours gagné à son maître, avec lequel il débattoit non en compagnon, mais avec un familier respect, ayant regard sans cesse que l'œil de son maître ne se courrouçât; car plusieurs sont tombés beau saut pour avoir abusé de familiarité entre les grands; d'autres de qui on ne dépend, y a bien peu de regard; s'il est plus riche que moi, disoit Baltin, qu'il torche son c.. deux fois. Un soir que le gentilhomme venoit à sa maison, dit à ses gens qu'ils l'attendissent assez loignet[2], et qu'il vouloit faire peur à son fermier, sous ombre qu'on disoit y avoir des brigands et voleurs aux environs; et seulement accompagné d'un sien homme, entre furieusement en la cour, l'épée au poing, urant, tempêtant et criant Tue, tue! Hervé, qui se tenoit préparé contre le bruit et renommée de ces voleurs, avoit trois ou quatre gros valets embâtonnés de longs vouges, perches, brocs[3] ferrés, desquels ils chargeoient sur ce monsieur, et l'eussent grandement offensé, n'eût été le fermier qui le reconnut, sans toutefois lui en dire mot, ains seulement lui faisant voie[4] pour fuir, et se mettant au-devant de ses valets, aux mains desquels n'y avoit aucune espérance de miséricorde non plus qu'aux muets du Turc. Le seigneur, retourné à ses serviteurs plus vite que le pas, leur

[1] Plaisant, moqueur.
[2] Assez loin.
[3] Broches.
[4] Lui laissant une issue.

cela le fait, et se voyant en danger coucher à l'enseigne de l'étoile, envoie des siens pour prendre et apprêter le logis. On peut aussi croire qu'il leur en vouloit faire donner comme à lui. Les envoyés huchoient à pleine tête, comme la femme de Brusquet fit à une grand' dame, laquelle, au rapport de son mari, elle estimoit sourde; sur lesquels ces beaux valets, encore demi-enragés, frappoient si magistralement, que Hervé, qui feignoit ne les connoître, eut bien de la peine à les retirer. Hé, fermier, mon ami, nous sommes à Monsieur! Seigneur Hervé, pour la pareille, c'est Monsieur; Monsieur ceci, Monsieur cela; et avoir été battus à poids d'écu et beaux coups de roches et bâtons. Hervé leur dit en son renaud (car il nasardoit et parloit du nez, pour avoir chargé de la plus fine au pot d'étain) : Mes garsailtes, Monsieur est homme de bien, il n'a point de voleurs en sa compagnie. Et après tels longs abois et suspenses¹, Hau tel! n'est-ce pas vous? Et oui, de par le diantre, c'est moi. Voilà que c'est, disoit Hervé, que se loger de bonne heure, principalement en cette saison, pleine de mauvaises gens. Incontinent force chandelles, et alla, le bon pèlerin, au-devant de son maître, auquel il raconta ce qu'il savoit aussi bien ou mieux que lui, et en rirent ensemble tout leur soûl. Le maître, qui se vouloit revenger, s'avisa y faire assez long séjour, parce qu'il y avoit de bon vin, vivres et gibiers à planté², et pour couvrir sa longue demeure, fit semblant d'être malade, où Madame, qui n'étoit qu'à dix ou douze lieues de là, fut tôt venue. Tout ce train vivoit sur les coffres du pauvre fermier, sauf en la dépense de son compte en avoir quelque rabais. Ce fut donc à lui déployer le commencement, milieu, et le bout de ses finesses, dont par le passé il avoit fait assez compétente provision, pour se dépêtrer de cette noble troupe, et avoir épluché et trouvé la suite de son écheveau. Un beau dimanche, que Monsieur, Madamoiselle et tout l'équipage retournoient de la messe, ils aperçurent sur deux tréteaux de table, une martrouere³ couverte d'une touaille⁴, une chandelle allumée sur le bout, vraies marques d'un corps mort prêt à porter en terre. La damoiselle première que les autres, car, dit Eutrapel, quand

---

¹ Hésitations.
² Abondamment.
³ Bière.
⁴ Drap.

les brebis vont aux champs, la plus sage va devant, s'arrêtant tout épouvantée : Mon Dieu! fermier, qu'est-ce ici à dire? Monsieur, saisi de la même frayeur : Hervé, mon ami, dis-nous que c'est? Oh! monsieur, répondit le paillard, ce n'est rien, allons hardiment dîner, ce n'est rien : il prit mal hier soir à cette garse-là, sous une aisselle; mais ce n'est rien. Comment, ce n'est rien? dit le gentilhomme, par la morbleu, c'est belle peste, et de la plus fine! ça, vite mes chevaux. La damoiselle, de son côté : Çà, mon coche. Le curé, qui peut-être étoit de la partie, car on lui faisoit dire ses messes à la taille, sans être payé, dit qu'il y pouvoit avoir quelque danger : c'étoit une jeune fille qui a eu froid en gardant ses pourceaux; que frayeur, froid, femme, fruit et faim étoient cause de la peste, et qu'il faut *citò, longè, et tardè*, c'est-à-dire fuir vitement, aller loin et revenir tard. Lors tout le monde à cheval, chacun emmuselé de son manteau[1] et le mouchoir au nez. Ainsi sans déjeuner, sans débrider, sans tabourin et sans lanterne, firent sept ou huit grosses vilaines lieues, dont les dix en valent quinze des environs de Paris; et Dieu sait si maître Hervé fut aise de sa décharge d'un si pesant fardeau, et haut loué par ses voisins, qu'il appela pour manger le dîner de Monsieur, pour sa belle et joyeuse purgation; et le curé aussi d'avoir triomphé à confermer que c'étoit la peste, et les beaux textes qu'il avoit induits à ce propos. Cette rupture de camp sans coup frapper entendue partout, le seigneur, lorsque son fermier lui apporta argent, mit sur le tablier les bons tours et finesses qui s'étoient passés entr'eux. Ce que Hervé nioit, et que tout son cas avoit été à la bonne foi et sans y songer que bien à point; entendant assez qu'il ne se faut trop jouer à son maître, les jeux duquel plaisent tant qu'il veut, et non autrement. Pour récompense, dit le seigneur, je vous ferai participant en la moitié d'un paquet de greffes qu'on m'a envoyé de Touraine, ensemble des bonnes et belles graines. Le jardinier, appelé et fait au badinage, les présente au fermier, qui le remercia jusques à pieds baiser, le priant garder le tout jusques au lendemain, enterrer les greffes et mettre les graines au cabinet du jardin; et lorsque Monsieur dormoit après dîner, car il prenoit son bonnet et vin de coucher dès le matin, Hervé alla et chemina tant par les allées, qu'il aperçut qu'on lui vouloit donner un coup de gaule par sous l'huis et

[1] Le visage caché dans son manteau.

le tromper, où il falloit promptement aviser. En quoi il ne fut paresseux, car il prend les bons paquets et graines, qui véritablement étoient venus de bon lieu, et supplanta aux mêmes endroits et places ceux qu'on lui avoit tant importunément donnés, qui étoient des besiers[1], entes sauvages, graine de parele[2], de fougère, et autres de belle apparence, comme toutes races et généalogies des choses se reconnoissent au fruit et non à la simple vue. Le fermier remercia Monsieur; Monsieur aussi, lui mettant la main sur l'épaule, façon qui n'appartient qu'aux princes, encore que tous gendarmes et chevaliers de la nouvelle impression en abusent, le pria lui envoyer les premiers fruits issus des greffes et graines qu'il lui avoit donnés; but à lui à la trotte qui mode[3], c'est à savoir, la goutte sur l'ongle, ce que Hervé fit aussi. Et des premiers venus qui sont des graines, il envoie à son maître de beaux caulifrori[4], raiforts, laitues de Montferrat, et autres fort singuliers, par lesquels ce Monsieur connut que sa traînée étoit éventée, et qu'il falloit tendre autre part, et à un renard qui fût plus jeune et moins praticien que messire Hervé.

## XVII.

Les bonnes mines durent quelque peu, mais enfin sont découvertes.

Il se meut propos d'un tas d'hommes qui n'ont autre point pour se prévaloir et faire bien les grands contre leurs compagnons, qu'une bonne mine et piafe jointe à l'accoutrement précieux et bien fait, et que beaucoup de tels pipeurs, pour n'être découverts, tenoient les meilleures et plus éminentes autorités aux gouvernements des républiques : et se verra un songe-creux bien accoutré, curant ses dents, ne répondant que par gestes et contenances, qui humera et engloutira, par telle sourcilleuse taciturnité, tous les honneurs et prérogatives d'un pays, duquel, si le fond étoit examiné, vous n'y trouveriez, non plus que les Égyp-

---

[1] Poïriers sauvages.
[2] *Parele* ou *parelle*, oseille.
[3] *A la trotte qui mode*, jeu de mots, à la mode qui court.
[4] Choux.

tiens en leur idole Isis, qui fut un gros chat, gras, en bon point, et apâté [1] par les prêtres de cette belle diablesse. Je sais bien, dit Polygame, que si une sage sobriété de parler se déploie, on n'y trouvera que de l'étonnement et merveilles, pourvu que l'ordre de modestie y soit gardé, sans gloire ne grand' forme et apparat, comme font plusieurs, qui ne peuvent sortir d'un conte, quand à une issue de table ils l'auront empoigné, se ruant à toutes rencontres en leur histoire et contes de leurs faits. Je leur ferois, dit Eutrapel, à ces ennuyeux et langards [2], comme fit un gentilhomme de ce pays à un Espagnol, jouant aux échecs, et les laisserois là plantés à reverdir, parler tout leur soûl, et quelqu'un pour leur répondre, bon, oui, voilà grand cas, chose étrange, et semblables chevilles pour soutenir telles longueurs. L'Espagnol, au moindre pion qu'on lui présentoit, étoit une grosse heure à songer, regarder, enfoncer les matières, quelle pièce il devoit remuer et jouer : le Breton, ayant donné un échec, sachant que sur cette grosse décision il y avoit un bois abattu pour un longtemps, se couche au lit, sa partie adverse tellement ententive à se dépêtrer, qu'il n'en vit, sentit, ni aperçut rien : au matin, fort haute heure, s'étant levé et accoutré, il trouve encore son Espagnol suant et travaillant à dénouer ce notable point de droit. J'en connois, dit Lupolde, de constitués en charges notables, mais si dextres et rusés à cacher leur imperfection, et à ne se laisser voir, qu'ils ne bougeront de leur maison, y faisant perpétuelles stations et résidence, bien entendant que si une fois ils tomboient entre les mains de quelques galants hommes, et de maniement, ils demeureroient sur le sable, sans aide et sans espoir d'être vus ou connus autres qu'ils ne sont : tant se sont trouvés de gentils esprits, qui y ont hasardé du leur en industrie pour cuider amener ces grands rêveurs et images pleines de coupeaux, en campagne et en devis honnêtes, qui se trouvoient payés en un haussement d'épaules, amoncèlement de lèvres, avec un fagot de moustaches brisées, crénelées, et désordonnément brouillées. Je m'en allois, dit Eutrapel, avant-hier à mon chez moi, où je vis en un clos semé de fèves, un insigne et brave épouvantail, représenté comme un tireur d'arc, enfariné, embéguiné, tellement qu'on l'eût aisément pris pour un preneur d'anguilles à la glu, faisant peur à

---

[1] Nourri.
[2] Bavards.

une infinité de chouettes et corneilles, là près, par bandes et escadres, s'étant invitées les unes les autres à cette picorée[1], comme Philostrate raconte que Apollonius Tyaneus connut la conspiration des passereaux, qui de toute la contrée par vols et revols qu'ils faisoient les uns aux autres, allèrent manger le froment tombé d'un sac, tandis que le boulanger cherchoit de l'aide pour le recoudre et recharger son âne. Là se virent les monopoles dressés pour reconnoître cet épouvantail, par les parlements qu'elles tenoient, caquetant bec à bec, et sautelant d'un sillon sur l'autre : les jeunes étant sur les arbres, voletoient et découvroient par longs circuits cette belle bête et statue, dont ils ne rapportoient au gros et ost[2] de l'assemblée que peur et étonnement. Si faut-il, disoit la plupart en son cornillois[3], avoir ces fèves : et ressemblants aux journaliers, auxquels l'on a beau dire : Hâtez-vous, enfant, dépêchez; c'est pour néant, si tireront-ils l'ouvrage non selon la volonté du maître, ains suivront la leur, qui est faire venir leurs journées au point qu'ils auront comploté. Les chouettes étoient sur les ailes, comme archers ou chevau-légers : les corneilles en ordonnance bien d'accord en cet exploit, et en autres choses assez discordantes : comme les écoliers à Tholose, qui à la survenue du rouard[4] se mettent tous sur lui, combien que paravant ils s'entre-battissent : ou, comme dit un pronostiqueur, doivent faire cette année les papistes et huguenots contre le Turc prêt d'envahir l'Italie, si vous croyez à telles devinailles. Ce vilain épouvantail, parce qu'il ne disoit mot, ne se remuoit, les tenoit en très-grande peine, estimant qu'il y avoit bien de l'anguille sous roche : ainsi qu'on dit des Vénitiens, quand le roi Louis Douzième leur envoya pour ambassadeur un conseiller du parlement de Paris, sachant bien peu et parlant encore moins, mais bien riche; lequel aussi n'avoit que les instructions générales, comme, s'ils avoient eu force vin, si la cannelle seroit à bon prix, car le finet qui étoit avec lui portoit la marchandise déliée. Ils ne surent oncques crocheter un seul mot qui leur servît, comme ils faisoient des autres précédents qui s'ouvroient du beau premier coup en italien, grec et latin. Ce maître épouvantail se faisoit bien courtiser

[1] A ce butin.
[2] La troupe.
[3] Langage de corneilles.
[4] Bourreau, celui qui roue.

et chercher : enfin, une jeune chouette aventureuse par l'inexpérience, qui rend la jeunesse, comme dit Aristote, téméraire et entreprenante, se va approcher de messer Zani : puis, d'un saut se lance sur sa tête, où elle chia honnêtement aussi gros que fit Paule Jove[1] en la description de cette sanglante et cruelle bataille en Italie, où il ne mourut qu'un laquais. La brèche faite, ce fut pitié voir les grimaces de toutes les bandes qui y avolèrent pour s'assurer de toutes les embûches qu'on eût pu leur avoir dressées ; et puis Dieu sait comme les pauvres fèves furent accoutrées, ravagées et pillées, plus en haine de ce qu'on leur avoit baillé et supposé un homme de foin (cas plein de fausseté et capital), qu'autre chose. Pendant le cours de ces dernières criminelles, non civiles guerres, comme on les appelle, y avoit un certain monsieur plus outrecuidé et sot (ces deux pièces vont ordinairement ensemble, dit Lupolde) que dix des plus excellents en cet art, auquel quelques siens parents et voisins firent compagnie, non pour aller à la guerre, car il étoit couard comme une femme, si ne laissoit avec ses inférieurs faire de l'habile homme. Il tenoit bonne maison et ouverte, qui est le moyen d'accueillir et faire bon nombre d'amis de table : j'entends dire qui mangeront le pain d'un bon chevalier, lui complaisant en tout ce qu'il avoit dit. Jamais Mitio[2] en Térence n'en fit davantage : tout ce qu'il vouloit et disoit étoit par eux confermé avec le chapeau à la main, la genouillade[3] bien étoffée d'un mouvement alternatif de toutes les parties du corps : le plus apparent d'eux, en compagnie étrangère, lui venoit dévotieusement murmurer et dire quelque mot de néant en l'oreille; ou bien allant par la ville pour faire bien le grand, se laissoit cérémonieusement côtoyer par l'un d'eux, tête nue, et qui par gestes et contenances démontroit grande négociation, combien qu'ils ne parlassent que lanternes et falots. Toute cette chevalereuse et soupière troupe[4] étoit sur le chemin du camp, cheminant à petites reposades, ne voulant trop s'avancer, pour le bruit de la bataille qui se voyoit prête, car le maître ni les valets n'en vouloient aucunement manger, ains à chaque bouchon de taverne faisoient

---

[1] Paul Jove (Paolo Giovio), historien du seizième siècle.
[2] Micion, personnage de la comédie de Térence, intitulée *les Adelphes*.
[3] Génuflexion.
[4] Troupe qui s'arrête souvent pour manger.

halte, *pausa, et hic bibant*, comme aux jeux et comédies. Un jour que ce Braguibus [1] étoit assis à table fort bien couverte de bons vivres, à laquelle personne ne se mettoit, jusques à ce qu'il eût un peu mangé, et puis commandoit par mines et haussement de main, à ceux qu'il vouloit être à sa table : où la révérence faite à la polaque, parlant bas les uns aux autres, pour n'offenser cette machine terrestre et épée de plomb en fourreau d'argent, survint en l'hôtellerie un brave et vaillant soldat qui tenoit le chemin du camp, où il couroit sur le bruit d'une bataille prochaine; et sachant qu'on mangeoit en haut, et qu'il s'y galopoit des mâchoires, monta gaillardement, disant, dès l'entrée de l'huis, en façon soldate et de galant homme. Messieurs, si nous ne nous hâtons, les chiens mangeront le lièvre, les deux armées se vont joindre; prend un verre, duquel le tenant en la bouche, se versa de l'eau et lava ses mains, puis bragardement se mit à manger et émorcher en toutes façons, faisant une terrible brisée sur ce qu'il attachoit, et ainsi exploitant à coups de dents; un qui faisoit le maître d'hôtel lui dit bassement [2] qu'il eût à sortir et se retirer, et que telle façon de faire déplaisoit à Monsieur. Mon compagnon, dit le gendarme, si un autre y fait mieux son devoir, j'offre m'en aller et quitter la place; mais encore faut-il boire un coup, ou la partie ne seroit pas bien faite. On lui baille une pleine grande tasse de vin pour s'en dépêtrer, laquelle il jeta sur sa conscience et mit hors des caquets de ce monde fort doctement. Ceux qui étoient de la seconde table, qui valoit bien la première, regardoient cet escrimeur de dents, étant debout, les jambes et bras croisés : autres tenant la poignée de leurs dagues par derrière, et la plupart branlant la tête pour voir l'ombre et sentir l'air de leurs panaches qui se jouoient sur le haut des chapeaux. Qu'on l'ôte, faisoit ce Monsieur et grue de velours (la guerre n'aime pas cela), vierge Marie! qu'il sent la poudre à canon! Je m'en vais, je m'en vais, dit notre orphelin fourré de malice, soûl comme un prêtre le lendemain des morts; ce faisant, il happe, pour se revancher de telle sottise et indignité, le bout de la nappe, et tire si bien, que tout ce qui étoit sur la table tomba à terre : Corps de Pilate! dit-il, s'il y a homme de vous qui ose maintenir que je n'aie mangé *usque ad guttur*, comme

---

[1] *Braguibus, braguard,* beau fils, mignon.
[2] À voix basse.

à la Sorbonne, et tout mon benoît soûl, sans tirer à la bourse, je l'appelle là-bas en cette place de son honneur, avec le petit mot françois, c'est le démenti. Messire Monsieur regardoit les siens fort piteusement; les siens aussi le considéroient et contemploient sans ouvrir le bec, jusques à ce qu'il fut appris que le mangeur de viandes prêtes montoit à cheval beau et joyeux. Lors en toute sûreté le vous découpèrent (de paroles, *subaudi*) et chiquetèrent plus menu que chair à pâté : Monsieur s'en devoit plaindre au roi, de la grandeur duquel ils couchoient [1] aussi hardiment, comme s'ils parloient avec lui quand ils veulent. Les plus vaillants bravoient à passades par la chambre, promettant à Monsieur, sur leur honneur, qu'ils estimoient à plus d'un million de crottes de chèvres, ou la tête, ou un jarret, ou pour le moins un coup qui paroîtroit à jamais sur ce galant, et le marqueroient si bien, qu'il ne payeroit pas la coutume deux fois en un lieu; les autres, plus scandalisés, protestoient de protester, et lui donner entre chien et loup, ou entre les quatre membres, et le percer à jour à belles estocades, l'ancien combat des Espagnols, ce dit Tite-Live : bref, que de quatre il n'en demeureroit que six, huit de la chandelle et autant du chandelier. Voilà, dit Polygame, les fruits et ouvrages d'un homme casanier mal nourri, et qui n'a bougé de son village, faire le sot, la cruauté et la tyrannie. Et quelque grand et digne que l'homme soit, s'il se veut entretenir et continuer au point d'honneur que ses prédécesseurs ou lui par sa valeur ont acquis, doit ouvertement et les bras tendus convier et appeler toutes personnes portant marque et signification d'honneur, à manger avec soi; rejetant ces folles cérémonies, à laver seul avec un ou deux choisis, s'asseoir le premier et faire les rangs et distributions des places, où les uns se fâcheront et trouveront mauvais qu'on leur départe et taille ainsi leurs morceaux, qui engendre un préjugé, rabais et ravalement en toutes autres choses. Celui donc qu'on estime le plus grand d'une compagnie se doit mettre au beau milieu de la table, à l'antique, coupant par ce moyen toutes occasions de rechigner. Les hautes places et grades éminents se doivent garder aux sessions, cérémonies publiques, et en la maison, familier, et du tout compagnon; *Magister in aulâ*, disoit notre bon maître Nicolas Bernard, *socius in camerâ*.

---

[1] Répondoient.

Nos rois, nos princes et grands seigneurs nous en montrent les exemples : ce que ne font un tas de nouveaux enrichis, qui, sous couleur de quelque dignité qui leur aura coûté bon, feront aussi peu difficulté mettre la main sur l'épaule en saluant, se fourrer au haut bout de la table, se faire apporter de l'eau pour nettoyer leurs dents privativement, et à eux seuls : comme s'ils étoient grands seigneurs, et que cela leur appartint, et en lieux où cela se dût faire. L'honneur, disoient les anciens, est tout contraire et opposé à l'ombre de notre corps : suivez-la, elle s'enfuit, tournez le dos, elle vous suivra. Notre Seigneur en l'Evangile nous en donne un exemple de grand poids, quand celui qui s'étoit assis au haut bout de la table fut fait descendre par le maître du festin : ils cherchent, dit-il ailleurs, parlant des prêtres pharisiens, les places ambitieuses : vous autres, c'étoit à ses apôtres, ne faites pas ainsi. Me souvient, dit Eutrapel, d'un président de Bretagne, qui, au jugement de ceux qui lui ont vu faire sa charge, avoit la conception aussi vive, l'attention résolue, honnête et éloquente parole, avec un aussi grand savoir qu'on ait vu de son temps, où son fils lui a succédé en tout : étant à la cour, il alla saluer et faire la révérence à défunt M. de Montebon, lors garde des sceaux de France : qui lui fit excuse s'il ne l'étoit allé recueillir et prendre de plus près, parce, disoit-il, que vous voyez, M. le président, que je suis malaisé[1] des gouttes. Le président, qui étoit frais, et toujours un bon mot de réserve, lui répliqua en riant : Ah ! monsieur, ce sont vos diligences ; vous souvient-il pas, comme nous étions à Tholose, de tel et tel cas, parlant de l'incarnation, et depuis à Paris, du temps que, je ne dis autre chose : et ainsi devisoient de leurs premières jeunesses, y mêlant quelque pièce et drogue du bas métier, étant assis chacun en sa chaire, avec grand débat qui seroit le plus honnête et respectueux. Quelque trait du temps passé en ces menus devis, le président se leva, et le bonnet au poing commence entrer sur les affaires publiques de Bretagne, qui le menoient en cour, où il fut assez long pour la grande disquisition[2] et importance du fait : mais quelque longueur qu'il y eût, oncques ne lui dit M. de Montebon un seul mot, par où l'on aperçût familiarité ne connoissance, tenant ce sage vieillard une révérente et auguste

[1] Malade.
[2] Difficulté.

grandeur, comme si oncques il n'eût vu le président : où se vit un sage et prudent déguisement en tous deux, de cettuy en son magistrat, et de l'autre en son devoir : chacun bien sachant son métier, fût au public, fût au cas particulier; ne ressemblant à ceux que Cicero reprend, qui portent toujours leur magistrat et grandeur publique avec eux et en leur manche. Chose presque semblable se dit de Martin, un régent, écolier à Louvain, qui avoit été grand compagnon d'Adrien[1], précepteur de l'empereur Charles-le-Quint, et depuis pape, se fantasiant et se promettant, s'il alloit à Rome, que le pape le reconnoîtroit, et pour le moins il en apporteroit quelques bulles et pardons, où il pourroit gagner son voyage. Martin trouva à Rome plus de Hollandois, gens de son pays, qu'il ne seroit pour le présent : en sorte que voyant les difficultés de parler à Sa Sainteté, que sa bourse désenfloit, ayant l'esprit tendu à retourner au pays, manger du merlus, s'avisa qu'il y parleroit, bon temps, mau-temps. Et de fait, par un cursor ou chambrier, le pape, sur le rapport qu'on lui avoit fait qu'un certain Hollandois étoit là, fut cherché, mandé et appelé. Martin fut soudain reconnu par notre Saint-Père; mais, pour être environné de cardinaux, évêques et autres princes de l'Eglise, n'en fit aucun cas ne semblant, et fut Martin mis en la garde du Barisel[2], maudissant l'heure d'avoir fait un pet à Rome, c'est-à-dire s'être Romi-pété, et être venu si loin; qu'on disoit bien vrai, *honores mutant mores :* et que par le baudrier Saint-Yves, s'il eût pensé, ce ne fût pas été tout un; mais, comme disoit Meschinot[3], poëte breton, après le beau temps vient la pluie, après la pluie vient le beau temps; je m'attends d'ici à cent ans être aussi riche que le roi. Le soir vint, si fit Martin devant maître Adrien, étant à privée mesgnie[4], où les deux vieux compagnons triomphèrent, buvant le coup selon les us et coutumes du pays, en contèrent des vieux jusques aux nouveaux, et peut-être qu'ils disputèrent des modales, suivant les derniers errements : car *de modalibus nunquam gustavit asinus.* Martin s'en retourna chargé de bons et gras bénéfices; est à croire que ce bon seigneur Adrien, qui oncques ne se peut en si haut théâtre, jà commencé

[1] Adrien IV, élu pape en 1522.
[2] *Barisel* ou *barigel*, le capitaine des archers.
[3] Jean Meschinot, surnommé *le Banni de Liesse*, maître d'hôtel d'Anne de Bretagne, femme de Louis XII.
[4] En famille.

être aboyé, eût bien voulu s'en retourner avec Martin; et pensez que Martin l'eût bien voulu aussi, car il n'eût rien payé par les chemins. Lupolde dit avoir vu un président au pays de Normandie, qui jouoit de son état, comme d'un bâton à deux bouts : quand son clerc l'avertissoit des parties qui vouloient monter en haut pour parler à lui, il s'endossoit vitement, et happoit sa grande robe du palais, faisoit très-bien la grimace et le suffisant; puis tout soudain descendoit par un autre et petit degré, trouvant à la rencontre les mêmes parties, lesquelles il caressoit et embrassoit de toute sa puissance, leur disant que là en haut ils avoient trouvé monsieur le président, mais qu'au bas c'étoit lui-même et non autre, qu'il leur faisoit excuse de tout. Les pauvres gens disoient qu'ils lui étoient serviteurs, et il répondoit lors stoïquement et gravement, pour ne s'engager par trop, qu'il étoit à leur commandement. Ce fut lui-même qui se fit pourtraire étant de genoux, sa robe rouge, et le bourrelet sur l'épaule, vis-à-vis d'une Notre-Dame, une main allongée, tenant son bonnet, avec un petit roolet et écriteau vide qui lui sortoit de la bouche, pour mettre : *O mater Dei, memento mei*, ce que le peintre avoit oublié : auquel un bon et vaillant couard, car c'étoit au pays de Sapience en Couardois, y écrivit : *Couvrez-vous, monsieur le président*. Chichouant, dit Eutrapel, qui étoit tambourineur à Saumur, en fit ainsi, quand le jour de ses noces il alla baudement et gaillardement querir sa femme à tout son tambourin et flûte, la conduisant en grand joliveté jusques au moustier [1], puis retourna à la maison se querir lui-même avec son bedondon [2]; alléguant que sa femme, pour ce jour, n'auroit aucun avantage sur lui, que *non licet actori, quin licet et reo*; qu'il vouloit être privilégié aussi bien que sa femme, même en ce commencement de maladie, *ubi serò medicina paratur*. Lupolde répliqua d'un prélat de notre temps, lequel pour mourir ne souffroit qu'on l'appelât monsieur l'évêque d'un tel lieu, ains monsieur, ou monsieur de tel évêché; combien qu'environ deux cents ans sont, il a été défendu par arrêt à l'évêque de Montpellier s'appeler monsieur de Montpellier, et qu'il n'y avoit que le roi qui en fût le monsieur. Ce prud'homme hypocrite, s'il en fut oncques, car il n'avoit ne chien ne chat qui ne

[1] Église.
[2] Son tambour.

fût pourvu des bénéfices vacants en son diocèse, s'il ne les avoit auparavant vendus ; avare, qui est le fondement de la gloire et ambition, et qui n'eût osé manger son soûl, et au bout de l'an n'avoit pas maille pour se confesser, toutefois aux banquets qu'il faisoit, il en faisoit souvent, il servoit lui-même les conviés, ne se séoit que sur le dernier apport[1], surpassant en humilités, chatemites et pattes-pelues, tous les moines du mont Athos ; et si quelque bon compagnon lui eût dit par aventure un mot raillard et joyeux, comme monsieur l'évêque, ou monsieur l'évêque d'un tel lieu, vous faites honte à cette compagnie de vous voir ainsi familiariser et asservir votre grandeur, sans y appliquer ce mot de monsieur purement et simplement, comme le veut un certain concile, il étoit bien en sûreté n'avoir son verre ou coupe devant lui avec l'hypocras, ains bien loin à quartier, et ne laver ses mains d'eau de senteur comme les autres ; et qui pis est, on ne lui disoit adieu ne grand merci, sinon que par certaine pénitence et contrition il eût dit et prononcé : Adieu, monsieur, le chapeau bien bas : lors il y avoit quelque méchant lanternier de cuisine qui le reconduisoit. Somme, quelque douceur et hypocrisie qu'il feignit et couvât, il aimoit tant ce sot honneur vulgaire, qu'il en brûloit tout vif. C'est un grand mot que monsieur, dit Polygame, et qui pénètre bien avant aux cerveaux des poursuivants ces vains et caducs honneurs de ce misérable monde, et sous lequel sont beaucoup de gens trompés et abusés, comme il se vit aux dernières guerres, en sept ou huit bons compagnons revenant de l'armée, sans double ne liard, comme l'on sait assez que les soldats sont payés en promesses ; et de leur part, ils combattent et font la faction de la guerre par belles promesses ; et ainsi aille l'un pour l'autre ; selon les dépens la besogne est faite. Ils n'avoient donc pas un clou, et si falloit passer à grandes journées, ou demeurer à la merci d'un prévôt, qui en attrapoit toujours quelqu'un des plus écartés, et de ceux qui disent à leur hôte : Çà payez l'honneur que vous avez reçu en me logeant. Pour faire honorablement leur retraite, chacun d'eux, et par ordre, étoit le monsieur, qui leur succédoit assez bien pour le regard des champs ; mais aux villes, il falloit payer de ce qu'ils avoient pu pratiquer sur le village, sans dire : Je ne cuidois pas. Il leur falloit aussi

---

[1] Dernier service.

passer par Angers, et illec repaître sans payer; mais la difficulté étoit en l'indisposition de la bourse et d'argent qui étoit court, pour être les bourses vides jusques au fond des finances, qu'il convenoit inventer une science pour passer sans tirer à l'escarcelle. Voici donc qui se présenta tout à propos, ô nécessité! que tu as de mains! c'est qu'ils trouvèrent un gros vilain gueux, auquel ils promirent monts et merveilles s'il vouloit seulement dire ce mot : *ita, ita*, sans autre parole, et que tous l'appelleroient monsieur, et seroit comme tel traité à la fourche. Le maraud se laissa aller, et, bien instruit, et accoutré de bons habillements que la damoiselle Picorée avoit faits et filés [1], monté sur une vieille mule de bagage, arriva avec son train à la prochaine hôtellerie, où, descendu révéremment, fut conduit en la plus belle et apparente chambre, parce que l'hôte s'étant enquis, avoit ouï que c'étoit un riche prélat, qui ne vouloit être connu, pour être lui et les siens mal en point, à cause que ces méchants huguenots l'avoient dévalisé, et qu'il étoit contraint faire quelque séjour, attendant qu'un sien fermier lui eût, dedans deux ou trois jours, apporté argent : cependant, hôte mon ami, disoit le faiseur de maître d'hôtel, n'épargnez rien à faire bonne chère à monsieur et à nous ses serviteurs, qui tous en avons bien besoin, ne vous enquérant davantage plus curieusement qu'il est; car son argent venu, et lui remonté, vous connoîtrez par messieurs de ce clergé qu'il est grand, et qui indubitablement le viendroient saluer; qu'il n'est pas petit compagnon; mais mot pour cette heure. L'hôte, cuidant bien enfiler son aiguille, n'épargna rien pour cochonner et traiter friandement son monsieur et messieurs qui là furent à gogo trois ou quatre jours. Il alloit parfois à la chambre par grand respect, mais introduit qu'il étoit, avec avertissement le faire court, n'avoit autre réponse que *ita, ita* : et en l'instant le rideau tiré, et la porte fermée, marchant les honnêtes gens si doucement, qu'ils n'eussent pas écaché [2] ne rompu un œuf; mais se fâchant de trop grande aise, et étant bien refaits, firent un matin porter les uns les selles de leurs chevaux, autres leurs bottes, feignant les faire raccoutrer, et cependant envoyer leurs chevaux à la forge ou à l'eau; et le rendez-vous à la Maison-Neuve : si bien que, s'étant ainsi écou-

[1] Des vêtements volés.
[2] Écrasé.

lés et échappés, monsieur demeura tout seul pour les gages, dormant en son lit bien profondément, et ses accoutrements nuptiaux de gueux fort pertinemment colloqués, et catégoriquement empaquetés près lui. L'hôte, qui faisoit tourner et remuer broches au grand galop, s'étonnoit où étoient les gens de monsieur, pas un desquels il n'apercevoit, quelque diligente recherche qu'il en fît : néanmoins sur les dix heures il s'enhardit frapper un petit coup à la porte de la chambre, puis deux, puis trois, et finalement, par ne lui être répondu, il entre en la chambre, les verrières[1] de laquelle étant bouchées et fermées claustralement, il cherchoit par ci et par là, tâtonnant; mais il n'oyoit que monsieur qui pétoit harmonieusement et en homme de bien. Il est onze heures, crioit l'hôte, qui peut-être en ces ténèbres s'étoit heurté au manteau de la cheminée. Monsieur, le dîner est prêt, en danger de se gâter : Monsieur, vous plaît-il qu'on couvre[2] ? Le vilain, tout endormi, répondoit en basse-contre, *ita, ita*. Les fenêtres ouvertes, et tout bien épluché et diligemment examiné, tant par l'hôtesse, qui avoit découvert, comme les femmes sont toujours au guet, que les associés s'étoient retirés, que par les serviteurs et chambrières, qui s'en disoient être bien aperçus, comme est leur coutume donner l'avertissement longuement après le coup ; fut trouvé ce beau monsieur de neige, lequel, en pénitence, fut quelque peu fouetté, et mis dehors par derrière, afin que les voisins perdissent l'entière connoissance de telle fredaine. Lupolde, fâché de ce pauvre bélître, dit que si le tiers des biens ecclésiastiques étoit rendu aux pauvres de chacune paroisse, suivant les décrets et saintes constitutions de l'Église, nous ne serions en peine de ces mots, gueux, pauvres, bélîtres, coquins et marauds, mendiants[3] valides ; et jusques à ce que tel abus ou larcin soit corrigé, il ne faut attendre et moins espérer aucune cessation de misères et calamités. Je vous dirai aussi, dit Eutrapel, d'un autre gentil gueux ; mais ce n'est de ce temps, ains de la saison de Marcus Terentius Varo, qui veut, aux établissements et ordonnances qu'il fait ès banquets, qu'ils ne soient composés que de sept conviés au plus, et non moins de trois ; et en tant que touche les noces, il en

[1] Fenêtres.
[2] Serve.
[3] Mendiants.

veut trente, et non plus. Se trouva, ainsi qu'il raconte, à un grand et solennel festin de noces un gueux affamé, qui se fourra au bout d'en bas de la table, mordant comme un levron de quinze mois, et étourdissant d'un coup de dent tout ce qu'il rencontroit : auquel le maître d'hôtel dit qu'il s'ôtât de là, vu qu'il étoit supernuméraire, et hors le nombre des trente; mais qu'il se hâtât de déloger, sur peine, non qu'il auroit le fouet, mais un autre qui le feroit danser depuis *miserere* jusques à *vitulos*. Tout beau, répondit le bélître, monsieur le maître; commencez à compter sur moi, et vous trouverez sans faute une erreur de calcul; que je suis des trente, et en droite ligne. Donnez-moi donc à boire, dit Lupolde à son laquais, puisque les affaires vont ainsi et ainsi, et que la saison s'y adonne. Je voudrois, dit Eutrapel, avoir lu le livre *De Arte signata*, de La Ripvière le baillif[1], homme de savoir non vulgaire et commun; car par là j'apprendrois pourquoi Lupolde a tout son rouge nez, et à pompettes[2], conclut tous ses contes par vin avec dépens. C'est mon petit tureluteau, dit Lupolde, pour te faire parler; ainsi que le vin est appelé le lait des vieux; et pour ce que tu n'es qu'une bête, tu ne boiras que de l'eau. Bonsoir.

## XVIII.

### Eutrapel et un vielleur.

L'on parloit de la cour, de la suite d'icelle; des beautés, laideurs, plaisirs, et mécontentements qu'on y reçoit. Les uns soutenoient qu'il y faut avoir été, non pas y vieillir; les autres au contraire, et que depuis qu'on en a accoutumé et humé l'air, être impossible de toute impossibilité s'en pouvoir retirer et dépêtrer : le mal être, qu'il ne s'en faut jamais absenter si faire se peut : et s'être en notre temps vu un seigneur, grand prince, qui se donna carrière, et fit du courroucé environ quinze jours, estimant être recherché et regretté; mais pendant qu'il contrefaisoit ainsi le fâché, un autre prit et occupa la place qu'il tenoit près son maître : et être la pratique générale chez les potentats, de jouer à boute-hors. Eutrapel donc alla à la cour, où il vit bien du

---

[1] Roch le Baillif, sieur de la Rivière, médecin de Henri IV.
[2] Taches rouges qui apparaissent au nez des ivrognes.

rôti et du bouilli : il y en avoit une douzaine de contents et bien à leur aise, le reste attendant le gland qui tombe ; tous débauchés et disgraciés, faisant néanmoins bonne mine ; et tel portoit le velours sur les épaules, vendant en détail, disoit-il, les faveurs et fumées de la cour, qu'on trouvoit au matin en une méchante chambre, rhabillant ses chausses ; tel avoit une longue file d'hommes après soi, lesquels aboyant quelque lippée franche, s'en alloient, la porte leur étant fermée au nez, chacun où il pouvoit, comme les chiens d'Audibon ; et la plupart vivoient de la gabelle imposée sur les nouveaux et derniers venus, qui se lève par un laquais, lequel de grand matin vous vient saluer et ajourner d'une petite lettre, contenant : Monsieur, je vous prie m'accommoder de dix écus, attendant mes coffres qui sont encore sur le Rhin. La cour étoit serrée en deux petits villages, où, dit Eutrapel, j'arrivai bien bouillonneux [1] et crotté, gelé et morfondu. Un bonhomme d'hôte, lequel je feignois connoître de longue main, me dit courtement et à deux mots, que lui-même étoit découché ; néanmoins de pitié et de tout, si je voulois aller dormir près d'un honorable homme qui est revenu du souper du roi, tout fâché et las, il me le permettoit, et me crains fort qu'il n'ait guère bien soupé. Je prends, dit Eutrapel, la condition, le remerciant, non en baisant le doigt, comme il se fait à la mode d'Espagne, ayant rampé jusques ici, oubliant la vieille gravité françoise, ce qui déplaît même au plus habile homme des leurs, Antoine de Guevara[2], blâmant ces baise-mains et telles idolâtres façons. Étant donc déchaussé, disoit-il, mes hardes bien paquetées entre mes bras, avec un méchant bout de chandelle, je monte jusques au plus haut du degré, et à ce que vous orrez, d'un étage plus avant qu'on ne m'avoit dit, car, ayant entr'ouvert l'huis à demi, j'ois un dormeur ronflant, que j'aperçus entre deux vues, et pour ne l'éveiller, et rompre un si plaisant sommeil, ce qui étoit capital entre les chevaliers errants, joint la révérence que je voulois porter au sujet que mon hôte m'avoit tant recommandé, j'éteins la chandelle, non en la mettant sous les pieds ou contre la cheminée, mais la faisant mourir en soi-même, qui est le secret oriental ; et petit à petit, sans haleter[3],

[1] Mouillé.
[2] Antoine Guevara, prélat espagnol, prédicateur et historiographe de Charles-Quint.
[3] Souffler.

me couchai près lui : vrai que, montant sur le lit, je trouvai quelques bouteilles et sacs ensemble attachés, que je poussai honorablement sous le lit : ainsi m'arraisonnant, et disant en moi-même : C'est quelque bon compagnon ; ses gens et serviteurs, en cette nécessité de loger, ont fait provision de quelques bribes, cervelas et jambons qu'ils ont joints et adhérés à belles bouteilles : et bien, c'est bien fait ; l'ombre seulement, et la seule science que nous sommes logés *sub eodem tecto et in eodem prædicamento*, feront que j'en dormirai plus consciencieusement et sans rêver. Si est-ce que je n'y eus été longuement, que la bonne personne ne délâchât un gros pet de ménage. Froissard[1] diroit décliquât une dondaine, et les affettées un sonnet : qui me fit croire, suivant l'avertissement de mon hôte, que cela lui faisoit grand bien, que c'étoit quelque gros abbé ventru et pécunieux, qui ainsi exerçoit les soufflets de son précieux boyau culier. J'exerçois aussi, en tant qu'en moi étoit, cette belle vertu de patience, gardant surtout de méprendre : nonobstant que je fusse éveillé par infinies morsures de puces et pous, qui me faisoient la guerre par tous les coins de ma chemise, et tourner à toutes mains, faisant distinction de ces bestions[2] domestiques, à les manier et tâter ; car tous gueux et autres experts connoîtront, au seul toucher, une puce d'avec un pou, fût-il ferré à glace. Vraiment, disois-je en discourant, ce bon père en Dieu a bien fait ses affaires ; il ne sent point telles alarmes nocturnes et rigueurs de droit comme moi ; ses lettres sont scellées, je le vois bien ; et, sa dépêche faite, a pris congé de monsieur et de madame. Ainsi, après avoir théologalement embâmé[3] et charmé les puces, *cum sociis suis*, il dort sur toutes ses deux oreilles : Oh ! monsieur, mon précieux ami, que tu es trois et quatre fois heureux, qui *optimam partem elegeris*. C'étoit à moi disputer à tous bras et envers, me défendant à belles restes de ces coquins de pous et infanterie de puces ; mais, tout compté et rabattu, me fut force, ne pouvant plus demeurer en ce tourment, me lever, accoutrer, et passer le reste de la nuit sur un banc, ayant toujours cette hérésie et opinion, quelque chose qu'il y eût, n'offenser, tant peu fût, cette scientifique personne, qui si extravagantement dormoit. Je trouve, en

---

[1] L'historien Jean Froissart.
[2] Animaux.
[3] Nourri.

me levant, que ses accoutrements et les miens, desquels j'avois
tumultuairement fait et redoublé la couverture, étoient tombés
en la place, mais en la même dévotion et science, je m'affuble
de son manteau, estimant être le mien, qui étoit bien crotté et
mouillé, et ainsi jusques aux cinq heures du matin je tremblai la
fièvre du singe; et prêt à me retirer, j'ois monsieur mon compagnon jurant, blasphémant et protestant contre ceux ou celles
qui lui avoient fourvoyé sa vielle; donnoit à celui qui n'a point
de blanc en l'œil, tous consentant, participant, et par la tête d'un
petit poisson, qu'il en obtiendroit une monition générale, et
peut-être, mais il n'en disoit mot pour l'heure, et pour cause, un
beau *significavit* de Rome, que c'étoient les gens de ce temps;
si elle eût été d'argent, autant en eussent-ils fait : et par la que-
nouillée de la reine Pedangue de Tholose[1], il leur montreroit,
toutes chambres assemblées, qu'ils tuoient à se faire jouer. Ah!
ma gente vielle! criailloit le prétendu prédicant prélat, vielle
gentille et invincible, où es-tu maintenant? Au moins, si dom
Jean Gautier de Trémerel en savoit faire une pareille; mais nenni,
il n'y a plus de bons ouvriers par terre. Ces longues et plusieurs
fois répétées acclamations et interjections dolentes me firent
soupçonner ou plutôt croire qu'il rêvoit; comme les songes sur-
venant aux grands sur le finissement de la nuit se résolvent
volontiers, comme dit Artémidorus, en quelque aventure de
haute lice; mais l'oyant continuer de fièvre en chaud mal, rapportant les pièces du soir à celles du matin, je fis mon compte d'a-
voir eu du vielleur pour mon argent. Et pour lui ôter tout moyen
et occasion de contester, et ne faire recevoir une honte honteuse,
je lui dis, sortant de la chambre, Hau! compagnon débauché, il
n'y a rien perdu, tout est sous le lit. A cette voix le paillard
hausse d'un ton ses injures, criant au voleur, au larron; et moi
de fuir avec son manteau sur les épaules, lequel, pour être pesant, à cause de plusieurs pièces de drap dont il étoit radoubé[2], et
de deux besaces et grandes pochettes des deux côtés, pleines de
bribes et autres ustensiles, j'estimois être le mien pour être fort

---

[1] Berthe aux grands pieds, mère de Charlemagne, appelée vulgairement la reine Pédauque. M. Paulin Paris, si familier avec la littérature du moyen-âge, a cité ce passage de Noël du Fail, dans la savante Notice qui précède *Li romans de Berte aus grans piés*. Paris, 1832.

[2] Raccommodé.

mouillé et trempé : et en ce point me présentai à ceux vers lesquels étoit mon adresse, qui furent prêts à me faire donner des coups de bâton, me prenant pour un espion; jusques à ce que le jour plus haut, je me trouvai emmantelé en cette pompeuse robe de palais. Je retourne chez mon hôte, lequel en riant dit que je m'étois lourdement mécompté, prenant Paris pour Corbeil, le haut galetas, que jà pieça il avoit loué à un vielleur, pour une chambre accommodée de l'orée d'un lit; mais patience, et que par aventure il m'en seroit de mieux une autre fois. Le vielleur, de sa part, investi et saisi de mon manteau, commençoit à démarcher, se prélingant sur le seuil de l'huis pour être vu, et jà délogeoit pour faire une course sur les Liégeois et ses autres sujets et vassaux, quand notre hôte fit holà, et nous accorda, au moyen d'un pot de vin qui fut promptement et sans récréance [1] tiré et envoyé au logis ordinaire. Les biens pris furent respectivement rendus, fors et réservé quelques munitions de galères et graine de pous, qui demeurèrent en mon pourpoint pour mes dés et chandelle. Il s'en trouve, dit Polygame, bien souvent de pris à telles fausses rencontres: comme à l'abbesse qui, à la hâte, voulant prendre sœur Friande sur le fait, prit, au lieu de son couvre-chef de nuit, les braies d'un cordelier, sien ami spirituel; ou au valet ivrogne, lequel but l'urine de son maître, mise en un verre, sur un buffet, pour connoître, par la résidence et hypostase [2], son mal de gravelle, dont il étoit tourmenté; ou bien de la bonne femme qui déroba le bissac de Jolivet, bourreau de Rennes, où y avoit la tête d'un gentilhomme voleur, qu'il portoit attacher sur la porte de Guingamp, pensant, la bonne damoiselle, que ce fût la tête d'un veau; ou encore mieux du même Jolivet, qui changea ses souliers tout neufs avec ceux d'un condamné à être fouetté, entre les semelles desquels il juroit avoir cousu six écus; mais Jolivet, quelque rémission qu'il eût faite, quelques pas mesurés et à la spondaïque qu'il fit entre deux et trois enjambées, ne trouva que le lieu où les pouvoir mettre : perdit en conséquence ses souliers beaux et bons, fut moqué des compagnons du berlan, son droit de rampeau confisqué par trois jours francs, qui est à dire jour et nuit courant, chacun jour de vingt-quatre heures. Le condamné, par la faveur de ses souliers, quitte du hoqueton et

---

[1] Retard.
[2] Sédiment des urines.

de la hallebarde : et Jolivet, outre, comme l'un mal suit l'autre, qui ayant gagné la vérole d'une garse qu'il avoit choyée et épargnée en la fouettant, car en ce cas ils ont la rémission, à pendre ils n'y peuvent rien, fut condamné en une bonne amende, dont il fit assignation sur les premiers venus. Beaucoup, dit Lupolde, voirement y ont été trompés, sous ces *qui pro quo* d'apothicaire, et fausses rencontres : comme quand deux bègues ne se connoissant, chacun estimant être moqué de son compagnon, commencèrent à jouer des couteaux; car Hector, pour être bègue, étoit hardi, sans un gentilhomme qui, sachant l'imperfection de tous deux, les accorda; ou bien d'une damoiselle, qui, en un grand festin, à laquelle un médisant dit que l'abbé auquel elle vouloit boire, qui, à la vérité, avoit en ses jeunes ans perdu ses deux témoins instrumentaires, appelés en grec c.., en descendant d'un bellocier, c'est un prunier sauvage, s'appeloit monsieur de *non sunt*, laquelle d'une voix pointue, le verre à la main, s'élevant un semblant : Monsieur, monsieur, monsieur de *non sunt*, à votre bonne grâce, s'il vous plaît. Buvez donc tout, répond l'abbé, mademoiselle, juqu'au c...

## XIX.

### Musique d'Eutrapel.

Pyrrhus, ce superbe et heureux guerrier, dit Eutrapel à Polygame, visitant les temples, ne demandoit autre chose aux dieux, sous le masque desquels le peuple étant abusé, Satan faisoit mille singeries (comme sommes prompts à courir aux choses créées, au lieu d'avoir son seul refuge à notre Seigneur le créateur), que la seule santé. Pythagoras, en la superscription de ses lettres, usoit de ce mot *santé*. Les Florentins, ce qui est étendu par toute l'Italie, y ajoutent, disant en leurs saluts : Santé et gain : ainsi, monsieur, je vous désire, souhaite et procure à mains haut élevées, et par toutes dévotes acclamations, santé, tant du corps que de l'âme; ne ressemblant en ce au roi Louis XI, lequel, comme récite Seissel[1], dit au prêtre qui avoit dit la messe à son intention, devant l'image saint Eutrope, et à la fin ajouté

---

[1] Claude de Seissel, historien, mort archevêque de Turin en 1520.

que ce bon patron eût pitié tant de la santé de l'âme que du corps du prince : Mon bon ami, je ne veux tout à un coup importuner le saint de tant de choses, c'est assez de la santé du corps pour cette heure. Nous devons, disoient les anciens, avoir soin de trois choses principales, de l'âme, de l'honneur et la santé : laquelle ne pourrez mieux entretenir, que joyeusement mettre en colère et aux champs votre Lupolde, duquel savez bien tirer plusieurs plaisirs et profits, voire en choses petites et légères; ainsi faut rabaisser les cas aventureux de ce misérable monde, et roidir contre les fortunes humaines, et accidents qui nous vont meurtrissant. Saint Jérome dit un bon mot : Que celui déprise volontiers les choses de ce monde, qui songe une fois le jour qu'il faut mourir; n'entendant par ces profonds discours, chutes et précipices véhéments et perpétuels ès cogitations et pensées mélancoliques de ce monde; car si ainsi étoit, nous ne ferions que pleurer, et abuserions des choses belles et délectables qui y sont mises et ordonnées pour signes de beaucoup plus hautes et magnifiques parures, que nous aurons en cette seconde vie, que l'œil, dit le prophète, n'a point vues, ne l'ouïe ouïes. Ains veut dire, comme l'Église chante : Seigneur, gardien de ceux qui espèrent en vous, et sans votre aide n'y a rien de saint, ne qui se puisse soutenir, augmentez et multipliez sur nous votre miséricorde, afin qu'étant menés et guidés par les biens temporels et caducs, nous ne perdions les célestes et perpétuels. Je ne pensois pas à ce matin être si bon théologien, mais vous voyant tout pensif et harassé, j'ai dressé une partie au bon homme Lupolde, qui vous sert de vinaigre et réveille-matin en tous vos déportements : de laquelle, à mon jugement, vous recevrez grand plaisir; car industrieusement et tout à propos j'ai mis une flûte à neuf trous en lieu où, par nécessité, il passera tel, je le connois vrai naturel des musiciens, que le priant d'en sonner, il n'en fera rien du tout; mais seul écarté, je trompe ainsi les dépits, il visitera, nettoyera et embouchera sa flûte, et se jettera triomphant sur quelque létabonde, ou chanson triste et élégiaque. Il y avoit un avocat à Rennes, dit Polygame, bien de cet humeur; car il étoit si actif et corrosif ( il se faut abandonner à telles choses bien peu, et jusqu'à la semelle du pied seulement,

Et certare solent, et simul cœnare Patroni ;

les avocats se grondent, et si boivent ensemble), qu'il s'en retournoit toujours du palais tout fâché, rechigné, et l'une des cornières de son bonnet élevée en pointe sur son front, à la romanesque [1] : pour amortir et adoucir lesquelles colères palatines, sa femme les savoit très-bien modifier, mettant en l'allée par laquelle son monsieur alloit en son étude, deux ou trois pelotons et remusseaux [2] de fil et la dévidoire, à la vue de laquelle toutes ses fâcheries et traverses s'en alloient en fumée et à vau-l'eau ; et de là ne se fût pas remué le travers d'un ongle, pour tous les demandeurs et défendeurs de la ville, que préalablement, cet adverbe fait retentir et bien enfler une audience, il n'eût achevé dévider son fil, huchant à sa femme et chambrière qu'elles eussent apporté le reste, *unico contextu*, pendant qu'il étoit arollé et la corde au puits. Voyez, continuoit Eutrapel, comme Lupolde, ce vaillant musicien, assis sur une paire de roues, les jambes croisées, folâtre mignonnement de sa flûte ; la touchant il la regarde ; puis, se promenant, frappe du pied contre terre, signe infaillible de menacer quelqu'un, ou peut-être, comme disoit Pompée, faire sortir d'icelle un million de gens d'armes, pour venger ses injures ; mais à cette heure qu'il rit, se grattant le bout du menton, y a apparence qu'il a pardonné à ses ennemis. Oh ! combien en la cervelle d'un homme seul y a de circuits et chemins traversants ! Donnez-vous de garde, disoit Sénèque, à un promenant seul, que vous ne parlez à quelque mauvais homme. J'eusse volontiers cuidé que les seuls Socrates ou Archytas, philosophes entre les premiers, eussent joué de telles échappées, saillies à ravissement d'esprit par leur secrète musique ; mais ce vieux grammairien semestral fait rage de chanter force mettres [3], abondance de litanies, et longue et copieuse suite de lais, virelais et chants royaux, qui sont étouffés et éteints depuis trente-cinq ans. Tenez, comme il y mord, comme il s'y opiniâtre, et comme en croisant les doigts sur sa méchante guiterne [4], il tord la gueule avec un exorbitant et déréglé mouvement de mâchoires ! Lupolde ayant l'oreille au vent, écoutant les hausse-bec [5]

---

[1] A la manière des Romains.
[2] Écheveaux.
[3] *Mettres* pour mètres ; vers.
[4] Guitare.
[5] Le bavardage.

et admiratives d'Eutrapel, le babil duquel il craignoit et expérimentoit assez mal avantageusement, jeta sa flûte et guiterne bas, et, un quartier de sa robe longue sur son épaule, se planta droit et en face de Polygame : Que vous en semble, dit-il? oui da, une musique ne veut être ainsi valettée [1] et publique, comme toi, Eutrapel, l'as toujours prétendu; mais solitairement, en lieux obscurs et révérents, comme cettui où je récrée l'ennui de ma vieillesse, remémorant la figure et le vrai de ma sotte et inexpérimentée jeunesse, où je te vois à deux doigts près de la raison, retenu et empêtré, badin en cramoisi que tu es : là je refais et console mes esprits, autrement débauchés et troublés en mes particularités et affaires ; je romps et étoupe le cours à mille fantaisies qui se vouloient loger et placer en mon estomac ; mon chant est voué aux cieux, mes prières et invocations à l'éternel Jéhovah, par le moyen et intercession de son messias notre Seigneur Jésus-Christ ; non pas comme toi, qui ne regardes qu'à tes pieds et choses terrestres ; un sifflard, un criard, avec tes rebecs, violons et cornemuses. Là, fit Eutrapel une sesquipédale [2] et fort bien métrifiée révérence, se tenant droit comme un jonc, n'ayant la tête avancée et le c.. à deux lieues loin, à la monacale, posant en toute fraternité une once de fine graine de fougère, poids de marc, en l'escarcelle de Lupolde, en laquelle il falloit toujours mettre quelque chose, comme au loup de la jambe Marbandus, pour participer aux suffrages, et s'entretenir en la bonne grâce de l'avocat. Mais Polygame, comme maître qu'il étoit, interrompant par une certaine douceur leurs propos, qui montoient par échelons, de degré en degré, jusques au siège de la colère, proposa que la musique de laquelle Lupolde avoit si hautement parlé, se pouvoit raisonnablement et à bon droit appeler médecine présente et allégement de barbouilleries et fâcheries qui picotent et cavent le meilleur de notre vie, et capable d'arrêter l'esprit, en plus doux et saint repos, tiré peut-être ailleurs en autres diverses affections et parties. C'est la même musique, jointe à l'instrument de corde, par laquelle, comme disent les rabbins, l'homme peut de clin en clin d'œil pénétrer et courir sur tous les lieux et espaces du monde ; car il n'y a que Dieu seul qui en même instant voie et connoisse tout cet univers,

---

[1] Promenée partout.
[2] Grave, majestueuse.

et qui remplisse cette toujours présente ubiquité. Puis, dit Eutrapel, que vous avez forjuré la ligue de Lupolde, et rendu son partisan, j'aime autant me déclarer ici, et m'y dépouiller, comme auprès du feu; n'estimant de ma part plus véhémente et fructueuse musique qu'un beau traquet de moulin, battant joyeusement la mesure, juste et au compartement de l'eau rejaillissante par les efforts et combats du tour de la roue; si on ne veut dire que trois dés assis et installés selon leur forme et teneur : hantez les boiteux, vous clocherez; hantez les chiens, vous aurez des puces; il souvient toujours à Robin de ses flûtes; voilà que dit Lupolde appuyé sur le coude, dit par entrecoupure et parenthèse, coulant le long d'une table bien polie, s'entre-suivant comme beaux petits moutons de Grèce, trottant comme pèlerins joyeux, craquetant entre les mains, puis tout à coup entre bond et volée, resserrés sept ou huit fois, culbutés et testonnés; cela est harmonie et accord à cinq octaves, ignoré de l'Arétin, et de toutes les escadres des philosophes. Je vis, disoit-il continuant, un fou fanatique, un Triboulet de la Triboulière en Triboulois, plus sage d'un pied que Sibilot, chez lesquels d'ordinaire repose une fureur divine, qui donna un grand coup de poing au maître d'une compagnie de chantres, disant qu'il avoit commencé la noise; qu'auparavant ils étoient bons amis; sans lui, qui premier avoit mis la campane¹ au chat, ils ne se fussent ainsi injuriés, entre-aboyé, et crié au renard l'un sur l'autre, comme ils faisoient : les plus petits chassant, posant, soupirant; autres s'entre-rompant les oreilles à fine force de criailler; les plus derniers hurlant et grondant comme grosses mouches enfermées entre deux châssis et la verrière; montrant, par sa mélancolique fureur, qui est une branche de sapience, que telles compagnies de chantres ainsi assemblés, et chantant diversement, déplaisent aux choses plus célestes. Et ainsi fut jugé en la grand' chambre des fous à Saint-Mathurin, quand Roger, procureur-général au parlement de Paris, allant trouver le grand roi François à Fontainebleau, pendant que son dîner s'apprêtoit, alla faire ses prières en l'église et temple dudit lieu, où de cas fortuit messieurs les fous s'étoient déchaînés, tandis que leurs curateurs et bien-veillants étoient à banqueter; et ne se pouvant accorder, conclurent que monsieur Roger, étant

¹ Sonnette.

de genoux, chanteroit pour tous, sur les épaules duquel coups de poing pleuvoient dru comme grêle, jusques à ce que, leur obéissant par force, il s'accoutra en prêtre pour dire la messe, et fallut, bon gré, mal gré, qu'il chantât. Cela fait, ils lui firent sonner les cloches en toute forme d'obligation; tant que à ce tribalement de saints, car ainsi s'appellent-ils, pour le baptême qu'on leur donne (*inde toquesaint*), leurs gardes accoururent, qui les battirent et renferrèrent très-bien, et entre autres monsieur le procureur-général, qui tant plus alléguoit ses titres et capacités, plus étoit battu. Voici encore le plus maître fou de la bande, disoient-ils, qui est devenu procureur-général tout d'un saut : et jà commençoient le mettre au rôle des placets, et lui appliquer les manottes [1], n'eussent été ses gens qui survinrent, comme les autres de la ville, au bruit des cloches non accoutumé, qui le dégagèrent et ôtèrent de leurs mains, information précédente que c'étoit lui-même en personne; autrement il eût eu beaucoup à faire. Ce peut penser comme ce bon et grand prince en rit. Et sans m'éloigner, poursuivoit Eutrapel, quand étant égaré en la forêt de Liffré, qu'il pleut, tonne, vente et grêle, j'oy cette grosse horloge de Rennes, car c'est une femelle, comme orrez, sur la plomberie de laquelle, si haute qu'homme de notre âge n'y pourroit atteindre, celui grand de corps et de nom roi François y écrivit d'un poinçon, l'an 1522, ce mot : *François*, qui y est encore; quand je l'oy, dis-je, sonner, et de son impétueux éclat fendre et ouvrir l'air, cela me rassure de ces vaines peurs nocturnes, et remet au droit chemin : il est écrit tout à l'entour :

> Je suis nommée dame Françoise,
> Qui cinquante mille livres poise.
> Et si de tant ne me croyez,
> Descendez-moi, et me poisez.

Et de fait, une cornemuse, quelque chose qu'en dit Alcibiade, un fifre, un tambourin grêlier, une trompette, un hennissement de cheval, toutes choses servant pour la guerre, ou pour dresser et encourager les préparatifs et effets d'icelle, sont mieux reçues entre les poursuivants braves et hautes exécutions, et entremetteurs d'affaires notables : de façon qu'Athias, roi des Scythes,

---

[1] Menottes.

voyant ce grand sonneur, comme ils l'appeloient, Isménias, jugea, avec l'opinion de l'armée, que beaucoup mieux aimeroit ouïr hennir un fier et courageux cheval, penadant de travers et à sauts, ruades et bonds redoublés, que telles voix artificielles et de guet-apens gringottés. Comment récompenseriez-vous un homme de bien et de valeur, disoit Archidame à son père, quand de ce galant, montrant un harpeur raccourci et penchant sur les cordes de son instrument, vous faites tant de cas? L'excellent joueur de flûte qui fût en Grèce, fut jugé et estimé niaiser assez bien, sans qu'on l'honorât de titre plus qualifié; qui montre bien que telles brouillées et confuses chansons, avec leurs voix tremblantes et acérées, ne sont au monde que pour les fols, les femmes, et autres gens du pays d'imperfection oisive et de relais. Oh! disoit Chauvelière mourant, près la maison duquel se donnoient aubades, et oyant d'autre côté Milort, ce gentil et expert valet de taverne de Rennes, qui heurtoit et lavoit ses pintes, les faisant résonnantement claquer et tinter, combien doucement cette belle et harmonieuse sonnerie de pots conforte mes esprits abattus et languissants! et que telles bedonneries[1], fanfares et musiques cordées me déplaisent! Polygame alors, Vous débattez, dit-il, choses plus divines pour ainsi les conclure et refondre, plus par forme et espèce de victoire et opiniâtreté, que de raison et modestie, qui sied si bien en tous discours et pourparlers. Monsieur, lui répondit Eutrapel, qui jamais ne le pouvoit faire entrer en comptes s'il ne lui jetoit un appât et aiguillon de demi-colère; parce que la grâce de ma parole libre et volontaire n'est accompagnée de l'autorité et poids que peut-être vous y souhaiteriez, il ne doit être pris pour contant qu'elle soit, avant d'être connue plus amplement, ainsi jugée et retranchée me semble: pardonnez à ma juste défense, que pour un philosophe et homme ne prenant parti aisément, comme vous devriez, trouver toutes disputes, toutes opinions bien ou mal rencontrées, bonnes, sauf à les amender et adoucir par parcelles, ainsi même que Platon commandoit, à savoir, que tout le négoce et affaire, non la nue simplicité du propos, fût ouï. Eutrapel, dit Polygame en bontoyant, les anciens, en leurs disputes, dialogues et écoles, ont tout à propos entremêlé, par une honnête familiarité, plusieurs gaies et facétieuses manières de parler, fût à contredire l'autrui ou confir-

---

[1] *Bedonner*, battre du tambour.

mer le leur, ou pour n'embrasser l'une ou l'autre opinion. Ce qui a tant gagné sur moi, que défendre la musique contre les jugements de tous deux, qui me semblent petitement recherchés et non assez entendus; l'un tient d'un flageolet, l'autre d'une cornemuse : tout cela est bon, mais aussi il me sera permis prendre et choisir un tiers avis; que plût à Dieu qu'en la concurrence de deux opinions diverses ou contraires, l'on prît de chacune d'icelles les bons morceaux et meilleures pièces, afin que de ces discords se fît un bon accord. Cela soit dit en passant, pour le regard de plusieurs points qui sont en ce jour grandement disputés et débattus. Mais, ô bon Dieu! qu'il fait bon ouïr David trois fois grand prophète et harpeur le plus hautain, décochant de sa divine corde un million de prières et louanges infinies à sa sainte majesté, tirées tantôt du profond des mers, à cette heure du plus dernier des cieux, chantant lors une issue et assemblée populaire, se consolant gracieusement, avec action de grâces, en sa captivité; jusque-là, d'avoir affranchi et ramolli la fureur de Saül son ennemi; et, qui plus est, tiré, par cette harmonieuse musique, en son amitié celui qui peu auparavant le poursuivoit l'épée au poing; joignant, ce grand ouvrier, au tremblement de sa corde, et la voix et la parole, qui en demi-silence redoubloient sous le son nasard[1] de cette harpe; fléchissant et maniant par telle proportion, multiplication d'accords et rencontres de musique ainsi répartie, les plus rudes et opiniâtres affections. Un Iopas tout chevelu, avec sa longue robe fendue par les côtés pour n'avoir la main serrée et empêchée, ains en toute liberté et ouverte, le pied gauche avancé, chantant sur son violon la structure et bâtiment du ciel, les erreurs, chemins et espaces de la lune; envenimant par telle haute et délicate musique, et ravissant les passions amoureuses de la misérable Dido, si toutefois celle fut, faisoit rester et demeurer les hommes comme rochers, larcinant et ôtant tout sentiment, ainsi que feroit un Æolides, ce subtil tonnerre qui auroit sucé et humé la plus affinée et déliée substance d'un corps. Timotheus, avec ses fredons[2] roulés, et par intervalle mariés et joints à la parole, poignit[3] et piqua tant véhémentement le courage d'Alexandre, que tout furieux

[1] On appelle ainsi un des jeux de l'orgue, parce qu'il imite la voix d'un homme qui chante du nez.
[2] Chants.
[3] Émut.

saisit ses armes, se courrouça, gronda. Et, sans aller si loin, quand notre Mabile de Rennes, mais la vérole et le vin l'emportèrent, chantoit un lai de Tristan de Léonnois[1] sur sa viole, ou une ode de ce grand poëte Ronsard, n'eussiez-vous jugé que celui-ci, sous le désespoir de sa Cassandre, se voulût confiner et rendre en la plus étroite observance et ermitage qui soit sur le Montferrat; et l'autre laissant son Yseult[2] se fourrer et jeter aux dépiteuses poursuites de la bête Glatissant? J'ai lu qu'à Thèbes l'image de Pindare ne s'y vit, trop bien celle de Cléon, musicien, qui, par Alexandre, ruinant la ville, fut révéremment défendue et gardée; et tant d'autres que nous tenons pour connus, tous enfants d'Apollo et des neufs Sœurs, ainsi maîtrisant les volontés, les passionnant quand bon leur semble, ne faisant état, pour ce coup, de ceux qui émeuvent en chatouillant seulement les grosses et lourdes oreilles, n'ébranlant en rien ni tâtant le vif d'un esprit bien reposé, ni la capacité d'une âme saintement affolée de l'amour et connoissance du plus haut. Cela, dit Eutrapel, doit aller et être entendu de temps en temps, d'âge en âge, et de postérité en postérité; car le peuple de jadis s'étonna, et eut en horreur et étonnement tout émerveillable les premiers seuls traits de musique et chansons qu'il ouït ravauder sur deux méchantes harts d'osier tendues au rond de quelque vieille tête de cheval, au moyen duquel nouveau plaisir se laissa conduire un je ne sais quel Orphéus, qui se vantoit par telle harmonie traîner même les roches après lui. Et se dit qu'aux enseignes de sa harpe il entra aux enfers, et y fit bonne chère, trompa et endormit le portier, les diables étoient encore à leur Donat[3], sans être émancipés, et avec les non ouïes chansons acheta, puis bâtit mille immortalités à sa mémoire, jusques aux derniers des hommes. Sa harpe, à la vérité, et au sens allégorique, étoit de quelque écorce de cerisier et deux ou trois filets et cordelettes de queue de cheval, ou sept pour le plus, ainsi que Boëce, en ses *Musiques*[4], et Macrobe, aux *Rêveries* de Scipion[5], le témoignent. Est à croire que par tel et

---

[1] *Tristan de Léonnois,* roman de chevalerie, composé au douzième siècle, et qu'on attribue à Rusticien de Puise.

[2] Yseult, un des personnages du roman de *Tristan de Léonnois*.

[3] Le *Donat* était une petite grammaire latine en usage dans les écoles. Être à son Donat, c'est-à-dire être novice, comme un écolier.

[4] Boëce est auteur d'un traité sur la musique.

[5] Voyez l'ouvrage de Macrobe intitulé: *In somnium Scipionis expositio.*

nouveau frétillement d'esprit, il menoit telles vieilles bandes d'hommes subornés et persuadés du premier jugement et vue de telle marchandise mêlée, branlant et vivant encore de glands, et battant les noyers à outrance; cuisant des pommes aux cendres, et gambadant à éteinte de chandelle sous les arbres; comme font nos gueux, vrais nourrissons, patrons, imitateurs et singes de cette antique oisiveté, et *jacientes.* comme disoit maître Jean l'Anglois, qui vingt fois l'an lisoit l'*Institute* à Angers, *canes post lapides.* Quand nos Bretons ont découvert premiers la terre de Canada, les Portugais se veulent faire croire le contraire, mais ils se trompent, qui est hors la ligne des anciens cosmographes, illec pour leur plaisir battant un bassin ou quelque méchant tambourin, faut-il point tambour, suivant la réformation dernière? cette barbare et nouvelle gent, et tels nous appeloient-ils aussi, regardant ce son non accoutumé d'un œil étonné et hagard, s'est cachée derrière un pied d'arbre en demi-vue, pour entendre que c'étoit; les autres, grimpés et montés sur une haute roche, couchés à dents et sur le ventre; autres plus hardis, entre crainte et demi-amitié, se sont présentés sous la portée de l'arquebuse, qui est de cent pas ou marches, (comme vous, seigneur Polygame, le fîtes éprouver en la prairie Saint-Georges de Rennes, mil cinq cent cinquante-sept); de façon que ce vénérable frappeur de bassin leur est en ce jour comme un autre Orphée, et en orrez à cent ans d'ici, je vous y convie, de belles et bien joyeuses moralités : se diront les princes et seigneurs d'icelles terres, issus du sang de Jacques Cartier, Breton [1], et Robert Val [2], Gascon, entrepreneurs d'icelle première navigation, comme nous faisons, allant faussement chercher notre race et descente en la damnée trahison et perfidie d'Antenor, désavouant par telle et grossière ignorance la succession naturelle de notre pays, et du bon prince Brittan, arrière-neveu de Dis, roi des Gaulois, que les Grecs appeloient Celtes. Et, à ce propos, j'ai lu en bon auteur, ce n'est mie fabliau, c'est Ogier le Danois [3], qu'un vielleur, à Montpellier,

---

[1] Jacques Cartier, habile navigateur, qui reçut de François Ier la mission d'explorer cette partie de l'Amérique septentrionale connue sous le nom de *Terre-Neuve.*

[2] Robert Val ou Roberval, autre navigateur, qui rencontra Cartier à Terre-Neuve, et que celui-ci a cité dans la relation de ses voyages.

[3] Le roman d'Ogier le Danois.

chantant la vie de ce preux chevalier, on l'appeloit duc, menoit et ramenoit les discours et pensées du peuple qui l'écoutoit, en telle fureur ou amitié, qu'il forçoit les cœurs des jeunes hommes, renflammoit celui des vieux à courageusement entreprendre telles erreurs et voyages que le bon Ogier avoit faits, et qui est enterré à Saint-Pharon de Meaux. Et quand haut, notre féal Lupolde, vous entonnez si tristement et par tripla, sur votre flûte enrouée, la bataille des Trente ou la journée de Marhara, ne vous prend-il envie y retourner? car bien qualifié y étiez-vous; pour le moins vous promeniez les chevaux des enfants de ceux qui y avoient été; et recharger votre brigandine rouillée sur vos bonnes femmes d'épaules, happer votre braquemart, faire quelque exploit et apertise d'armes, ou une brave composition entre les pies et les geais, qui s'y pelaudèrent[1] tant brusquement? Parle, compains[2], et me réponds liement, *quid juris?* çà, un trihori en plate forme, et le carole[3] de même à trois pas un saut, sur cette belle rade. Polygame alors, pour défendre la danse du trihori, *saltatio trichorica,* et l'honneur de longtemps acquis à sa Basse-Bretagne, combien que par une jalousie les écrivains voisins l'aient ravalé et célé; Ce que vous pouvez avoir d'ancien, dit-il, est de nous, jusques aux fond et racine de votre langue, de laquelle nous est demeuré le vrai original. En quoi se doit remercier la diligence de messieurs Ramus, Rhenanus, Cujas, Hottoman[4], et dernièrement d'Argentré[5], ce docte président à Rennes; très-grandes personnes de notre temps, qui ont montré évidemment le vieil langage des Gaulois en la partie que César appelle Celtique, et Pline Aquitanique, être celui dont nous usons en notre Basse-Bretagne, qui même est entendu en la plus grande partie de l'Angleterre; et avez été si pauvres ménagers, je parle à ceux qui nous disent descendus des fabuleuses navigations des Troyens, que d'emprunter d'ailleurs ce que vous avez chez vous-mêmes en votre propre naturel : en tout quoi nous

---

[1] *Pelauder,* se battre corps à corps.
[2] Compagnon.
[3] Danse en rond.
[4] Auteurs déjà cités page 162.
[5] Bertrand d'Argentré, auteur d'une histoire de Bretagne, publiée pour la première fois à Rennes en 1582.

attendons aussi le jugement de ce docte Chopin Angevin [1], et du sieur de Lacroix du Maine [2], ce curieux et grand rechercheur de livres et doctrines. Mais à la musique, tout ainsi que le nombre de trois est vénérable entre ceux qui ont fureté et fouillé aux secrets de la théologie, aussi la danse du trihori est trois fois plus magistrale et gaillarde que nulle autre, n'en déplaise aux spondées et mesures graves par lesquelles Agamemnon essaya retenir la chasteté de sa Clytemnestre, vos branles de Bourgogne, Champagne, passe-pied de la Haute-Bretagne, la standelle d'Angleterre, la volte et martugalle de Provence; je m'égare en trop de coins, résolument, et pour le dire en bref, quand la voix et le mot sont par entrelaçures, petites pauses et intervalles rompus, joints avec le nerf et corde de l'instrument, la force de la parole et sa grâce y demeurent pris et engluées, sans espérance de les pouvoir séparer, pour demeurer un vrai ravissement d'esprit, soit à joie, soit à pitié. Comme, par exemple, quand l'on chantoit la chanson de la guerre faite par Jannequin [3] devant ce grand François, pour la victoire qu'il avoit eue sur les Suisses, il n'y avoit celui qui ne regardât si son épée tenoit au fourreau, et qui ne se haussât sur les orteils pour se rendre plus bragard et de la riche taille. Et, au contraire, lorsqu'en cette belle voûte d'église, à Saint-Maurice d'Angers, on chantoit cet hymne funèbre de *Requiem* en grosse et plate musique, approchant du fauxbourdon, vis-à-vis de ce riche tableau du bon René de Sicile, où il est peint mort rongé de vers, couronné, et tenant un sceptre en main, il n'y avoit si contronglé et dur cœur qui ne se retirât à la contemplation de la caducité et vanité de ce monde. La musique et chansons ont cela propre et naturel, que transmuer et faire passer en elles nos conceptions et volontés. Le nocher rame plus mesurément et à forces mieux compassées, quand le tout et maniement du corps s'allonge ou raccourcit à la mesure et note de sa chanson. Et ainsi Ghrysogone accordoit dextrement sa voix avec celle de forçats aux galères. Ainsi trompent

---

[1] René Chopin, jurisconsulte et avocat au parlement de Paris, mort en 1606.

[2] Lacroix du Maine, qui en 1584 publia une bibliographie des écrivains français.

[3] Clément Jannequin mit en musique *la bataille de Marignan* ou *la défaite des Suisses*, en 1515.

les laboureurs l'opiniâtreté et le plus dur de leur travail, et mieux s'approche l'heure du repos par les chansons que leurs voisines, au soir, à même feu et chandelle, leur donnent. Ainsi un pauvre et languissant malade s'endort à la voix basse et demi-enfermée d'une jeune garse ouvrant [1] de l'aiguille sur ses genoux. Somme, que j'ai toujours estimé la musique, qui déclare et éclaircit la grâce, la gravité, l'amour, la peine, et le feu du mot où elle est couchée, être chose pour convenir avec les cieux. Autrement ces rapetasseurs et thériacleurs de branles, gaillardes, et vendeurs de vent à la livre, lesquels, par la vieille coutume de notre Bretagne, étoient infâmes, ne pouvant témoigner, me sont un néant, un rien entre deux plats, et un nerme, comme l'on dit à Orléans. Vous, dit Eutrapel bégayant et travaillant de colère à goûter telle briève résolution, n'êtes vulgaire, ains trop raccourci et laconique. En quoi vous n'avez contenté Lupolde non plus que moi, et tous deux, je le vois bien à sa contenance, avons belle envie faire comme les Candiotes, lesquels, comme récite Plutarque, étoient ordinairement en grosses querelles et partialités; mais lorsque les ennemis communs leur venoient sus et assaillir, ils se mettoient et rangeoient tous d'un côté. Et ainsi en firent les peuples Sudraques et de Malian, lesquels étoient en guerre perpétuelle : mais soudain qu'Alexandre le Grand essaya les combattre, les séparant, il se les trouva tous contre lui et sur ses bras. Au fort, je ne m'en soucie pas, si, comme dit Aristote, mais il se trompe, tout est opiniable et disputable, j'estime le jugement de cette affaire indifférent et sujet à circonstances, pour m'apprendre à choisir le parti plus équitable, et moins sujet à répréhension et syndicat. Tu as bien fait, dit Lupolde, d'acquiescer au plus sain et entier avis; car en vain et pour néant m'avois-tu couché en ta partie et de ton côté; mais telles gens comme toi, soutenus seulement et se faisant forts d'un petit babillard et courtisan jugement, se mêlent ordinairement d'accrocher quelque bonne et sainte opinion, afin, disoit Plaute, d'être vus être quelque chose; en quoi, dit Salluste, ils sont seulement loués par les ignares de leur sorte et calibre, qui, par leur impudence non débattue, cuident avoir bien triomphé, et dit chose qui en vaille la peine. Eutrapel se tut, car il n'avoit que tenir; aussi qu'il se voyoit désavoué en sa présence, qui est

---

[1] Travaillant.

le fruit que remportent ceux qui s'engagent trop avant aux affaires de leurs voisins, sans charge et consentement : occasion que Lupolde, ne voulant user de sa pleine victoire, ains jeter la truie au foin, et écarter et tourner ailleurs ce qui s'étoit passé, dit qu'on ne s'ébattoit plus comme l'on faisoit de son temps, et n'entendoit rien à gouverner le monde; que tout alloit de travers. Lors Polygame, voulant relever Eutrapel, désarçonné et terrassé par Lupolde, qui épioit et étoit toujours aux écoutes pour enferrer le pauvre Eutrapel, libre et volontaire parleur, dit qu'on se jouoit et ébattoit autant ou plus que jamais; mais, Lupolde, mon bon ami, on ne nous y appelle pas, c'est le malheur; car nous estimons, trompés que nous sommes en l'abus de notre vieillesse, avoir plus fait que nos jeunes hommes; nous en vantons, en attisons notre feu, et telle est notre profession et condition; mais on ne nous y appelle pas. Et pour les contenter tous deux, ajouta que le vrai chant et propre à tout bon chrétien, qui croit la sainte Trinité, la résurrection et renouvellement des corps, le jugement horrible de nos œuvres, et de ce que nous aurons bien ou mal fait, la miséricorde et la justice divine, la vie éternelle et à jamais, être celui des psaumes de David; car toutes autres chansons, je n'en excepte une seule, sont vrais filets et piéges pour donner le saut et faire tomber à la renverse la plupart des femmes et filles qui les chantent ou écoutent; merveilleuse invention du diable pour souiller et contaminer ces pauvres corps, que l'Écriture sainte appelle temples de Dieu, lorsqu'ils sont entiers, purs et non viciés, sinon par le moyen de ce saint lien de mariage. Eutrapel, voyant que Lupolde ne pouvoit avaler et moins digérer telles pilules de psalmes, qui curoit ses dents avec un fer d'aiguillette, *juxta illud*:

> De quatre choses Dieu nous gard,
> Des patenôtres du vieillard,
> De la grand' main du cardinal,
> Du curedent de l'amiral,
> Et la messe de l'hôpital;

dit que pour tout certain le sophiste l'avoit perdu à fond de cuve, étoit sans réplique, n'avoit que produire des forclos [1] éternellement. Mais le paillard de Lupolde, qui oncques ne se

---

[1] Des réponses évasives.

laissa vaincre, qu'il pût seulement hausser le doigt, (*nam turpe est vinci*), fût à nier pour son plaisir les choses plus connues, ou maintenir opiniâtrément toute espèce de faux, comme les avocats font quand il leur plaît; dont est venu ce mot : *de bon avocat, mauvais juge*, marmottoit, minutoit, et forgeoit un plein sac de réponses et contredits; mais voyant la force et véhémence du continu et perpétuel langage d'Eutrapel, qui le recommandoit à une paire de diables de chambre et mi-crus, se retira, protestant ne boire plus avec lui. Non de l'eau, dit Eutrapel, mais au cas que devant souper, je ne le mette les quatre fers contremont, après avoir bu selon l'exigence du cas, marché nul. Je connois le paroissien, qui pour son vin du coucher entonne volontiers, en franc fief et nouvel acquet, un pot de vin tout comble, mesure de Bécherel, sur sa précieuse et dévote conscience, sans y appeler parent ne ami qu'il ait, et sans autre décret ou autorité de justice, ne convocation d'États. Oh! vertu-Dienne, c'est un homme que Dieu nous devoit; il n'a pas le nez d'étain comme l'autre avoit; et sur cette assurance je vous donne le bonsoir.

## XX.

#### De trois garses.

Ceux qui entendent, je crois que tous, sans exception, combien il est dur accomplir le vœu de continence, pour être un don rare et à bien peu communiqué, ainsi que dit l'*Ecclésiastique*, à un homme principalement bien nourri, qui ne fait que peu ou rien, et l'opposition que ce vieillard prêtre Paphnurius forma au concile de Nice le premier, soutenant que les gens d'église doivent être continués en leur possession de mariage, comme chose légitime et ordonnée de Dieu; jugeront aisément qu'une pauvre garse abandonnée, de laquelle je vous veux faire le conte, n'étoit sans partie, et qu'on lui fît bien et loyaument gagner ses dépens, lorsqu'elle se trouva dedans un couvent, je ne sais de quel ordre, où les habitants et bourgeois d'icelui étoient, principalement les moins qualifiés, affamés de cet appétit et désir de tâter à la chair, où ils ne touchoient qu'aux grandes fêtes, et à la dérobée. Trois bonnes pièces de telle marchandise, pour vous dire que c'est, devisoient de plusieurs notables choses, et s'enquéroient l'une l'autre, lesquels de ceux qui les avoient embrassées, étoient plus gentils compagnons, et expérimentés en ce métier : la première dit, que si tous ceux qui lui avoient fait son paquet s'entre-tenoient par les mains, ils pourroient bien danser depuis carême-prenant jusques à Quasimodo, c'est-à-dire, depuis Paris jusques à Lonjumeau. La seconde soutenoit que si elle avoit, lors de son décès, de chacun à qui elle avoit prêté son n.., un *De profundis*, s'assuroit, quelques affaires qu'elle eût eues avec le monde, ne passer par les détroits brûlants, ni être flambée, et qu'il en demeureroit bel et bien aux coffres et bahus de supérogation. La tierce et dernière articula que le plus brave et galant tabourdeur qu'elle eût oncques vu en telles matières, s'appeloit *Frater Fecisti* [1] : et interrogée, dit qu'un soir, environ les cinq heures, étant joignant le pilier devant Notre-Dame, lieu sûr et infaillible de toutes bonnes aventures et assignations, comme les saints lieux sont profanés ! survient un quidam enfroqué, ayant la charge d'éteindre les chandelles et chasser les chiens hors l'église, qui l'ayant à diverses fois aguignée, chevalée, et fait les signaux propres à tel jouet, l'auroit fait entrer et conduite par tant et tant de circuits et longues allées, qu'elle se trouva en une chambre reculée, où il me fit *mirabilia*, me menant du trot au galop, et à toutes restes : car à la voix d'un qui disoit assez bas, *Frater, fecisti*, il me rempoignoit de plus belle, et vous en aurez ; n'avoit pas loisir le bon gentilhomme relever ses chausses, que ce diable de *Frater Fecisti* ne revînt ; et à ce drap couturiers, et de pelauder, c'étoit toujours à refaire, à recommencer : tant que lassée, rompue et barbouillée, fut à moi à lui dire : Monsieur *Frater Fecisti*, je vous prie me laisser un peu en paix ; vous êtes enragé ou ladre, ou bien avez dévoré ce qu'il y a de mouches cantharides aux frênes de Lusart ; et n'y a dix, voire douze femmes, tant haut huppées puissent-elles être, praticiennes ou autrement, tant en cour laye [2], qu'ailleurs, qui pussent soutenir si furieux coups et chocs ombilicaires ; et si en ai vu et expérimenté de toutes races. Messalina, dit Polygame, bien lassée, et non soûle d'hommes, se retira. Tu

---

[1] Un personnage portant le même nom est le héros d'une facétie imprimée à Nîmes, en 1599, sous le titre de *Comédie facétieuse et très-plaisante du voyage de frère Fecisti en Provence, vers Nostradamus* ; in-12.
[2] Laïque.

crois mal, dirent les deux autres, ma pauvre sœur, qu'un seul homme fût si grand persécuteur de femmes : vois-tu, *Frater Fecisti*, cousin entier de frère Fredon [1], j'ai couché avec les clercs, j'entends latin, veut dire que les dévotes gens alloient l'un après l'autre se consoler, et mater cette diable de pièce de chair, qui nous fait vivre en ruinant la plupart des hommes, et s'ébattre en la vallée de Concreux, près Nantes, où l'on tient que le tort vainquit le droit, et y prendre le plaisir pénitential, selon l'ordre et rang de leur réception. Que si quelqu'un, par aventure, ne bandoit son arbalète bien vite, comme l'eau n'est toujours au canal pour faire moudre le moulin, qui est un avantage que nous avons sur les hommes; et qu'il ennuyât au prochain habile à succéder, il seroit appelé *Frater, fecisti, quasi diceret*, mon doux frère, as-tu fait, je suis ici bandé et émorché; toi bien à ton aise, *tu, Tytire, lentus in umbrâ. Et nos flendo ducimus horas*. Lupolde lors se print à rire d'un beau procès entre un jeune homme et une chambrière de la rue Vasselot, à Rennes : elle concluoit qu'il lui payât deux carolus, pource qu'il avoit sans désarçonner ne autrement débrider son courtaut, répandu double semence, et éteint sa chandelle par deux fois, au lieu d'une, contrevenant à leurs accords et conventions, par lesquelles il devoit par chacun coup d'étrille payer un carolus. Il se défendoit, disant que c'étoit *unicus actus*, un seul exploit, de soi individu et inséparable; dont il prenoit droit par ce grand et solennel paragraphe *Cato*, requérant être absous, avec adjudication de dépens. Mais pendant le procès se bâtit un accident notable; car la toute vive garse, devenue grosse, subjoignit à sa première conclusion, que le galant eût à lui faire provision compétente d'aliments. Il se défendoit de pieds et mains, que par l'accord il ne devoit payer qu'un carolus pour chaque fois qu'ils joueroient des basses marches et de la navette; qu'oncques ne fut parlé, et moins songé, lors de leur marché, à la façon d'aucuns enfants : si le lait a caillé, *sibi imputet*, à son dam; elle ne devoit pas mêler ses paquets avec les siens, et frotter son lard de si près au sien; il faut regarder ce que les parties ont voulu faire et négocier : et s'il faut combattre de choses jugées en semblables et propres termes, la courtisane Libia, ayant vendu

---

[1] L'auteur a déjà cité, page 193, frère Fredon, personnage emprunté au roman de Rabelais.

par quartiers les heures de jour et nuit à certains Pères de Rome, s'adressa solidairement *actione in factum*, contre les tous, pour la nourriture d'un enfant qu'elle gagna en cette expédition, dont elle fut déboutée à la Rotte [1], son recours sauf vers Marc Forir, défenses à lui réservées. Je ne sais qu'il en fut jugé, mais je sais bien que l'autre jour une dame de cette ville demanda à notre maître Fourel, par envoiseure [2] et par gabois [3], comme disent les vieux Romains, si on leur coupoit l'instrument que les sucrées, faisant bien le petit bec, n'osent nommer, lorsqu'on les mettoit en religion, ainsi qu'elle avoit ouï dire à chacun personnage fort connu. Oui certes, répondit le saint homme; vrai, afin de ne mentir, car le feu se prendroit à mon froc, qu'on nous en laisse demi-pied et quatre doigts, pour faire notre cave; seulement donnez l'aumône au frère mineur, et vous ferez justice. Une autre femme, laquelle, pour avoir fait fils et fille, et conséquemment, dit le livre des Quenoilles, licenciée de tout dire, pressoit fort un bon compagnon cordelier de lui faire un conte, attendu qu'il étoit en réputation d'être fort récréatif et de bonne compagnie : Madame, répond l'innocent, sans faute il n'y a que le roi seul qui puisse faire des comtes; mais s'il vous plaît, je vous ferai un beau petit moine, dont la façon ne vous coûtera rien. Lors Eutrapel dit que naguère, en la maison d'un gentilhomme de ce pays, se trouva un jeune *frater* cordelier, salutatif, mondicatif, et plus humble qu'une pucelle de vingt-cinq ans; au demeurant, frais, dispos, allègre, remuant, et qui ne ressentoit son moine que par l'habit; lequel faisant la quête des blés, vins, lards, beurres, et autres dons *charitatifs*, fondés seulement sur ce bonhomme *Peto*, marchand d'Orléans, contre ce qui est écrit : *Tu vivras du labeur de tes mains*, faisoit une infinité de joyeuses mais lucratives prêches : car s'il entroit en chaire, il menaçoit les femmes, celles principalement qui chopoient, et qui faisoient hon de la tête, de lui donner à dîner ou souper; s'il n'y avoit que les enfants ou femme à la maison, lorsqu'il alloit en quête, il étoit si subtil et affecté croque-lardon, qu'il en avoit cuisse ou aile; ressemblant ces jeunes chiens, qui, acculés et faisant bonne mine devant un petit enfant tenant un lopin de pain et sa beurrée, le regardent, fai-

---

[1] Tribunal qui siége à la cour de Rome.
[2] Plaisanterie.
[3] *Gabois* de *gaber*, raillerie.

sant autant de tours de tête qu'ils voient de morceaux avalés;
puis, allongeant petit à petit le museau, prennent doucement, et
du bout des lèvres seulement, le pain de la main du petit, auquel,
pour sa naïve imbécilité, semble qu'il n'y a point de mal; mais
le fin et rusé mâtin, car le lévrier, comme trop généreux, ne
le feroit, ayant bien fait ses approches, tout d'un coup happe,
engoule et s'enfuit quand et quand, laissant ce petit enfançon
bien éperdu, et, par aventure, tancé par sa mère d'ainsi s'être
laissé aller. Car ces gens de bien, qui s'appellent dévorateurs et
mangeurs des péchés du peuple, faisant leurs quêtes et visites
anniversaires par chacun an deux et trois fois, savent si dextrement endormir ces pauvres femmes principalement, car les
hommes commencent à savoir de quel bois ils se chauffent, ayant
en bon terme, d'environ deux cent soixante ans que telles gens
sont venus au monde, de s'en enquérir, qu'il n'y a endouille à
la cheminée, ne jambons au charnier, qui ne tremble à la simple
prononciation et voix d'un petit et harmonieux *Ave Maria :* la
bonne femme a beau dire Jean ou Gautier n'y est pas, il est au
marché à Bain, a porté les clefs de tout; car ce fin renard, qui
a tant été battu de telles eschappatoires, croit ce qu'il en veut,
gripant ce qu'il peut, avec toutes les honnêtetés que son guide
et porte-poche lui a su apprendre, et peut-être guignant sous son
capuchon à la pauvre femmelette, lui demandant d'un ris courtisan cinq sous à prêt, sur un gage naturel. La damoiselle de
l'hôtel, pour revenir à nos moutons encore de bonnes femmes, pria
notre maître se retirer aux soirs, après avoir fait sa quête et telles
perquisitions de meubles, chez elle, en une chambre bâtie exprès
pour loger les bons religieux et autres gens qui ne regardent que
par un trou. Ce qu'il ne refusa, et d'abondant troussé comme un
vendangeur, remontra fort pertinemment que telle bonne et
louable coutume leur étoit propre et continuée de race en race
en leur noble maison; ainsi même que n'avoit pas longuement
il avoit lu au livre de leurs bienfaiteurs, où elle et les siens
prédécesseurs étoient écrits et immatriculés des fins beaux premiers, en lettres rouges : à ce que, selon l'ordre d'écriture, ils
fussent, comme il étoit raisonnable, des prochains participants
aux bonnes et saintes prières conventuelles; et que ceux qui
seroient les derniers, et auroient été nonchalants et paresseux
de donner, en eussent s'il en demeuroit : qu'en tels cas il se faut
hâter, la chandelle qui va devant éclairant beaucoup mieux que

celle de derrière et qui va après. Tels étoient les artifices et langage fardé de ce bon chevalier, en l'endroit de cette simple damoiselle, aussi malicieuse qu'un oison, et qui eût bien voulu, par dévotion, se donner elle-même et tout ce qu'elle avoit à telles prudes gens, en rémission de ses péchés. Ce que son mari, revenu de la chasse, ne trouva de bonne digestion, alléguant un vers d'Homère à ce propos :

> Qui veut tenir nette maison,
> Ne loge prêtre, pigeon, n'oison.

Ce sont les fruits et productions des défenses de mariage. *O quæ mala*, disoit le cardinal Contarein au seigneur de Velly, ambassadeur à Rome, *attulit in Ecclesia cœlibatus ille!* Et que Æneas Sylvius, depuis pape Pie second, avoit dit que *bond forlasse ratione matrimonia Presbyteris interdicta erant, sed majori restituenda esse*. Ce fut pour néant, si fallut-il pour ce soir avoir agréables et autoriser telles conventions monacheles¹, où messire Goupil se trouva chargé de butin en face rouge et séraphique, et avoir bien soupé *in modo et in figura*, n'avisa autres plus aisées et religieuses prières, que d'épier le lit d'une jeune nourrice veuve, couchant en un arrière-cabinet, non trop loin de sa chambre; auquel sur les onze heures du soir, où, tous ensevelis de somme et vin, dormoient, suivant ses erreurs, il entre, allongeant le museau et haussant doucement une jambe, comme on voit un satyre peint qui veut happer une nymphe parmi les roseaux; et de fait, il procédait à l'exécution réelle; mais la veuve, de peur ou autrement, hucha et cria à la force sur ce mignon qui va de nuit. Auquel cri et holà, le maître, ses serviteurs et tout son peuple survinrent, qui prirent et se saisirent du sire *fradre*, lequel, pour la peur conçue étant éperdu et transporté, n'avoit pu regagner sa chambre, pour forger un *alibi*, et je n'y étois pas; la complaignante aussi tout effrayée, et ses tétins désarmés, tremblotoit à la vue de ce moine consistorial, appelant à *minima* en plus de trente articles, regardant en pitié tantôt l'un, tantôt l'autre, tout contrit et repentant. Le seigneur, sans avoir égard à ses invocations, jurements et prières, le vouloit écourter, et couper les pièces fondamentales de sa droite intention, gisantes et reposantes au fond du fond de ses braies; mais ayant mesuré et mâché certains avertissements et remontrances d'un sien parent sage et réformé en vie et en mœurs, se retint, et refroidit sa fureur, à l'aide de laquelle et de cette troublée vengeance il eût fait un bien mauvais traitement à ce cagot, afin de purger l'honneur de sa maison, essayée être diffamée par cet hôte révérend, lequel en l'instant il adjura ne mentir un seul mot de ce qui s'étoit passé entre lui et la nourrice; qui le mouvoit d'entreprendre ce combat singulier; pourquoi, comment et à quelle fin il entendoit conclure; qu'il eût à l'instant et vitement à se résoudre, prendre parti et se bien éclaircir, sur peine que nos maîtres c..... et pays adjacents en répondroient en nom privé. Le pauvre diable, car il y en a de toutes qualités et façons, comme tient la théologie, même de si pauvres, qu'au royaume de Suède beaucoup d'eux sont contraints tenir hôtellerie pour vivoter, n'ayant le plus souvent que donner à repaître à leurs hôtes, mais bien des querelles et débats assez. Donc ce pauvre diable, voyant que là étoit l'endroit où il falloit déployer le meilleur et plus fin de sa rhétorique, vola et déroba par un certain croisement de bras et les yeux en haut tournés, tout le mal-talent[1] contre lui conçu, s'attachant de paroles aigres et rigoureuses à la nourrice, disant qu'elle étoit les quatre causes de tout le mal, et l'une des plus mauvaises et affétées garses qui fût en Clais; que par une infinité de fois, en le pinçant, elle l'a appelé moine gras de lait, moine douillet, fripon, et qui feroit bien ceci et cela, s'il trouvoit le pot découvert; et autres petits quolibets attractifs, tendants, à son jugement, au fait de l'incarnation et ancien métier, qui m'a poussé par occasion, nécessité ou autrement, me lever cette nuit, allumer la chandelle, ouvrir l'huis de la chambre où elle dormoit; et illec voyant deux grosses cuisses rebondies, jambe deçà, jambe delà. Holà, holà, dit le gentilhomme, demeurons sur cet article. Merci Dieu aussi, dit la nourrice, si tu en disois davantage, je t'effacerois le visage, gardeur de chemins fermés que tu es! Le moine, assuré que la colère qui plus le pouvoit endommager cessoit et étoit rabattue, et qu'il n'y alloit de sa vie, comme il avoit espéré, supplia le seigneur, la dame, la nourrice et l'enfant, qui plus y avoit d'intérêt, pour avoir été réveillé à ce tintamarre, lui remettre et pardonner cette prétendue offense, afin que ce dernier péché, disoit-il, soit

---

[1] Toute la colère.

moyen me rappeler à la droite voie de salut, sage et raisonnable satisfaction. Et pour cet effet, nourrice, ma mie, j'offre, s'il est trouvé bon, vous épouser, vivre et user mes jours avec vous par un saint et salutaire lien de mariage; je ne suis prêtre, mort, ne marié; au demeurant, il n'y a homme deçà les monts qui mieux dresse et accoutre un jardin que moi, et qui plus gentiment travaille en telles choses : je connois mon infirmité, et que hors le mariage je ne cesse de me perdre aux contemplations claustrales, qui, pour être bien nourri et au fort de ma jeunesse, me font ordinairement égarer et trébucher aux charnelles, avec une privation manifeste du salut de mon âme. Seigneur, à quoi le celerois-je? Or, dit li conte que l'affaire mise en délibération, et chacun en ayant dit sa râtelée, le mariage fut fait, célébré, consommé, et exécuté réaument[1] et de fait, et de présent être le meilleur menager qui soit d'ici à trois pas et un saut. Polygame, frottant et allongeant sa barbe, montroit par sa contenance que tels contes, qu'il appeloit ords et sales, et offensant toutes saintes oreilles, ne lui plaisoient en façon quelconque, et que par le témoignage de saint Paul, prit de Menander, poëte grec, tels propos désordonnés corrompent les bonnes mœurs. Mais Eutrapel, pour garantir et sauver ce qu'il avoit proposé, dit qu'il n'y avoit rien laid en nature, pourvu que l'usage en fût légitime; en vouloit croire la lecture des saintes lettres, où bien souvent se trouvent des mots, je n'y dis point lascifs, mais qui feroient rougir les bien honteux, s'ils ne les prenoient en bonne part, et hors lesquels les Prophètes mêmes n'ont pu s'expliquer et dépétrer, sans cette vive expression de mots, pour signifier et faire entendre à la postérité leurs volontés et conceptions. Que si on regardoit aux autres disciplines, comme la Jurisprudence, Médecine, Histoire, Poésie et Mathématiques, se trouvera qu'elles demeureront sèches et flétries, si elles se veulent priver et forclore des propres mots significatifs de l'imperfection ou laideur des choses humaines. Et qui voudroit ôter l'impiété et dangereux termes contenus aux livres de Plotin, Porphyre, Lucrèce, Lucien et autres, qui ont guerroyé notre Christianisme, les hérésies et contradictions à icelui, les polices de Platon et Aristote permettant tant de vilaines copulations; châtier un Martial, comme quel-

---

[1] En effet.

qu'un a fait[1], un Térence, Suétone, Boccace en son *Décaméron*, Poge florentin[2], les contes attribués à la reine de Navarre[3] ; à votre avis, ne seroient tels livres de vrais corps sans âme, un banquet de diables, où il n'y a point de sel, et dont le profit, qui est contraire au mal, ne se pourroit autrement tirer? Me souvient avoir ouï ce bien parlant latin Jacques Sylvius[4], lire *De usu partium* de Galen au collége de Tréguier à Paris, avec un merveilleux auditoire d'écoliers de toutes nations ; mais lorsqu'il déchiffroit les parties que nous appelons honteuses, il n'y avoit coin ni endroit qu'il ne nommât en beau françois par nom et surnom, y ajoutant les figures et portraits, pour plus ample déclaration de sa leçon, qui eût été illusoire, sans goût ne saveur, s'il eût passé par auprès et fait autrement. Je lui ai vu apporter en sa manche, car il vécut toute sa vie sans serviteur, tantôt la matrice d'une chèvre ou brebis, et tout le bas du ventre ; tantôt la cuisse ou bras d'un pendu, en faire dissection et anatomie, qui sentoient tant mal et puoient si fort ; que plusieurs de ses auditeurs en eussent volontiers rendu leur gorge, s'ils eussent osé ; mais le paillard, avec sa tête de Picard, se courrouçoit si âprement, menaçant ne retourner de huit jours, que tous se remettoient en leur premier silence. Que peut-on répondre à ce docte livre de Joubert[5], puis peu de temps présenté à une grand' princesse, où il déchiffre si bien en gros et en détail les lieux naturels et passementés des pauvres femmes? Lorsque Sylvius triomphoit, aussi faisoit notre maître de Cornibus, grand et célèbre cordelier, lequel, pour donner les œufs de Pâques à ses auditeurs de Saint-Séverin, raconta qu'au carême-prenant passé, qu'il avoit gelé à pierre fendre, son valet lui portoit un bon et gras chapon entier, *quod est notandum*, car il faut régulièrement qu'il en demeure une portion à celui ou celle qui garde la chambre. Passons outre : ce chapon, peut-être de Cornouaille, étoit porté modalement entre deux plats, pour le souper de Monsieur, avec deux autres docteurs de Sorbonne ; mais parce qu'il étoit

---

[1] Noël du Fail veut sans doute parler ici du Martial *expurgé*, publié en 1535, par François Dubois d'Amiens.

[2] L'auteur des *Facéties*.

[3] Marguerite, sœur de François I<sup>er</sup>, auteur de l'*Heptaméron*.

[4] Déjà cité page 216.

[5] Laurent Joubert, savant médecin, chancelier de l'Université de Montpellier, mort en 1583.

nuit, le pauvre gars heurta en la rue un gros étron de grand calibre, à la façon et géniture duquel celui ou celle qui en avoit fait le premier gît, n'avoit pas les mains derrière le dos; si fut-il déplanté et déraciné, et plats, chapon et écuelles par terre, et le porteur des présentes de chercher et tâtonner, qui, pour avoir l'onglée aux doigts, amassa ce noble étron, estimant être son mets, le mit entre ses deux plats; et, arrivé au conclave doctoral, le posa ainsi couvert qu'il étoit vis-à-vis du feu, à la chaleur du quel s'étant dissous et détrempé, se fit bien connoître pour tel qu'il étoit, nonobstant les grosses questions quolibétaires qui eussent jà fait montrer le c.. à deux ou trois bouteilles, attendant vider les autres et plus nerveuses difficultés. Pour conclusion, si nos discours et contes sont dépouillés de ces belles et salées mélanges qui sont leur parure et enrichissement, et par lesquelles se trie et sépare le pur d'avec l'impur, l'aigre d'avec le doux, nous resterons aussi morfondus et glacés que ceux qui passent le mont Cenis; et comme les pédants perroquets et batteurs de chaires, qui parlent lanternes assez, mais ils ne plaisent point. Témoins en seront nos maîtres, qui se disent porter les clefs de la théologie et de nos consciences, qui se savent si dextrement vespériser[1], par leurs attaques et sobriquets tirés du fond de la braiette, tant que les poules en tomberoient du nid et en frapperoient la pie en l'œil, leur eût-elle la queue tournée. Témoin aussi, sans reproche, cette affétée chambrière de Paris, laquelle, interrogée qui ainsi battoit à la porte, c'étoit un homme de robe longue, appelé C.....ard, répondit : C'est Monsieur : oh quoi, l'on fait cela! La sucrée n'eût osé dire C.....ard, mais bien par périphrase, circonlocution et long assemblage de mots, l'outil auquel volontiers elle eût dit bonjour et bonsoir tout ensemble. Si elle eût hanté l'église Saint-Maurice d'Angers, où il y a vingt-cinq ou trente jeunes prêtres qui, par un nom sacré et mystérieux, s'appellent C.....auds, elle n'eût été tant scrupuleuse d'endommager sa précieuse et délicate conscience.

## XXI.

### Remontrances d'un juge à un meurtrier.

N'a pas longtemps qu'en un procès pendant entre certains per-

[1] Mépriser.

sonnages de marque et qualité, se trouva un pauvre laboureur qui témoigna et dit la vérité du fait où il fut enquis, selon sa religion et conscience, comme tout homme de bien doit et est tenu faire, s'il a tant soit peu de sentiment et connoissance de la vérité, qui est Dieu, et du diable, qui est le mensonge. Et d'autant qu'il chargeoit par sa déposition et témoignage la partie accusée, il fut contraint tenir la maison, et n'aller plus aux foires, marchés, ni à ses autres affaires, comme de coutume, étant menacé de ce qui lui arriva ; car inopinément et sans y songer, fut rencontré par celui qui lui vouloit tout le mal, lequel en douces et emmiellées paroles (les gentils chevaliers font le contraire, fiers à l'aborder, et paisibles sur la fin) lui dit : Mon pauvre petit témoin, mon mignon, mon petit maître, que je suis aise t'avoir trouvé; que tu sois le bienvenu, chapeau pointu, sont les mots de l'information. Le laboureur, ne pouvant fuir la rigueur de ce monsieur implacable, et impitoyable plus que Junon avec ses quatorze demoiselles instruites à la jalousie, essaya tous moyens faire entrer la miséricorde ou pitié en l'estomach[1] de celui qui le poursuivoit à mort, et le faisoit mourir à petit feu, et à longues pauses, se jetant à genoux, lui baisant les pieds, accolant l'orée de son manteau, avec offres répétées de mille sacrifices de sa vie pour son service, conjoignant et amassant infinis pleurs et lamentations qu'il dégorgeoit à gros sanglots pour trouver pardon, en chose toutefois où il n'avoit aucunement péché. Jamais dom Joan d'Algares, Espagnol, ne protesta tant entre les mains de Brossay Saint-Grave, à la bataille de Dreux (qui le sauva néanmoins), qu'il seroit *loutheranos*, *diablos*, ou tout ce qu'il voudroit, pourvu qu'il ne mourût. Telles offrandes ne pitiés ensemble entassées n'eurent aucun poids ni effet pour amollir et fléchir la dureté et le courage félon de sa partie, qu'elle ne lui donnât du poignard cinq ou six grands coups d'arrachepied dedans la gorge. Dieu qui, par sa sainte providence, a coutumièrement vengé et puni l'effusion du sang innocent et injustement répandu, obscurcit et aveugla de telle sorte l'entendement de ce misérable meurtrier, qu'il se laissa aisément prendre et attraper entre les mains de la justice, quelques fuites et éloignements qu'il eût auparavant faits. Le juge qui l'interrogea l'avertissoit comme la grandeur et prouesse d'un brave et hardi gentilhomme gisoit à

[1] Cœur.

pardonner aux petits et abaissés, nommément à ceux qui viennent à la miséricorde et la cherchent. Lui allégua, d'autant que l'accusé avoit autrefois étudié, et qu'il y avoit bon nombre de jeunes gens présents et spectateurs d'un interrogatoire si prudent, que les louanges attribuées à Hercule sont fondées principalement en ce qu'il ne souffroit près ou loin un mauvais garçon et perturbateur du repos public ; car les riches et qui ont de quoi ne se mettent pas volontiers en la mêlée, pour crainte de perdre le leur, encore qu'ils voudroient bien entrer en quelques ligues et partialitez [1], qui est un secret politique et conservateur de l'autorité du prince; et qu'au reste il étoit très-bon voisin et ami aux gens de bien et vertueux. Quant à pardonner et remettre les offenses, disoit le juge, cela nous est de commandement, et tient de notre Seigneur en son sacré-saint Évangile. Les païens avoient bien cette doctrine qu'ils avoient puisée, voilés et bandés d'un frontal [2] d'ignorance, comme dit Tatianus [3], des livres des Hébreux ; car Jules César gagna ce point de Grand entre les Romains, pour avoir pardonné à Marcus Marcellus et autres bourgeois de la ville qui avoient pris les armes contre lui, qui éternisa sa mémoire à jamais de tel saint nom et beau titre, à savoir, qu'il lui souvenoit et avoit la mémoire de tout, fors des injures passées et torts qu'on lui avoit faits. Et n'y a point longtemps qu'une dame florentine cacha en un sien hôtel celui qui avoit tué son fils, et qui s'étoit venu rendre et engager sous sa merci. Me voici (dit Crataloras, chef des voleurs d'Espagne, à l'empereur Auguste), payez-moi vingt-cinq mille écus que vous avez promis à celui qui me présenteroit devant vous; de fait, lui fut pardonné et la somme payée. Ne se trouve rien qui plus approche de la participation et communication des choses célestes, que la miséricorde, quand elle est poursuivie et requise. Ce grand roi François, voyant son peuple de La Rochelle de genoux pleurant, criant et demandant miséricorde pour la rébellion que les pauvres malavisés avoient faite, ne se put contenir de larmoyer, leur pardonnant de bon cœur, et outre, boire et banqueter avec eux, acte certainement héroïque et digne d'un roi de

---

[1] Partis.

[2] Bandeau, diadème.

[3] Tatien de Mésopotamie, qui a écrit, au cinquième siècle, une *Harmonie des Évangiles*.

France. Tels propos, et autres dignes paroles que ce bon et savant juge sut joindre et accommoder au fait présent, et le lieu qu'il tenoit, firent et ouvrirent tellement à l'instruction et jugement du procès, que ce misérable prévenu, contrit et beaucoup repentant, eut la tête tranchée, accusant sur l'échafaud, comme est la façon de telles gens abandonnés, de prêcher et jargonner de belles remontrances en l'échelle et à reculons, sa mauvaise et trop licencieuse nourriture, la désobéissance aux commandements et admonitions de ses père et mère, et surtout la fréquentation de jeunes gens débauchés et farcis de certaines maximes endiablées et venues d'Italie avec plusieurs autres sciences, comme de se venger en quelque sorte que ce soit, et haïr perpétuellement, sans occasion bien légitime et approuvée ; car haïr est chose jointe et annexée à notre nature dépravée, mais pour remède nous est donné l'Évangile, qui nous commande prier pour ceux qui nous ont offensés, à ce que notre Seigneur leur donne et communique son esprit de repentance et réconciliation, pour requérir pardon, et en ce faisant venir d'un grand débat à une belle et religieuse concorde. Le même juge, dit Eutrapel, me cuida je ne sais quand prendre par le bec, lorsqu'on m'accusoit à tort et sans cause toutefois de quelque petite jeunesse. Quelle jeunesse ! s'écria Lupolde, mais d'une bonne volerie, dont tu étois notablement chargé et convaincu, si tu eusses failli à te tourner. Eutrapel fit semblant n'avoir rien entendu, détournant le cou à gauche, crachant à quartier, comme si l'oreille qu'il ouvroit de ce côté-là eût été étoupée ; car, à dire tout, autrefois avoit-il été interrogé et passé par sous la main de ce juge, lequel, lui voulant faire évanouir et perdre son privilége clérical, lui avoit presque fait croire qu'il étoit, au jugement des capitaines, l'un des plus expérimentés soldats qui fût en l'armée et aux bandes. Mais Eutrapel, comme fin et bien avisé, sut bien repartir, prendre le chemin de Niort et maintenir qu'il étoit d'un trop couard naturel, et ne parloit de la guerre qu'aux bonnes femmes, en cuisant des châtaignes aux cendres, par le moyen de quelques livres imprimés, comme plusieurs font. Est-il bon, dit Lupolde, que le juge s'efforce par petites subtilités et interrogatoires exquis, arracher ainsi une espèce de vérité d'un prisonnier, assez affligé d'ailleurs ? Sembleroit qu'il faut aider et favoriser, en tant que la justice, l'honneur et la conscience le permettent, la calamité d'un homme tourmenté et en peine, lui ouvrir les moyens d'atténuer et apetisser les trop rigoureuses et trop violentes poursuites de son procès, se souvenir d'être homme, c'est-à-dire pitoyable, et faire honnêtement plaisir aux enserrez [1]. Il n'en va pas ainsi, dit Polygame, principalement aux crimes énormes ou commis de guet-apens ; et tels juges qui se dispensent, favorisant les méchants, encore qu'il y ait quelque apparence de compassion, sont responsables devant Dieu, comme soutenant le glaive au meurtrier, les troubles et renversements du repos des bons et l'inquiétude du méchant en sa vie déréglée et irrégulière. Vous n'aurez point, dit l'Éternel, regard, en jugeant, ni au pauvre, ni à la veuve ; faites justice droitement et équitablement ; car, disoit un ancien, on ne peut sauver la loi et l'homme tout ensemble. Nous avons vu des juges, mais la race en est tarie, car à la plupart sont en ce jour pour l'accusé ou pour l'accusateur, pour l'appelant ou pour l'intimé, sous la juridiction desquels il n'y avoit si belle tête ou gosier, fût de ces gentilshommes de nom, et vilains par effet, prêtres, moines ou autres soi-disant privilégiés, qui ayant forfait, hors leur habit religieux, au délit commun ou privilégié, et sans autre dégradation, ne passât pour un homme de son pays, et pendu et étranglé. De fait, un prince souverain n'est juge et magistrat qu'à demi, et est manchot d'une main s'il ne connoît, ou son officier, de tous délits indifféremment et absolument entre toutes personnes, de quelque grade, dignité, qualité et condition qu'elles soient, comme plus amplement il fut mis en délibération à la diète de Wispurg ; mais le Bréviaire le gagna pour ce coup, non pour disputer le fond, mais les formalités, et fay-luy peur, qui étonna les entendements non assez bien fondus. Par la serpe de bois, dit Eutrapel, je crains ces diables de juges volant comme la peste ; car du temps que nous étions écoliers à Paris sur Petit-Pont, Touaut (à présent proconsul de Tremerel et grand auditeur des mathebus), print la charge, lorsque nous allâmes en voyage à Saint-Jean d'Amiens, être notre maître d'hôtel, assurant être ménager compétent, savoir acheter, vendre et compter, payât qui pourroit ; fronçant les yeux, que nous avions bien affaire de son industrie, et tel homme que lui ; faut penser que par telles riches préfaces il vouloit échantillonner et gagner ses dépens, mettant plusieurs difficultés en avant, nommément qu'en cette Picardie on ne fournissoit de rien aux hôtel-

---

[1] Prisonniers.

leries, et convenoit tout acheter au marché et à la denrée. La commission lui fut accordée sans débat ne figure de procès, et pour icelle exécuter plus rondement, nous devança environ une heure pour donner ordre à tout, et faire provision nécessaire; mais le pauvret ne fut éloigné de nous de beaucoup, qu'il ne fût grippé, comme le maure Comic (ceux qui savent l'histoire, entendront bien la source de tel proverbe et mot de rencontre), par un certain juge de campagne, prevôt des maréchaux, rouant et escarmouchant les restes et reliques des gens de pied retournant du camp, lesquels, comme en la queue gît le venin, sur cette décoction de guerre voloient par terre et brigandoient, non si cruellement et barbarement qu'ils font aujourd'hui, cela soit dit pour ceux qui retiennent leur solde, et qui y doivent pourvoir, mais toutefois petitement, *more romano competando*, et suivant l'ancien style, par lequel les derniers en tels affaires font les grands coups, et s'en vont, ô merde et ô linceux! je dirois bien, parlant révéremment, mais je ferois tort à la liberté de parler. Touaut interrogé, répond être écolier, qu'il va tout pèlerin à Saint-Jean d'Amiens; mais le prevôt trouva notre homme fort étonné et nouvelet[1], pour être un vrai écolier latin, j'entends dire babillard près le feu, et badin hors la classe : et, pour l'achever de peindre, se trouvèrent en ses chausses, car au pays des maréchaux on fouille partout, un jeu de cartes, une bale[2] de dé, le petit flageolet pour faire ripaille au soir, comme ils parlent en Anjou, et réjouir les compagnons : finalement le captif étant au bout de ses finesses, mit pour toutes péremptoires et défenses, que la troupe composée de tels et tels venoit après, les nommant par nom et surnom, avec entière description et état de leur accoutrement : et en ce disant aperçut cette notable société qui approchoit, mais assez lentement, jouant à cornichon va devant, courant les uns après les autres, folâtrant et s'entrejetant des mottes, en ces belles étendues et rases campagnes. Le prevôt, vif et prompt, vouloit trousser et pendre à un arbre là près messire Touaut, la justification duquel il tenoit pour fable, voyant la compagnie alléguée, qui ne marchoit en pas et gravité augustale[3], comme appartient à gens dévots et bien pénitents :

[1] Inexpérimenté.
[2] Provision.
[3] Majestueuse.

et tempestatif comme il étoit, et rehaussant de colère, car il perdoit ailleurs, étoit sur le point de brancher [1] le prisonnier : et jà le prêtre épluchoit et faisoit au gros crible les plus larges tranchées de sa conscience : le bourreau d'autre part, qui aguignoit ses chausses presque neuves et bouffantes de taffetas, comme lors en étoit la mode. Mais bonnes nouvelles, voici survenir les compagnons opportunément et à la bonne heure, qui remisdrent [2] tout bien à point ; car s'ils eussent tardé encore tant peu soit, comme ils vont niaisant, begaudant [3] et s'amusant par les chemins, ils eussent trouvé leur providadour [4] pendu comme une andouille, et adieu Fouquet : il en fut quitte pour une once de la peur Saint-Vallier [5] ; mais un soldat étant aussi prisonnier, qui avoit tué un berger, et à grands coups d'épée à deux mains haché tout ce qu'il avoit de moutons, n'en échappa à si bon compte : car au jugement même d'un grand seigneur passant et courant la poste, détestant telle cruauté, fut pendu, après lui avoir été les deux mains coupées. Polygame dit lors avoir autrefois repris bien aigrement un jeune prétendu gentilhomme, qui se délectoit et prenoit plaisir à donner coups d'épée aux chiens qu'il rencontroit par les rues. Cela étant mis sur le tablier et au bureau, fut dit des uns que ce jeune fou étoit avoué fils d'un fort homme de bien, mais que sa mère s'étoit autrefois oubliée avec un boucher, duquel il retenoit encore la cruauté et façons sanglantes : comme la pie ressemble de la queue à sa mère. Aussi que le naturel passe bien loin et au travers de plusieurs suites et successions d'années, comme l'on dit de Niceus, poëte grec, après avec trois générations naquit tout noir, parce que son aïeule s'étoit accouplée à un Éthiopien. Les autres étoient d'avis que la nourriture y apportoit ces laides et détestables effusions de sang et carnage, comme l'on tient de ce meurtrier sanguinaire, perfide, et massacreur Caligula, les tétins de la nourrice duquel étoient ensanglantés, pour l'accoutumer et lui apprendre la cruauté. Les autres disoient que telles insolences brutales

[1] Pendre.
[2] Rétablirent.
[3] Folâtrant.
[4] Pourvoyeur.
[5] On rapporte que les cheveux du seigneur de Saint-Vallier, arrêté comme complice du connétable de Bourbon, blanchirent dans une seule nuit. De là vient le dicton de la fièvre ou de la peur Saint-Vallier.

étoient beaucoup à réprimer; outre le cri épouvantable de ces pauvres bêtes qui sont créatures de Dieu pour notre service, qui passionnent toutes honnêtes et politiques oreilles; et être d'avis les armes devoir être baillées aux gentilshommes seuls privativement à tous autres, et ce en pleine assemblée et convocation de parents, avec interposition du décret et ordonnance judiciaire, avec ample information précédente de leurs mœurs, conditions et gouvernements, pour être déclarés capables du service du roi, défense du pays et honneur, sans en abuser : et que tel moyen serviroit à la jeunesse d'un grand contrerolleur, et n'aviendroit ce que l'on dit communément, mettre le couteau en la main du furieux : que mieux ne sauroit-on tromper un larron familier, que lui bailler la bourse à garder : et que ceux qui entendent l'honneur des armes, n'ont aucunement bonne opinion de celui qui ainsi souvent met l'épée au poing; duquel on dit par gaudisserie, qu'elle ne peut avoir grand lait, pour être tirée trop souvent; et de fait, l'épée, comme un couteau sacré, ne doit être dégaînée, fors en cas d'importance, ou pour la défense de sa vie et honneur. Je ne ferois point ainsi, dit Lupolde, ains suivrois le jugement des Aréopagites, qui firent pendre par le cou un certain débauché, ayant crevé les yeux par folâtrie à un corbin [1] privé, qui se promenoit par les rues : argument nécessaire, comme dit Quintilien, et infaillible par telle cruauté, que le reste ne vaut rien du tout. Voire mais, dit Polygame, quels contredits avez-vous contre cette assertion et proposition tant mirifique de Sannazar [2], poëte italien, qui afferme ceux être couards qui n'aiment voir répandre le sang? De très-pertinents, dit Eutrapel, pour avoir l'Italie perdu, à la plupart, leur naïve et ancienne générosité, au lieu de laquelle a été transplanté et s'est insinué le sang gothique et barbare, qui tant longuement y a fait fond et jeté ses racines : aussi que cette maxime est prise, ou plutôt empruntée de la doctrine de Satan, appelé en la sainte Écriture, meurdrier, tueur, esprit sanguinaire et cruel. Car tout homme qui de sens rassis prend plaisir à faire ou voir faire mal, a choisi une très-dangereuse école : et ne se trouva oncques vaillant et brave chevalier qui de sang-froid et après le combat général tuât un ennemi, et nullement les bêtes, fors celles qui font mal

---

[1] Corbeau.
[2] Jacques Sannazar, l'auteur de l'*Arcadia*.

ou à la chasse. Encore se sont vus de notre temps plusieurs princes et grands seigneurs qui ont sauvé la vie non-seulement aux cerfs qui se venoient rendre à eux, la larme à l'œil, comme est leur coutume, étant pressés; mais aussi à d'autres étant entre les toiles [1], pour avoir couru allègrement, ou fait quelque gentille ruse, avec la marque d'une sonnette pendue au cou, ou peut-être l'oreille coupée, pour dire n'y retournez pas. Et se dit qu'aux Ardennes fut pris un cerf avec un collier d'or, où étoit écrit *Hoc me donavit Cæsar.* Il vous peut souvenir, dit Eutrapel, de ce gentil renard que nous prîmes vif aux garennes de Château-Letard, auquel, pour avoir bien défendu son fort, fut, au jugement même des femmes, auxquelles il avoit mangé quelques poules, donné la vie pour ce coup, avec un billet de parchemin attaché au cou, où son procès étoit écrit, et la cause de son élargissement : il fut quasi prêt à passer le pas, ayant attendu le canon, car toutes les pelles des châteliers et de la Simonnerie y avoient bêché; mais on disoit qu'il étoit défendeur de bonne foi, et que la maison est à chacun une sûreté publique.

## XXII.

#### Du temps présent et passé.

Du temps du grand roi François, on mettoit encore en beaucoup de lieux le pot sur la table, sur laquelle y avoit seulement un grand plat garni de bœuf, mouton, veau et lard, et la grand' brassée d'herbes cuites et composées ensemble, dont se faisoit un brouet, vrai restaurant et élixir de vie, dont est venu le proverbe : *La soupe du grand pot, et des friands le pot pourri.* En ce mélange de vivres ainsi arrangé, chacun y prenoit comme bon lui sembloit et selon son appétit, tout y couroit à la bonne foi; ne se présentoit, comme en ce jour, une certaine graine d'hommes qui ambitieusement départissent les morceaux, faisant les rangs par les premières distributions d'iceux, mécontentant et tirant les conviés en diverses jalousies; tous y mangeoient du gras, du maigre, chaud ou froid, selon son appétit, sans autre formalité de table, sauces, et une longue platelée [2] de friandi-

---

[1] Filets.
[2] Plat copieux.

ses qu'on sert aujourd'hui en petites écuelles remplies de montres seulement[1]. Aussi nos hommes ainsi vivant de fumée, discours, baise-mains et révérences, ne sont que demi-hommes, longuets, grêles comme sangsues, dissimulés comme renards, et affétés comme l'aiguille d'un pelletier. N'a pas longuement qu'un mignon ainsi efféminé, refrisé, enchiffré, goudronné, faisoit la guerre par gausserie à un vieil capitaine, l'appelant gros tripant, ventre de Suisse, bandoulier de cuisine, tripier d'Amboise, moutardier de Dijon, et saucisse de Nantes, et que le roi étoit bien servi de ces grosses panses. Ah! beau fils mon ami, petit perroquet mignon, lui répondit-il, je ne dis pas que par petites subtilités espagnoles et ruses de montagne, toi et tes semblables ne puissiez harasser une armée, avec ta petite lance, ton petit cheval, ton petit pistolet; mais au cas que trois mille hommes de cheval, que je choisirai bien encore en France, étant du bon temps, avec leurs quenouilles et flûtes d'onze pieds et demi, je ne te passe pas sur le ventre, et à tous tels estradiots que toi, qui tiennent les places des gens de bien, je consens à être appelé Huet. Il ne faut qu'un brave et hardi capitaine pour donner cœur à toute l'armée;

> . . . . . . Desidesque movebit
> Tullus in arma viros;

sous l'enseigne de Tullus les couards frapperont. Tu n'as force ne vertu que d'un merle plumé, et si tu es impuissant d'engendrer autre chose que des huîtres en écaille ou des vessies de porc, pour ne manger qu'à demi, et viandes spirituelles et délicates, contre l'ordre du climat de ce beau pays, qui regarde et tire beaucoup sur le froid et septentrion. Conclusion : si tu avois spermatisé en ma soupe, je n'en mangerois jà moins. Tous qui vouloient, continuoit Lupolde, riant et jouant, sans trahison et dent de chien, alloient laver leurs mains au puits, à la pierre duquel aiguisoient leurs couteaux, pour à qui mieux couper de longues et larges lèches de gras jambon, ou grosse et tremblante pièce de bœuf salé, et icelles trancher sur le bon pain bis faictis, et en donner aux assistants plus honteux, à chacun son lopin, pour rabattre les premiers caquets de la faim, qui, pour revanche, versoient, en hauts verres de fougère, à chacun sa fois à boire

---

[1] Des écuelles où il y a à peine un échantillon de chaque mets.

de beau cidre, faisant sur le haut une infinité d'écumeuses pointes d'aiguilles, pour humecter et rafraîchir le foie, et ramollir les duretés du ventre; les plus âgés s'asseyant au beau milieu de la table, après avoir prié Dieu par la bouche d'un petit enfant; puis la jeunesse se pêle-mêlant sans ordre, sans cérémonie, sans envie, sans grands respects jà évacués et perdus par ce beau patron de l'humilité des anciens, triomphoit de bien mordre, et griffer[1] de bon appétit; chacun disant le mot, comme tout est compagnon à la table et au jeu. Quelque espace de temps, grâces dites, et les nappes et tables ôtées, les bonnes gens prenoient plaisir à voir danser en toute modestie cette jeunesse, au son de Lénard tambourineur, laquelle après faisoit partie à jouer au palet, tirer la barre, une longue paume; les autres défendoient un fumier assailli à belles longues perches et furgons[2] mornés[3] et couverts de foin ou paille, sans aucune contention ni débat. Voilà une partie de la vie et exercices des gentilshommes d'alors; leurs habillements pour les jours de fêtes, comme le pourpoint de satin, chausses bouffantes et rempliées de taffetas, le bonnet de velours, la plume blanche bien attifée, la cape de drap ou frise[4], et l'escarpin bien fait et découpé; aux jours ouvriers je ne sais quoi de moins. Dedans la salle du logis, car en avoir deux cela tient du grand, la corne de cerf ferrée et attachée au plancher, où pendoient bonnets, chapeaux, gressiers[5], couples et lesses pour les chiens, et le gros chapelet de patenôtres pour le commun. Et sur le dressouer, ou buffet à deux étages, la *sainte Bible*, de la traduction commandée par le roi Charles-le-Quint, il y a plus de deux cents ans[6], les *Quatre fils Aimon*, *Ogier le Danois*, *Melusine*[7], le *Calendrier des Bergers*[8], la *Légende dorée*[9]

---

[1] Manger.

[2] *Furgon* ou *fourgon*, bâton garni de fer dont se servent les boulangers pour remuer la braise dans le four.

[3] Dont on a émoussé la pointe.

[4] Étoffe grossière de laine à poil frisé.

[5] Probablement un cor de chasse.

[6] Quelques auteurs attribuent cette traduction à Nicolas Oresme, évêque de Lisieux.

[7] Romans de chevalerie.

[8] Cité page 30.

[9] Cité page 122.

ou le *Roman de la Rose*[1]. Derrière la grand' porte, force longues et grandes gaules de gibier; et, au bas de la salle, sur bois cousus et entravés dans la muraille, demi-douzaine d'arcs avec leurs carquois et flèches, deux bonnes et grandes rondèles [2] avec deux épées courtes et larges, deux hallebardes, deux piques de vingt-deux pieds de long, deux ou trois cottes ou chemises de mailles dans le petit coffret plein de son, deux fortes arbalètes de passe, avec leurs bandages et garrots [3] dedans; et en la grand' fenêtre, sur la cheminée, trois hacquebutes, c'est pitié, il faut à cette heure dire harquebuses; et au joignant la perche pour l'épervier, et plus bas, à côté, les tonnelles [4], esclotouères [5], rets, filets, pantières [6], et autres engins de chasse; et sous le grand banc de la salle, large de trois pieds, la belle paille fraîche pour coucher les chiens, lesquels, pour ouïr et sentir leur maître près d'eux, en sont meilleurs et vigoureux. Au demeurant, deux assez bonnes chambres pour les survenants et étrangers, et en la cheminée de beau gros bois vert lardé d'un ou deux fagots secs qui rendent un feu de longue durée. Étoit en la puissance du gentilhomme chevaucher cent lieues, sans qu'il lui coûtât pas la maille, et se tenoit bienheureux celui qui le hébergeoit et logeoit, vivoit hors cérémonie du faitis de l'hôtel, sans raconter les fautes et imperfections qu'il eût pu voir ailleurs, prenoit l'arquebuse ou arbalète, après avoir bu le coup, et les chiens ou oiseau d'autre part, rapportoit le canard, le levraut, le ramier, et autres ferrements [7] de cuisine : étoient lors inconnus ces mots maquereaux et lubriques, serviteur, maîtresse, m'amour, les baisers mouillés, les amours d'Orphée, chevilleurs, noueurs d'aiguillette, assassins, empoisonneurs, et telles méchancetés et drogueries qui ont fermé la porte à cette tant belle et sainte hospitalité, chacun étant en ce jour en perpétuelle défiance de son compagnon et voisin, sans charité, sans amitié, autre que feinte, aguettante, et en continuel soupçon, envie et jalousie. Que si on veut mettre en jeu le train et conduite des armes, se trouvera

[1] Déjà cité page 30.
[2] Boucliers.
[3] Traits, dards.
[4] Filets à prendre les perdrix.
[5] Traîneau.
[6] Filet qu'on tend verticalement pour prendre les oiseaux.
[7] Provisions.

que le prince de ce pays mettoit sus, et en moins que rien, douze cents maîtres bien montés, et couverts de ces grosses et fortes cuirasses, telles qu'on voit au château de Nantes, place autant bien armée, qui soit en ce royaume, et plus de six mille autres de cheval, et trente mille hommes de pied, menés et conduits par les cadets et puînés, auxquels, comme entre les Suisses, étoit permis tuer sur-le-champ celui qui eût tant peu fût branlé et fait contenance de fuir. Aux montres des arrière-bans étoient les gentilshommes d'ancienne race, séparés et à part, qui, pour mourir, n'eussent souffert que les anoblis ou autres ayant permission acquérir fiefs nobles, qui étoient en autre bande et régiment, se fussent joints et approchés d'eux au combat, afin et pour ne confondre la vaillance des uns avec le bas cœur et inexpérience des autres. Ce qui a fait qu'en ce jour les arrière-bans, composés de valets de nobles qui dédaignent, peu exceptés, marcher avec ces sentant encore la charrue et boutique, ne valent plus qu'à doublure, comme ne rendant aucun combat : ce que nous avons vu arriver de notre temps. Les roturiers, bourgeois et autres du tiers-état, vivoient en la beauté et liberté de leurs trafics, ouvrages et négociations, sans être foulés et moins accablés de daces[1] et autres tailles que celles qui étoient, d'un commun consentement, accordées au prince pour ses pressées et urgentes affaires, selon les traités jurés et priviléges du pays. Qu'Eutrapel, à cette heure, avec ses moustaches cordées, apporte ici ses contredits accoutumés, je crois qu'on parlera à lui et à sa cornette avec les grosses dents. D'où vient cela, dit Eutrapel, que ces coquins de vieillards sont toujours, en leur histoire, sur les triomphes et magnificences de leur temps passé? Lequel j'ose affermer, et sera ainsi trouvé, n'être en rien comparable à celui du présent, de quel côté qu'on le veuille prendre. Car si vous regardez l'état de la guerre, il y a aujourd'hui plus de ducs, comtes et marquis, qu'il n'y avoit lors de chevaliers de l'ordre; plus de chevaliers que n'aviez de capitaines, et plus de capitaines que n'étoient lors de soldats; plus de gens lettrés et doctes de la moitié, et qui savent au vrai et sans sophisterie discourir et gratter le fond de toutes disciplines, desquelles vous, en votre beau temps, n'aviez découvert que la croûte ou superfice[2]. Et pensez qu'il faisoit bon voir, y a soixante

[1] Impôts.
[2] Superficie.

et dix ou quatre-vingts ans, comme j'ai ouï conter à l'hôte de
l'Écu-de-France d'Orléans, qu'en icelle ville n'y avoit qu'un seul
sergent royal exploitant; lequel, pour ne gagner que peu ou rien,
mouroit de faim en son état, fut contraint apprendre nouveau métier, ayant néanmoins sa gaule ou baguette pendue à sa boutique,
pour ne manquer à être destitué de tel précieux joyau. Et tout de
même quand le sénéchal de Rennes, seul juge, tenoit ses plaids[1]
botté et éperonné, la perche joignant sa chaire, pour y attacher
son épervier, ainsi que racontoit ce vénérable Michel Chanviry
l'avoir ouï dire à son père. Je me rends certain que en ce royaume
y a plus de vingt mille juges et sergents royaux, sans y comprendre les avocats, greffiers, procureurs, et autres personnes illustres et d'honneur, qui fouettent, traînent et galopent la justice à toutes mains, en nombre de plus de trois cent mille. Quant
aux marchands, bourgeois, et autres du tiers-état, le velours et
satin qu'eux et leurs femmes portent, et les beaux, polis et riches
meubles qu'ils ont, valent mieux que tout l'avoir de ta regrettée
saison. Quant aux grandeurs et pompes ecclésiastiques, semble que,
depuis le pape Léon X, elles s'apetissent et amortissent : toutefois elles portent et se promettent une grande espérance de refleurir plus que jamais. Au demeurant, votre noblesse, qui ainsi
alloit vicariant et bélîtrant par les maisons, sans rien payer,
à la mode de nos vieux chevaliers errants, représentoit en tout
et partout le portrait et image de vrais gueux et espions; bref,
il est plus d'écus, qu'il n'y avoit en votre beau siècle de testons.
Polygame prit la parole, confessant que cette sainte antiquité connoissoit bien peu la soie, draperie excellente, autre que celle de
la laine de ses bêtes, dont ils se trouvoient fort bien, et feront
tous ceux qui ont la tête bien faite, sans toutefois bannir ni forclore la bien réglée et honnête modération du port des habits convenables et propres à la vocation où nous sommes appelés. Et en
tant que touche la valeur des choses, abondance d'argent, et
comparaison de l'une à l'autre saison, tout bien débattu, se trouvera qu'il n'y a rien dissemblable pour ce regard; car du temps
de Lupolde, ce qui coûtoit cent sols vaut ce jour dix livres, ce
qui est à cause des pays nouvellement trouvés, et des minières[2]
d'or et d'argent que les Espagnols et Portugais en apportent, qu'ils

---

[1] Ses audiences.
[2] Mines.

laissent finalement en cette minière perpétuelle de France, des blés et ouvrages de laquelle ils ne se peuvent aucunement passer. C'est l'erreur de celui qui, ayant fait une fosse, demandoit à son voisin où il mettroit la terre qu'il avoit ôtée en creusant; qui lui répondit qu'il falloit faire une autre fosse. Oui bien, disoit le fossoyeur; mais où se mettra la terre de cette seconde fosse? Il en faut faire une nouvelle, répliqua le voisin. Ainsi en disant que ayant lors cent sols en sa gibecière, étoit autant que dix francs d'aujourd'hui, c'est toujours retomber sur soi, et remettre les choses à même prix; vrai que tout notre or et argent tiré par tant d'alambics et moyens, passe fort subtilement de nos bourses en celle du roi, dont il ne revient, et de là se va fondre en ce grand monde et royaume de Paris, d'où nous vient de la marchandise et manufactures assez, mais pas un liard, pour nous en venir conter et dire des nouvelles; et se peut dire qu'il n'y a pièce de monnoie en toutes les dix-sept généralités de France, qui ne fasse une fois l'an son quartier en cette infinie et très-puissante ville, et par aventure garnison perpétuelle.

## XXIII.

### D'un gabeleur qui fut pendu.

L'an mil cinq cent cinquante et trois, fut établie en ce pays de nouveau une gabelle fort étrange et malaisée à porter, par la sollicitation et mémoires de plusieurs personnages fiscaux, qui ne tendent qu'à rendre le prince odieux à ses sujets, et eux mal affectionnés à son service: et pour icelle effectuer se peut penser quelles gens y étoient convenables et plus duisants[1], car les pires y étoient les meilleurs. Entre autres y fut des premiers enrôlés un appelé Chauvel, porte-enseigne des plus débauchés et abandonnés garçons du pays : où il besogna si saintement et en homme de bien, que pour ses concussions, voleries et malversations, il fut très-bien pendu. Lorsqu'on faisoit son procès, lui fut entre autres présenté par témoin une fort honnête femme de la ville d'Entrain : le juge n'oublia rien de l'ordonnance qui est requise en tel cas : demanda à Chauvel s'il la veut croire, s'il la veut reprocher. Je m'en étonne, répond le prisonnier, j'ai bien

[1] Plus propres.

de quoi le payer. Elle, ne sachant que les accusés en ce cas forgent toutes sortes d'injures qu'ils s'entr'apprennent et tiennent école par ensemble, pour jeter à la face des témoins qui leur sont confrontés, fut bien étonnée de ce que le paillard avoit dit; et encore plus quand, riant et tirant la langue, il la regardoit entre les yeux attentivement, et sans dire mot, pour lui faire par telles sottes et badines gesticulations recevoir une honte, et lui tirer quelque once et espèce de colère, afin qu'elle eût fait une faute et pas de clerc en sa déposition et témoignage. Elle, d'assez haute taille, âgée d'un trente-cinq ans, avec sa robe à grandes manches, femme de bien et d'honneur, peu instruite en tels exploits, lui dit : Eh bien, grand begaut [1], m'as-tu regardée assez? me veux-tu acheter? en veux-tu faire une au patron de moi? car la vue trop arrêtée sur un sujet, est une marque infaillible que les esprits et puissances naturelles travaillent, soit à bien ou mal. Monsieur, s'écria Chauvel, faites écrire, s'il vous plaît, de quelle grâce et contenance elle parle à moi, là! je ne dis mot, cela me sert. Eh bien, dit le juge, passez outre à la reprocher, si bon vous semble : car par ci-après n'y serez aucunement reçu. Je le sais bien, dit le prisonnier, j'entends le pair et la couche [2], j'ai assez passé par telles piques. Où, et quand, dit le juge? Je le dirai en temps et lieu, fit Chauvel : or, écrivez donc que ce fut d'une dague don. Tout premier, elle me hait mortellement et capitalement à cause que cet été dernier, comme les seigneurs de tel et tel lieu, il disoit cela pour faire du galant, et moi boulions en partie par ces chemins-là, nous trouvâmes cette belle bête-ci, voyez quelle trogne elle fait, ivre, tombée en un fossé, tirant du foin aux chiens à grandes goulées, le c.. contremont et découvert, dont mes compagnons ne firent que passer outre, et s'en rire; mais moi, cuidant bien faire, et survenir à tous accidents et infortunes, comme est ma coutume, lui jetai plein mon chapeau de poudre dedans son carrefour, pour couvrir partie de sa pauvreté; qu'elle lors s'éveillant, prenant cette courtoisie et charité en mauvaise part, ce sont les grands mercis d'aujourd'hui, lui avoit dit mille pouilles [3]; entre autres, que fût ou ne fût, elle diroit quelque matin contre lui choses qui le feroient pendre; que le grand reafile peut rompre le cou à celui qui l'avoit besognée plus de

---

[1] Niais, nigaud.
[2] *Entendre le pair et la couche*, être subtil, rusé, habile.
[3] Injures.

deux ou trois fois : au demeurant, la plus honnête garse du pays.
Le vilain, en ce disant, étoit si pâmé de rire qu'il en chanceloit
sur la sellette. La femme, d'autre part, les mains sur les hanches :
Merci Dieu! que tu as eu affaire à moi? tu as menti, méchant
bourreau, gabeloux que tu es! si j'eusse pensé, j'en eusse bien
dit davantage : ce disant, donna un beau soufflet à Chauvel. Mais
lui, qui étoit souple, agile et isnel[1], encore qu'il eût de gros et
pesants fers aux pieds, sauta sur elle, qu'il eût lourdement offensée,
sans les assistants, qui l'empêchèrent. Les juges, voyant ce procès,
s'ébahissoient, étant si près de sa fin, ce qu'il savoit très-bien,
comme il s'amusoit à niaiser et prendre plaisir en telles vaines
sornettes, et vouloir rire quand il devoit combattre les ennemis
qui étoient à la porte, c'est-à-dire Satan, qui n'objecte en ce lieu
que désespoir et finale impénitence, qui sont couverts en la
grâce de notre Seigneur. Eutrapel dit que par la bonne année, à
propos des gabeleurs, se trouva tant de vin au pays d'Anjou,
qu'en plusieurs endroits de la ville d'Angers on en donnoît à
qui en vouloit aller quérir pour rien; encore en étoient-ils re-
merciés, et qu'ils retournassent le plus vite qu'ils pourroient :
messire Jean Flostulet, notre hôte, *ut adderet aliquid in con-
vivio*, et pour dire, je suis plus habile que les autres, s'avisa
aussi user de la même libéralité et largesse, faisant crier par
gros Jean, qui demeuroit près la Poissonnerie, que ceux ou celles
qui voudront aller quérir du vin à son hôtel, en disant *Pater
noster* et un *Ave Maria*, en auront tant qu'ils voudront : Chauvel lors, archicoupeur de bourses, associé de portefaix et gueux
de la ville, n'eut sitôt, avec le commun peuple, ouï ce cri, que
tous ne criassent et huchassent au gabeloux : O le méchant! qui
met une gabelle sur le vin, et la charge d'un *Pater* et autres
gros subsides! Il le faut traîner à écorche-c.. dedans M$^{me}$ de
Sartre[2], comme furent les gabeloux et sauniers[3] du Croisil, qui,
après être exentérés[4], estrippés[5], emplis de sel, et le ventre cousu,
furent, par la truandaille du pays, envoyés au fin fond de la grande
jument Margot, qui se bride par la queue. Polygame lors dit, que

---

[1] Prompt, leste.
[2] La rivière de la Sarthe.
[3] Marchands de sel.
[4] Éventrés.
[5] *Estripper*. Arracher les entrailles.

par les gens expédiant les appellations criminelles au conseil de
Bretagne, auquel fut supplanté le parlement ordinaire le second
jour d'août 1554, furent deux officiers accusés, et depuis convaincus de pilleries et concussions, et condamnés à la mort. Ce
qui leur étant prononcé, le plus ancien recourut aux désolations
et complaintes que font telles personnes affligées, besognant et
examinant en ce peu de temps qui lui restoit, le fond de sa
conscience. Au contraire, ce second, comme s'il eût gagné sa cause
à pur et à plein, appela le geôlier, le priant rondement et
apertement qu'ils eussent calculé et regardé comme ils avoient
vécu, lequel restoit detteur l'un à l'autre ; à quelle raison et
depuis quel temps ils avoient compté, et qu'il exhibât son papier
d'escroë [1] ; le priant lui faire marché raisonnable. Le papier, gettons [2], plume et encre apportés, commencèrent à battre fort et
ferme sur leur compte, et principalement en quelques dîners et
collations que lui mécomptoit le geôlier, ainsi qu'il disoit. Le
geôlier se défendoit de l'ordonnance des prisons, par laquelle la
serviette tient le lieu et place des absents. Le condamné répliquoit cela avoir lieu seulement aux hôtelleries, lorsqu'on a dit
au matin qu'on viendroit dîner ou souper : il ne rabattoit poin
les gibiers que la femme lui avoit envoyés. En tout événement,
messieurs, parlant aux commissaires qui lui avoient prononcé
l'arrêt de mort, y échet [3] compensation : mes héritiers n'ont que
faire de telle dispute, je ne veux point qu'on crie sur mes actions
quand je serai mort. Tandis le bourreau étoit derrière, qui lui
chatouilloit le collet de sa chemise, lui attachant une corde au cou,
avec plusieurs oraisons et suffrages, dont il sollicitoit ce pauvre
comptable à remercier les saints et terribles jugements de Dieu.
Ah vertu sans jurer ! dit-il, monsieur notre maître, que tu m'as
fait grand'peur avec tes mignardises ! Mon ami, disoient les commissaires, laissez telles folies pour reconnoître vos fautes ; les
accusez devant ce haut Dieu, qui est prompt à pardonner, pourvu
qu'on y procède sans feinte et en saine conscience, avec la restitution des biens mal acquis. Comment, messieurs ? disoit le condamné, nous ne sommes en débat de cela : je demande que mon
hôte le geôlier, ci-présent, paye pinte, pour avoir compté sans vin,
contre les statuts de toutes prisons et hôtelleries, et avoir été de

[1] Écrou, registre où sont inscrits les noms des prisonniers.
[2] Les jetons servaient à compter.
[3] Il y a compensation.

tout temps immémorial ainsi observé, gardé et jugé en jugement contradictoire. Résolution, il fallut qu'il bût, et écrivît encore trois ou quatre paires de lettres qu'il ferma, cacheta et recommanda au messager, comme s'il eût attendu la réponse : et disoit aux petits garçons qui couroient et le conduisoient au supplice: *Infantes*, ne vous hâtez jà, aussi bien ne ferez-vous rien sans moi. Voyez l'assurance mélancolique et digne être ajoutée au chapitre huitième du troisième livre de Valère le Grand. L'on dit que Cneus Carbo, l'un des lieutenants de Marius, pris en Sicile, et comme on le menoit au gibet, demanda congé d'aller à ses affaires. J'eusse chié en mes chausses, dit Eutrapel, et puis eusse dit que ce fût été Lupolde. Sénèque aussi dit, lorsque Cavius Julius écoutoit sa sentence de mort contre lui donnée par Jules César, il jouoit aux échecs avec un sien ami, auquel il dit (savez-vous que c'est?) N'allez pas dire, quand je serai mort, que vous m'avez gagné : et me serez témoins, parlant aux assistants, que j'ai plus beau jeu que lui.

## XXIV.
### D'un apothicaire d'Angers.

En la ville d'Angers y avoit, dit Polygame, un apothicaire, notre voisin, qu'on appeloit maître Pierre, et parfois Pierre maître, parce qu'il prenoit fort grand plaisir être maîtrisé [1] et qualifié; et si ne pensoit, l'homme de bien, qu'il eût à la journée d'un cheval, voire deux, un plus habile, ou qui le secondât en son métier; combien qu'il n'eût su dispenser ne mettre quatre simples ensemble, et le plus beau de son métier étoit à faire l'hypocras et louer des accoutrements de masques. Toutefois, pour demeurer ordinairement sur la besogne carré et assuré en sa boutique comme un meurtrier, sonnant dessus son mortier *la Moulnière de Vernon*, ou *la Défaite d'un pain de seigle* à quatre personnages, et autres carillonnements empiriques et spagiriques, entra en tel crédit et si haute réputation du commun peuple, qu'il n'y avoit chambrière qui ne s'estimât bien fière d'avoir marché avec lui, menaçant sans cesse les marier, et qu'il savoit bien leur fait; en avoit déjà jeté quelques mots à la volée et en passant; mais qu'il falloit un peu attendre; que les

---

[1] Appelé maître.

ponts de Cé ne furent faits en un jour; que tout iroit bien, et que l'on verroit beau jeu, si la corde ne rompoit. S'il vendoit pour un double[1] d'huile ou raisin, il menoit un bruit comme s'il eût vendu autant de drogues en gros que les Pepoli de Raguse, ou les Pihiers de Couetils à Melesse. A l'ouïr si haut louer et raconter ses sens, littérature, et prud'hommie, et expérience, comme il avoit demeuré à Saumur et travaillé à Nantes; mais qu'il n'y avoit guère été, attendu les harengs frais du port Briaud-Maillard, vous eussiez aisément et sans autre forme ne figure de procès jugé que ce n'étoit qu'un sot. L'un de nos compagnons, appelé Gringalet, voulut un jour découvrir plus au long l'impudence de ce galant, comme les bons esprits font perpétuelle guerre à l'ignorance et à la gloire sa compagne; et passant et se promenant à pas mesurés, éloignés vis-à-vis sa boutique, ce maître aliboron ne faillit incontinent, comme font les fripiers de Paris, qui sont à la plupart juifs, à tirasser Gringalet par la manche de son manteau, et que vraiment étant homme d'apparence, il goûteroit de son bon vin. Le marché fut aisé à faire, et Gringalet et ses associés, lesquels de la rue il retenoit tout exprès, avoir mangé quelques olives et bu le coup, arraisonnent maître Pierre (car le mot de sire ne lui étoit encore convenable, pour n'être que garçon, et non marié), louant et magnifiant l'assiette de sa boutique, et l'heur que c'étoit à ceux de la rue, d'avoir un tel voisin qui avec son mortier regaillardissoit tout le quartier, y sonnant et jouant toutes espèces de chansons, aussi bien ou mieux qu'à Saint-Thomas du Louvre, à Paris. Et pensez-vous, se tournant vers ses compagnons, que les médicaments ainsi pilés et battus musicalement n'en soient pas de meilleure opération? Ho! ma foi, répondit l'apothicaire, avec un demi-ris fourchu et enveloppé entre les moustaches, sauf votre grâce. Nos laquais, disoit Gringalet, avec lesquels il n'y a que perdre, car c'est argent comptant, ne sauroient plus commodément, et, quelque chose qu'il en soit, avec moindre dépense, aller quérir figues, raisins et autre marchandise latine que céans. Item, qu'un marchand sorti et équipé de tout comme vous, ne peut au long jamais demeurer en arrière, et faillir à faire son profit. Pensez-vous, répliquoit le vaillant homme, grossissant et enflant sa voix, crachant à quartier d'un accent pointu, que j'aie perdu mon temps,

---

[1] Petite monnaie qui valait deux deniers.

comme j'en connois qui, par manière de dire, ne sauroient avoir donné de droit fil, ne en ligne directe, un clystère, un antidotarium, mellusine, la légende Vigo[1]. Vous avez, dit Gringalet, de la droguerie autant que marchand de deçà d'outre, et vos boîtes bien peintes par dehors; avez-vous point de *familiæ herciscundæ?* un simple fort excellent, ainsi que mon hôtesse, c'est ici près la Trinité, m'a dit, pour avec un peu de *finium regundorum,* bien détrempés ensemble, guérir une colique en l'instant? Si j'en ai! répond l'apothicaire, oui, *per diem,* du plus beau et du meilleur qui fût à la Guibrai dernièrement, et n'y a pas longuement. Ce disant il montoit en l'échelle de sa boutique pour chercher. Combien y a-t-il, hau, Jean, que tu en vendois à Périgaut de la Guerche pour un bel écu? il m'est avis que notre maître Hippocras ou je ne sais qui, je n'étudie plus guère, les affaires détourbent tout, en a écrit sur les élégances de Roland et Olivier. Allez vous y frotter, dit Lupolde, et vous soumettre à la miséricorde de ces maîtres fous, avec leurs *qui pro quo,* dont ils abusent le peuple et sa bourse : car ce qui vaut cinq sous ils le vendent vingt, sans être contrôlés ne policés[2] sur leurs marchandises. Faut croire que ce vénérable, afin de ne bourder, et être reconnu pour étourdi et ignorant qu'il étoit, eût mis, au lieu de ces beaux mots du droit civil, significatifs de la manière de diviser et partager les héritages, quelque véhément diagrède[3] et laxatif, et puis, adieu Fouquet. Car les apothicaires en sont venus là, qu'ils ne veulent souffrir que les médecins voient les ingrédients de la médecine ordonnée, disant qu'on leur feroit tort si on ne s'en fioit en eux. Mais ils ne savent qu'ils disent, et errent en cela, comme aussi aux plantes et graines nouvelles qu'on leur apporte, leur attribuant facultés et puissances admirables, où ils ne trouvent rien du tout. Témoin un droguiste de Lyon, qui envoya à feu Champenois, docte apothicaire de Rennes, un fardeau de blé noir, appelé en aucuns lieux froment noir ou sarrasin, avec entière description de ses qualités mirifiques, et le prix, qui étoit d'un écu la livre. Mais, la piperie connue, on lui renvoya son paquet, et que s'il en vouloit envoyer querir, il

---

[1] Noël du Fail veut sans doute désigner ici Jean de Vigo, auteur de plusieurs ouvrages et médecin du pape Jules II.

[2] Surveillés par la police.

[3] *Diagrède,* eau qu'on tire de la racine de la scammonée.

lui en fourniroit dix mille charges de cheval, à un écu pièce. Car à la vérité, sans ce grain qui nous est venu depuis soixante ans, les pauvres gens de ce pays auroient beaucoup à souffrir, combien qu'il amaigrisse fort la terre. Votre maître ou sire Pierre, dit Eutrapel, fut depuis marié, et ceux qui s'en mêlèrent, la lui baillèrent belle; mais quand la cour vint à Angers, et qu'un grand fit convier les femmes de la ville, entre autres la sienne, étant des premières au brevet, pour aller le soir au bal, qui étoit dressé en la grand' salle de l'évêque, il fut bien étonné, sachant assez que par tel ajournement et assignation on y danseroit la danse du loup, la queue entre les jambes, et le branle : *Tant vous allez doux Guillemette.* Ce fut à lui aller au-devant, par derrière, contre cette embuscade, et y pourvoir en diligence, comme il fit de galant homme, et nullement lourdaud, ainsi même que depuis il fut jugé par les auteurs de l'assemblée. Dire, elle n'y ira pas, il n'eût osé, venant la prière, qui est un commandement, de trop haut : joint que madame l'échevine La Quichie, ainsi nommée à cause d'une closerie [1] appelée Quichy, du nom de laquelle son mari se souffroit appeler, et une autre grand' liste de madames y seroient, c'est la façon de prendre un cheval farouche, que d'amasser tous les vieux chevaux du village. Mais voici le bon tour : M'amie, dit-il à sa femme, je veux bien que telles et telles invitées comme vous, sachent, outre être la plus belle et agréable de toutes, vous soyez davantage jugée être femme d'un brave apothicaire qui entend les parfums, afin que si quelque seigneur vous baise, vous ayez l'haleine plus douce et soëve [2], que pas une de vos compagnes; et surtout gardez bien la trappe d'en bas. A quoi elle obéit très-volontiers : car qu'est-ce que les femmes ne feront pour être dites et vues belles : et avala trois petites pilules, bien odoriférantes, mais des plus laxatives de la boutique, baillées si à propos, et les heures et espaces de leur opération si dextrement mesurés et compassés, que sur les neuf à dix heures du soir, comme elle dansoit en la main d'un grand, qui lui contoit des nouvelles de la cour (*Scholasticus*, disoit Balde [3], *loquens cum puella, non præsumitur dicere Pater noster*), commença, changeant de contenance, à gehenner et étreindre les fesses, car la taupe bêchoit

[1] Ferme.
[2] Suave.
[3] Déjà cité page 161.

tant, que finalement le sac fut délié, le tonneau défoncé, et belle merde, *gallicè loquendo*, par les places, tous s'étoupant le nez réellement et de fait, et non imaginairement et par fantasie, comme un certain conseiller, qui regardant sur le bureau la figure d'un privé, dont étoit cas au procès, s'étoit bouché le nez; ou bien d'un président de ce temps, mais c'étoit par galanterie et trait de bon esprit, qui dit à l'avocat du roi, plaidant un port d'armes, et pour le rendre plus criminel, faisant contenances et gestes des mains, comme s'il eût voulu tirer d'une arquebuse: Gens du roi, vous blesserez quelqu'un, haussez votre arquebuse. Il y en eut en ce vacarme merdeux de bien trompés et d'abusés, et fut, la vérité de l'histoire bien connue, d'orénavant maître Jean appelé sire, à pleine bouche, et estimé l'un des plus avisés de tout le pays. Vrai que les femmes le regardoient de travers en passant, car il avoit accordé avec la sienne, par une transaction qu'il portoit au fond de ses chausses; mais il ne s'en soucioit pas, alléguant le concordat :

> Maudit soit-il qui fit amours,
> Qu'il ne les fit durer toujours !
> Et ainsi va le monde,
> Quand l'un descend l'autre monte.

## XXV.

### Des écoliers et des messiers [1].

Dites-nous vérité, mon neveu, mon ami, disoit un gentilhomme à un sien parent revenant des écoles de Paris, ne mentez point : avez-vous toujours étudié, c'est-à-dire aucunesfois au moins deux ou trois heures le jour? Comme est-il allé de votre procès avec les messiers et gardeurs de vignes ces vendanges dernières? L'on nous a rapporté, mais ce sont hommes qui se jouent ainsi et qui ont envie de parler, que vos Offices et partitions de Cicero y étoient demeurées pour gages, et qui pis est, je ne le puis pas bonnement croire, c'est qu'ils vous avoient renvoyé sans haut-de-chausses, et le chapeau perdu et confisqué. Monsieur mon oncle, dit le jeune homme en hontoyant et rougissant, marques et intersignes d'un bon naturel, si je n'ai étudié et satisfait à mon devoir, comme j'y étois tenu, à tout le moins j'ai fait ce que j'ai

[1] Ceux qui gardaient les vignes.

pu : c'est assez, disoit un ancien, d'avoir voulu et essayé choses hautes et difficiles. Au regard des messiers, je vous en dirai rondement et à la bonne foi ce qui en est, encore que peut-être il se pourroit faire mieux ne s'enquérir tant curieusement de plusieurs petites choses qui se passent parmi la jeunesse, et qui, pour être la plupart mal rapportées, troublent aigrement l'entendement de nos parents. Vérité est qu'un jour de jeudi (Oui, dit Eutrapel, car *In die Jovina nunquam sit lectio bina*), notre maître nous permit aller ébattre et jouer aux champs, confinant néanmoins et désignant les voies et chemins que nous devions tenir, parce, disoit-il, que vous êtes à Paris, lieu étrange, où il vous faut traiter et gouverner sagement avec grand'mesure et en enfants de bonne maison. Vous avez affaire à un bon peuple, et qui vous aime ; mais gardez surtout à ne le tromper en cette honnête familiarité où il vous reçoit. Ce que vous ferez, vous jetant en leurs vignes, dérobant leurs raisins ; faisant plusieurs dégâts, débauches et outrages, comme les enfants mal institués [1] et nourris ont accoutumé faire ; et en ai connu, disoit-il, de tellement mal nais [2], qu'ils aimoient mieux avoir quelque chose par une malicieuse finesse, que le poursuivre honnêtement et avec état ; vos études sont là résolues et arrêtées : pour autre chose n'êtes ici envoyés ; et ne vous apporte autre profit la lecture des livres, que pour apprendre n'être malfaisants, haïr le péché et informer vos âmes et esprits d'une bonne et sainte pâture d'actes généreux et de vertu. Donc me fiant de cela, voire de plus grandes choses en vous, je me pourmènerai ici au long des Chartreux avec autres mes coégaux et compagnons, tandis que vous prendrez là et ailleurs aux environs vos petits ébats et passe-temps. Notre intention et délibération étoit telle ; mais l'un de nos compagnons nous faisant les affaires d'autre volume que nous n'espérions, nous fit tous entrer en une grande vigne là près, pleine de beaux et mûrs raisins, où en l'instant nous fûmes pris et saisis par cinq ou six gros ribauds de messiers et sergents qui nous épioient, couchés sur le ventre ; et lesquels, se ruant sur nous à grands cris et hurlements épouvantables, nous menèrent en toute solennité devant le juge de Sainte-Geneviève, ayant la tête liée et entortillée de branches de vignes, et plusieurs autres attachées à nos ceintures,

---

[1] Mal élevés.
[2] Nés.

et les manches de quelques-uns pleines de raisins, liées par le bout; et qui ainsi qualifiés et équipés, nous entre-regardions, pleurant, ressemblant à ces peintures de Bacchus; accusant la faute de lui qui nous avoit conduits en ce bel exploit, et qui avoit bien su gagner le haut; ajoutant pour notre justification, qu'il nous avoit donné à entendre que les vignes étoient à un sien oncle, et que tout le surplus étoit l'ancien patrimoine de l'Université et écoliers, lesquels, par une longue succession d'années, par souffrance et honnête patience, s'étoient laissé ravir et perdre les droits qu'ils y avoient, comme son hôte du Porc-espy lui avoit conté plus au long. Au moyen desquelles volontaires et franches déclarations et confessions, les officiers, qui bien savoient de quel bois on se chauffoit en ce pays scolastique, nous renvoyèrent à nos maîtres. Voilà, monsieur mon oncle, ce que je vous puis dire de ce qui se passa en ces premiers ans; mais si j'osois vous rechercher de votre jeunesse, on y trouveroit bien des coups d'épée et une longue liasse de folies; et vous m'accusez avoir mangé du raisin qui me fut bien cher vendu. Qui n'auroit eu pitié de ma jeunesse, dit l'oncle, il y a longtemps qu'il ne seroit nouvelle que de ma mort funeste, lamentable et honteuse; et seroit un merveilleux déluge, si tous ceux qu'on envoie aux écoles en revenoient doctes et savants. Témoin la bonne femme qui demanda si une grand' troupe d'écoliers qu'elle voyoit se pourmenant et jouant aux prairies d'Orléans seroient tous avocats. Mon Dieu! dit-elle, si cela est, tout est perdu et ruiné, nous n'en avons qu'un en notre village, c'est trop de la moitié, qui nous fait plus de mal que tous les quatre mendiants ensemble. Comment, dit Eutrapel, fut-ce toute la revanche que vous autres seigneurs écoliers eûtes de telles et si audacieuses braveries? De mon temps, dit Polygame, il en alla bien autrement, lorsque ce très-docte grammairien Turnebus[1] lisoit au collége Sainte-Barbe le troisième de Quintilien; car une bande et compagnie de bonnetiers du faubourg Saint-Marceau, joints et adhérés à ces beaux messiers et gardeurs de vignes, nous ayant empoignés et pris sur le fait, prenant et pillant comme étourneaux des raisins outre ce que l'Écriture sainte en permet, qui est honnêtement et discrètement, nous y battirent et frottèrent très-bien nos épaules, quelques remontrances que sussions alléguer, que par nos chartres et titres étant

[1] Adrien Turnèbe, professeur et typographe, un des savants les plus distingués du seizième siècle.

aux Mathurins, tous les vignobles et pays adjacents de Vauverd fussent à nous, et propres à l'Université. Jamais à la bataille de Cerisoles, où je fus sous la charge du capitaine La Mole, qui y demeura, ne furent trouvés tant de corselets, arquebuses, piques, morions et hallebardes des Impériaux éparses ci et là, comme l'on vit, à cette grosse rencontre de vendanges (il la faut ainsi appeler, et non bataille, d'autant que le canon ne joua), de Térence, *de octo partibus*[1], de Pelisson[2], *pro Milone*, des *Bucoliques* de Virgile, et écritoires là délaissées à ce chaud alarme. Mais devant le mois être passé[3], l'Université, toutes les chambres assemblées, avec bâtons ferrats et non ferrats, soutenue d'un régiment d'imprimeurs tous hauts à la main, se jeta, sans autre reconnoissance, sur ces maîtres bonnetiers et associés, qui renversés et rendus fugitifs, tous leurs outils, chaudières, broches et autres instruments furent cassés, brisés et abattus; qui a donné occasion aux chapeliers de se faire subroger aux droits des bonnets, l'usage desquels est bien endommagé. Lupolde dit se souvenir qu'en la maison de Basoche en ce pays, y a un fort beau et grand bois de haute futaie, dans lequel y avoit un corbin y faisant tous les ans son aire, signification et note de l'antiquité du bois où tel oiseau veut naturellement habiter, avec un grand aise et plaisir aux laboureurs voisins, parce qu'il chasse et fait vider les corneilles et chouettes d'alentour les champs prochains et ensemencés. Mais quelque longue possession que ce corbin pût alléguer, et se fût maintenu, si trouva-t-il un beau matin, au retour de sa commission, son aire rompue et brisée par une infinité de corneilles; tellement que se voyant déniché, et ses ennemis impatronisés et faits maîtres de la place, se retira on ne sait où, avec ce qu'il avoit de poisson pris. Le seigneur de l'hôtel, homme reconnu et plus regretté pour ses louables vertus et grandeur, dont il égaloit les premiers de sa saison, fut grandement fâché de la perte de son corbin, essayant en toutes sortes, même à force d'arquebusades, chasser ce maudit bestial; mais en vain, car tant plus il les tourmentoit, plus y abondoient; ce qu'il laissa, et fut contraint quitter tout. Mais ne tarda un mois que ce maître corbin, accompagné de plus de cent autres, fut vu un beau matin brouillant, tracassant,

[1] Petit ouvrage extrait de la grammaire de Terentius Varro.
[2] Jean Pellisson de Coindrieu, est auteur d'un abrégé de la grammaire latine de Jean Despautière.
[3] Avant que le mois fût écoulé.

jetant les œufs de ses parties adverses par terre, rompant leurs nids, et faisant un terrible ménage sur icelles à coups d'ongles et de bec; si bien que la plupart y demeurèrent mortes sur le champ, et les blessées pendues aux baies et buissons. De quoi les renards, qui étoient sur les ailes et aux écoutes, *fecerunt magnum festum*, et de bons repas. Et ainsi fut réintégré ce pauvre spolié en ses premiers grades et libertés, aussi bien que vous autres, messieurs les écoliers.

## XXVI.

### Disputes entre Lupolde et Eutrapel.

Tu sais bien, dit Lupolde à Eutrapel, que je te menai premier à Paris, et tel y a été, qui ne sait pas décliner *Paris* : tel en a vu les murs, qui ne sait pas décliner *domus*. C'est rimé joyeusement et les pouces à la ceinture, dit Eutrapel : qu'en arriva-t-il? les vignes pour tout cela furent-elles gelées? Le me contes-tu, poursuivoit Lupolde, qui étoit long en ses répliques, as-tu un *alibi* bien cordé[1], coarcté et bridé? veux-tu proposer payement par argent, quittance, erreur ou autrement? parle, si tu es de par Dieu. A ce drap couturiers, rioit Eutrapel, s'adressant à Polygame, une Iliade et pleins paniers de chicanerie; que celui qui souffle au fond de mes chausses te puisse servir de cachemuseau, beau sire : si ne veux-je pourtant entrer en aucun soupçon d'ingratitude en l'endroit de ce maître papelard[2] ici, confessant qu'il cuidoit bien besogner. Il me conduisit à Paris, à la vue de laquelle oncques Tityrus en Virgile, ou Pâris Alexandre, faisant leurs premières issues de leurs bordes[3] et cases champêtres, ne furent tant émayés et ébahis. Lupolde me disoit : Voilà les grosses cloches de Notre-Dame et la vénérable statue de maître Pierre Cugnet[4]; ici est cet horrible mange-chair le cimetière Saint-Innocent; *ecce montem acutum*, où jadis notre maître Antoine *Tempestas* tonna si topiquement; voici le domicile de *Majoris*, sophiste s'il en fut oncques; ici est le lieu où dom Jean Margoigne fit sa tentative; et plus bas où Caillard, ce docte grammairien d'Amaulis, accorda Maudestran et Tartaret débattant s'il faut

---

[1] Lié.
[2] Trompeur, hypocrite.
[3] Cabanes.
[4] Déjà cité page 149.

prononcer *michi* ou *mihi*. O Université, qui autrefois empêchois à tous propos les ordonnances du prince, sortant hors les gonds de ta fondation, si tu n'y avois apposé ton contre-scel et la main peinte du *sigillum Rectoris*, Dieu ait l'âme de maître Jean Frigidi, et sa voisine la Pragmatique Sanction, c'étoient d'honnêtes gens : comme aussi étoit Guillaume Hervé de Clays, lorsqu'il harangua à plate couture contre les premières et secondes intentions, enclouées au haut bonnet de la sophisterie. Mais la plus grande estocade que je reçusse fut quand, m'amusant à contempler les enseignes pendantes aux rues, je m'ouïs appeler Jean le Veau, Martin le Sot.

> Turba gallochiferum ferratis pedibus ibat.
> Galoches pieds-ferrés y couroient à grand' bandes :

et autres injures qualifiées de monnaie courante et du grand parti. Mais depuis que j'eus hanté les lieux d'honneur, la place Maubert, les Halles, l'école de la Grève, la Pierre au lait, les docteurs complantatifs d'icelle, couru tous les bateleurs de la ville, et assemblées des enfants perdus et matois, je fus un maître galant :

> Quantum mutatus ab illo !

Et combien, au lieu d'une bonnête modestie et assez bon commencement aux lettres que j'avois apporté, furent en peu de temps transmués en débauches, dissolution et corruption de mœurs ! Je trompois le bon homme de Lupolde, qui portoit la bourse, et qui happoit par toutes les lectures le plus qu'il pouvoit, lui donnant à entendre l'achat des livres, habillements, de chausses, souliers, et qu'il falloit quelque chose pour la paume [1], et pour hanter les bonnes compagnies : ce qui autrement me rendoit honteux, entre autres en l'endroit d'un jeune homme fort docte et bien instruit, demeurant au faubourg Saint-Germain, appelé Gonin Turin ; lequel, pour être mon compagnon d'étude et de grande maison, je ne pouvois honnêtement fréquenter sans argent. Lupolde se plaignoit de si coûteuse fréquentation, que je n'en bougeois soir ne matin, et qu'il n'y avoit argent qui ne s'y en allât. Mais voici le trébuchet où je fus pris : car le jour Saint-Yves, jour fatal, et dévot pour nous autres

[1] Pour le jeu de paume.

Bretons, Lupolde ne fut des derniers, avec les autres pédants, régents et fesse-c.. de la nation, à banqueter et boire à la mode du pays, et puis continuant la rubrique, à jouer à belles cartes, au flus, à première : où Lupolde regardant les cartes, trouva son Gonin Turin, qui est un valet de trèfle : O per Dieu, dit le prud'homme, parlant à ma barrette, voici votre compagnon, client, que vous visitez si souvent : bien, bien, il faut cocher sur la grosse taille [1]. Une autre fois, nous promenant sur les fossés Saint-Jacques, passant devant la porte où y avoit une garse en mue, accoutrée en garçon, je demandai à un laquais étant à la fenêtre: Maître Jean est-il là? Oui. Et que fait-il? Elle file, dit-il. Sangbien de bois! dit lors ce sophiste, que tu as d'intelligences et connoissances par pays! assure-toi que tu n'auras argent désormais que par le petit fausset. Ce maître monsieur ici, dit Lupolde, qui étoit bien aise se voir contrefaire, me demandoit sans cesse si son père avoit délibéré de le marier, ainsi que lui avoit dernièrement dit le messager : et de fait, comme la jeunesse se persuade toutes choses fausses, aimant par fantaisie même les bâtons coiffés, et embrassant les nues, fit tant par ses menées, que me laissant, car j'étois boursier au collége du Plessis, s'en retourna à ses parents. Cela est vrai, dit Eutrapel, dont je me suis repenti depuis plus de cent fois, mais

> Fol ne croit, tant qu'il reçoit ;
> Après le fait sage Breton.

Je fus deux ou trois jours caché devant me montrer, mais assez bénignement recueilli, après quelques préfaces et rabouements [2], et avertissements en droit, fut tout à propos dressé un festin pour savoir et entendre mes études, et comme j'avois profité : lieu propre pour bien reconnoître la grâce, la contenance et tout ce que sait un jeune homme. Les chapeaux n'étant encore beaucoup en usage, avois le bonnet carré, la robe à haut collet, la chemise froncée, l'escarcelle sans beaucoup de ce qu'on met dedans, sur la hanche, et ladite dague tout joignant, de peur des mouches. Les cheveux brouillés et refrisés, et tout honteux, avec une révérence courbée à la franciscane [3], saluai la compagnie, me laissai plusieurs fois commander me seoir : finalement, joignant une

---

[1] *Cocher sur la grosse taille*, dépenser beaucoup d'argent.
[2] *Rabouement* ou *rabrouement*, reproches.
[3] A la manière des moines franciscains.

multiplicité d'excuses aux importunités, demeurai taciturne et bien niais, jetant bassement ma vue d'un côté et d'autre, mettant la main au plat comme de guet-apens, et à grande connoissance de cause : que plût à Dieu, disois-je en moi-même, être avec les compagnons d'Iservay, au petit cabaret des trois Poissons au faubourg Saint-Marceau de Paris, à ce bon vin d'Orléans ! Polygame dit lors, que les amis d'un poëte de notre temps lui avoient trouvé une fort riche veuve pour femme, et parce qu'il avoit la tête poétique et gaillarde, l'avoient averti faire bien du sage à la table, et que pour prendre telles bêtes, il faut beaucoup dissimuler, et être rusé à plus de cent pour cent. Il le promit, mais si n'en tint rien : car au beau milieu du dîner qu'on parloit du temps passé et de la fertilité de l'année, afin de n'être vu oisif, mis trois ou quatre morceaux de pain, l'un après l'autre, en sa main gauche, frappant sur icelle de la droite, encoffrant et engoulant ce pain coupé qui sautoit du contre-coup joyeusement en sa gorge, disant : Brifaut à moi si tu faux ; et ainsi fut le marché dépecé. La farce gâtée, et la veuve quitte pour ce qu'il lui avoit coûté : le poëte aussi délivré d'un grand faix qu'il se voyoit préparé, et de n'ouïr point, Hélas ! le défunt n'eût pas fait ainsi ; que plût à Dieu ! je ne dis autre chose. Se trouva toutefois une babillarde, bien rebrassée, galoise, continuoit Eutrapel, qui hardiment me consola en tels essais, disant qu'il se falloit un peu réveiller ; étoit bien séant et honnête d'être honteux, signal de bon naturel ; mais aussi qu'il étoit requis s'égayer et s'ouvrir aux compagnies ; qu'il me falloit marier, et qu'elle avoit ouï parler de deux ou trois belles filles, qui par aventure n'étoient trop loin de là. Cependant, tout écolier et badin, je trépignai cent fois par sous la table, mis un pain en plusieurs lopins et morceaux, allongeant parfois et filant mes jeunes moustaches, et faisant une infinité de grimaces physicales, et bien chafaudées. Mais le bon Pétrutius des Martingales, pour me soulager et mettre en mon jeu, me fit plusieurs et divers interrogatoires sur les colléges, sur les leçons, cherté de vivres,

> Multa super Priamo rogitans, super Hectore multa,
> M'interrogeant sur Hector et Priam ;

et en passant, que valoit la douzaine d'esteufs au tripot de la Caille. Je viens lors, me sentant appuyé et secondé, entrer en matière fort avant, à tort et à travers, en conter bien épais, et me faire juger par toute l'assemblée, notable et souverain éventé et impudent. Mais icelui seigneur de Martingales, qui avoit passé les mêmes détroits, ayant honte pour tous deux, me retira pour nous aller promener, et crois que vingt fois, chemin faisant, il me tança et reprit, comme il est des plus accorts, de ce qu'à tous propos rehaussois mon bonnet, mignardois mes cheveux poinçonnés et longuets à l'égyptiaque, me frottois le haut du front, branlois puis de l'un puis de l'autre côté, pour donner meilleure cadence[1] au contour de ma robe; m'arrêtois en pleine rue, là, sur le bout des doigts, accordant, à me voir, tous docteurs ultramontains avec ceux de par deçà. Résolution, je m'en retournai à Paris, poussé principalement à ce par des Martingales qui se plaignoit de nous autres Bretons, qui commencions assez bien nos études; mais que nous n'avions qu'une pointe, sans aucune persévérance et continuation. C'est mon, c'est mon, dit Lupolde, tu y reviens voirement; mais ce fut pour me dérober, avec trois ou quatre autres pauvres pédagogues qui avions épargné et réservé quelque écu pour prendre nos degrés, dont toi et tes compagnons matois nous empêchas bien. Ce fut bien employé, dit Eutrapel; car l'avarice, que toi et les tiens blâmez si démesurément, fut cause de ton malheur; joint que nous n'eussions pas eu un rouge double à prêt de ces maîtres aux arts ici. Occasion qu'on leur apprit à leurs dépens le jeu de la selle, dont Rabelais, ce hautain esprit, n'a fait aucune mention en son catalogue[2]. L'affaire donc va ainsi : le petit Lorrain, le Moine, Méruet, Saint-Salvadour Gascon, maître Jean Méry de Pire, et Antoine Chrétien Lyonnois, tous suppôts de l'Université, et des premiers échevins de la Pierre au lait, ayant su de nous autres leurs disciples le peu de voisinage qu'il y avoit entre nos maîtres et nos bourses, nous promirent, étant à moitié de gain, qu'il ne leur demeureroit un seul liard en leur gibecière pour passer l'eau. A cet effet, l'un de nous, condamné payer sa bienvenue et faire la morfe[3], invita aussi messieurs nos maîtres, où tous ensemble en une belle salle à faire fêtes, fut fait *gaudeamus* et grand' chère. Comme tous étions assis à une table, voici Saint-Salvadour et Chrétien qui se mirent à boire à une autre prochaine table; puis

[1] Grâce.
[2] On sait que Rabelais (Liv. I, ch. XXII) fait une longue énumération des jeux qui occupaient les loisirs de Gargantua.
[3] Régaler.

ayant bien fermé la porte, s'adressèrent à tous, nous disant avoir trouvé en la rue un jeune marchand chargé de plus de deux mille écus, duquel, en leur corps défendant, ils en avoient, à la carte virade[1], gagné bien trois cents qu'ils jetèrent sur la table, montrant, par un jeu de cartes qu'ils avoient en main, la manière et finesse comme ils l'avoient trompé. Le Moine, Méruet et le petit Lorrain, étant aussi survenus, racontèrent comme, malgré eux, ce jeune homme avoit bien perdu contre eux deux cents écus. Antoine Chrétien disoit craindre fort sa conscience, et que volontiers il lui rendroit son argent, pour être vraisemblablement quelque enfant de riche marchand qui aura dérobé son père; en quoi et au blâme de tel larcin il n'entendoit encourir ni être compris. Saint-Salvadour et les autres, au contraire, qu'il valoit mieux que bons compagnons, gens de bien comme eux, eussent cet argent, que quelques ruffiens ou gueux, et que aussi bien il perdroit tout. Comme cet article se disputoit, voici un grand jeune homme, vêtu d'un assez bon casaquin et chausses, frappant à la porte de la salle. Méruet, plus prompt, va entr'ouvrir icelle, et, l'ayant refermée, Messieurs, dit-il bassement et en l'oreille, c'est l'homme de quoi nous parlions, qui nous cherche pour jouer; que vous en semble? ouvrirai-je? Antoine Chrétien, qui avoit fait le difficile et consciencieux, jugea que oui, puisque tout étoit à perdre. Le voici entrer, regardant et niaisant par la chambre. Ah! dit-il à Saint-Salvadour, qui s'étoit emmuselé et caché de sa cape, c'est vous qui avez gagné mon fait; çà, tenez-moi bon. Ce disant, il mit sur la table un plein sachet d'écus, et en décousit autant de son pourpoint et chausses. Lupolde que voici et ses compagnons, sollicités par nous et ces beaux survenus, voyant y avoir à gagner, sans rien hasarder plus qu'ils ne feroient en vingt ans à battre le texte et la chaire, décousirent aussi de leur part leurs petits pochons[2] où reposoit leur argent mignon. Chrétien, faisant le surintendant : Eh bien, mon ami, dit-il à ce jouvenceau, voilà cent écus, couchez-en autant; ce qu'il fit à grandes poignées, sans autrement compter; et autant en l'endroit des autres, même des régents, qui avoient par ensemble boursicoté jusques à six ou sept vingts écus, qu'ils mirent aussi en contrepoids de bien six cents écus, jurant, par les œillades que ces bons suppôts leur fai-

---

[1] Jeu cité par Rabelais, liv. I, chap. XXII.
[2] Petites poches.

soient, y en avoir autant, et qu'ils ne voudroient aucunement tromper. Chrétien disoit, fie-toi en moi comme en ton père : ce disant, et guignant et s'entre-marchant sur les pieds, voulant dire : Il est à nous, il est pris. Puis ayant Chrétien, après avoir enveloppé et mis tout l'or et l'argent en une serviette, et semblablement comme ce badin regardoit en la rue, renouvelé le jeu, et montré comme il falloit supposer une carte au lieu de celle qui se devoit deviner, dit ainsi : Mon ami, si vous perdez, consentez-vous pas que ceci soit nôtre? Oui, oui, répondit-il en badinant, et se jouant de sa ceinture. Et vous, messieurs, du pareil, s'il devine bien, voulez-vous pas de même ? Ah! mon Dieu oui, répondirent-ils, aboyant[1] ce gros monceau d'or bien lié et garrotté en cette serviette, et cependant enfermés en la table de deux côtés, de peur qu'ils ne se remuassent. Les cartes ouvertes, fut tiré un as de cœur, il m'en souviendra toute ma vie, et sur icelui mis une autre carte; mais le paillard d'affronteur va choisir et deviner ce bel as; et s'être quand et quand saisi de la serviette, descend plus vite que le pas, chacun se regardant en pitié. Les galants qui tenoient les deux bouts de la table, jurant et maugréant, que ce joueur étoit attitré et aposté par Lupolde et ses complices; eux, au contraire, protestant ne l'avoir oncques vu; et ainsi l'assemblée rompue, nous tirâmes, selon nos marchés, bien cinquante écus pour notre part, lesquels ne nous firent longue compagnie; car deux ou trois jours après les perdîmes chez un Provençal demeurant en la rue Saint-Antoine, contrefaisant le devin, ayant femme et enfants; mais c'étoit une grosse maquerelle, et cinq garses accoutrées en chaperons de velours, lesquelles, sous couleur d'astrologie, on alloit visiter et jouer à tous jeux. Y avoit une chambre pour la prime, où les nouvelets étoient mis du côté de la muraille, en l'entre-deux de laquelle, derrière une tapisserie, percée en certains endroits, y avoit un regardeur du jeu, lequel marchant sur pédales qui répondoient sous le pied des joueurs de l'autre côté, leur faisoit entendre les points des cartes de partie adverse; où mes compagnons et moi ne durâmes guère; et être bien vrai, farine de diable n'être que bran[2], et choses mal acquises devenir à néant. Et ainsi Lupolde, mon bon ami, fut de notre ruine payée ton extrême avarice :

[1] Désirant avec ardeur.
[2] Ordure.

et ainsi ce grand Dieu se venge de ses ennemis par ses ennemis ;
mais tu sais combien de fois je t'en ai demandé pardon et récompensé en maintes sortes. De ce pas m'en allai aux bandes des
gens de pied en Piémont, où j'eus du mal comme un jeune diable bachelier et botté. En retournant et revenant en çà, dit Lupolde, avois-tu pas le bras gauche plus long que l'autre de demi-pied, ratiocinant et haranguant par ces villages aux bonnes
femmes, leur contant tes infirmités? Tu es un habile homme,
répliqua Eutrapel, et bon sonneur de rebec; quant à toi, tu
fusses demeuré à garder les oies; mais moi, qui ai l'expérience
de la déesse Nécessité, fis si dextrement mes insinuations et connoissances, que je ne retournai point en bélître. Vrai qu'au bout
de la carrière, c'est-à-dire quand je fus au bout de mes finances
et finesses, je visitois les écoles, où je fessois[1] maître Laurent
Valle[2], et épîtres de Cicéro pour deux ou trois jours, n'oubliant,
non plus que les mendiants, me recommander et attraper monnoie, qui me rendit sain et sauf jusques à l'hôtel, avec l'épée et
dague bien en point; non pas comme toi qui vendis, dès Palaiseau, ton braquemart, revenant de Paris, lorsque la peur s'y
vint loger à l'enseigne de l'Armée de l'empereur Charles-le-Quint.
Je ne puis comprendre cela, dit Polygame, par y avoir une race
d'hommes naturellement rois, vivant d'un certain empire et fief
dominant, et qui ne se rendent jamais, voire qu'ils soient désarmés de toutes occasions se pouvoir refaire. Ceux qui se mêlent
joindre et accorder les regards et influences célestes, rapportent
telles pièces à l'assiette, faveur ou disgrâce des corps supérieurs.
L'on dit que Denis le Tyran, nonobstant avoir perdu son pays et
ses forces, tenoit l'école à Corinthe; signifiant par tel acte, et lui
aussi s'en vantoit, que toujours vouloit commander, la part où il
fût, le tout en dépit de ce qu'il appeloit fortune, et sans fléchir
sous la grandeur de son naturel. Georges Cleray n'avoit garde,
aux jeux et comédies de Saint-Thomas, jouer autre personnage
que d'un roi, d'un empereur, ou de quelque prologue; que s'il
eût voulu, en sa négociation et marchandise, se charger de
Donats[3], Cato pro pueris[4], lequel fut composé par un moine de

---

[1] Étudiais.
[2] Laurent Valla, célèbre philologue du quinzième siècle.
[3] Déjà cité page 259.
[4] Petit livre de morale à l'usage de la jeunesse.

Clairvaux, comme il se vérifie aux Mémoires de Fouque l'Abbé [1], Capitaine de Fougères, de Rudimens et Despautères [2], et autres petits et menus livrets, comme faisoient ses voisins, il eût bien davantage profité qu'en la vente des Amadis, Lancelot, Tristan de Léonnois, Ponthus, et autres chevaliers errants Bretons, la lecture desquels me met le cœur au talon, desquels sa boutique étoit autant bien garnie que autres de deçà les monts. Il me souvient, dit Eutrapel, que vous, seigneur Polygame, sollicitant l'heur et honneur des lettres, qu'entre autres commodités mettiez en avant, s'il arrivoit une soudaine et débridée irruption, et venue de quelques gens affamés, comme ce méchant Attila avec sa vermine de bas Allemands, qui concluoit hypoticairement, *Aut cedas, aut solvas*, quittez vos foyers, ou nous tuez; et que la contrainte voudroit que, poussé de cette barbare gent, nous irions habiter nouvelles terres. Vous vous donniez, il en souviendroit bien à Lupolde, mais il a le derrière de la tête peu large, à tous les arquebusiers d'enfer, mariés ou autrement, que seriez maître d'école; direz qu'un demi-prébendé en une église, qui n'est obligé aux magnifiques cérémonies du chœur et débats capitulaires, un prêtre négociant en une maison, un gendarme en temps de paix bien payé, un conseiller rapporteur seulement de quelques défauts ou légers incidents, un maître d'école, tenoient rang solidairement, et chacun pour le tout, aux plus braves assemblées et compagnies populaires. S'il y a noces, monsieur le maître y sera; un mortuaire [3], il y chantera; commères, il y friponnera; un fuseau tombé, il s'y transportera; et partout honoré comme le maître, et ayant sans cesse quelque chose à redire, contrôler et examiner sur les actions d'autrui. Ne permettiez sur toutes choses que deux magisters se trouvassent en même compagnie, *simul et semel, et in eodem prædicamento;* ainsi que grands princes, disoit de Commines, pour ne recevoir autre et nouvelle opinion, qu'ils ont jà de chacune part imprimée; et, pour conclusion, qu'à un homme libre, de bon entendement et bien né, rien ne lui peut défaillir, des biens assez. Lupolde se fâchoit, lui qui avoit travaillé toute sa vie, encore ne pouvant

---

[1] C'est peut-être Foulques, dit le Grand, abbé de Corbie.

[2] Jean Despautère, grammairien estimé, et dont les ouvrages étaient très-populaires au seizième siècle.

[3] Enterrement.

vivre, et nouer au bout de l'an les deux bouts de sa serviette ensemble. Mais Polygame, pour le réconforter, J'entends, dit-il, à peu près les contes d'Eutrapel; mais qu'il vive et qu'il passe son temps joyeusement, il est content, ne se souciant beaucoup ne du temps ne de la seigneurie; mais lorsque, comme nous autres ménagers, il aura donné à manger au chien et au chat, il ira bien de sa philosophie en fumée. Il ne fait cas ne compte de biens, non; car il n'en a, ne le moyen, et qu'au jour la journée. L'empereur Adrien, à qui un poëtastre [1] avoit écrit qu'il aimoit mieux être Florus que César, répondit : J'aime mieux être César, et courir l'épée au poing jusques aux derniers Allemands, ou essayer la victoire chez les Bretons, qu'un pouilleux et coquin de Florus, marchandant toutes occasions de vivoter aux marmites de Rome, et faire la cour au maître d'hôtel pour arracher une lippée franche en la cuisine. Et de vrai, aucuns de tels philosophes remettant tout sous la vie journalière, tiennent écoles, et maintiennent *avoir* être un grand péché, qui nonobstant ne sont les derniers à crocheter bénéfices et autres moyens avantageux pour à l'aise du ventre et religieusement philosopher. Innocent, qui depuis fut pape, raconte d'un qui prêchoit et reprochoit la multitude des bénéfices, et franchement et sans honte la condamna; mais en étant chargé et farci à outrance, et lui mis sus, qu'en rien sa parole et l'effet ne se sembloient, répondit qu'au commencement il en parla sans expérience, et non instruit du fruit et plaisir qui en vient. Autant en dit Dioclétien à un philosophe, poursuivant exemption de certaine taille, et que sa requête étoit diamétralement contraire à sa profession, qui est de souffrir et patienter toutes choses. Et ainsi Eutrapel, avec deux ou trois doigts de liberté dont il idolâtre, se gabionne, fait la guerre à nous autres pauvres gens qui travaillons jour et nuit à tirer notre pénible vie des bouillons et recharges où elle est empêtrée et arrêtée. Mon savoir, dit Eutrapel élargissant sa cape et se retirant deux pas en arrière, ne dépend de la faveur commune, mais d'icelle sainte providence et bénéfice de ce grand Dieu, par lesquels les meilleures et plus saintes âmes savent et entendent.

> Je sais des éléments et l'espèce et la source,
> Le chaud, le froid, aussi l'une et l'autre Ourse,

[1] Petit poëte.

> Le flux des mers, l'arc qui est peint en l'air,
> Le ciel fâché qui vomit un éclair
> Avant-coureur du bruit qui sort des nues;
> Flambeaux de nuit, comètes chevelues;
> Les monts bossus, les roches et les plaines,
> Et de l'or roux les semences certaines.
> Et toi, soleil, qui par douze lieux tornes [1],
> Et tes erreurs, ô Latone, et tes cornes,
> Je vous connois, et par vous on apprend
> Temps de semer, de cueillir, et comment
> Les ports des mers se peuvent bien laisser,
> Ramer sans peur, ou voiles abaisser.

Lupolde, faisant un grand signe de croix, et voulant rompre à bon escient avec Eutrapel, lui dit : Pécheur indifférent, que tu sais de bien par les livres! Mais quand ce viendroit au bon de faire, y a danger bien apparent qu'avec tant de sciences tu n'en susses pas une à la fin; et peut-être rien du tout. Je sais du latin assez, disoit Georgeaux, ce gentil notaire; mais si j'ai affaire d'un simple mot, voire des plus foibles et laxatifs, il m'est impossible d'en fournir, d'autant qu'ils se pressent à la sortie, s'entr'empêchants. Comme j'ai vu à l'issue des farces de ce gentil, docte, et facétieux badin, sans béguin, masque, ne farine, Martinville de Rouen, soit qu'en même chambre il eût si dextrement contrefait messire Maurice disant son bréviaire au fin matin, cependant faisant l'amour aux chambrières qui alloient au puits tirer de l'eau, ou le couturier [2] qui fit une cape au gentilhomme, d'un drap invisible, fors à ceux qui étoient fils de p...; ou bien qu'il jouât ayant un couvre-chef de femme sur sa tête, et le devanteau ou tablier attaché à ses grandes et amples chausses à la suisse, avec sa longue et grosse barbe noire, une jeune garse allant à l'eau, interrogeant sa compagne, nouvellement mariée, sur les points et articles de la première nuit de ses noces. Et oncques ne vis, poursuivoit Lupolde, vieil que je suis (tu y coleras et joindras peut-être ce mot de rêveur, je te connois bien), ces sachants-tout et coureurs de sciences et affaires de marché, ne s'arrêtant à une seule doctrine, qui ne demeurassent et fussent délaissés. Martial se rit d'un fort-à-tenir et passe-partout comme toi, qu'il appelle Attalus. Jupiter, en Homère, dit à Vénus : Ma

[1] Tournes.
[2] Tailleur.

mignonne, ce n'est pas à vous, ne charge qui vous appartienne, vous soucier et empêcher du fait et conseil de la guerre, mais bien de faire la mignarde, danser, vous atiffer et savoir finement mener et conduire vos yeux, la vraie lancette pour délicatement percer le sang et sens des hommes : laissez tel soin à la docte Pallas et à Mars. Ainsi un grand et admirable philosophe enseignoit en son école d'Éphèse, et prêchoit en sa chaire le devoir d'un grand capitaine, et comme la guerre se devoit faire. Annibal, qui écoutoit, dit avoir vu plusieurs vieux et anciens hommes fols, insensés, et qui ne savoient qu'ils disoient; mais que celui-ci, parlant si assurément et en maître d'un métier duquel il n'avoit l'expérience ne l'usage, et où il n'entendoit que le haut allemand et du tout rien, et comme clerc d'armes, les surpassoit de bien loin en toute folie et inexpérience. Polygame dit lors n'être défendu aux gens de lettres traiter non-seulement les affaires de la guerre, mais aussi des politiques et état commun. Plutarque parle de plusieurs grands capitaines, qui plus étoient doctes que guerriers, et qui néanmoins ont fait de très-belles choses et hauts faits d'armes; car les disciplines et sciences qui nous font tant voir de choses en peu de temps, sont liées et enchaînées d'une telle bourgeoisie et amitié, que nullement ne se peuvent disjoindre ou séparer, bien sachant que la moindre science, rendue à sa perfection, est capable retenir les ans des plus vieux. Mais en ayant les trois premières et principales, la Théologie, Jurisprudence et Médecine, il est facile à chaque professeur de l'une d'icelles y adapter et apporter le plus beau et fructueux des autres, pour en revêtir et enrichir celle qu'il poursuit, et à laquelle il s'est donné. Je ne puis, dit Eutrapel, vous accorder en tout ce que vous dites, sans y faire distinction; car les histoires, les autorités, les beaux et sentencieux mots qu'on allègue, se doivent peser, mesurer et rapporter à la qualité, étude et vacation de celui qu'on fait parler et qu'on met en avant. Quand Amphitryo, en Plaute, dit, que les serviteurs sont autant d'ennemis, le faut-il pour ce croire, et en faire jugement universel? Nenni. Amphitryo étoit courroucé : lequel, en la personne de l'un qui l'avoit offensé, condamnoit le reste. Quand votre Annibal blâmoit Phocion, il faut entendre et savoir que tout lui déplaisoit, ayant été nouvellement rompu de fait, et perdu son terrible nom de capitaine, enseveli en la victoire des Romains, et banni, et en exil volontaire chez Antiochus, qui lui vendit bien cher ; au demeurant si abattu, que tout ce qu'il oïoit et voyoit lui étoit ennui et renouvellement de douleurs perpétuelles. C'est ce qui rendit si âpre et dur avocat monsieur Pepin, seigneur de la Barbais, des plus doctes de sa saison ; car lorsque l'avocat contraire le pressoit et battoit de quelque loi, principalement du Code, qui ne sont que requêtes répondues, non comprises les cinquante décisions de Justinien, ou d'un arrêt soudain de prompt et vif esprit, répliquoit et détournoit le coup par la différence des qualités, des âges, des personnes, et autres circonstances, qui rejetoient bien loin et amaigrissoient les froides allégations et raisons de partie adverse. Mais vous, le seigneur de la Garrolaye, combien de fois vous ai-je vu plaider et gagner de causes déplorées, mal conduites, s'appuyant, les juges, desquels vous avez été depuis l'un des premiers, sur votre grande littérature et expérience ? Jusques à donner proverbes : Vous obtiendrez, puisque Garrolaye est votre avocat. Toutefois, vous êtes retiré de nous, peut-être nécessairement, comme aussi vous, le seigneur de Langle[1] avec votre émerveillable érudition, témoignée par vos beaux livres et écrits. Or vivez contentes, âmes illustres et généreuses, et nous regardez folâtrer, allégeant et consolant la misère et infirmité de nos membres.

## XXVII.

### Gros débat entre Lupolde et Eutrapel.

Lupolde s'avisa un jour dire à Eutrapel qu'il n'étoit rien qu'un petit mignon de couchette, un muguet, un tiers-opposant, passe-volant, un *saluta libenter*, un goudronné, et je ne sais quel petit cocardeau [2] couvert d'un tas d'habillements desquels il ne savoit le nom ; et qu'il eût à y délibérer sur-le-champ, et répondre positivement, sans espérer plus long délai : allongeant, en ce disant, le nez sur le pauvre Eutrapel, qui, fâché d'avoir perdu son argent à trois dés, essayoit un épigramme, lequel, se promenant et mordant ses ongles, il avoit fait et refait plus de dix fois ; et volontiers, pour ne répondre, se fût déchargé de

---

[1] Jean Langlé, conseiller au parlement de Rennes, qui publia en 1577 un ouvrage intitulé : *Jani Langlœi, regii in Senatu Britanniœ celticœ Consilarii, Otium semestre*, in-folio.
[2] Fat.

telles impatiences. Mais se tournant court, il choisit ce vénérable praticien, rien ne disant, fors que attentif et sans se mouvoir, le regardoit avec un soubris [1] entr'ouvert, composé de deux vieilles dents rouillées : qui le mut à ne prendre en payement un haussement d'épaules que Lupolde avoit joint à ses autres mines pédantesques, voulant se retirer et laisser à Eutrapel telles issues et demi-colère en douaire, et avoir une atteinte sur lui. Il semble, dit-il, à ce vieux Sortes, que son gris menton et bonnet à croppière lui servent de telle prérogative et défense, qu'on n'oseroit combattre ses affirmatives, non plus qu'un oracle delphique, ou le procès de Jeanne la pucelle, et qu'on ne le pourroit contrarier : se donnant à travers les mâchoires, comme tous vieillards font, d'une certaine insolente et bâtarde autorité, rechaussée d'un ris d'hôte et apprenti, avec un demi-dédain, favorisé de deux ou trois mouvements de pied alternatif et de fausse esquierre [2] : visage d'un faux teston, à la face toute pleine et remplie d'envie et belle jalousie. Non, non, *magister noster nostrande*, il n'en ira pas ainsi, de rien ne serez cru; parlerez, direz pourquoi, prouve-moi en bonne logique que bonnet en tête tu aies : je te nie ta tonsure et privilége clérical, j'offre moyens de nullité contre la robe à dos d'âne. Sais-tu qu'il y a, sophiste modal? je te renverrai et bannirai catégoriquement à la cuisine, pour, au coin de la cheminée, défendre les marmites pots des alarmes du matin, et là, conter des races et généalogies de tout le pays, à la charge ne te trouver dorénavant en rang de gens de bien, pour vouloir transplanter ton vieil arbre en un terroir nouveau, et te faire croire que tu as encore quelques restats [3] et traits de cette honnête jeunesse, de laquelle tu as seulement ouï parler à travers pays, et ouï le son de bien loin. Si t'attacher à quelque suite d'un bon propos, je te trouve que, au préalable, il me plaît quelquefois pragmatiser [4] avec toi, et payer en la monnoie de ton métier, tu ne sois dûment et canoniquement purgé de calomnie et conseil, et judiciairement licencié de ce faire, je te mettrai aux mains de notre maître le provincial des diantres, pour illec être ton procès fait et parfait en toute cérémonie et

---

[1] Sourire.
[2] A fausse équerre.
[3] Restes.
[4] Converser, discuter.

chambres assemblées; toujours ivre seras, rioteux [1] et chagrin en conséquence, et cruellement crotté, et grondant perpétuellement contre la bien née et instituée jeunesse, toujours combattant et calomniant les affaires d'autrui; t'enquérant et furetant sans cesse les actions de tes voisins, pour les digérer en mauvaise substance dans ton estomac plombé, interprétant tout au rebours le dieugard qu'on fait aux dames ; rien ne trouvant bon s'il ne part de ta boutique, et que tu ne sois de la partie : en somme, avec ta superbe et audacieuse vieillesse, sot en bosse et plate peinture, comme un nouveau marié, ou un avocat le jour qu'il a juré l'assise, et prêté le serment de son apprentissage. Ici montra Polygame un tour de vieille guerre, ne voulant mécontenter Lupolde, qui faisoit bien le quant à moi, révoquant tout cet avantageux et furieux discours en injures, ni déplaire à Eutrapel, qui, pour nourri à la cour des grands, ne savoit dissimuler l'aigreur des propos de Lupolde; lequel aussi de son côté entroit trop en affaire, et avoit été plus âpre et cruel ami en ses remontrances et admonitions, et l'autre trop prompt à les rejeter. Disant qu'à la vérité les anciens firent une excellence de ceux qui surent joindre et marier leur naturel avec celui de tous, et faire leur profit du bien, du mal, vertus et imperfections d'autrui; joyeux entre les raillards, et pleurard chez les tristes et mélancoliques; comme Hermogène, vieil entre les plus âgés, et folâtre parmi la jeunesse; un Socrate, qui ainsi et de même en faisoit, et Ulysse en Homère, Alcibiade en Plutarque. Lequel d'une singulière dextérité d'esprit et en toutes heures gossoit aux cabarets d'Athènes, avec les compagnons disoit le mot de gueule, disputoit et y piquoit chevaux en Sparte, se faisoit tondre à leur mode; avec les Thraces escrimoit et s'enivroit. Qui a fait juger par les événements que tous grands entrepreneurs [2] ont, comme dit Plaute, en leurs exécutions et charges autant déguisé leur volonté, que Prothée changeoit et prenoit de visages; et bien souvent se sont rangés et asservis aux règlements que le populas [3] ordonne en ses babils communs; et deviez, capitaine Eutrapel, détourner la truie au foin [4], et le tout prendre en bonne part, pour vous aider

---

[1] Querelleur.
[2] Ceux qui entreprennent de grandes choses.
[3] Peuple.
[4] *Tourner la truie au foin*, changer de discours.

et fortifier de telle magnanimité, en lieu plus à propos. Je sais assez, advisageant Lupolde, que notre temps et vieillesse ne tiennent tel rang et réputation, qu'on y puisse faire grand fond et bâtir une autorité. La jeunesse de ce temps a le moyen fort exprès de composer plus politiquement et mieux son âme. Que si pour nos ans nous sommes révérés, aussi par iceux sommes-nous difficiles, malaisés, fâcheux et intraitables, et jà en cet âge où Aristote dit que la force de l'esprit se perd et éteint. Occasion qu'à l'avenir et tous les jours nous convient faire montre et revue de notre vie passée, en dresser état, et se résoudre au plus prompt accident de mort, dont par aventure, nous serons pris et emportés sans y songer. Pensant, disoit le bon vieillard Térence Varron, qu'il me faut hâter, pressé du nombre d'ans, je prépare et fais mes paquets, délibère passer le plus heureusement et moins fâcheusement que pourrai ce peu de temps qui nous reste. Et deviez, monsieur Lupolde, être moins véhément à reprendre les fautes que vous reconnoissez en Eutrapel, et lui montrer où doit prévaloir l'expérience de l'antiquité, qui veut qu'en matière d'avis et conseil, il faut être prié et non poursuivant et s'offrant, le donner et en départir; comme l'on dit de Vitruvius Pollio, qui ne vouloit qu'un bon ouvrier cherchât la besogne; fautes entends-je, celles qui blessent l'honneur et endommagent la conscience, non pas que j'y comprenne les actes indifférents, et qui de soi ne sont bons ni mauvais, où toutefois la plupart se trompent lourdement au jugement d'icelles, à vue de pays, à la traverse et sans y aviser de près; ressemblant aux moutons qui, à quelque hasard que ce soit, suivent le saut du premier qui se sera lancé et jeté du haut en bas. Cas advenus à ce propos : Titius, qui de tout temps est partie formelle de Sempronius, va en voyage, mène son fils, jeune garçonnet, et la jument, pour tant les porter que leurs hardes pèlerines[1] : faisant chemin, rencontrent au pont de Pacé une troupe d'hommes couchés sur le ventre au soleil. Comment, mon ami, dirent-ils, vous allez à cheval, et ce pauvre enfant est à pied, qui n'est aucunement raisonnable et bien séant. Titius à cette répréhension descend, et fait monter son fils, tirant outre; mais en l'endroit de ce méchant chemin de la métairie de Meaux, se trouva autre bande de censeurs, qui, au contraire, soutint que c'étoit un moqueur et sans entendement, vieil qu'il

---

[1] Leur bagage de route.

est, souffrir un jeune galant, frais et allègre, être de cheval, où n'y avoit propos ni apparence. Sainte Marie! dit le bonhomme, voyant que tous essais, consultations, instructions et entreprises déplaisoient, je m'en chevirai bien[1], car il laissa sa jument aller seule sans aucune charge, suivant lui et son fils. Mais étant à la Communale, ouïrent certains joueurs de paume, disant : Combien vous êtes paûvres gens, travaillés et las que vous êtes, laisser reposer votre jument, qui aisément vous peut porter tous deux! Infortuné! s'écria Titius, en chose si mal accordante, que ferai-je? Il faut remuer toute pierre : lors lui et son fils montent sur sa jument. Mais vis-à-vis le Pot-d'Étain, leur fut prononcé : Comment, n'avez-vous point de honte? est-ce honnêtement fait, ainsi fouler cette pauvre bête? vraiment vous l'avez dérobée. De façon que, sujet à la sotte et vulgaire dévotion du peuple, ne sachant plus de quel bois faire flèches, fut contraint se loger et héberger au mieux qu'il put. J'ai dit cela, afin que, par cet exemple, la raison et suite de mes repreneurs[2] fût de plus embellie et illustrée, voulant dire que l'une des plus grandes rêveries qui se puisse forger, demeure à s'enquérir curieusement, se soucier, s'empêcher, hucher et se tourmenter aux affaires de ses voisins et où l'on n'est appelé. Il y a en Martial un certain Ollus, le plus terrible soucieux[3] et enquêteur de ce qui se passe en la ville, qu'on puisse voir, et qui a quelque chose toujours à remordre. Est étrange que Paul Jove[4] trouve mauvais que le pape Adrien préféroit le merlus, qui est un poisson de petit prix, à tous délices et mangers; c'étoit son goût, son appétit où il avoit été nourri. À Louvain, du temps que Sortes couroit, et Plato disputoit, que *solvebat et legebat*, Poiet[5] et Liset[6] commençoient à manier le tric trac du Palais, falloit qu'à la conscience de Jove il changeât sa façon et règlement de vivre, que tant religieusement et clerc à simple tonsure il avoit instituée : voulant ce flatteur historiographe chausser tous hommes à la mesure et forme de son pied. Tels jugements à contrepoil naissant d'un certain amoureux sentiment, où privativement à tous autres nous nous estimons parfaits; comme l'on dit

---

[1] J'en viendrai bien à bout.
[2] Donneurs de conseils.
[3] Curieux.
[4] Cité page 237.
[5] Guillaume Poyet, qui fut nommé chancelier de France en 1538.
[6] Pierre Lizet, premier président du parlement de Paris, mort en 1554.

de Chrysippus, qui oncques ne pensa homme digne de l'institution et nourriture de son enfant, fors lui : ou de Caton le jeune, qui fut noté et durement rechargé en ces vers :

> Tout seul il sait ; le reste ce n'est qu'ombre.
> Ille sapit solus ; volitant alii sicut umbræ.

Tel mal provient des humeurs et dispositions des corps mal faits et démesurés : *Ab homine signato*, dit l'on, *Libera nos, Domine*. Donne-toi garde d'un homme marqué et fait au rebours des autres, ou bien, qui est la plus saine opinion, au mépris et contemnement de la prudence et sagesse commune, appelée philosophie. Le peuple, dit Sénèque en son *Hippolyte*, hait, loue, blâme, rit, plore inconstamment et sans jugement; car les affections, imaginations, fantaisies des hommes se contrarient elles-mêmes sans proportion, et de nul ordre; toujours rien n'accordant; débattant, querellant, blâmant tout en particulier; et moi, en disant ceci, je tombe au même erreur. Est venu par tel dédain que les sciences mêmes, quelque liaison et amitié qu'elles aient ensemble, se répugnent et opposent par la captivité de nos âmes ainsi enfermées et prisonnières, qui ne tiennent qu'un petit filet de leur beauté, entretien et alliance divine, dont premièrement elles furent enrichies et ornées. Socrate disoit qu'une bonne âme est de facile accord et traitable en toute composition; et les stoïques, qu'un mauvais homme montroit par regards malins et couverts d'un ris trahistre [1] et déloyal, l'envie et la jalousie, par lesquelles il dénigre et ravale l'agrandissement et bonne conduite de son voisin; sans cesse se formalisant, rechignant et s'accoutrant de quelque philosophie bridée et à part. Dont Eutrapel captivera et retiendra, je l'ordonne ainsi, une bonne moitié de sa liberté, la retirant de son naturel trop remuant et éveillé, pour la former en une habitude de bonnes conditions qu'il a; mais un semblant trop libre et abandonné, obéissant aux temps et lieux, et prenant à patron la vie, coutumes et mines de quelque galant homme, pour les ensuivre, et auquel il voudroit bien ressembler. Et Lupolde, pour être moins miséricordieux qu'honnête, ne s'avancera désormais s'entremettre et parler des affaires d'autrui sans y être appelé. Monsieur, dit lors Eutrapel, je me sens

---

[1] Traître.

forcé à peu près sous la grâce de vos avertissements, où je hasarderois volontiers tout ce que Dieu m'a mis en main pour vous complaire et obéir, n'étoit la crainte d'offenser la foi, par moi saintement obligée à ma liberté qui me retient dissimuler. Bon Dieu! et que diroit-on de ma profession et vie passée? Cela tient en tout et partout de l'impossible, et n'être en ma puissance faire autrement que ce que ma mère nourrice, la philosophie, m'a appris. J'ai chanté quand il m'a plu, bu quand j'ai eu soif, rêvé et solitairement entretenu mes pensées et souhaits, lorsqu'ils se sont présentés; et comme disoit le seigneur du Grippon de Normandie, me suis toujours retiré des compagnies demi-heure auparavant qu'il me dût ennuyer; dit librement et consulté ce qui bon me sembloit, traité révéremment la grandeur du roi et des princes, auxquels, s'ils le m'ont demandé, je n'ai rien dissimulé. Car quelques déguisements et feintises dont votre Alcibiade, Theramène, Ulysse et Cicero aient usé, faisant bien les fins et habiles courtisans, si n'ont-ils apporté autre fruit et marque, quelque chose qu'il en soit, sinon qu'on ne se fioit point en eux; jouxte le vieux mot, qu'on aime bien la trahison, et non pas le traître, qui vous pourra donner le même trait qu'il a fait pour vous. Et plus des anciens fût loué l'entier et rond estomac de Nestor, qui disoit hautement et en vérité ce qu'il en pensoit; que l'universelle et tournée à tous vents parole d'Ulysse. L'on dit que Neptune, Pallas et Vulcain, après bons vins, bons chevaux, disputoient lequel d'eux trois étoit plus gentil compagnon, grand clerc et meilleur ouvrier : Neptune fit un taureau, Pallas une maison, et Vulcain un homme. Momus, qui de la gent superstitieuse fut adoré comme président en la Cour des Moqueurs, gardoit les gages, comme arbitre à juger la pièce la plus parfaite; et ayant, par grand artifice, affusté[1] ses lunettes, mûrement examiné, et encore plus diligemment délibéré et déchiffré par le menu les fautes et imperfections des ouvrages faits par Neptune et Pallas, s'attacha vivement à l'homme du boiteux Vulcain, disant le tout, sous correction et meilleur avis, être assez bien bâti et étoffé, fors pour le regard de l'estomac, lequel, à son jugement, devoit être ouvert et à boutons, afin, disoit-il, de voir à l'œil les pensées, projets et fantaisies qui bouillent et se remuent au fond et creux d'icelui, dont naissent et sont engendrés ces effets, comme dit

---

[1] Ajusté.

Lucien, de tirer ses moustaches, mordre ses lèvres, cracher à quartier, accoutrer sa barbe et en haussant le menton, nourrissant et couvant à ce moyen la vengeance, colère et haine secrète, qui fait dire l'un et penser l'autre, saluer bien bas d'une face joyeuse et comique; et cependant, au milieu de l'entendement, graver infinis portraits de trahisons et méchancetés. De ma part, j'ai toujours estimé la plus grande finesse qui puisse être en ce monde, être, aller rondement à besogne, vivre comme l'on entend d'un esprit joyeux et non troublé, ne jurer en l'âme, comme l'on dit, de personne, et ne se fourrer que bien peu et embrasser trop opiniâtrément les affaires d'autrui, être homme véritable, et tenir fermement sa parole, regardant deux, voire trois fois, à ce qu'on promet, de peur n'y faillir, et conséquemment se rendre infâme, menteur et déshonoré aux gens de bien et honneur; la réponse non trop songearde, comme font ces faiseurs de mines à cheval; autrement et faisant le contraire, tournant ainsi à toutes légèretés et conseils, on demeureroit assez perplex, confus et académié pour ne rien entreprendre. Comme de Timon, cet insigne et beau haïsseur d'hommes, qui tant envieusement mangea son pain seulet[1]. Conclusion, la devise d'un grand juge de notre temps : *Ah! bonne grâce, fais ce que tu dois, arrive ce qui pourra*; et celle de Paracelse :

<blockquote>
Alterius non sit, qui suus esse potest;<br>
Ne soit point à l'autrui qui peut être à soi-même.
</blockquote>

Et faut donner ordre que tout ce que nous dirons, ferons et penserons, soit réglé au commandement de notre Seigneur, et partout véritable, sans flatterie, ne dissimulation. Vitruve, à ce propos, dit que Ptolémée Philadelphe, après avoir dressé cette admirable librairie[2] en la ville d'Alexandrie, pour y avoir amassé sept cent mille volumes, il introduisit aussi des jeux solennels à tous les ans, en l'honneur d'Apollon et des Muses, avec de grands joyaux établis à ceux qui auroient le mieux fait et composé en poésie. Il y avoit sept juges pour cet effet, les six desquels furent d'opinion que ceux qui avoient mieux dit et chanté au gré du peuple eussent les dons; le septième, appelé Aristophane, ayant

---

[1] Seul, à l'écart.
[2] Bibliothèque.

eu longuement la charge de cette somptueuse bibliothèque et librairie, adjugea le prix à celui qui avoit déplu au peuple; de laquelle opinion furent grandement indignés et le prince et les autres juges, jusqu'à ce que Aristophane, étant en pied et debout, prononça hardiment qu'icelui auquel il avoit donné sa voix étoit vrai et naturel poëte; que les autres n'avoient chanté que vers étrangers et empruntés, et qu'ils n'avoient composés. Ce qu'il vérifia promptement et sur-le-champ, par la conférence des livres de la librairie. Quel jugement, ainsi sans dissimulation bravement donné et soutenu de même, fut occasion que les autres six, qui avoient jugé par courtoisie et pour gagner la faveur du peuple, perdirent leurs ambles, furent moqués de ceux dont ils espéroient grand loyer[1], avec déclaration d'infamie perpétuelle; et Aristophane, pour avoir librement, et sans crainte d'offenser, opiné, honoré et reconnu de plus riche et haute récompense, qui lui fut faite.

## XXVIII.

### De la vérole.

Les uns disoient que la vérole n'avoit en ce jour tel crédit et puissance qu'elle eut au commencement, qui fut au voyage du roi Charles huitième au royaume de Naples; car lors, pour y avoir songé, l'on étoit happé. Tant étoit cette maudite maladie végétative et productive, et la corruption de ce petit monde, notre corps, tant cruelle, qu'elle passoit aux enfants des enfants, et en longues générations et lignées, dont y en a assez de souillés et contaminés, et qui ont dégénéré en belle ladrerie, perdant tantôt un bras; autres, marqués au visage, et contraints user et manger toutes les vipères de Mirebeau, qui y sont plus chères que ne sont les lamproies en février, pour une cure et guérison qu'ils appellent palliative, demeurant le fond et racines empoisonnés et infectés, qui est languir et mourir à petit feu, aujourd'hui une partie du corps, et à trois jours d'ici une autre bien endommagée. Disent les uns telle contagion être venue d'Afrique et tels pays chauds; autres de sang de certains ladres mêlé par les Espagnols au vin

---

[1] Salaire, récompense.

de Naples, dont nos François en ayant bu, étoient tous gâtés ; qui, puis après, paillardant avec les femmes du pays, en laissèrent la graine à ceux qui leur avoient dressé telles embûches. Et pour n'être telle maladie avouée, nous en ont donné le nom de Naples ou d'Espagne ; et ceux-là, comme font deux joueurs de paume, la nous renvoient, l'appelant le mal françois. Tant y a que les anciens jusqu'alors n'en avoient ouï parler ; et être, au jugement plus sûr uniforme, punition divine pour châtier l'intempérance des gens de guerre, et presque de tous hommes, desquels y a grand et effréné nombre, détenus et pris de telle maladie ; car elle se cache et couve mieux au corps des femmes, que de dix s'en trouvera toujours un, principalement aux villes, atteint, frappé et convaincu, ou de ses accessoires. Ce n'est plus rien aujourd'hui, dit Lupolde, pour avoir été la semence d'icelle tant altérée, changée et tracassée par leur vif-argent, bois de gaïac, d'esquine, salsepareille, et qui vaut mieux que tout, par la préparation bien faite d'antimoine non vitrifié, que les bons compagnons ne s'en daigneroient presque coucher[1] non plus que d'une simple fièvre tierce, de laquelle est écrit :

> De tertiana nunquam pulsatur campana,
> Car de la fièvre tierce on n'en voit point mourir.

Ressemblant aux complants[2] apportés des parties lointaines, qui étant transplantés en autre et contraire terroir, retiennent à la longue le naturel du dernier. Et à dire vrai, il vous en souvient bien, seigneur Polygame, car Eutrapel que voici, étoit encore dans les reins et haut-de-chausses de son père, cette grande gorre de vérole, ainsi baptisée par ceux de Rouen sur son commencement et à l'ouverture du livre, étoit tellement punaise, que Théloges, de la paroisse du Bourbarré, tambourineur, pour avoir seulement embouché le pipet[3] d'un autre sonneur, nommé le Bourgignon, en perdit le nez : dom Jean Simon, dit Sortes, de la paroisse de Saint-Erblon, avec sa sophisterie, pour avoir pissé après dom Guillaume Trubert, y laissa la plus belle de ses oreilles

[1] Inquiéter.
[2] Plantes.
[3] Pipeau.

Maintenant qu'elle a passé et été alambiquée par tant de vaisseaux, il ne faut, pour en guérir, qu'un peu de trèfle à quatre feuilles, mystiquement enveloppé en une procuration à résigner *purè et simpliciter*, pendue au col, et au reste se tenir sur ses gardes, suer, et faire que la femme, lorsque se fait l'assemblée et concurrence des semences, ouvre la bouche et ne retienne son haleine; d'autant qu'elle vous communiqueroit, fût-elle bien saine, cette belle marchandise jusques au fin fond de la moelle des os. Eutrapel en voulut être, disant qu'étant soldat à Turin, lorsque le seigneur de Brissac y étoit lieutenant pour le roi, survint une autre et nouvelle maladie, pire cent fois que la vérole, plantée et apportée par une Padouanne, belle au possible, mais tellement infectée de vérole compliquée et assemblée à la ladrerie, et de laquelle le bruit étoit avoir été appelée et louée par deux ou trois coquins et affamés barbiers, que l'ayant attouchée *unico vocis oraculo*, et de près, ne se trouvoit autre et plus prompt remède, que se faire vitement couper le bout du laboureur de nature; autrement en douze heures le reste du membre étoit estiomené et perdu; et au rapport de Pacuvin, médecin, et du capitaine Launay Perraud, fut su que plus de deux cents y avoient laissé partie la tête de l'instrument, le tout ou la moitié, ainsi qu'ils avoient pris la succession et à mesure de leur argent; s'en voyoient les huis aux chirurgiens cousus et parementés, comme les portes des chasseurs des pieds de cerf ou de sanglier. Je cuidai avoir le haut et être du guet d'après minuit : mais un pendard de valet barbier mit sur mon pauvre tribart de la poudre qu'ils appeloient de Mercure, m'enjoignant surtout ne dormir demi-heure après; se faisant payer en bourreau, et garnir la main paravant rien faire; bien sachant, pour l'extrême douleur que je souffrois, comme il arriva, que je l'eusse infailliblement étranglé, s'en alla. Ah! par la barre saint Just, je n'avois garde de dormir; cette belle poudre me donna du passe-temps pour mon argent, et tout mon benoît soûl, demi-heure durant, que je m'allongeois, rechignois, frappois la terre du pied, et du même pied la terre; dansant, escrimant, et disant comme Meschinot[1], ancien poëte nantois :

> Il n'est nulles laides amours,
> Pour un plaisir mille doulours.

---

[1] Déjà cité page 241.

De presque semblable accident, dit Polygame, fut assailli un grand seigneur de ce royaume; car ce saint et vénérable mal s'attache à toutes robes, courtes ou longues, de velours ou de toile indifféremment, et sans y regarder autrement : étant ce gentilhomme poivré, car le premier et plus aventureux titre d'un roi ou prince de son sang, est d'être appelé gentilhomme, la noblesse ayant fait, choisi et élu tout tel qu'il est, comme son gouverneur et commandant, et blessé d'un coup de faux-c.. au bas du ventre, disant s'être mal mis en courant la poste, pour couvrir à sa femme les arrérages de sa longue absence, aperçut en la cour du Louvre un poursuivant l'état de président, lequel, pour avoir le visage rouge, il estimoit être un médecin marqué de même, lui disant en passant, qu'il n'eût failli le venir trouver au soir à son coucher. Le prétendu président ayant soupé à la serviette, pour être plus expédié et prompt à déchiffrer l'état de sa poursuite, se tenant bien fier avoir été ainsi familièrement appelé du seul mouvement de ce grand personnage, alla faire la cour et cracher sa pituite à l'huis de la chambre d'icelui, où sur les onze heures du soir il fut introduit par un valet de chambre, qui lui dit : Monsieur, entrez. Ce qu'il fit fort pompeusement, et avec une grande robe de damas, qui frisoit le pavé, passa à mesurées et graves enjambées, au travers la chambre, jusques à la garde-robe, où ce seigneur, avec un sien chirurgien seulement, diablassoit, rechignoit et tordoit les mâchoires comme un tourneur de bottes : Ah! maugré de la p..., si jamais : conjurant, protestant et blasphémant contre toutes les hiérarchies et jargon des femmes, qui ainsi l'avoient accoutré au petit point. Ha! monsieur, mon ami, dit-il au président, lui montrant son bâton pastoral tout rougeâtre et enflé, voyez la pitié; que ferons-nous là? Le poursuivant, découvert, étoit tout attentif, rien ne disant, estimant qu'il se moquoit de lui. Le seigneur, de son côté, voyant n'avoir aucune réponse, ains une statue de chair devant lui, impatient comme un beau diable ou deux, le voulut frapper et cramponner. Mais le chirurgien, qui voyoit la faute et erreur de tous deux, dit : Eh! monseigneur, c'est un président. Lequel d'eux reçut plus grand coup, il en faut disputer au parquet : quant à moi, et quant à vous, j'estime que ce fut le barbier qui porta tout le faix, ayant pitié de son maître, et honte pour le président, qui en récompense, et pour avoir bon bec, fut incontinent dépêché et ses affaires bien faites. J'ai, dit Eutrapel, connu ce maître chirurgien, bon raillard, et qui aimoit autant la femme de son voisin comme la sienne, et n'avoit en tout Paris, en son quartier, car il y en a seize, autre nom que maître Jean. Ce fut lui qui, pour avoir présenté des chandelles à la représentation et statue du roi Charles huitième, étant à Saint-Denis en France, fut accusé en cet article de religion comme idolâtre; et répondant, confessa le fait, disant que c'étoit l'homme de tout le monde auquel lui et ses compagnons barbiers étoient plus attenus et obligés, pour avoir mené tant de François au royaume de Naples, où ils avoient puisé et rapporté cette benoîte vérole, sans laquelle ils n'avoient que tenir, et fussent morts de faim. Que tant plus il y songeoit, plus étoit-il délibéré faire honneur à sa mémoire : ce qu'il fera tandis qu'on l'appellera maître Jean, et non plus loin.

## XXIX.

### Propos de marier Eutrapel.

Polygame venant de loin, se souvenant des honnêtes disputes ci-devant entre Lupolde et Eutrapel, avoit accueilli et pris ce rond et masse de savoir en merveilleux contentement, disant que de toutes parts ils avoient très-bien profité et employé leur temps : lui sembloit être le but où devoit prétendre toute bonne âme, et qu'ainsi se dressent et façonnent les plus heureuses vies; tenant pour assuré, disoit-il, qu'une bonne part des hommes, tels qu'il les voit et puis pratiquer, être fort éloignés de ces bienfaits et saints commencements. Car pourvu que Monsieur du village soit en fin fond de taverne, ivrognant aux dépens du bonhomme, et avec mille insolences populaires appelé Monsieur, outrageusement tirant ce nom de gentilhomme en mille offices de cruauté; il est, à son fol jugement, un petit César, un monsieur de trois au boisseau, ou trois à une épée, comme en la Beauce. Je ne sais comme vous l'entendez, dit Lupolde, toute révérence prémise, mais jamais mes affaires ne vont bien et à droit, si elles ne sont maniées et arrêtées en belle taverne, où repose ma mémoire locale, beaucoup mieux que celle dont Cicero, Quintilien, et depuis, mais d'un autre biais, par Raymond Lulle[1]; et là accessoirement se rencontrent bons lopins de plai-

---

[1] Déjà cité page 194.

doiries, bonnes pratiques, et au soir et à la chandelle, bien ivre; que voulez-vous? Somme, je maintiens que toute la rime d'Eutrapel, pourvu que j'aie juge compétent, pardonnez-moi, s'il vous plaît, n'est *de pane lucrando;* et qu'on n'auroit pas un verre d'eau de tous les sonnets et épigrammes qu'il a avec tant de frappe-menu de pied, et morsures d'ongles, faits et refaits depuis sa dernière confession. Un homme retiré aux champs, continuoit Polygame, gouvernant et réglant ses sujets en amiable et gracieuse police, ressemble un saint ou prince philosophe; il sait, il étudie, instruisant et conseillant son lourd et grossier voisinage, le retenant en paix et sans procès ne troubles; il parle entre les doctes, et d'iceux est reçu avec beaucoup plus d'autorité, que s'il exerçoit la profession même; se contentant des biens que ses devanciers lui laissèrent, sans demeurer ni s'obliger aux passions communes, qui sont joindre et accumuler cette pièce de terre à l'autre. Pline, à ce propos, écrivant à son ami Fabatus, maintient rien en ce monde n'être tant dangereux que donner lieu à telle fantaisie, par laquelle on cuide que l'état des uns soit meilleur que le sien. De là vient, dit-il, que la meilleure partie des hommes aime mieux atteindre et ravir l'autrui par travail, que jouir du leur en repos et en sûreté. Et certes quiconque essaiera et se résoudra en telles choses, apprendra que son esprit, vie et déportements seront de mieux préparés et composés pour approcher cette perfection céleste et d'en haut, que tous souhaitons. De ma part, pour étrangler et chasser toutes passions et volontés déréglées et frétillantes, qui tant expressément nous mangent et tourmentent, je ne connois autre et plus présente médecine, que s'accoutrer et user de la philosophie et leçon d'icelle, contenue en la sainte Écriture, qui apprend le mépris des choses qu'avec grands merveilles et excessives peines nous courons et poursuivons; et, nous appuyant d'icelles, le surplus et reste que tenons en prix et réputation, nous est un rien et vrai songe, soit, comme disoit Horace, que le ciel devienne terre, et que les quatre éléments se veuillent encore mêler en leur premier billon [1] et confusion. L'erreur et ignorance desquelles doctrines ont jeté et enseveli aux plus dernières ruines le vrai titre et occupation d'aucuns nos gentilshommes, dont a été engendré la piteuse dé-

---

[1] Monnaie de cuivre mêlé avec un peu d'argent. Ici le mot signifie alliage, mélange.

faite des bonnes races et original de la noblesse, que nos pères inviolablement gardèrent en leur entier et grandeur; remettant tout aux biens et à l'argent, sans avoir le soin de notre postérité et enfants, qui en sont moqués et montrés au doigt, à longues successions d'années; et ont été contraints, tels qui dédaigneusement despitèrent [1] les lettres, eux ou leurs enfants, se marier à la fille de leur fermier, laquelle tout le cours de sa vie est en perpétuel martyre, mépris de son mari, avec une balle d'injures. Petite vilaine, mâtine, debout décousue, madamoiselle de la boutique, d'une aune de velours et de cinquante pour cent. Et ayant dit cela pour servir de rempart au mariage d'Eutrapel, qu'il bâtissoit peu à peu, pour ne gâter le mystère, s'adressa à lui d'une face pleine de majesté et contenance royale, la liberté duquel il essayoit une fois le jour ébranler, pour toujours le tenir en haleine, et en le veillant et guerroyant, le rendre et tel façonner, qu'il le pût assurer en toutes places pour un brave et entier donneur de résolutions et réponses. Je vous vois, lui dit-il, en continues et joyeuses querelles vous et Lupolde, et tant industrieusement savez échapper sa colère, et êtes tellement méthodique et réglé en votre parole, que de lui-même, les armes au poing, rend et offre toute victoire. Et tout ainsi que d'entrée et à la première vue tous animaux mis ensemble, d'une hagarde et contenance étrange, se vont halenant [2], sautant, grondant et faisant la roue, jusques à avoir accoutumé leurs naturels ensemble : ainsi entre vous deux s'est passé de même, dissimulant néanmoins de toutes parts, et conduisant, comme advisez, vos humeurs et conditions par divers respects. Si est-ce que connoissant vos forces, je souhaiterois, pour l'aise et contentement de nos esprits, user le reste de nos jours ensemble, joyeusement et saintement, comme l'avons assez bien commencé; mais Lupolde que voici, et moi sommes mariés, Dieu merci, et vous, dit Lupolde, et vous en vrais et pertinents termes de l'être ou jamais : voyez si par mes moyens je puis quelque chose en cela et ailleurs, où je m'emploierai bien affectueusement; Lupolde, de son côté, y travaillera; voulez-vous être marié? Vous avez autrefois vu un singe folâtrant et eu toutes ses gaietés, et quelqu'un secrètement et par-dessous le manteau, poser doucement une tortue, à la vue

[1] Méprisèrent.
[2] Flairant.

de laquelle, pour l'inimitié et antipathie qui est naturellement entre ces deux bêtes, il crie, brait, trépigne, court, se cache, allongeant peu à peu le museau, ou appuyé et en l'ombre de quelque chose, la voyant marcher si lentement et à l'aise, essaie avec le bout du doigt la toucher. Mais tremblottant, ébahi et pauvret, tressaut [1] en arrière en son premier cri. Ainsi Eutrapel, à cette noble proposition de mariage, alloit de l'un pied sur l'autre, allongeoit sa barbe, mettoit sa cape en deux ou trois sortes de replis, regardoit si son épée tenoit au fourreau ; puis reculant et fléchissant les jarrets : Que vous ai-je fait? dit-il, en voix de basse et demi-enrouée, de quelle mort me haïssez-vous? Je sais avec longue expérience que le plus de mes telles quelles fortunes dépend de votre libéralité, toujours et perpétuellement votre serviteur, voire pour y surpasser le plus, fût qu'il y dût aller de la vie. Et toutefois, pour récompense, vous m'avez déjeuné et salué de ce haut et terrible mot et grand Océan de mariage ; à la simple ombre duquel toutes les plus assurées et maîtresses intelligences humaines tremblent et bondissent, comme un cheval premièrement éperonné par le maquignon ; mot infini, comme celui trois fois grand entre les anciens, épouvantant, comme celui d'Annibal, les pavés de Rome, celui d'Alexandre à Néron, Lancelot aux chevaliers de Cornouailles, et Tempestas [2] au collége de Montaigu :

Que ne l'attend-il, Que ne l'attend an, Car Andrelot vian.

Comment, monsieur? à la requête de ce vieux mâtin alternatif, embéguiné, de Lupolde, me voulez-vous perdre? Là n'étoient mes remises ne attentes. Lupolde à toutes fins protestoit et publioit ses bulles, excuses, innocence ; demandoit acte et instrument de tout, pour lui servir en temps et lieu ; imploroit en tout et partout le noble office de Polygame ; et, en tant que métier étoit, offroit consigner. Mais Eutrapel, piqué et atteint d'une tant soudaine nouvelle, vouloit prouver, par bons et concluants arguments, que ce n'étoit à un tel galant, et ne lui appartenoit ouvrir et moins disputer de tels et si conséquencieux propos, lesquels il fal-

---

[1] Bondit.
[2] Antoine Tempeste était régent du collége de Montaigu : il est cité par Rabelais, liv. IV, chap. XXI.

loit traiter révéremment, y accommodant discrètement toutes circonstances. Si faut-il, dit Polygame, que cette délibération soit à trois, et plus nous aidera Lupolde avec ses expériences et pratiques en tel cas, que tous les canonistes en leurs distinctions. Puisque l'avez entrepris, et qu'il vous plaît, dit Eutrapel, faites du pis que pourrez, sans aucunement entrer sur les marches de ma, ô divine liberté, laquelle expressément je réserve, où seulement y avoir songé je resterois perdu, et n'aurois membre sur moi qui ne se décousît pour entrer au tombeau. Encore y auroit Lupolde regret, bien entendant qu'il n'est que les vieux amis, et lier son doigt de l'herbe qu'on connoît. Rien, rien, dit Lupolde; je te fournirai un mariage, libelle auquel tu répondras dedans tiers jour, te bannirai, et en cas d'opposition, jour et chère lie au bout de la carrière. Ne disoit de Commines, dit Eutrapel, que bien matin se fût levé, qui eût pris au lit un ancien orateur et ambassadeur anglois, sans être garni et pourvu d'une prophétie de Merlin[1]; qui trouvât aussi Jabolenus des Jobelaines, qui ci est, sans une longue hottée de chicanerie, et ivre à la relation du conseil. Je me soumets aux censures des moines du Trochet, qui s'en vont à un. Pour la dernière occasion, dit Polygame, il a meilleur et plus sain estomac, et le cerveau mieux en point, que lorsqu'étant délivré de sa charge accoutumée, il se voit plongé et confiné en une certaine cuisante et sèche mélancolie, par laquelle étant à jeun, il vous sait aigrement poindre et faire la guerre. Bonosus[2] plus étoit sage, ivre, et l'esprit plus fertile qu'autrement, se chargeant volontiers, étant bien imprimé et bon compagnon, d'entretenir les ambassadeurs de ses ennemis, boire d'autant avec eux, dont il tiroit et crochetoit leurs conseils plus secrets: qui a fait dire à plusieurs, que pour débattre et résoudre les choses plus importantes et difficiles, être besoin effacer et ôter la croûte et superficie de notre naturel trop endormi et solitaire, à l'occasion de nos cervelles trop aquatiques et flegmatiques; en ces sèches et froides régions, matière de haut appareil. Au compte, serez-vous marié? Monsieur, répond Eutrapel, belle, bonne et riche. Autre chose n'aurez-vous de moi. La parole fait le jeu, s'écria Lupolde;

[1] Merlin, qui vivait au cinquième siècle, joue un rôle principal dans les romans du *Roi Arthus* et des *Chevaliers de la Table-Ronde*. On lui attribue un livre de prophéties dont la première édition parut à Paris en 1498.

[2] C'est probablement ce même Bonosus, dont Aurelianus disait : *Non ut vivat, natus est, sed ut bibat.*

comme notaire de Ramussac, j'accepte pour le sujet de ces trois perfections. En cas hasardeux et qui n'emportent aucune ni assurée prévoyance humaine, dit Polygame, au premier rang duquel il me plaît coucher et employer cettui-ci, il y faut tout aveuglé, et sans autre notable formalité ou considération, conclure vitement, et donner à la débandade, la tête baissée, comme en un bataillon de gens de pied. Jules César, pensif sur le fleuve Rubicon, travaillant à se résoudre quelle entreprise, d'entrer en Italie ou non, conclut tout d'un coup ne laisser les armes, disant, le dé est jeté; montrant qu'en affaire douteux il faut, sans trop longuement consulter, prendre parti, et vivement et brusquement après exécuter. Puisque vos ans ont passé le midi de bien loin, et vous commandent asseoir l'institution et progrès de votre vie, je serois de premier avis que seriez marié : sauf que j'ai appris laisser aux hommes qui n'ont point l'entendement cornu et mal fait, à présider au conseil et détermination des choses qui leur touchent; et que vous mouriez d'une belle épée, et entre les bras d'une gentille et honnête garse de femme, sans attendre la miséricorde de vos valets et chambrières, qui, vous voyant en extrémité, gripperoient et déroberoient tout ce que vous auriez, et encore vivant vous ôteroient, comme ils font à leurs maîtres gens d'Églises, la couëtte[1] de sous vous, pour, sur belle paille toute fraîche, vous laisser disputer contre les mouches, et tirer à gît la mise et recette de votre conscience. Plutarque, comme chose divine, conféroit le mariage, *pleno jure*, à la seule jeunesse, et, selon Hérodote, n'étoit permis aux personnages de petite qualité y aspirer, comme volontiers plus prompts à souiller et enlaidir chose tant recommandable et précieuse. Me souvient qu'aux lois établies aux Athéniens par Solon, étoit prescrit la forme du mariage, au menu peuple, de volonté; et aux nobles et autres tenant rang en la république, de nécessité. Lycurgus, aussi renommé donneur de lois, commanda aux prêtres et capitaines lacédémoniens être mariés, affermant que les vœux d'iceux sont plus agréables aux dieux, sans ainsi être vagabonds et courir sur toutes amitiés. Belle, bonne et riche, sont choses trop éloignées et hors termes de raison, c'est assez pour trois mariages; car tant de perfections amassées en un sujet, au témoignage même de saint Hiérosme, ne se trouvent; prenons-la bonne. Eh bien, dit Lupolde, il

---

[1] Lit de plume, matelas.

vous semble que vous êtes à choisir sur beaucoup ; passez outre.
Polygame continuoit, disant que Socrate argumentoit et syllogisoit ainsi sur la beauté : Ce qui est bon est désirable, ce qui est aimé est beau ; de manière qu'une bonne femme est plus à souhaiter. Lupolde vouloit entrer et se fonder en logique jusques au coude, mais Polygame ne voulant, tant peu fût, s'éloigner du premier argument, sollicitoit brachialement[1] et le plus qu'il pouvoit Eutrapel entendre au fait et termes de mariages. Je voudrois, répondit-il, être cordelier pour trois mois, à Sésambre, près St-Malo ; aussi bien, quelque malheur qui m'ait jamais menacé, je me suis toujours réservé à garder les reliques et éteindre les chandelles en quelque convent, et partant assuré de vivre sans rien faire. Bien donc, puisque c'est un faire le faut, j'en veux une, mais tu n'as que faire d'en rire, chicanoux griffonnant, je la veux belle. Aux beaux corps belles âmes, disoient les anciens. Jacob, aux sacrées Bibles, choisit la plus belle, et par service borné de sept ans acheta et sa femme et sa beauté tout un prix. Beauté est gravée et écrite au grand rôle des vertus et félicités ; par laquelle Phriné, p... de haute grèce, si renommée, vainquit l'arrêt de mort contre elle donné en se dépouillant toute nue, montrant les doux et solacieux traits de sa face blanche et délicate chair, bien étoffés et compassés, et sur icelle deux petites boules assises s'enflant doucement au mouvement de son odorante haleine. Beauté, entre la sagesse des vieux, est nombrée[2] au plus haut et approchant sentiment de divinité. Philopœmen, grand duc et capitaine grec, envoya ses fourriers pour loger chez un riche homme, en la ville de Mégare, où de fortune il arriva le premier ; l'hôtesse, le voyant laid et mal vêtu, lui commanda de fendre du bois et bûcher des astelles[3]. Mais l'hôte survenu sur l'exécution du commandement, tança et blâma bien roidement sa femme. Philopœmen, au contraire, excusant le tout ; je fais, dit-il, pénitence de ma laidure. Aux beaux corps, disent les Platoniques, reposent les plus belles et héroïques âmes. Si, dit Lupolde, elle est ainsi belle, donne-toi de garde. Je refuse donc la lice, dit Eutrapel, et renonce de bonne heure à maître mariage et à ses pompes. J'accorderai en ceci quelque chose à Lu-

---

[1] A grand renfort de bras.
[2] Comptée.
[3] Ranger des morceaux de bois.

polde, dit Polygame, pour n'avoir oncques été bonne chanson chantée, selon l'avis de Plutarque aux livres de mariage, se marier par les yeux. Toujours y a débat, disoit la désolée OEnone, ayant perdu son bien-aimé Pâris pour la survenue de la belle Hélène, entre la chasteté et la beauté; réponse à tout ce. *Quid juris?* dit Lupoldeil, faut aider aux pauvres. Eutrapel, lequel pensoit par un simple ajournement avoir perdu sa cause, ayant assez lu et feuilleté de livres, sans avoir appris l'art de patienter et attendre le temps, par lequel toutes choses s'attiédissent et mûrissent. Donc il fut, n'a pas longtemps, à Vennes, ancienne ville, et sur le plus beau rivage de l'Océan, un bon compagnon cordonnier auquel on rompoit la tête à force d'aubades et litanies amoureuses; n'échappoit guère nuit que, pour l'amour de sa femme, qui étoit belle, il n'eût la venue et les oreilles rompues : elle, au demeurant, disant ne savoir que c'étoit, et qu'il y avoit plusieurs voisines de plus grand lieu qu'elle, à qui cela se pouvoit adresser, et que par son cotillon vert, hem, il la tenoit toujours en ses caquets et jalousies. Le galant, oiant encore une nuit cette musique, et en dernier édit et assignation de forban, se met à la fenêtre en chemise, l'exécuteur de la basse justice en main, saluant et donnant le bon soir à la troupe paillarde qui cabrioloit et dansoit vis-à-vis de sa porte, les adjurant, en faisant regimber les canaux et conduits caverneux, outre le sort principal de sa chère et bien-aimée venaison, que le plus habile de tous eux montrât autant de chair fraîche, et lors il quitteroit la partie, les licencieroit, en toute forme d'obligation, avec expresse renonciation à l'authentique *habita*, de faire du pis qu'ils pourroient et sans dépens; qui fut le seul et grand moyen de chasser les renards de la garenne. Et bien, dit Eutrapel, je vois bien qu'il me la faut laide; et par là j'aurai dès le fin matin, mon infortuné présage près moi; ainsi que l'empereur Severus, qui connut sa mort prochaine par avoir, sortant de sa chambre, rencontré premier un Éthiopien. Ainsi ma laideron me signifiera et pronostiquera dès la diane [1] mille laides ombres et songes creux, puis mon démon du midi; me voilà accoutré en dix-huit façons. Vésiel, ce notable marieur, et maquignon de telle marchandise, m'en vouloit l'autre jour donner une : elle n'est pas riche, disoit-il, mais c'est un beau vaisseau pour porter enfants; outre, avoir *sub eodem tecto*

---

[1] Batterie de tambour qui se fait avant le jour pour éveiller les soldats

et même couverture deux bons moulins, l'un à eau et l'autre à vent. Eh bien, monsieur, à ce que rien ne soit trompé, marché nul, voilà mon denier à Dieu et arrhes que je vous rends quittes. Il s'en alloit. Mais par saint Quenet, dit Lupolde, on ne s'en va pas ainsi de foire comme de marché ; ouai.

## XXX.

### Suite du mariage.

Faisons voyage entier, dit Polygame ; ainsi sont dangereux et pirement ordonnés tous propos dont on ignore et la source et la raison, où les vieux, en plusieurs endroits de leurs superstitieuses et obscures doctrines, vides de toute propriété, pour n'être déclarées ne sans nom bien assuré, ne connues et éclaircies, ont par longues années et infiniment travaillé les uns : comme Numa Pompilius avec sa garse Egeria, ont, sous couleur et prétexte de quelque sainte révélation que leurs diables fournissoient, et d'une opinion illégitime et bâtarde, établi lois, bâti villes et forteresses, composé et adouci la grosserie [1] populaire ; et par telles entrées vêtues de songes, il trompa religieusement les premiers Romains, tellement qu'il y seigneuria, s'y fit le maître, et leur commanda. Autres ont caché et obscurci la vérité des hautes et entières sciences par mots inconnus, indéterminés et confus : et toutefois ne voulant tel trésor être perdu, laissoient, envieux qu'ils étoient, à la postérité, sous étrange et douteuse couverture, le nœud et point de la difficulté, pour être connu et développé, à ce qu'on en eût arraché le mieux de peu, et fait son profit de telles choses rares et précieuses. Laquelle incommodité venant en avant, se sont trouvés les arts qui enseignèrent la naturelle alliance du plus riche et secret individu qui soit sous la voûte du ciel, tant brouillé et épars, sous les yeux d'Argus, pommes des jardins Hespérides, et voyage de Jason en Colchos, et autres énormes et indissolubles difficultés, que le tout est couvert et emmasqué de fausses et vaines doctrines, pour ce regard, jusqu'à la perte du vrai fond et nerf d'icelle magistrale science. Je forme, dit Eutrapel, opposition de l'extravagante spondant. Mêmes profonds et sacre-saints secrets, continuoit Polygame, entrèrent et

[1] Grossièreté.

furent reçus en la cabale, semblables observations chez les druides et aux lettres Ephésènes et caractères hiéroglyphes, et telle fut la plaidoirie des Romains. Car qui délibéroit ajourner et mettre en procès son voisin, étoit tenu de révéremment et en humilité prendre son bulletin et forme au livre d'actions tant soigneusement gardé : tous et toutes plaidoient ; rien en telle saison que procès, pour être les frais et dépenses cérémonieuses, autant qu'en ce jour on fait en une requête civile ou moyen d'erreur, qu'on délivre clos et seelez[1]. Monsieur lors, ce qu'il a continué partout, faisoit bien l'empêché ; plus de tapisseries, de tableaux, d'entrées tristes et mélancoliques ouvrant la plus serrée et fermée gibecière. Cette farce ainsi jouée, appeloit le peuple à cette noble et ingénieuse procédure, qui fit pencher et désordonner l'Etat romain : jusqu'à ce qu'icelui beau livre fut dérobé par Cneus Flavius, montré à tous, à tous copie adjugée : et la vérité découverte par ce côté, les contentions et noises lors jetées par terre, et foulées aux pieds, ayant su que tels brevets cachetés n'étoient que pure badinerie : comme en l'idole des Égyptiens, où ne fut trouvé qu'un gros chat acculé, qui sortit en vue, se lançant sur le peuple, avec telle risée, que l'âne Cuman, qui s'étant vêtu et accoutré de la peau d'un lion, fit peur au commencement, et bien le mauvais garçon ; mais étant découvert pour être lui-même, sans autre, fut battu à mesure de la mine. Il y avoit autant de mystère, dit Lupolde, qui soutenoit être un grand secret, faire bonne pipée, comme à retirer ses lettres et paquets d'avec Meriane, messager de Maine à Paris, paravant l'établissement des juges présidiaux : car arrivé qu'il étoit à la Rose rouge, au bas de la rue Saint-Jacques, chez ce bonhomme de Quéper, qui si finement avoit épousé sa maîtresse, par des écus empruntés qu'il feignit vouloir employer en grosse marchandise. Là ce messager s'enfermoit au petit cabinet, se rembarroit, et par une fenêtre à demi treillissée délivroit à cettui son sac, à l'autre son paquet, et à plusieurs séparés par rangs et ordres, du beurre, chapons, langues fumées, et quatre ou cinq pochées de falsités[2], et appellations comme d'abus de gorron : que longuement après cette juridiction présidiale, il eut beau loisir se rafraîchir et porter au palais, sans importunité, ses procès ; lequel, pour ce nouveau démembre-

[1] Scellés.
[2] Mensonges.

ment tant s'en faut qu'il désenflât et apetissât, que, comme dit l'Écriture sainte, pour être le nombre cru, tout alla de pis en pis, comme nous voyons, misérables que nous sommes, délaissés de Dieu, le mal s'accroître et agrandir d'heure à autre. Polygame alors assura telle être la condition des hommes, desquels il parloit comme le moindre et plus grand pécheur, ayant ferme foi, que ne tenant rien de l'autrui, il étoit sauvé et délivré des pattes du diable, par le saint seul mystère et passion de notre Seigneur Jésus-Christ, qu'elle ne pouvoit en ce terrestre monde et habitation loüagère [1], être soutenue que par raisons cachées et peu connues du vulgaire, lequel méprise et ne fait pas grand cas de ce qu'il appréhende aisément ; et pour tout vrai, ce qui est trop clair et découvert, n'étant point de quelques cérémonies et secrets portant admiration, n'est recherché et en grande réputation en l'endroit du peuple : sur lequel celui à qui appartient le soin de telles choses, qui est le roi, doit incessamment avoir l'œil. Et partant, seigneur Eutrapel, discourant ainsi à travers pays, je veux parvenir vous faire entendre ce qui pour le plus vous doit mouvoir d'être marié, et savoir combien l'aune en vaut. Et pour vous en dire, en icelui y a telle idée, telle chose en l'air, et infinis pourtraits de consultations et imaginations, que celui qui jour et an entier n'y a été actuellement et de fait, n'y peut rien comprendre et moins concevoir. Quel nom ainsi inconnu fors aux consacrés, et jà ayant fait le temps de leur profession en tel service, est collatéralement assis avec les secondes intentions : et qui des mariés attenteroit ou songeroit révéler tel et sacre-saint secret, souffriroit telle peine que Plotin, qui, pour avoir contrevenu à la foi jurée ne révéler les secrets défendus par son maître Ammonius, fut mangé des poux. Et si, par telles disputes et surprises dissimulées, l'on cuidoit tirer cette philosophie matrimoniale, se pourroient aisément encourir les peines fabuleuses de Prométhée ou les vraies de Théopompe, lequel, pour translater les saintes Bibles peut-être trop profanement, et sans y joindre les remontrances mystiques, fut fait aveugle, et privé de ce don de vue. Vous disant tel grand secret n'avoir autres définitions et accoutrements, que n'être entendu, fors par démonstrations trop éloignées, et syllogismes peu resserrés : de façon que telle curiosité nous est beaucoup plus fâcheuse, que la difficulté n'en donne

---

[1] Dont la durée est fixée à l'avance.

de plaisir. J'ai dit, an et jour, pour la perfection et comble de la révolution et nombre annal, où nos patriciens jurisconsultes ont tant gambadé et fait des leurs. Car à l'abbaye Saint-Melaine, près Rennes, y a, plus de six cents ans sont, un côté de lard encore tout frais et non corrompu : et néanmoins voué et ordonné aux premiers qui par an et jour ensemble mariés ont vécu sans débat, grondement et sans s'en repentir. Platon déchiffra par longs et éloquents traits, philosophant à sa mode, son Androgyne, de laquelle on pourroit tirer de belles choses, pour la découverture de cette admirable et terrible connoissance. En quoi se pourroit dire mieux qu'affermer d'Origène et Amon, parlant de ce grand sacerdot et prêtre Moses[1], interprétant l'amitié, liaison et descentes de ces mots *Adam et Eve*, les particularités et intérieur de leurs âmes. Mais rien qui approche et qui fasse à propos, pour bien déclarer l'espèce et naïve signification de cet ineffable nom de mariage. Et par ce moyen vous qui tant sagement voulez éplucher et entendre dès le fond et la source, l'occasion des choses, mariez-vous pour avoir part en ce riche butin : et ayant goûté au bien et fruit que vous en tirerez, serez tout courroucé d'avoir tant fait le long, et tardé d'entrer en cette confrérie. Vous ayant ouï assez prolixement, et sans entendre où pourroit tomber le coup de votre long discours, dit Eutrapel, qui ne peut ennuyer, pour être si bien cousu et cimenté : autre chose par ce secret tant vénérable ne se doit entendre, que le saint Gréal[2], enseveli et envousté sous le perron Merlin, en la forêt de Brecillian, en Bretagne : ou qui doit être la meilleure et sainte opinion, ce terrible et exorbitant vent, de la chemise duquel vous autres mariés faites tant de cas, allégoriquement extrait de ce que Jamblichus disoit de sa Sibylle delphique, qui, pour recevoir ses esprits prophétiques, séoit sur un aixeul de charrette, traînant les pieds en

---

[1] Moïse.

[2] « Ce vieux mot de *saint Gréal* peut se traduire par *saint Ciboire*, « et désigne le vase précieux dont Jésus se servit le jour de la Cène. Cette « relique fut apportée, dit-on, en Angleterre, par Joseph d'Arimathie. « Après la mort de ce saint personnage, elle fut enlevée par les infidèles. « Plusieurs chevaliers de la *Table-Ronde* entreprirent vainement sa con- « quête : leur vaillance, heureuse partout ailleurs, ne suffisait pas pour un « triomphe de cette nature. *Perceval le Gallois*, aussi recommandable « par sa chasteté que par son courage, fut le conquérant du *saint Gréal*, « etc. (J. Chénier, *Leçon sur les romans français*.) »

l'eau; autres fois sur un trépied, puis tout à coup sortoit de sa caverne un sifflement horrible, par lequel se jugeoient les bonnes ou mauvaises vaticinations. Or en la bonne heure, entrons en affaires, je vous prie, indigne et coupable pécheur que je suis, qu'au plus tôt que faire se pourra, car je brûle et suis amoureux, sans savoir de qui. Je participe à ce tant fructueux et magnifique secret, et me mariez, de par Dieu. Femmes sont à prix compétent, dit Lupolde. Quand, disoit François Leheac, je retourne de l'enterrement de l'une de mes femmes, m'essuyant les yeux et travaillant à plorer, chacun me dit : Compère, ne te soucie, je sais bien ton fait, je t'en donnerai une autre. Hélas! on ne me dit point ainsi quand j'ai perdu l'une de mes vaches. Au pis aller, le marché en est fait, à treize beaux deniers, où tout payement est reçu, voire monnoie rognée; ce sera à l'antique, à l'essai, comme Nonius Marcellus en injurioit quelqu'un : et ce que nous appelons en ce quartier, fiancer, à la mode de la Guierche, par une conjonction de ventres; mais au pis aller, comme dit Strabo, pour une paire de bœufs. D'avoir femme, dit Eutrapel, que par la vertu résultante de mon amitié, oncques ne l'ai entendu, et ferai plus : je veux être acheté, me ferai bannir, et demeurerai à la plus offrante. Ou bien me laisserai voir une fois le jour et en demi-vue, comme marchands qui finement, pour donner lumière à leurs draps, avancent un bougrain sur leurs boutiques : ou autrement, comme le Negus, surnommé Prêtre-Jean[1], le plus grand prince de la terre, qu'on ne voit le plus souvent qu'au travers d'une toile. C'est trop laisser aux femmes la coutume se faire chercher : qui aura affaire de feu, si le vienne trouver. A bon vin, dit Lupolde, il ne faut point d'enseigne : fais seulement bonne trogne, car tu es une assez belle happelourde, et capable d'en tromper une bien affétée : ne te soucie, Robin trouvera toujours Marion. A la mode antique de Languedoc, dit Polygame, quelque bon père de famille vous choisira pour gendre, en buvant, et sur le vin, voyant l'adresse et honnêteté, faisant partie de vos singularités, que je reconnois en vous, pour vertu que vous aurez à donner et verser à boire : puis d'un verre frais et net, bien rincé, lui faire mille amorces et envies, y remouiller ses moustaches, qui découvrira l'imparfait ou le bon de votre na-

---

[1] On croyait, au moyen âge, qu'il y avait au centre de l'Afrique un vaste royaume gouverné par le *Prêtre-Jean*; ce personnage, selon quelques auteurs, était un roi de l'Abyssinie.

turel. De laquelle expérience se servoit et aidoit Denis le Tyran. Que si au commencement de l'escot [1], votre futur beau-père avoit vos conditions moins agréables, à l'issue vous lui serez le plus habile du pays. Ainsi la puissance du vin fait colorer et farder les choses plus petites, tant il est enflé et superbe.

> Fœcundi calices quem non fecere disertum?
> Qui n'est savant après avoir bien bu?

Il sera buveur pertinent, et sa fille aussi, contre ce que raconte Martial de la fille de Bassus, qui ne buvoit que de l'eau, et son père étoit des ivrognes le porte-cornette [2]. Et de là mille accolades, et une liasse de beaux contes entrelardés de menus baisers qu'elle vous fera. Bien, dit Eutrapel, l'animal est assez naturellement babillard et entreprenant, sans que d'ailleurs il en soit occasionné. La tortue de Vénus que grava Phidias, montrant que la femme ne doit passer le seuil de son huis, et ne rien entreprendre hors de la maison, le montre assez; et nécessairement se dit ainsi, une femme a fait ceci ou cela, et bonne en a été l'issue. Et Lupolde avec son écritoire a mené cinquante hommes d'armes à la guerre, et cela être fort relativement prononcé en bonne logique, et autant de raison en l'un qu'en l'autre. Au fort, pour le juste intérêt qu'à l'aide du bon hymen, et la sainte ombre de Junon, je prétends envers les femmes, je souhaitasse qu'elles, et principalement la mienne, se mêlassent et employassent leurs langues à plaider et défendre leurs droits, et celui de leurs voisines, et avoir quelque portion aux voix délibératives et jugements politiques, pour butiner la moitié du fait que leurs maris portent en telles affaires, sans les envoyer aux requêtes, comme fit ce bon petit fils Papirius Prétextat [3], qui leur apprit à ne s'enquérir des affaires publiques, ce qu'elles ont fait autrefois: comme quand elles pacifièrent les Gaulois avec Hannibal. Mon ami, dit Lupolde, le préjugé de Calfurnia ou Afrania [4], qui plai-

---

[1] Du repas.
[2] Le porte-enseigne.
[3] Voyez *Aul. Gell.* lib. I, cap. XXIII, et *Macrob.*, *Sat.* lib. II, cap. VI.
[4] Valère Maxime (lib. VIII, cap. III, n. 2) rapporte qu'une certaine Afrania, femme du sénateur Licinius Buccion, passionnée pour les procès, plaidait toujours elle-même; non, dit l'auteur, qu'elle manquât d'avocats, mais elle abondait en effronterie.

dant une cause, surmontée de colère, ne sachant plus que dire, et ayant en plein auditoire montré ehontément ce que la plus noire nuit ne peut assez cacher, leur fait tort. Quand les lavandières de Porte-Blanche sont à quia, et au bout du rollet de leurs injures actives et passives, elles n'ont autre recours de garantie, qu'à se montrer et trousser leur derrière à partie adverse : ainsi que les anciens farceurs, qui pour la fin de leur jeu, et tirer le rideau, avoient quelqu'un en guise de leurs beaux dieux, qui pissoit sur les assistants, et poursuivant la prochaine chambrée. Le sexe, dit Polygame, il me plaît quelquefois ébaucher le plus clair de leurs vertus, suivant les statues de Sémiramis, est prou empêché et a de la besogne assez taillée à régler et arrêter quels accoutrements elles doivent porter, laquelle doit aller devant, tenir la haute main, ou de quel nom, simple ou composé, comme madamoiselle, madame sans queue, ma grande amie, ma voisine, ma cousine, elles doivent user, et à laquelle appartient dire, séez-vous, et prendre par la main : et autres gros points de droit qui, jadis récités par Diodore, furent cause de la cruelle guerre entre les Sibarites, laquelle de leurs femmes devoit sacrifier la première, comment hors de tout soupçon et péché de cérémonie, elles devoient aller en litière, en chariot, sur haquenées, ou en trousse[1]. Par lesquelles doctrines, et humans[2] ainsi grande partie du travail de leurs maris, les pauvres hommes sont un peu déchargés, et en paix, jusqu'à ce que les procès de dehors soient vidés. Car en tels affaires, tant dure le baril, tant dure la fête : et surtout, Lupolde, vous entendez cela, ne montrez jamais le fond de vos chausses ou de la bourse à votre femme; devant laquelle aussi ne louerez la beauté ou vertueuses qualités des autres. Car cet esprit fantastique et remuant prend tout au rebours et de travers, où je n'entends comprendre, à ce qu'elles ne crient au larron et médisant sur moi; vous, la simple et prudente parole de celles qui sont en mon rôle, qui pour dire tout est bien petit, mais, Eutrapel, serons-nous mariés? Ce grattement d'oreilles et entortillement de barbe portent la grâce et contenance de refus. Quand, répondit Eutrapel, branlant tout le corps, refroignant[3] et haussant ses sourcils, je vous ois blasonner et rembarrer un parti, autant me vaudroit être solliciteur au parlement et à la Chambre

[1] En croupe.
[2] Prenant.
[3] Fronçant.

des comptes en même temps. Quand j'ois fortifier les raisons contraires, je m'enivre d'une certaine amoureuse fantaisie, qui me perd et trotte au beau travers de mon entendement, comme rats en un grenier : au moyen de quoi, attendu que la nuit a conseil, prierai temps m'être ordonné, dedans lequel je me puisse résoudre, et choisir le sort plus avantageux, délibérant sur les courtoisies que Fortune promet à ceux qui plus gracieusement la savent pratiquer et temporiser, selon qu'elle veut : entendant parler de Fortune civilement et honnêtement, ne lui attribuant aucune puissance, pour être toutes choses conduites non par aventure, inclination, nécessité, cours des astres, et hasard; ains par la seule prévoyance de Dieu, qui distribue nos affaires selon sa sainte volonté, et ainsi que nous le servons. Je vous dirai, dit Polygame, vous devez en ceci, comme en toutes choses, invoquer et prier son saint nom, qu'il lui plaise vous pourvoir d'une femme avec laquelle vous puissiez achever le cours de votre vie en toute paix, douceur et amitié. Elisez, disoient nos pères, celle qui sera à votre gré et que vous pourrez aimer. Quelques-uns sont d'avis, que celui qui est d'un naturel violent et colère, ne se doit joindre à une brune et noirette femme : ains à celle qui est plus pesante, bonnace et débonnaire, comme sont les blanches : et ainsi par le contraire. Mais le tout gît en l'exemple et nourriture qu'elles ont eu. Lupolde dit que la fille d'une qui en sa jeunesse a été bonne compagne, moins apprend les ruses et finesses d'amour, pour être tenue de court, serrée et contrerôlée par sa mère, qui a passé par l'estamine; toutefois il ne fut oncques pie qui ne ressemblât de la queue à sa mère. Hélas! disoit un gendre à son beau-père, faites-moi raison de votre fille, qui court, trotte, fait tout plein de belles besognes hors mon congé, sans que la puisse gouverner : elle danse, mascarade et mange le pâté aux jardins, en compagnie de deux ou trois vieilles, qui font l'amour aux bouteilles, tandis que la damoiselle joue du cropion en un coin en se pourmenant, étant écartée des autres. Et demandant aux serviteurs ou chambrières, où est-elle? Il y a longtemps qu'elle n'est ici, répondent; étant gagnés et faits au fouet, elle est à vêpres gagner les pardons, ou visiter une telle qui est malade; sans pouvoir arracher un seul mot de vérité de cette gent corrompue, combien qu'au long aller tout soit su. Mon ami, dit le beau-père, tu t'y rompois la tête, fût-elle d'ormeau, la cuider changer; attends encore deux ou trois ans que ce feu soit passé, comme je fus contraint ainsi en faire à sa mère, laquelle est à présent assez femme de bien. Lors Polygame, blâmant le jugement ainsi généralement donné, par la faute d'une seule, étoit bien d'accord que d'un mauvais arbre ne pouvoit issir aucun bon fruit : toutefois s'il est transplanté, fumé, essargoté et enté, il changera sa mauvaise nature en une meilleure. Ainsi est-il, non-seulement des femmes, mais des hommes, lesquels enseignés tant par l'étude, que bon patron et fréquentation de personnes vertueuses, deviennent en une franche et sainte habitude de bonnes mœurs et conditions. Car, comme dit David, tu seras saint et innocent en la compagnie de la personne innocente, et méchant avec les méchants. C'est pourquoi la jeune femme doit fuir comme le feu le conseil de ces autres, qui instillent[1] et coulent en son oreille : Merci-Dieu ! si j'étois en votre sang, je voudrois être ceci, être cela, aller à mon plaisir, me donner du bon temps, sans ainsi garder tout le jour à l'hôtel. Car si la femme n'a gravé et imprimé en sa tête le commandement de Dieu, qui est, d'obéir et être sujette à son mari en tout ce qui lui sera commandé, il n'y a lieu de penser que la vie et ménage de tous deux ne soit misérable. Vaudroit beaucoup mieux à tel mari, disoit l'*Ecclésiaste*, habiter avec des couleuvres et serpents, qu'avec une femme désobéissante, et qui fait au rebours du commandement à elle prescrit et statué. Suffit au mari de bien aimer sa femme, et à elle, l'aimer et honorer ; autrement ne faut attendre que contentions, débats et infinité d'autres pauvretés. Pour rompre le cou à tels inconvénients, est nécessairement nécessaire que l'homme et la femme mariés soient vertueux ; bien vivants, à l'esquierre[2] de l'Évangile : car rien n'est sous le ciel, qui tant rende la personne aimée, que la vertu. La femme de bien a toujours la face sur son mari, pour entendre de quel pied il veut qu'elle marche, lui obéir à ses commandements, et ne faire chose dont on la puisse reprendre et se fâcher. Fut dit de longue main, que la femme de bien est la dernière qui le baise et caresse quand il laisse la maison, et la première à le recueillir et chérir lorsqu'il revient. Donc, Eutrapel, prenez courage, et ne vous faites compagnon de ceux qui ont transformé, contre l'exprès commandement de notre Seigneur ; l'usage de mariage, qui est saint, en une vie

---

[1] Versent goutte à goutte.
[2] A l'équerre, selon la loi.

lubrique, abandonnée à toutes rencontres. Mais. Quel mais? dit Eutrapel. Je te le dirai, dit Lupolde, il ne veut que tu charges cette marchandise, fors aux champs, où les filles ne sont encore enfarinées de ces belles furtives amourettes et beaux miroirs des villes. Comme fut la réponse d'un quidam, s'assurant n'être point cocu, car il ne se marieroit à Paris ou autre ville. J'ai encore, dit Eutrapel, un seul petit scrupule et pierrette[1] en mon soulier, qui me tourmente si j'étois marié : faut-il point en quel temps, quels jours et heures les fiancées et épousailles se feroient, pour avoir lu que les anciens Romains avoient des jours qu'ils appeloient noirs, auxquels n'étoit loisible entreprendre ou exécuter aucune chose? Où toutefois ils avoient été trompés, lorsque les Gaulois saccagèrent leur ville, et Annibal les défit à Cannes. Lupolde dit, que si les exemples servent de quelque chose, il sait un beau conte à ce propos. Jean Bedaut et Marie Alaire épousèrent je ne sais quand, en la paroisse de Noyal, entre les mains de dom Mathurin de Launay, qui ne se soucioit pas qui coucheroit avec la mariée, pourvu qu'il fût du banquet. Au soir, les conviés s'étant retirés, Bedaut se déshabillant, dit : Mon Dieu! que nous avons mangé d'un bon merle à dîner! Sa femme, instruite par ses voisines n'accorder qu'en droit et raison, ce sont les beaux conseils de ces oisons coiffés, dit que vraiment c'étoit une merlesse, et ne vous déplaise. Lui, se voyant combattu et désavoué en chose si légère, estima qu'ainsi se laissant heurter sur le commencement, il se pourroit faire juger sujet à la quenouille, répliqua que c'étoit un merle : et tôt après l'on eût ouï, c'étoit une merlesse, c'étoit un merle; Tu as menti, c'est toi, comme un vilain; il ne t'appartenoit pas; A la force, au meurtre, à l'aide, bonnes gens; Hé, mon grand oncle, Marion, où êtes-vous? Fin de conte, ils furent faits amis comme devant, et blâmés à l'avenant. L'an révolu et passé, étant les bons personnages près leur feu, s'avisa la femme de ce qu'il y avoit justement et proprement un an qu'ils avoient épousé, fait grand' chère, et entre autres mangé d'une bonne et grasse merlesse, pour raison de laquelle ils s'étoient, malavisés, entre-battus. Tu as menti, belle dame, dit le mari, c'étoit un merle : et si haut furent leurs contradictions emmanchées, que de plus belle se rempoignèrent à grands coups de poing, voire plus joyeusement que l'an passé. Et se dit, qu'ils

---

[1] Petite pierre.

continuèrent ainsi, tout le reste de leur vie, en leur possession à ce jour fatal et désastré[1]. Si bien que Bedaut, si d'aventure étoit appelé en témoignage, ne savoit désigner les saisons, fors par le jour de son mariage, ainsi bien commencé : qui est une marque légale et de droit, pour effacer toute suspicion de faux, comme tiennent les jurisconsultes et Euripide aussi : et les femmes, qui ne datent les ans, que par dire, J'étois grosse de Pierre ou Marguerite. Polygame lors, qui ne souffroit aucunement telles rêveries et espèces de sorcellerie être mêlées au christianisme, les rembarra tous deux vivement, et tellement leur ferma la bouche, qu'ils eussent fait trois lieues paravant la pouvoir ouvrir. Comment? dit-il, êtes-vous logés à cette enseigne et vieux fatras, qui tant ont perdu de consciences, pour laisser le chemin que Dieu a montré et ouvert à ses élus et prédestinés, qui sont tous ceux qui s'assurent être sauvés par la seule grâce de notre Seigneur, y apportant, en tant qu'en nous est, les fruits de bonnes œuvres, de croire et vous persuader qu'il y ait des jours meilleurs ou pires que les autres? N'est-il écrit aux saintes Bibles, que les gentils croient et suivent les devinateurs, prennent appui sur les temps? mais toi, Moïse, autrement enseigné de moi ton Seigneur. Et en Hiérémie : Ne vous doutez des signes des cieux, lesquels les gentils craignent et leur font peur. Et dit saint Augustin en son *Enchiridion*, suivi par saint Basile, Ambroise et Chrysostôme, être une pure folie ès hommes, de penser que les jours diffèrent en heur et malheur : qu'il y en ait de pires les uns que les autres pour bâtir, voyager, parler au magistrat, faire la guerre et autres actions humaines. C'est pourquoi saint Paul tance et reprend aigrement les Galates. J'ai grand' peur, dit-il, n'avoir rien fait pour vous, qui observez les jours, les ans et autres saisons. Zoroastre, lequel ne se peut nier avoir consumé son temps en la connoissance de cette vaine science, voire donné le premier commencement, ne put si bien choisir le jour d'une bataille, que Ninus ne le tuât, et tout ce qu'il avoit de gens. Ce qu'aussi expérimenta à son dam [2] Pompée, un autre grand devinateur sorcier et observateur de jours, duquel, nonobstant ses beaux livres d'augure et devinations, que tant religieusement consultoit, fut l'armée battue, rompue et saccagée aux champs de

---

[1] Désastreux.
[2] A son dommage, à ses dépens.

Pharsale par Jules César, qui, bien instruit, ne crut, ni prit oncques appui à telles badineries. Vrai que, tant par le cours de la lune, que façons accoutumées de certaines bêtes, peut être connu le beau ou mauvais temps et changement de saisons; mais impossible aux hommes, voire au diable, qui, comme dit le même Augustin, pour être vieil, expérimenté et savant à marier *activa passivis*, mêler les qualités contraires, est un merveilleux docteur et ouvrier; impossible, dis-je, prédire l'avenir, et ce qui doit arriver aux cas particuliers : Dieu s'étant réservé à lui seul la vérité de tels accidents et jugements.

## XXXI.

#### Du gentilhomme qui fit un bon tour au marchand, et de l'amoureux qui trompa son compagnon.

Il se mut propos de ceux qui font leur profit en tout, hasardant et abandonnant leurs consciences à tous vents, heurts[1], sans regarder qu'il faut mourir, rendre compte, et payer ce que nous aurons injustement, par mauvais arts et pratiques, pris de l'autrui. C'étoit donc un marchand, qui ajournoit et aguignoit la métairie d'un gentilhomme, en tout événement vouloit assembler un gros intérêt de l'argent qu'il lui prêtoit, pour tout d'un coup enfoncer et attraper cette terre sur ce pauvre noble, autant affamé d'argent comme le mercadant étoit prompt et hâtif de prêter. Lequel, pour faire tomber ses desseins et parvenir à leurs points, disoit, le chapeau jusque sur le genou : Monsieur, notre argent va et vient diversement; tantôt nous en avons, et bien souvent pas maille; qui nous contraint emprunter. Mais pour ne demeurer court, et que faute d'argent ne vous fasse perdre ailleurs, j'ai un ballot de laine sur lequel nous trouverons à peu près ce qu'il vous faut : pour le rendre au temps qu'il vous sera dit, il y aura en la vente quelque perte; mais quoi? nécessité n'a point de loi. Ce ballot fut plusieurs fois acheté, puis incontinent revendu bien bas à un tiers qui en étoit de moitié et de l'intelligence; de façon que par l'issue de telle négociation, le gentilhomme se trouva sur les épaules chargé de bien quinze cents écus, et en conséquence mis en procès, ses biens saisis, pour

[1] Chocs.

vider, c'est un mot de marchand, les parties et obligations, et où il s'étoit embourbé et engagé, qu'il fallut promptement payer: qui ne furent pas petites, et les intérêts internes et externes, tels que la loi *Sterilis* au Digeste a réprouvé. Le noble étoit bien fâché, d'ainsi se voir aboyer, tracasser, terrasser, paperasser, par ce marchand, qui, par le contraire, s'enfloit, triomphoit, et s'engraissoit de ce butin usurier, souffroit être appelé monsieur, au lieu de ce beau et ancien titre de sire Pierre, sire Fiacre. De notre ville, dit Lupolde, se sont depuis trente-cinq ans retirés et perdus ces beaux et honnêtes mots maître pour le regard des gens de justice, et de sire, en l'endroit des marchands; se faisant titrer et qualifier du mot de monsieur, sous le nom de quelque closerie qu'ils auront, monsieur du Fossé, de la Vigne, de Capendu, du Chapeau vert, de la Truie qui file, du Blandureau, et autres de telle farine, contrepétant et suivant au grand galop les anciennes marques de gentilshommes, que peu à peu ils effaceront pour y supplanter les leurs, si le magistrat et prince ne va au-devant, établissant que chacun, s'il n'est noble ou étranger, appelant un autre de ce mot monsieur, payera pour chacune contravention un écu. Ce mot de monsieur appartient privativement à la seule noblesse ou juges royaux, et à nuls autres. Pour avoir le roturier et non noble acquis, dit l'ordonnance de Blois, article 258, un fief noble, si ne sera-t-il anobli et mis au rang des nobles : ce qui est conforme à l'ancienne coutume de ce pays, comme j'ai dit ailleurs, ou aux montres[1], arrière-bans et rangs de bataille, les roturiers, bourgeois et autres non nobles, ne se mêloient aucunement parmi les nobles, ains étoient en leur quartier à part et séparés. Le grand roi François leur voulut bien permettre l'achat du domaine noble, mais non les droits seigneuriaux et noblesses féodales; n'entendant les pauvres gens que l'achat de tels fiefs est l'entière ruine et débauche de leur trafic. L'inégalité des droits successifs, qui, aux partages, appartiennent à leurs enfants, dépiement[2] et démembrement d'icelles terres en plusieurs lopins, destinées pour la défense du pays, et sans lesquelles le prince et tout son état ne pourroit subsister. Outre tout ce, le mépris de leurs vassaux et sujets, qui les rejettent et n'en font cas, non plus que de valets; comme n'a pas longtemps

[1] Revues.
[2] Partage.

il se vit aux hommages de M. d'Alençon, où le comte de Montgommery jeta du haut des siéges en bas un certain marchandeau, auquel, à cause d'une belle terre et seigneuriale qu'il avoit achetée, appartenoit véritablement la préséance s'il eût été gentilhomme. Quelqu'un de cette saison tenant une excellente place de judicature souveraine, a voulu, par ses écrits, déguiser le point, et qu'à tous, sans différence, l'achat et occupation de tels fiefs étoit permise; confondant les qualités, sans beaucoup les respecter, le prenant des enfants de Noé, ainsi qu'il dit. Mais, outre qu'il étoit fils d'un boucher de Montlhéry, favorisant le parti dont il étoit parti, il n'avoit guère bien vu le neuvième chapitre de Genèse, qui est la source des trois états et ordres qui soutiennent et seront jusqu'à la fin du monde, en toutes républiques et assemblées d'hommes, qui sont les gens d'Église, de la noblesse, et du tiers et roturier état. Auquel chapitre le tiers fils de Noé, appelé Cham ou Canaam, signifiant marchand, trafiquant, pour s'être moqué et n'avoir recouvert les parties honteuses de son père, fut, d'un jugement venant d'en haut, par icelui maudit, et que lui et sa postérité, qui sont les roturiers, seroient serviteurs perpétuels de Japhet et Sem, ses deux autres enfants, et de leurs serviteurs. Se taisent donc tels villenots[1] enrichis, et chacun se contente et suive la trace et chemin de ses prédécesseurs : si le prince, en l'anoblissant, ne l'affranchit, encore à cent ans après demeurera la cicatrice de telle qualité bâtarde et illégitime, comme n'étant de ce beau et premier sang et race ou racine divine, laquelle se reconnoît en un vrai gentilhomme, fût-il vêtu de toile; au contraire d'un roturier, lequel, accoutré fût en drap d'or, tient et sent toujours les mœurs et conditions trafiquantes, sanglantes, en son avantage, couardes, et qui incessamment regarde à gagner, profiter, tromper. Ce marchand, dit Polygame, étant refait et en argent, acheta un gros héritage et métairie sous le fief et juridiction de ce gentilhomme, où faisant du compagnon, et abusant de familiarité, fut trouvé fort négligent tant à l'exhibition de son contrat, entrer en foi et hommage, que payer les ventes et lots, bailler son aveu et tenue, et faire autres redevances féodales; qui engendra en ce seigneur la revanche dont vous orrez parler. C'est qu'ayant fait feuilleter et remuer son papier terrier[2], et tant exploité que par ajournements, contumaces

---

[1] Vilains.
[2] Son titre de propriété.

et jugements, le sire, nonobstant ses exceptions et subterfuges, est condamné, dépens taxés, arrérages, fruits et intérêts liquidés; et acte exécutoire délivré. Ce marchand, avec ses finesses de la Guibray, qui est le rendez-vous des méchants complots et monopoles de toute la France, se voyant pris et glué, se présente au gentilhomme, lui remontre d'un plat de langue bourgeoise et affinée, une longue enfilure de bourdes : qu'un pauvre marchand comme lui, ne sachant la pratique, et moins ayant hanté le barreau, a laissé couler quelques années pour faire son devoir, le tout sous titre de bonne foi, et sans y aviser, il a été imprudemment nonchalant reconnoître ce qu'il doit à son seigneur; que si on prend les rigueurs, il voit assez sa ruine qui étoit prochaine; mais ce qui le réconforte, est qu'il a affaire à un brave gentilhomme, duquel il espère, mais plutôt s'assure qu'il lui fera un bon tour. Le seigneur se sentant piper vainement d'une harangue marchande et empoisonnée, ayant en sa mémoire l'outrageuse et longue usure de laquelle son ami voisin feint et beau parleur l'avoit ainsi empiété, lui promit que par sa foi et en parole de gentilhomme, de Iscrma disoit être le plus étroit sceau[1] de toutes les promesses, il lui feroit un bon tour : mais que premièrement il vouloit être juge de ses libéralités, et, à cette fin, qu'il eût à mettre tout ce qu'il lui devoit en bloc et en masse sur le bout de la table, et après qu'il lui feroit un bon tour, et s'en assurât. Le marchand, cuidant avoir tant babillé et fait de révérences équivoques de l'un côté sur l'autre, recommença à niaiser de plus belle, disant que véritablement lui faisant un bon tour, il feroit un grand service au sire, et seroit la boutique à son commandement : promesses et adjurations plus fortes que produise la rue Saint-Denis de Paris. Le gentilhomme ayant compté et vu tout son argent en osts et régiments bien calculés, brouille et pêle-mêle le tout, qu'il met dans un sac, sous son coude; puis, se tournant de l'un pied sur l'autre, refit encore le même tour fort pompeusement, et à toutes mains, disant que tels exploits se faisoient à l'enseigne du ballot de laine, et que le seigneur marchand pillât patience pour ce coup, auquel il avoit fait un ou deux bons tours bien fournis et de bonne étoffe, en récompense des bons et agréables services passés. Trouvez-vous, dit Lupolde, que ce gentilhomme fût bien et droi-

---

[1] *Le plus étroit sceau,* la plus sûre garantie.

tement fondé tenir telle rigueur à ce pauvre marchand? Nenni, dit Eutrapel; ma raison être que, pour une légère et prétendue faute, au regard de tant de services, et conscience allongée à faire recouvrer argent, ne falloit le traiter à l'extrémité. Aimerois autant ce que dit Pline de Staphilus, qui le premier inventa mettre l'eau en vin. Oh! le méchant! dit Lupolde; car soudain qu'on y en mettoit, encore que tout au demeurant fût bien, disoit ce banquet être imparfait et mal ordonné. Ou bien à un jeune conseiller de Paris, étant à un festin à Vennes lors des grands jours, auquel l'abbé Colledo, nourri aux voluptueuses délicatesses de Rome, n'avoit rien oublié, jusques aux parfums, eaux de senteurs et cassolettes, aux planchers, aux bas, au travers des chambres et salles : lequel, interrogé de ce somptueux et superbe souper, dit que le tout s'étoit assez bien porté, s'il y eût eu des asperges. Mais il ouït pour réponse que ce n'étoit comme à Paris, où il y avoit abondance de cornes, dont issent et proviennent icelles herbes. Faut-il pour un verre cassé perdre vingt ans de bon service? faut-il que ce pauvre mercadant à la conscience rouillée, car quand la bourse s'est rétrécie, la conscience s'élargit, soit ainsi traité, sous l'erreur commune qui est de faire son profit en toutes façons et endroits? Je ne dis pas ainsi, dit Polygame, et sommes autant éloignés que les maîtresses et chambrières, quand les deux horloges de Rennes ne sont d'accord et ne sonnent ensemble. Monsieur le finet et parjure marchand fait entendre par tant d'artifices et ruses à ce pauvre gentilhomme endetté et pressé, que les nues sont peaux de veaux, qu'il est perdu s'il ne fait voile aux îles d'intérêts à quarante ou cinquante pour cent; que remâchant telle indignité, et l'ayant enclavée sur son cœur, le paye en même monnoie de meilleur aloi. Tout ainsi que fait Denis le Tyran, au rapport d'Aristote, au joueur de harpe; le marché étoit que d'autant qu'il sonneroit mieux et donneroit plus de plaisir, il seroit plus contenté et payé. Le harpeur ayant joué au mieux qu'il avoit pu, demande son salaire. Denis répond qu'il l'a bien payé et satisfait, car s'il a pris plaisir à harper et chanter le mieux qu'il a pu, aussi de sa part a-t-il reçu semblable plaisir de l'écouter le plus dévotement qu'il a pu. Payez-moi, disoit le rôtisseur au gueux qui mettoit son pain sur la fumée du rôt; oui vraiment, répond-il, faisant tinter et sonner un douzain; c'est du vent que j'ai pris, duquel même je vous en paye: *Sic ars deluditur arte*, à trompeur,

trompeur et demi ; il n'est que d'aller droit et rondement en besogne. Je vois, et l'ai ainsi observé depuis les cinquante ans derniers, que marchands et autres négociateurs vendant à plus haut prix de dix pour cent, c'est-à-dire, qui gagnent plus de dix livres pour cent livres en un emploi, deviennent, ou leurs enfants, pauvres, endettés et à néant. Les païens soutenoient qu'on pouvoit vendre à tel prix qu'on pouvoit ; mais encore exceptoient-ils la fraude : nous autres chrétiens et toute la théologie, se fondant sur le commandement de Dieu, « tu ne déroberas point », condamnons toute espèce de vente qui passe dix pour cent : où en sont donc ces marchands, merciers et autres vendants, en affirmant, par grands et énormes serments, que ceci et cela leur coûte un écu, que vous aurez d'eux, en fin, pour vingt ou trente sous ; que si d'aventure on leur en offre quarante ou cinquante, ils commenceront de plus belle, qu'ils y perdent tout le leur, mais qu'il n'y a remède, il faut dépêcher marchandise, être étrenné ; et l'acheteur, leur ayant le dos tourné, est moqué et montré au doigt, comme ayant bien exploité : *ad omnes mille diabolos* telle sorte de gens, disoit Ménotus[1]. Je n'ai connu pour vrai et entier marchand, homme de bien, je ne prétends faire tort à personne, qu'un marchand drapier de Rennes, appelé Jamet Jan : il n'étoit pas des amis de Panurge, car il ne prêtoit ni ne vendoit rien à crédit ; mais il n'avoit qu'un bon mot, si raisonnable et de tant bon marché, qu'il vendoit plus en un jour, que ses compagnons affétés en une semaine. Eutrapel dit que lorsque maître Jean Ricaut, Jean Boucher, Jean Reffait, Gaillard, don Bertrand Touschais, don Jacques Mellet, tous savants pédagogues, l'envoyoient, et ses compagnons aussi, quérir quelques livres chez Collinet[2], Robert Estienne son gendre, Vascosan, Wechel, libraires de Paris, il ne falloit aucunement disputer ne contester du prix ; car autant en avoit bon marché l'enfant comme le plus crotté et avisé maître aux arts de l'Université, et être le vrai moyen de s'enrichir, gagner petit et souvent. Sur ce conte, dit Polygame, je réciterai une histoire et chose vraiment arrivée puis peu d'années, en semblable trait de revanche, près une forêt de ce pays appartenant au seigneur comte de Laval, en son comté de Mortfort. Il y avoit deux jeunes damoiselles, seules héritières, lesquelles, pour leur beauté,

[1] Déjà cité page 205.
[2] Simon de Colines.

biens et bonne grâce, étoient recherchées de beaucoup en mariage. Entre autres se mit sur les rangs, et s'équipa, un de leurs voisins, bon gentilhomme, mais non trop brusque ni ouvert, ains un semblant trop grand ménager, retraieur de terre, et docte annicheur de poules; au demeurant, de bon entendement pour l'âge, étant jeune et bien riche, qui, un matin, leur alla dire le bonjour, faisant excuse ne pouvoir passer si près de leur maison, sans leur faire offre de sa personne, et ce qu'il pourroit de service; car ainsi lui avoit conseillé son procureur feindre son jeu et faire semblant avoir affaire ailleurs; ou, qui étoit le plus subtil, faire comme les courtisans de Menedallée, qui, allant faire l'amour, se laissent choir et vautrer en une mare et bourbier, près la maison de leur maîtresse, pour avoir occasion se chauffer, sécher, et changer de chemise. Et, après quelques honnêtes importunités dont elles le surent faire descendre de cheval, tous, de compagnie, attendant le dîner qui s'apprêtoit, entrèrent dans les jardins et vergers, devisant de plusieurs choses, entre autres de la conscience, et qu'on ne se pouvoit faire payer du monde, combien que l'année eût été compétemment bonne; que s'il pleuvoit à la Saint-Georges, les cerises seroient en danger, et, par aventure, le lin, d'autant que les frimas avoient été grands aux Avents de Noël. Ainsi en contoient les bonnes personnes, sans mal y penser, réservant peut-être l'amour à l'après-dînée, lorsque la hardiesse vient saisir et assaillir la honte; mais voici le grand coup de partie, haut les bras! car un autre et nouveau poursuivant survient, frais, dehait[1] et bien rebrassé, huchant à pleine tête: Où est-elle, où est m'amie, où est tout le monde? ho, chambrière! si j'empoigne ton gros, dirai-je? ah bien! comme te portes-tu? et toi, valeton[2], boute là ta main, beau sire, et cent écus en l'autre; m'as-tu toujours entretenu en la bonne grâce de, tu m'entends bien? par le corbieu aussi seras-tu de ma livrée. Eh bien! où sont ces enragées, qui font tant déferrer de chevaux? Mananda, dit la plus affétée des chambrières, monsieur tel vous a coupé l'herbe sous le pied; il les vous pourmeine en ces vergers-là; ne demandez pas comme, hem! tout va comme Margot, et Margot comme tout: si ne vous hâtez, les chiens mangeront le lièvre. Dieu gard' la lune des loups, répon-

[1] Gaillard, dispos.
[2] Valet.

dit ce bragueux, c'est là que je parois et que ma grandeur triomphe ; j'apprendrai bien à cet épouvantail de chenevière à se tourner ; je m'en vais le faire quinaut, et lui donner un coup de mon fouet. Ce disant, il entre aux vergers, cherchant la troupe par les allées çà et là, et, l'ayant rencontrée, de pleine arrivée, escrimant et frappant ses bottes d'une petite vergette [1], salua et baisa les damoiselles, allant d'un pied sur l'autre d'un demi-mouvement de corps, la tête nue et bien frisée, s'adressant au premier venu, qui se regardoit voler, lui mettant par braverie la main sur l'épaule : Ho! compagnon de guerre, qui bruit, qui va? où en étiez-vous demeurés? Je crois bien, se tournant aux damoiselles, que de froment en grenier et poules en garnison a-t-il plus que moi, qui pour le présent n'ai que l'épée, la cape, et l'écu en bourse, en esperance et attendant de bonnes et grasses successions, qui ne me peuvent faillir ; mais d'amitié, de bon traitement, de bien ménager le dehors et dedans de la maison, je n'en crains personne : Dieu toujours donne des biens aux hommes, et non des hommes aux biens. Si j'en eusse eu, et demeuré casanier et à l'hôtel, je fusse sot en corps et en âme, comme, je ne dis autre chose : ha! ha! ha! ha! ha! Le premier, jouant d'un fer d'aiguillette, se voyant ainsi accoutrer et humer la parole, s'écarta tout pensif, pour se retirer, ne sachant quelle pièce coudre à tel jargon ainsi éventé et jeté en tierce personne, et ne s'adressant droitement à lui. Le second, sans cérémonie, prit les deux damoiselles sous les bras, et les pourmenant avec plusieurs gambades, fanfares et chansons, dont il étonnoit tout le pourpris [2], mêlant en ses contes le ciel et la terre, n'oubliant les batailles de Montcontour, charges de Jasenay, Luçon, et autres aventures où il ne fut onc que par les livres ; regardant de travers son compagnon, se retirant, mâchant et avalant telles pilules qu'il ne pouvoit digérer, pour se voir frustré de sa conquête, et à fer émoulu moqué. Et ainsi cheminant seulet, aperçut le chapeau du courtisan sous un pommier, lequel il n'estima être là sans cause, et sachant n'être vu, le lever ; où il trouva dessous une belle violette de mars, enfermée et couverte, laquelle, comme vous orrez, étoit vouée à la puinée de ces damoiselles. Et, parce que tel joyau étoit en l'orrée du verger et bien loin, il eut bon loisir

---

[1] Petite verge, baguette.
[2] Le jardin.

se détacher et là décharger son ventre, et bâtir un bel et gros étron pyramidal et fait comme le clocher de la Trinité de Caen, sur lequel il planta honnêtement cette violette, avec le torchecul de belle herbe (Il ne fait pas le tour qui veut, dit Eutrapel), tout au joignant, pour l'accompagner. Puis, issant en tapinois, s'étant fait amener ses chevaux, se retira autant joyeux que son compagnon corrival[1] fut fâché; lequel, suivant ses coups, faisoit toute démontrance d'amitié et service qu'il pût aviser, baisant parfois le bas de leurs robes, et idolâtrant ainsi de la présence de ces nymphes, où elles ne prenoient aucun plaisir. Au moins, disoit-il à l'aînée, d'un œil haut et contemplatif, si je n'ai cet heur d'avoir part en votre amitié, sollicitez, de grâce, la divine perfection de votre sœur, la méchante que voici, à daigner quelque chose en ma faveur, estimant avoir trouvé, entrant en ce verger, grand présage et bon commencement de mes affaires, par une fleur qui s'étant présentée à ma vue, j'ai incontinent dédiée pour participer à la consolation de l'amitié, sinon de vous, ô ma rigueur! se tournant vers l'aînée, au moins, s'adressant à la jeune, il avoit bien du mal et se battoit bien à la perche, dit Lupolde, de vous être perpétuel serviteur, compagnon et mari. Ce persécuté, ce traîneur de civières d'amour, qui ne pendent que d'un côté, approcha révéremment cette violette prisonnière, dansant, cabriolant et troussant le pied de veau élégamment tout à l'entour : Ha! gentille fleur, disoit-il, commencement de ma fortune et consommation de ma loyauté; à qui plus saintement appartient cette nouveauté printanière (Ho! et vous poétisez aussi, dit Eutrapel, comme s'il eût été l'unique de la paroisse), que à vous, madamoiselle, parlant à l'aînée, pour moyenner en l'endroit de cette enchanteresse, l'oubli et perte de la mémoire de ce sot en cramoisi, estropié de cerveau, à qui j'ai fait quitter la place? C'est donc à vous, comme la première en beauté, bonne grâce et maintien, à qui j'offre et donne, du meilleur de mon cœur, cette fleur nouvelle et de valeur. Ce disant, et se baissant comme les femmes, qui se courbant jettent un pied en arrière pour équarrer à droit plomb la plate-forme de leur derrière et entrefessier, ôta et leva par grand honneur son chapeau. Mais qui eut belle honte? Monsieur! secourez-moi! à l'aide! au feu! Lupolde, pour la pareille, aide-moi! Encroyez-

---

[1] Rival.

moi, disoit l'aînée, aise au possible d'avoir rencontré un sujet pour se courroucer : monsieur d'un tel lieu, puisque vous aviez à vous moquer, je suis bien aise que c'est en mon endroit, une plus fâcheuse le trouveroit bien mauvais. La seconde, qu'à bon escient c'étoit se moquer au nez des personnes, et que tel présent appartenoit à la truie. Lui, de sa part, protestoit, juroit, adjuroit, conjuroit, tempêtoit, enrageoit, qu'il n'y avoit songé non plus qu'en sa vieille chemise; étoit aussi étonné de tel inconvénient que s'il eût perdu un pain au four. Et ainsi, accusant les uns et les autres, combattant l'air et les vents, et essuyant son chapeau qui sentoit le métier où il avoit été employé, s'écoulèrent et retirèrent les damoiselles déchargées[1], et étant bien joyeuses être délivrées de cet importun, lequel apprit, si jà il n'en avoit ouï parler, combien il est défendu se faire accroire et prévaloir sur ceux qui, n'étant instruits en l'entregent et fréquentation des bons lieux, sont en quelque chose nos inférieurs, où nous les devrions soulager, et accommoder à leur simplicité. Cela est vrai, dit Eutrapel, car il est écrit :

> Tout homme qui porte latice,
> Et femme qui porte son
> Ne doit moquer son compagnon.

Si vous mettez *in verbo* s.., un c au lieu de s, vous serez dedans la mortaise, et en la vraie quintessence du sens moral, et capable de pénétrer tous les détroits et goulphes[2] non encore bien connus.

## XXXII.

#### Tel refuse, qui après muse, et des hommes bien vieils.

Je ne me veux étendre, dit Eutrapel, sur l'exemple de tant braves capitaines, chefs d'armées, qui ayant refusé l'occasion d'amples et entières victoires, s'en sont puis après repentis : seulement demeurant aux brisées de mes simples discours, je vous dirai, comme le seigneur du Plessis, non pour être fort commun, convenable à ceux qui ne veulent être connus, devisoit un jour avec une grande dame de ce pays, entre lesquels,

---

[1] Débarrassées.
[2] Golfes.

pour être plaisant en rencontres, et elle de fort bon et gentil esprit, y avoit perpétuelle guerre. Elle le blâmoit de ce qu'elle avoit entendu, et ne s'en enquit davantage, qu'il alloit au change, faisoit de bons petits passages à sa femme, laquelle encore, sotte qu'elle étoit, le pansoit et médicamentoit d'une plaie qu'il s'étoit faite revenant de coucher avec une sienne chambrière : et vous promets sur mon honneur, se haussant un peu de colère, si vous eussiez été mon mari, vous eussiez trouvé une autre chirurgienne. Une vieille dame d'atour dit que, par la merci-Dieu, si son défunt mari, ha! le bon homme, je faisois de lui ce que je voulois, m'en eût fait autant, ce n'eût pas été tout un. Autant en dit toute la tribale et école de femmes illec présentes, qui sur le premier rapport prennent tout ce qu'on leur dit, vrai ou faux, pour tout assuré et argent compté. Je vous prie, dit du Plessis, être un tant soit peu ouï, avant faire mon procès comme avez commencé, sans que j'aie trouvé un doigt de place pour ouïr mes défenses et justifications : vous autres femmes, ne déplaise à l'imperfection du sexe, avez tellement l'esprit prompt et éveillé à recevoir les premières impressions, que ce que vous vous faites croire, faux ou vrai, sort malaisément de vos caboches. La même école et assemblée se mit à criailler sur lui, et de plus belle, qu'elles en savoient assez ; avoit beau dire et vendre le fin, et qu'il n'en seroit ne plus ne moins. Mais la dame mieux apprise dit à du Plessis, qu'en jugeant ainsi de pleine volée sur l'étiquette du sac, elles suivoient en ce les hommes, qui si bien, sans les ouïr ne appeler, les avoient tant blasonnées. Ce qu'elle n'entendoit faire, ains l'ouïr bénignement; mais en faute si notable, qu'il en dît la pure vérité, sans rien laisser à l'hôtel, espérant bien que par l'issue et clôture du conte, on lui apprendroit à satisfaire à l'obligation de son mariage, et se purger et nettoyer de telle forfaiture. Or donc, dit du Plessis, se voyant assuré, destoupez [1] toutes vos oreilles, et vous orrez chanter merveilles du Plessis, qui fut bien grippé, et si vous conterai tout de fil en aiguille, sans rien requérir. Or bas, encore plus bas, hehen, hehen, ma bonne partie m'écoutoit lire les merveilles [2] de Gaudentius Merula

[1] Ouvrez.
[2] *Gaud. Merulæ novariensis Memorabilium libri V, cum emendat. et scholiis Castalii Olivetani.* Lugd. 1556, in-8º.

où il dit avoir appris d'une brave femme milanoise, montrant les médecins n'y entendre rien, que pour engendrer enfants il faut que le mari se couche sur les huit heures du soir, après le souper, la femme bientôt après : laquelle, pour être froide, il mettra en sa place ja échauffée, où étant entre les linceux, frappera dedans à petites et serrées collées, et que sans difficulté le lait crèmera, et bientôt en sortiront les petits pieds et éclats. Fût accordé essayer cette recette ; mais pour s'être amusée sur certains incidents de buée et filaces, elle me trouve dormant : si bien qu'étant tourné sur l'autre côté, m'étant réveillé sur les onze heures, ayant le bâton caverneux roide et enflé, je voulus exécuter ma commission. Mais point de nouvelles, elle dépite comme un chat borgne, feignant ronfler, et, faisant bien le chiabrena, se tourna de l'autre côté. Sur cette mine renforcée, que je prenois pour refus ; elle s'étant endormie à la longue, je sors du lit, allume la chandelle, et doucement entrant en la chambre des filles, avisai en un lit à part une grosse garse de chambrière, renversée et découverte, car en temps chaud une méchante puce est souvent cause que les filles s'étant endormies, après avoir joué à tire-linceul, font un bel écart, deux courts, charnus et refaits jambons ; jambe deçà, jambe delà, un bras négligemment et par nonchalance pendant à demi, deux tétins s'enflant et baissant par un flux et reflux, qui eût bien débauché la faculté d'une religion plus réformée : au reste, et entre telles richesses, un objet tant doctement refrogné et bouffi ; holà ! dit la dame, passez outre. Comment ? dit du Plessis, c'est toute ma défense, et principale pièce de mon sac, et pour dire tout, comme je vous ai promis d'entrée, je monte sur le lit, petit à petit, frissonnant, haletant à petits traits souvent répétés : comme l'on voit ces preneurs de taupes, qui recourbés et soulevant un pied pendillant et douteux, attendre leur proie : lors, il ne faut point mentir, madame, je lui en mis deux doigts : la garse dormoit toujours, *fictione poetica*, vous n'entendez pas latin, et puis encore deux doigts, et encore et encore. Ho, ho ! dit la dame, se tournant vers ses damoiselles, voilà bien des doigts. Je ne saurois qu'y faire, dit le Plessis ; tant y a que la punaise s'allongeant, remuant et se promenant sous le fardeau, à coups fourrés, faisant contenance n'avoir rien vu, et se tournant impétueusement sur l'autre côté, me désarçonna si rudement, qu'elle me jeta hors du lit, où de la tête d'un clou je m'escarouflai ¹ toute la fesse gauche. Ma bonne femme non plus fâchée, car le sommeil est un terrible rabateur de colères et fantaisies, accourt bien vite à mon cri et doléances, m'interroge. Je confesse, requiers pardon, et proteste, ne rien valoir à l'avenir, dit une vieille barbue. La chambrière, aussi interrogée, répond n'avoir rien vu ni ouï, par sa foi, et qu'elle aimeroit mieux, hen! Sur ces difficultés nos chambrières sont condamnées dorénavant se couvrir, et ne montrer leur maujoint : s'il n'y avoit point de couteau, jà ne seroit besoin de gaîne : le chat seroit maudit, si trouvant le pot découvert, il n'y met la patte : et cela, en bon langage, s'appelle tendre au larron. Si les pauvres hommes n'étoient subornés par la vue d'un tas d'afféteries que les sottes leur montrent, jamais n'y songeroient les pauvres créatures. Je vous le pardonne, mon ami, mais n'y retournez pas ; et de ma part je ne ferai plus la rétive, et ne vous éconduirai jamais, n'eussé-je qu'un doigt de vie : et pour accorder, et en récompense, me traita et guérit. Et bien, madame, fut-il jamais mal dit, que le droit a bon besoin d'aide ? j'étois confisqué et bien loin de mon conte, si je n'eusse parlé. Pour tout ce ne cessoient les vieilles marmoter et gronder ; et lui, craignant que de main en main ne courût un mauvais vent sur lui, se retirant, leur dit : Dames, voulez-vous être aimées, chéries et caressées de vos maris, en faire comme des choux de vos jardins, les manier comme il vous plaira, et les retirer des vices et imperfections qu'ils pourroient avoir, et que plus vous craignez ? de grâce, croyez-moi ; faites-leur bonne chère, bon visage et riant, ne leur déniez choses raisonnables ; de laquelle raison vous n'entreprendrez connoissance ou d'en juger, ni entrer en disputes et contestations avec eux. Souciez-vous seulement de vos quenouilles et menu ménage, sinon que par eux vous fussiez appelées à d'autres charges : car si le contraire se fait, et que la poule chante aussi haut que le coq, ce sera un désordre perpétuel, vie malheureuse et où Dieu nullement habitera. A la table, dit Eutrapel, je le quitte, ventre saint-gris, quelles pilules et décoction de votre mal nécessaire, duquel, après Caton, vous faites tant de cas ! Ainsi toutes choses bien prises et balancées, dit Polygame, vous trouverez, capitaine Eutrapel, qu'il y a plusieurs bonnes, sages et vertueuses femmes, principalement celles qui ont une bonté naturelle, les

¹ Déchirai.

bien nourries et endoctrinées, tant par la lecture des bons et saints livres, que par exemple et fréquentation des honnêtes femmes, qui n'auroient jamais eu fer à pie et mauvais bruit, et fuient telles compagnies corrompues et débauchées. Et pour seconder le conte ci-devant, du temps qu'étant à Poitiers, et que Macrobe fut condamné par l'un des juges comme luthérien, et livre réprouvé; et que pour la cause d'un sale et ord abbé de Maugouverne, que nous trouvons beau en cette folle jeunesse, il y eut un décret et prise de corps générale sur les écoliers plus notés et chargés, notre bande se retira à Saint-Jean de Hauves, retraite lors commune à ceux qui avoient par trop fait leur devoir et étudié, où notre ancien hôte, Jean pain-clochant, nous vint recueillir et bienveigner, selon sa coutume. Nous, le connoissant bon compagnon, sujet aux gabelles et douanes des basses marches, soupçonnâmes qu'il avoit été en dommage, et fait quelque coup extra-judiciel, qui le faisoit boiteux. Par la dague saint Sibard, répond-il, mes petits maîtres, je tirerais du bon, et de celui d'auprès le mur : mais bon bec, la ménagère de chez nous, s'avisa l'autre jour, contre sa coutume, et ne sais quelle mouche l'avoit piquée, me refuser son baudrier équinoxial, faisant le fi, fi, qu'elle se trouvoit mal, et avoit autre chose à faire pour l'heure. Je sus depuis qu'elle et la femme de Pierre Tourteau, encore qu'elles fussent commères, s'étoient entrebattues à qui moudroit la première; de ma part, venant des Anses, bon compagnon, et Hur le gai, par tel refus non encor ouï, me jetai à corps perdu sur une guève qui avoit servi les confrères de Hurlep, Madame de quelque lieu, champs d'Albia, la Curcaille, trois Pucelles, Pontrocart, le Chêne vert, Tison, et autres lieux d'honneur, et s'étoit rendue à Baudrouillé, et écarté à la malheure jusque-là, où il auroit pris d'avec elle, par troc ou autrement, un poulain sellé, bridé, et des pois pour des fèves, le bon être, car sa riche femme avoit cru que c'étoit un rhume, et en cette qualité le traitoit et médicamentoit, jusques à puis deux jours ; que ses voisines se seroient moquées d'elle, comme ignorante que les rhumes n'assailloient telles parties, et que par cette folle croyance elle se faisoit non-seulement tort, mais à tout leur sexe et ordre : toutefois si nous voulions tenir ferme, et soutenir que tels lieux se peuvent endommager par des rhumes, celles qui avoient consulté et médit au contraire, en pourroient bien tomber beau saut, attendu qu'il avoit de l'aide dedans le village, et messire Jean, leur curé, qui tous lui tenoient bon. Cela fut fait vite comme le vent, les uns disant, j'ai un rhume au talon, l'autre à la hanche, *et sic de singulis* : tant que tout alla si mal, qu'enfin tout se trouva bien. Lupolde aussi, de son côté, dit chose presque semblable être advenue à Guillaume Texier, de la lande d'Ercé, qui, étant couché près Perrette, sa femme, nature commençant à se jouer et dégourdir, dit : Tourne-toi, Perrette. Hélas ! répond-elle, l'enfant tète. Il prit cela pour content et en payement ; ce pendant le batail et manche instrumental se désenfla, et, comme dit un poëte :

Jacet exiguus cum ramice nervus,
Son petit nerf flétri se cache dans la raie.

Perrette, ne voulant perdre cette lippée franche, quelque peu de temps après poussa son Glaume : Hau! l'enfant ne tète plus. *Per diem*, répondit-il, *non arrigo amplius*, la vèse ne sonne plus, les petits s'en sont allés. Guillemin Colleaux et Jaquette Ollivaud sa femme n'en firent pas ainsi. Ils étoient à Saint-Laurent-des-Vignes, près Rennes, et tant bons laboureurs et ménagers, qu'en quatre ans qu'ils besognèrent à leurs pièces, ils eurent sept enfants. Ainsi le champ et la semence étoient fertiles, proportionnés, et leur tabulature bien accordante, si bien que ne les pouvant nourrir, à cause de leur pauvreté, firent vœu et promesse ne s'entre-toucher ne coucher ensemble jusques à quatre ans prochains, et ainsi furent par long espace en trèves de fesses, vivant ensemble fors pour le regard du lit, tant qu'il ne leur souvenoit plus de rien ; si la vache n'est tirée ordinairement elle se tarit, et ne rend plus de lait. Un matin qu'il pleuvoit, tonnoit, grêloit, tempêtoit, Guillemin allant au marché vendre un petit de fil, fut contraint s'en retourner à l'hôtel, mouillé, harassé et tout hallebrené[1], et pour sécher son biaut gallicelle, ou sequenie, ce m'est tout un, attisoit avec de petites bûchettes un ou deux charbons couverts de cendre, tremblotant et s'amoncelant en rond comme un peloton : Jaquette, sur sa couette[2] de balle, et bien à son aise, regardoit tout ce mystère, et son

---

[1] Défait, fatigué.
[2] Lit, couchette.

pauvre Guillemin tout morfondu, comme à la messe de minuit, souffloit et resouffloit, plus que ne fit oncques Colmon en ses fourneaux, *ubi nil invenerunt;* et en cette pitié lui dit qu'il se fût venu échauffer et, coucher près elle, en son chaudet, tandis que le mauvais temps passeroit, et le jour venu, elle iroit au bois de la Gailleule serrer quelque bois pour sécher ses draps. Guillemin prend cette condition, se fourre en l'orée de sa femme, se mussant[1] sous la couverture, et tandis elle le frottoit, couvroit et mignardoit ; mais, pourquoi le célerois-je ? le feu prit aux étoupes, et de là au fenil de sa femme, entre lesquels, sans avoir égard à leur contrat et promesses, comme faites contre bonnes mœurs, se dressa l'escarmouche si chaude, et les semences tant copieusement agencées, je ne veux ici accorder les médecins avec Aristote, que Jaquette en eut tout du long de l'aune, et enceinte de quatre beaux petits enfants garçons, qu'elle enfanta au bout de neuf mois, et qui furent baptisés avec toutes les allégresses et joies dont les paroissiens se purent aviser, chacun donnant et apportant des présents à ces illustres beluteurs et faiseurs d'enfants à la douzaine ; où fut vérifié ce que l'on dit, autant dépend chiche comme large. Comme va cela, dit Lupolde, que de si peu de chose, comme est le sperme et germe de l'homme, non plus gros qu'un petit pois, ainsi que tiennent les nouveaux médecins, se puisse produire tant de corps ensemble ? Cette question, dit Polygame, est vidée par notre Seigneur, parlant du grain jeté et pourri en terre, duquel en renaissent plusieurs autres, et d'un peu de levain faisant épaissir et enfler si grande masse et quantité de pâte, un presque rien de safran faisant jaunir deux ou trois pots d'eau chaude. Car quand la semence générative est bien purifiée, élabourée, et dirigée comme il appartient, il faut croire par nécessité que les hommes qui en sont bâtis et composés sont plus durs, forts, et leur vie beaucoup plus longue, que ces délicatement nourris. Et de fait, ceux qui en la procréation de leurs enfants y viennent ivres, crapuleux, foibles, courroucés, travaillés, et l'esprit empêché, n'engendreront que goutteux, graveleux, petits hommes, colères, corrosifs, imbéciles de corps, et sans jugement. C'est pourquoi l'antiquité a dit : *Gaudeant bene nati*, se réjouissent les bien nés. Me souvient avoir ouï raconter au feu seigneur de La Porte,

---

[1] Se cachant.

président en ce parlement, qu'étant conseiller, allant en commission, et passant au travers la forêt de Catellun, il vit un vieil homme ressemblant de quatre-vingts ans[1], pleurant sur le seuil d'une pauvre maisonnette, couverte de branches d'arbres entrelacées de genêts et bruyères, ayant une buie ou cruche sur sa tête, auquel il avoit fait demander par l'un de ses gens l'occasion d'ainsi se plaindre : lequel auroit répondu, que son père l'auroit battu. Sur quoi il seroit descendu de cheval et tous ceux de sa compagnie, pour voir ce père et l'accorder avec son fils, estimant être une bourde; et que sur tant seroit issu d'icelle maison un autre vieux prud'homme, âgé, par inspection et vue de sa personne, de beaucoup plus de cent ans, au demeurant fort et robuste : lequel interrogé, auroit confessé avoir battu ce gars illec, montrant le pleureur, qui fait le long[2], et ne se veut hâter aller quérir de l'eau à mon père, que voici au lit malade. Que lui et sa troupe entrés auroient trouvé un grand homme maigre et défait, couché sur des feuilles, lequel auroit répondu que c'étoit la première maladie qu'il eût eue en toute sa vie; son métier et à ses enfants être, faire des écuelles et cuillers de bois; n'avoir oncques vu aucun seigneur de Rohan, et ne savoir que la forêt fût sienne : bien avoit-il ouï parler du duc, sans autrement savoir que c'est : ne sauroit nombrer ne dater les ans, fors que pour sa vieillesse il avoit envoyé son fils, ayant bien lors soixante ans, porter de la vaisselle de bois en l'ost de Saint-Aubin-du-Cormier. La rencontre ou bataille fut en juin 1488, et pour lors étoit curé de sa paroisse dom Jame, sans le coter[3] ne signifier autrement : avoir vécu le plus de gâche d'avoine[4]. Et quand icelui président lui demanda si d'un gros et puissant arc, qui pendoit sur deux chevilles, il n'avoit pas quelquefois attrapé quelque sanglotin, le paillard montrant de grandes dents et souriant, avoir répondu que l'arc n'étoit que pour le défendre des loups qui bien souvent venoient hurler aux environs de sa maison. Si vous ne faites, dit Eutrapel, donner par ce seigneur président et ceux de sa compagnie quelque honnête pièce d'argent à ces pauvres vieillards, je m'en vais de ce pas leur en porter, tant ils me font une grande

---

[1] Paraissant âgé de quatre-vingts ans.
[2] Le paresseux.
[3] Désigner.
[4] Avoine délayée dans de l'eau.

pitié. Oui, oui, dit Polygame, ils en auront ; car tout à l'instant deux beaux écus leur furent laissés, et une fort bonne provision qu'il leur ordonna sur le recteur et paroissiens, avec une injonction au procureur fiscal de la juridiction, tenir la main à l'exécution d'icelle, et d'avertir son maître du beau trésor et joyau qu'il avoit en sa forêt, que par aventure prince de la chrétienté n'avoit de pareil. Lupolde dit lui souvenir d'un procès, où le seigneur féodal par force de déshérence [1] et biens vacants, avoit, et ses prédécesseurs avant, joui d'un héritage par un long temps, et que l'héritier empêchant icelle jouissance avoit produit pour témoin Olivier Macé de la paroisse de Channe, âgé de six-vingt-sept ans, par l'attestation même de Robin Toutfés, Jean Joulland, Jean Besenaye, le moindre d'iceux, âgé de quatre-vingts ans; et tel de cent dix ans, la déposition duquel commençoit, il y a cent ans : au moyen de laquelle l'héritier fut ressaisi et remis en son héritage. Eutrapel dit que le commencement de l'histoire Paole Jove [2], que tout étoit en paix, a été jà piéça jugé le plus beau front et magnifique rencontre de livre qui se puisse voir, si le demeurant étoit assez véritable. Les premiers quarante ans de ce vieillard Macé, continuoit Lupolde, furent employés au métier de couturier, et sonneur de flûte qu'il appeloit un coutre, sont ces flûtes qu'on fait à Croutèles, larges par le milieu, et à deux accords : il employa les autres quarante à plaider et tracasser, et fut un très-mauvais voisin et ergoteux : le reste, qui revenoit à bien cinquante ans, s'en alla en finesses et faux témoignages. Car qui lui eût demandé, s'il eût été présent à la trahison de Roncevaux, bataille d'Azincourt ou d'Auray, il eût franchi le saut hardiment, et dit qu'oui : tant il se tenoit sûr de ce qu'il y a trois sortes de gens qu'on ne peut démentir, les grands seigneurs, ceux qui ont fait longs voyages, et les vieillards. Si quelquefois il étoit pris sans vert [3], et en mensonge, il n'avoit autre défense, sinon qu'il étoit vieux et rêveur ; ce qui lui servoit aussi contre ces créditeurs [4], à qui il étoit obligé. Son dernier refuge étoit d'opposer et empêcher les bans de mariage, disant au curé, fût

---

[1] Droit qu'avaient les seigneurs hauts justiciers de recueillir la succession des personnes mortes sans héritiers.
[2] Cité page 237.
[3] Pris au dépourvu, à l'improviste.
[4] Créanciers.

ou ne fût, que les fiancés étoient parents, ce qu'il diroit en temps et lieu; mais ayant accordé avec lui, et la main garnie, il se dédisoit le dimanche après, et, depuis, qu'il avoit songé à sa conscience; qu'on passât outre pour tout lui, et qu'ils n'étoient plus parents. Mais quelque chose qu'il fût, si n'y avoit-il acte public en la paroisse, comme baptistaires, commères, noces, mortuaires et frairies [1], que sa portion ne lui fût gardée ou envoyée, suivant sa longue possession et prescription : ce qu'il n'eût pris par forme d'aumône, tant il étoit encore glorieux : les bonnes gens aussi, pour lui être presque tous parents et descendus de lui, et pour ne le fâcher, accordoient tout ce qu'il vouloit. Il n'est vieux, qui ne le pense être, dit Eutrapel : j'en connois qui sur le soixantième an sont en perpétuelle fièvre, jusques au soixante-troisième qu'on appelle ans climatériques, qu'ils croient, ignorants qu'ils sont, leur être mortels, où beaucoup d'eux, sous cette fausse persuasion païenne et nullement chrétienne, sont demeurés morts. *Petenti nunquam deest, la mort à qui la souhaite est sur son épaule;* nos jours sont comptés voirement, selon cette grande prévoyance de Dieu, qui sait et voit tout, mais il nous a élargi des moyens pour iceux entretenir longuement; même mis au rang d'un grand heur et félicité, le nombre long d'iceux. Les Septentrionaux, ainsi que disent leurs histoires, ce que rapportent aussi nos marchands de mer [2], vivent deux cents ans et plus, à cause de leur simplicité de vie, et sans délicatesse : les Saxons, Écossois et Anglois, plus approchant de nous, ayant travaillé sans cesse jusques à midi, ne feront meshuy que manger et banqueter ensemble. Et pour nous Occidentaux, et néanmoins tirant sur le froid et septentrion, nous est requis pour la conservation de l'humide radical, et allongement de vie, dormir longuement, et aussi user de laitages et de bon vin sans pas trop grand excès. Mais je suis en doute fort émerveillable, sans toutefois ne vouloir pas disputer, ni entrer en compétence avec notre Seigneur, qui est la cause de voir sur terre tant de méchants vieux et de grand âge. Or donc pour réponse, dit Polygame, qu'il pleut sur les justes et injustes, et aussi sur les bons et méchants également, or pour nous amener à une juste et fort bonne repentance de nos fautes. Et parce aussi que les

---

[1] Repas, festins.
[2] Marchands qui traversent les mers.

méchants, tant vieux sauroient-ils être, ils ne vivent pas, ains ainsi languissant en leur vie détestable et corrompue, mais ils meurent à petit feu ; et parce ainsi les bons contemplant incessamment les grands et émerveillables faits de Dieu, ils se rendent par leur sainte vie et fort bonne conversation compagnons des anges, avec lesquels, leurs esprits retirés des vanités de ce monde, ils commencent alors à ménager, et familiariser ensemble, passant de ce siècle en l'autre, sans bruit, sans peine ; délogeant d'une chambre mal dressée, pour entrer en la prochaine, triomphamment parée. Et verrions encore, si tout alloit bien, et qu'on fît revivre ces belles fondations, colléges et entretenements des anciens chevaliers et autres personnes cassées, reflorir ces vieux philosophes et saints personnages, lesquels vivant ensemble, après leurs prières à ce haut Dieu achevées, ne feroient que chanter, apprendre, ouïr, conter et discourir entre eux des sacro-saints et mystérieux ouvrages de sa majesté, apaisant par leurs dévotes oraisons son ire et indignation, lesquelles autrement issant d'un vilain et sale vaisseau de ceux qui tiennent ces belles places, l'irritent et courroucent davantage. Et de fait, si les anciens païens nourrissoient, comme disent Plutarque et Varro, les bœufs, chevaux et mules, du public, tant qu'ils pourroient vivre : pourquoi nos princes chrétiens, suivant le chemin de leurs devanciers, ne feront le semblable aux vieilles gens, qui ont bien vécu et profité en quelque chose à la république? mais ils sont morts.

## XXXIII.

### De la moquerie.

Polygame, qui distribuoit le plus de son plaisir aux honnêtes combats de ces deux parfaits amis, écoutoit Lupolde se plaignant des humeurs mélancoliques et fâcheuses dont Eutrapel, tout revêche et haut à la main, le recherchoit souvent, et plus encore de ce qu'à tout propos il se moquoit de lui ; pardonnant de bon cœur à ce qu'il pouvoit accuser ou défendre en leurs communs propos, encore qu'il y eût de l'aigreur, et qu'ils ne le quittassent pas aisément l'un à l'autre. Mais quelque chose qu'il y ait, disoit-il à Eutrapel, ne te moque point de moi : j'ai vu des moqueurs de toutes races et à tous carats, bu et négocié en tous bons ateliers avec eux ; mais enfin, se trouvoit quelque relâche, pause, et issue; sans, comme toi, ainsi se rompre d'un mouvement perpétuel. J'ai, disoit l'un de mes voisins, mille inventions de faire parler ma femme, mais pas une seule de la faire taire : ressemblant au moine de Saint-Melaine, qui bien savoit faire un moulin perpétuellement moulant, mais il ignoroit la science de l'arrêter. Eutrapel, en son vilain, pour avoir peut-être mal fait ses affaires à la ville, et grognant, dédaignoit si foible escarmouche, tournant à passades, et vire-voustant¹ près le bon homme, sans dire mot; mais apercevant sa légèreté fondre à la réflexion de réverbération de la dignité que la face de son Polygame représentoit, dont il se sentoit infiniment affoibli révoqua ailleurs ses esprits, conduisant sagement sa contenance au propos qu'il voyoit mettre au bureau. De même artifice sut Polygame crocheter et feindre n'avoir pris égard à ce en quoi Eutrapel se cuidoit découvert, dérobant peu à peu, d'un illustre et grave branlement de tête, sa vue dessus lui; proposant à Lupolde les conditions du discours commencé plus fortes, afin d'assurer cette crainte révérente, en laquelle Eutrapel étoit de bien longue main retenu et embarrassé. Non, non, seigneur Lupolde, vous n'êtes tel, si ne vouliez peindre l'intégrité d'Aristide, duquel l'on ne médit oncques, qu'on ne se puisse ou doive se moquer de vous, pour être tous vous autres enchaînés et garrottés en une certaine seigneurie, bien souvent imaginaire et fausse, par laquelle en votre privé² et à part vous, jugez, par certaines tranchées de saint Mathurin³, qui vous écorchent l'entendement, la jeunesse inexpérimentée et de nul savoir. Plutarque en Lucullus trouvoit le commandement aux jeunes d'avoir l'œil sur les fautes des vieux, pour après les accuser, subtil et finement pardonné, et où les bien clairvoyants n'eussent deviné la brèche. Car si nous sommes ministres et dispensateurs des lois, pour les rendre au peuple, à sa nécessité, sous l'autorité du souverain magistrat, acquérant, par une longue suite d'années, le rang aux superbes et ambitieuses places; ne se peut croire, d'autant que nous sommes tous hommes, c'est-à-dire, pécheurs, que nous ne soyons quelquefois points⁴ et aiguillonnés par mots

---

¹ Pirouettant.
² En votre particulier.
³ *Tranchées de saint Mathurin*, accès de folie.
⁴ Emus, touchés.

bien dits, sentences mieux rencontrées, et moqueries sagement couchées; jointes aux personnes, aux saisons, et qui servent beaucoup à la façon et rallement de notre vie : exceptant en ceci, une sorte de gens qui ont les mains longues; que si vous en dites bien, vous mentez, si mal, vous en repentez; mais non tous : ains en ont les plus sages empereurs premiers ri, de ce que l'on disoit contre eux, et qu'en une grande ville franche il convenoit aussi les paroles être libres ; et de même chassant aussi de bien loin ces moqueries piquantes, cousines de l'amour de nous-mêmes, de la jalousie et de l'envie, où nous voyons de grandes peines avoir été établies. Comme en *Genèse,* de Cham, qui se moqua de son père Noé, et auquel et à sa postérité, qui sont les gens du tiers-état, fut jeté une malédiction perpétuelle de servir à jamais les deux autres ordres de gens; les jeunes gens qui se moquèrent du prophète Élisée; et David juge celui être heureux, qui ne s'est point assis au banc des moqueurs. Car si ce jeune marchand, qui si vivement attacha et se moqua d'Octavius, des princes de son temps le meilleur, en eût autant dit à Néron ou Galba, son procès étoit fait. Ce pauvre gars vint à Rome pour trafiquer; Octavius, entendant qu'il lui ressembloit en tout et partout, le fit appeler, lui demandant si autrefois sa mère étoit venue à Rome ? Répondit que non, fort accortement, comme il étoit gaillard et aconché; trop bien son père y être diverses fois venu marchander. Ce fut à l'empereur dire qu'il en avoit d'une, et que trop enquerre n'est pas bon se restreindre, et songer que les grands, qui sont les premiers vus et écoutés, doivent regarder à ce qu'ils disent. Polygame poursuivoit, mais tirant une œillade obliquement, s'aperçut que Lupolde avoit secrètement pris Eutrapel à la cape; et le prévenant, comme il étoit prudent et réservé, lui en demanda l'occasion avec grande instance, ne l'épargner en rien. Je vous dirai, répond le sophiste : vous avez parlé de je ne sais quel accortement et aconché, mots que véritablement je n'entends point, et me pardonnez s'il vous plaît. Eutrapel connoissant la grande bonté de Polygame, pour n'être opiniâtre aux défenses de ce qui ne se peut soutenir, et moins fâché être vaincu par bonnes et concluantes raisons, fit excuse de sa liberté, d'être peu courtisan et respectueux en son endroit, et n'ait encore appris si cela est bien fait, changer et invertir les noms de notre pays, pour en aller emprunter ailleurs; et être notable signe d'être mauvais ménager, querir du feu chez ses voisins. Et de fait, les anciens mots et naturels des arts et sciences de ce pays, ont été chassés de leur autorité et siéges depuis quelques années, et, par un secret consentement du peuple, changés et transmués en certains vocables étrangers, qui n'apportent pas grand fruit, ains une inconstance et légèreté. Lupolde étoit avant-hier sur la lice [1] de Rennes, regardant les montres [2] de la ville, comme tous pique-papier et chiquanoux se trouvent volontiers aux endroits où vraisemblablement se font distribution de coups d'épée ou de poing, pour arracher les dents à quelqu'un ; et voyant une compagnie de gens de pied assez bien en ordre, dit que c'étoient de beaux piétons et aventuriers; mais il lui fut tout court répondu que c'étoit une brave fanterie : auquel fut de pareil intérêt répliqué, fantassins ou infanterie. Il continua, disant n'avoir oncques vu plus belles bandes ; où il lui fut dit que c'étoit escadres et régiments ; et pour avoir équivoquement pris tels mots l'un pour l'autre, savoir escardes et reillements, il fut presque en danger d'être bien frotté. Jugea semblablement que l'un d'iceux avoit une belle salade, un casquet, un bassinet, un cabasset [3] sur la tête ; à quoi par plus de neuf fut dit morion. Pécha encore plus lourdement, car d'un heaume, lui fut appris un armet, une bourguignotte [4], un accoutrement de tête ; pour le plumaïl [5], lui fut reproché pennache [6]; pour capitaine, queytaine ; coronal, collonel ou collumel [7] ; pour dizenier [8], caporal ; cinquantenier [9], cap d'escouade ; et en l'erreur, lanspessade, reussir grance, politese, traguet, une armée bien leste, et altese accoutrée d'un freon, et suivie d'un estramaçon, se trouvèrent aussi sur les rangs. Quand Pihourt, maçon de Rennes, monté sur sa jument, botté de foin, ceint sur sa grand' robe, et le chapeau bridé, allant à Châteaubriand pour l'édifice d'un beau château, ouït les grands ouvriers de toute la France illec mandés et assemblés, qui n'avoient autres mots en

[1] La place d'Armes.
[2] La revue des soldats.
[3] *Salade, casquet, bassinet, cabasset,* casques de diverses formes.
[4] Espèce de calotte de fer qui couvre les oreilles.
[5] Plumes, plumet.
[6] Panache.
[7] *Coronal, collonel* ou *collumel,* colonel.
[8] Officier qui commande dix hommes.
[9] Officier qui commande cinquante hommes.

bouche que frontispices, piédestals, obélisques, colonnes, chapiteaux frisés, cornices [1], soubassements, et desquels il n'avoit oncques ouï parler, il fut bien ébahi; et son rang venu de parler, attendant quelque brave dessein, leur dit, payant en monnoie de singe, être d'avis que le bâtiment fût fait en franche et bonne matière de piaison compétente, selon que l'œuvre le requéroit : s'étant retiré, fut de toute l'assemblée jugé pour un très-grand personnage, qu'il le falloit ouïr plus amplement sur cette profonde résolution; qu'ils ne pouvoient assez bien comprendre, et qu'il sauroit plus que son pain manger; mais le paillard, demeurant en sa victoire, se retira, disant ne se pouvoir achommer [2] davantage, et que les manches du grand bout de cohue ne pourroient aller de droit fil sans lui, et selon l'équipolation de ses hétéroclites. Ce qui les étonna encore plus, ne sachant qu'il disoit; et de là est venu ce sobriquet : *Résolu comme Pihourt en ses hétéroclites.* Polygame consentoit que nos anciens avoient mieux, mais non si rhétoriquement parlé que nous, et leur langage plus clair et entendible [3] : en vouloit croire tous les livres de la Table ronde, et des douze Pairs, la lecture desquels est plus douce, familière et coulante, que ne sont les livres de notre saison, voire de beaucoup plus. De ma part, je le crois ainsi, dit Eutrapel, mais nos nouveaux s'en moquent, disant être contes fabuleux; et d'y prendre appui, et les alléguer, comme auteurs de mise et bon aloi, être chose ridicule et de néant. D'être fabuleux, dit Polygame, je ne le puis croire; car en la Grand' Bretagne, maintenant Angleterre, pour y avoir les Saxons fait grandes conquêtes, et en la petite qui n'a point changé de nom, se voyent joints les vieux titres et pancartes, plusieurs sépulcres et tombeaux très-anciens, vieilles ruines ès forêts encore portant anciennes marques des lieux ordonnés pour le combat, fontaines, perrons étoffés de grandes pierres ou briques, qui passent bien plus loin que mille ou douze cents ans. Et ai vu un différent écrit en latin sur le doigt, appelé *Trépas*, qui est quand l'on passe sur la terre d'un seigneur, dont se paie le devoir, appelé coutume, uniformément semblables aux défenses que faisoient les chevaliers errants aux passants sur la terre d'autrui, à beaux coups de lance, et à peine de prison. Ce que le grand

---

[1] Corniches. — [2] Chômer, attendre.
[3] Intelligible.

roi François souffrit être fait en sa personne par les sergents et forestiers de la forêt Noire, depuis appelée Laumur, aujourd'hui de la Hunaudaye. S'ils objectent, pour la confirmation de leurs fables, que les romans ou livres faits touchant ce, sont trop approchant de notre langue d'aujourd'hui, pour prouver telle antiquité; je leur répondrai que le roi Charles-le-Quint les fit mettre et traduire au langage de sa saison, comme aussi il y fit traduire plusieurs livres latins. Et qui voudra voir la conférence des premiers vieux romans écrits à la main, dont s'en voit beaucoup à la librairie du roi et autres, où l'on ne peut presque rien entendre, avec iceux, ainsi faits agencer par icelui roi Charles [1], jugera aisément que les choses ont été sans fables. Si quelqu'un aussi se fondoit sur la non vérisimilitude [2] de tant d'aventures, enchantements, de la flûte d'un roi Oberon, tant de somptueux palais soudainement se perdant et évanouissant, et du cheval de Pacolet, qui est encore plus en çà, d'une Mélusine, de Merlin; je lui répondrai que le christianisme étant pour lors bien peu avancé aux contrées de par deçà, le diable avoit beau jeu à faire ses besognes, essayant, en tant qu'est en lui, nous empêcher et divertir du vrai service de Dieu, par ses moqueries et illusions; et, gagnant toujours pays, allant de pied en pied, a si bien fait cet esprit calomniateur, que d'éteindre, en ce qu'il a pu, le nom de notre Seigneur Jésus-Christ, et icelui obscurcir et cacher aux hommes: non qu'il craint le plus et la puissance à lui tellement redoutable, que là où l'Évangile est prêchée et reçue, le traître paillard n'a garde s'y trouver et faire des siennes, comme il fait aux lieux où l'on parle bien de Dieu, ainsi que font les Juifs et Mahométans, mais non de la Trinité et ce très-puissant Messie Jésus-Christ, son fils, par lequel seul nous avons accès à cette très-haute majesté de Dieu; et ne trouveront étranges telles badineries diaboliques et sorcelleries, ceux qui auront lu les histoires des pays septentrionaux et autres nouvellement trouvés, Saxo Grammaticus [3], Olaus le Grand [4], Spranger [5], Pol Grilland [6], et

---

[1] Ainsi traduits par l'ordre du roi Charles. — [2] Vraisemblance. — [3] Saxo Grammaticus, historien danois de la fin du douzième siècle. — [4] Olaus Magnus, auteur d'une histoire des peuples du Nord, imprimée à Rome en 1555. — [5] C'est peut-être Jacques Sprenger qui publia, avec Henr Institor, l'ouvrage intitulé: *Malleus Maleficarum, Maleficas et earum hæresim ut pluamea potentissima conterens.* — [6] Auteur d'un traité sur les hérétiques, les sorciers, etc., Lyon, 1536; in-8°.

surtout ce qu'en a dernièrement écrit ce très-docte Bodin [1], en sa
*Démonomanie.* Eutrapel dit lors n'avoir soutenu Lupolde, fors
pour montrer, suivant l'opinion d'Horace, que plusieurs choses
ensevelies revenoient et renaissoient après en leur première vigueur, s'assurant que d'huy à cent ans, je vous y convie, se
trouveront plusieurs Lupoldes, avec leurs braquemars ou coutelas, parlant de toutes langues un peu, et oubliant en telle
confusion la leur propre et maternelle; comme il s'en est trouvé
plusieurs de ce volume, et y en a encore assez. Je ne sais si tu te
penses moquer, dit Lupolde, mais de mon temps, les mots de
guerre n'étoient non plus étranges que les personnes, et tout
alloit bien, pour n'être service bien sûr et assuré que celui de sa
nation et sujets. Qu'on prenne de chacun clocher, dont il y en
a vingt-sept mille et quatre cents, prenant chacune ville pour une
cure ou clocher, en France, dix soldats : où sont les puissances,
tant voisines que lointaines, qui oseroient attendre la moitié de
cette tempête? Écoute, je te prie, deux points que j'ai vu le
passé entretenir, pour le sujet de ceci : le premier, que pour
commander se prenoit un seigneur de la nation où se faisoit la
levée des gens de guerre; car comme pourra un Messer connoître la race, vertu, dextérité et récompense d'un François,
qu'oncques il ne vit et ne sait qu'il est? Entre les polices violentes, il n'est rien si dangereux, soit à la justice, soit à la guerre,
que d'égaler les hommes, les faire tous compagnons, et autant
de cas des uns que des autres. Me souvient avoir autrefois ouï
dire aux bien vieux, que Talbot, gentil capitaine anglois, tenant
garnison en la Basse-Normandie, lors de la restitution du royaume de France, faite principalement par Artus de Bretagne, quelque envie qu'on porte à sa réputation, voyant en habit dissimulé
icelui seigneur, faisant montre de six cents hommes d'armes,
bretons, en la ville de Rennes, dit aux siens, retourné qu'il fut,
nous pouvons bien trousser bagage et faire notre dernière main,
puisque ces diables de Bretons illec s'en mêlent, conduits notamment par un de leurs princes naturels qui les reconnoît, leurs
maisons, leurs mérites, jusques au moindre, leur pendant [2],
d'une ingénieuse dextérité, l'honneur et gloire, par degrés et
mesures. En cela il fut prophète de son désastre; car au siége de
Châtillon, les François assaillis par cinq mille Anglois, commen-

---

[1] Cité page 189.
[2] Distribuant.

çoient à fuir, quand les seigneurs de la Hunaudaye et de Montauban, avec les compagnons bretons, survinrent, qui défirent les Anglois, et Talbot, leur chef, âgé de quatre-vingts ans, tué sur la place. Là n'étoient les capitaines du pot d'étain, de la corne de cerf, de la pie qui boit, de la croix verte, et autres enfants de ville, qui avec leur brave accoutrement et piaffe, ne se trouvent qu'aux voleries et lieux où ils sont les plus forts, étant naturellement couards, et qui ne valent rien qu'en compagnie, et sur leur avantage. Le second point, que ce chef et gouverneur ainsi institué et pourvu d'état, fût à la paix ou guerre, n'y entroit au rapport vain et flatteur des courtisans : ains par bonne enquête et information, d'autorité du prince, par ses pays et provinces, des capables et dignes de tels honneurs et charges. Et de fait, un poursuivant états fait déjà courir une opinion fort suspecte contre lui, qu'il le fait pour son profit particulier. Si faut-il, dit Eutrapel, demander à son prince, autrement il s'estimeroit dédaigné et méprisé. Serapio dit à Alexandre le Grand, qu'il ne lui jetoit point la balle comme aux autres ses compagnons : Non, répondit-il, car tu ne me la demandes pas. Cette réponse va bien loin; car tel estime être près de ces grandes personnes, qui en est fort éloigné, pour être compagnons tant qu'il leur plaît. Quand, dit Polygame, Lupolde dit que les offices ne se doivent demander, il entend, à mon avis, ces hauts états et charges, où le profit et l'honneur y sont grands, lesquels ne peuvent, en bonne conscience, où il faut rapporter ce que nous faisons et disons, compatir et demeurer ensemble. Combien que M. du Bellay en ses Mémoires, suivant les stoïques, ait dit celui avoir l'honneur d'une chose, qui en a le profit.

> . . . . . . . . . . . . Nec in unâ sede morantur
> Majestas et amor. . . . . .
> L'amour et la grandeur ne logent point ensemble.

Pour le regard des princes et grands seigneurs, s'il leur plaît quelquefois descendre un pas de leur dignité, et se rendre familiers, c'est lors que plus devons avoir l'œil au bois [1] pour se gouverner prudemment et nous tenir sur nos gardes. Antiochus, pour retourner à la moquerie, étoit prince autant débonnaire qu'on peut souhaiter; toutefois il fit pendre un pauvre captif en

---

[1] *Avoir l'œil au bois*, surveiller, avoir l'esprit attentif.

fort grand' colère, parce que le prisonnier, sur l'espérance certaine de sa vie, que les sergents lui proposoient, disant que, étant devant les yeux du prince, incontinent il seroit mis en pleine délivrance, répondit d'une mélancolique et rustique moquerie, qu'il seroit donc pendu et en mourroit; car, ajouta ce misérable logicien, il est borgne; donc impossible seroit me représenter devant ses yeux. Aussi fut-il par son col, car Antiochus portoit fort indignement une atteinte où ne se pouvoit donner ordre; d'autant qu'il est fort dangereux et défendu regarder et sourire sur choses qui ne se peuvent effacer, comme une imperfection et vice naturel, ou péchés de nos prédécesseurs; pardonnant en cela, si pardon y échet, les honnêtes jugements et moqueries qu'on peut faire sans offenser sur les petites et légères fautes des mœurs et de l'esprit, y conjoignant et entremêlant toute modestie. En quoi Platon fut plus philosophe et hardi quand il dit adieu et prit congé de Denis le Tyran, aux prisons duquel il avoit été longuement retenu. Eh bien, ce dit le roi tu diras bien du mal de moi, quand tu seras de retour en ton académie et école. Ma foi, répondit Platon, nous aurons autre chose à traiter que cela, et où il ne nous souviendra point de vous. Hiéron, qui après Gélon occupa Syracuse, cherchoit tous hommes libres, volontaires et gosseurs, conféroit, babilloit avec eux, leur permettant l'attaquer et lui dire tout franchement. Car par iceux, disoit-il, j'entends le fond de mes affaires, on ne me cèle rien; quand il se rencontre quelque bonne ou mauvaise expédition de guerre, on me la dit rondement, sans y apporter faux et controuvés mérites, ou choses qui affoiblissent les fautes de mes capitaines, me pouvant assurer de ce que en vérité, sans fard et sans menteries s'est exploité. Ce qui meut Démorates, sur ce qu'on lui fit entendre que Brontes, l'un de ses gentilshommes, mal parloit de lui, et la tête levée, à dire que les princes devoient être assistés et accompagnés de sages et grands moqueurs, et non de ces flatteurs qui vont genouillant, idolâtrant et bonnetant à l'entour d'eux; insinuant seulement et faisant valoir les voluptés et plaisirs présents, pour déguiser la vérité en mensonge. Ainsi que l'on dit d'une maison mal réglée et ordonnée, où le maître d'icelle est le dernier qui en sait des nouvelles. En mêmes termes, l'empereur Tiberius refusa plat une ordonnance que son conseil lui présenta, afin d'être informé en général et particulier contre ceux qui se moquoient et médisoient de lui, disant qu'en ces articles y auroit tant de procès, que difficilement pourroit-on bien entendre et passer outre aux affaires de conséquence. Qu'il plaise aux dieux, disoit ce prince païen, restreindre le parler des hommes par la bonne justice et traitement que je leur dois, et suis obligé faire. Peu auparavant Antoine, surnommé Triumvir, ayant trechargé les Grecs et Asiatiques d'un gros et nouveau tribut, le révoqua par une simple, mais docte et mieux choisie moquerie, pour retenir les oppressions et forces d'un prince violent. Sire, lui dit Hibréas, avocat des députés, puisqu'il vous plaît asseoir en un même an deux impositions et tailles, faites que nous ayons en un an deux hivers, printemps, étés et automnes, pour recueillir double revenu, et lors sera par nous avisé à vous contenter et obéir; vous suppliant de savoir curieusement en quels emplois ont passé tant de finances, qu'à très-grands travaux nous vous avons fournies en cet an, devant qui et quels juges on vous a rendu compte. Antoine, de vif et chatouilleux esprit, se voyant pris et enveloppé en telles et raisonnables remontrances, fit surseoir la levée des deniers, et depuis entendit de près au fait de ses finances, où il trouva de lourdes et extrêmes pilleries et péculats; et de là en avant, pour ne perdre rien, faire le bon ménager et ne se voir moqué, lui-même contrôloit l'état de sa maison et affaire, du larcin desquels ses trésoriers s'étoient enivrés, et en derrière se moquoient de lui. François, second du nom, duc de Bretagne, aima mieux vendre ses riches meubles, engager son domaine, et emprunter aux bonnes bourses, que poursuivre l'exécution d'une gabelle par lui mise sus, même du consentement de ses états, par une rencontre qu'il estima à moquerie, et qui toutefois pénétra bien avant sa conscience, car jà étoient officiers établis, départements et contributions dressées, quand, sur le chemin de Rennes, il demanda à un bien pauvre homme, comme il aimoit à deviser avec les bonnes gens, où il alloit : Monsieur, répondit-il, sans autrement le connoître, je m'en vais à la ville me défaire de ces deux bêtes pour payer le duc; l'une, montrant sa femme en soupirant, pour mettre en service, et l'autre, c'étoit son coq, pour vendre. Et de notre temps, s'est vu l'un des plus grands seigneurs de l'Europe qui acheta une escarboucle soixante mille écus pour donner à certaine personne. L'un de ses gentilshommes entreprit lui montrer, par un trait de maître et brave moquerie, l'importance d'un tel achat, et ce faisant, le fit passer par une chambre où étoit en monnoie icelle somme comptée et éparse à grands monceaux, tout à fait et exprès. Comment, disoit le prince, cette chambre n'est lieu de mes finances? Non, répondit le gentilhomme, mais c'est l'argent de votre bahuc [1] qu'on veut ici nombrer au marchand. Le roi, se sentant piqué et atteint au vif, ne dit rien, sinon qu'on connut bien à sa contenance que si c'eût été à refaire, il n'eût pas, à l'appétit d'une bête coiffée, fait un tel contrat; mais puisqu'il y alloit de sa parole, il le falloit entretenir. Depuis il fut si bon menager, combien qu'il eût fait et soutenu guerres très-grandes, aucunes fois gagnant, autres fois perdant, que lors de son décès il fut trouvé en son épargne deux millions d'écus, et sa maison bien ordonnée. Voulez-vous, dit Eutrapel, une moquerie qui rendit un évêque de ce royaume, théologien pratique et expérimenté plus en demi-heure que s'il eût prêché cinq carêmes sans discontinuation et d'arrache-pied? Cet homme de bien ne craignoit pas seulement la mort; mais aussi se courrouçoit et passionnoit aigrement d'ouïr dire un tel est mort, et falloit que ses serviteurs disent il est malade, mais il se porte bien. Il étoit sur son retour de la cour, se rafraîchissant en un sien château, distant une petite lieue de la ville où étoit son principal siége; Brusquet, reconnu homme de singulier esprit, courant la poste, s'avisa élargir et prêter de sa philosophie à ce prélat. Et, descendu au château, fait la révérence, goûte le vin, et conte en peu de mots ce qui s'étoit passé en cour depuis son retour; remercie humblement sa seigneurie ne pouvoir meshui demeurer avec lui, pour avoir le soir à négocier en la ville, priant le maître d'hôtel l'accommoder d'une lettre adressante au juge pour lui fournir chevaux frais. Ce qu'étant fait, Brusquet y changea et l'adresse et le langage, contrefaisant le seing de monsieur le maître, qui étoit aisé à faire pour être les lettres longues et gothiques, afin, dit Érasme, se moquant aussi, que la noblesse usant de tels longs caractères, soit vue ignorer les sciences et disciplines, comme chose non à elle convenable. Et arrivé qu'il fut à la ville, présenta ses lettres contrefaites au grand vicaire, lequel, bien étonné, lut comme monsieur, par un désastre d'avoir été harrassé [2] en sa litière, sur les chemins ou autrement, ve-

---

[1] Coffre.
[2] Incommodé.

noit à l'heure présente de trépasser d'une apoplexie, sans pouvoir, ainsi que toujours il avoit souhaité, mourir avec ses bons et dévots diocésains. Et d'autant qu'il représentoit le chef de l'Église, étoit fort raisonnable, aussi qu'il en étoit prié par tous les serviteurs de la maison, venir au lendemain de grand matin avec son clergé en ordre, et cérémonies pertinentes, querir le corps de leur bon maître. Soudain le bruit épars en la ville, cloches de tonner, chapitre de capituler, déployer bannières, peintres aux écussons et armoiries, menuisiers à la chapelle ardente, allumer torches, vêtir de faux pauvres, accoutrer parfums, noircir églises, tendre la bière et cercueil épiscopal; et Brusquet de rire et piquer par ces belles garigues de Provence. Et en cet équipage arriva la pompe funèbre et mortuaire sur les quatre heures du matin, au lieu où monsieur l'évêque dormoit à gogo et en toutes voluptés. Lequel éveillé en sursaut, et oyant chanter si dolentement à pauses entrecoupées *In exitu Israel de Ægypto*, appela tous ses gens et autres prétendants droit et intérêt, pour le secourir : se voua et donna à tout ce qu'il put de voyages, tant deçà que delà les monts, s'il en pouvoit réchapper. Puis, courbé et tremblant, vit par un treillis, au préjudice de ses vieilles persuasions et desseins, cette troupe et compagnie noire renforcer de litanies graves, hymnes désolés et tristes élégies, qui si bien résolurent et abattirent ses esprits, que l'évêché étoit vacant, n'eût été en l'instant le jeu découvert. Par ma conscience, dit Polygame, puisqu'il ne se pouvoit assurer de la mort, il devoit visiter les malades, et aussi leur subvenir et aider des biens qu'il occupe pour cet effet, et hanter les morts comme faisoit Diomède à ses chevaux, les ensevelir et assister à leurs enterrages [1], qui sont les actes et offices d'un vrai évêque. Une autre moquerie, dit Eutrapel, et autant expresse que la dernière, vrai qu'elle est vieille, mais elle fait notable conséquence au caquet des femmes. Ce conte est sans ennui. Plutarque, aux livres du babil, dit qu'un jour, voire deux, au sénat de Rome, ils demeurèrent plus tard qu'ils n'avoient de coutume pour délibérer une difficulté à fer émoulu et de grand poids. La femme d'un sénateur, bonne et honnête femme, femme toutefois, importunément sollicita son mari sur l'occasion de tel et non accoutumé retardement, y ajoutant les mignardises dont une femme sou-

[1] Enterrements.

cieuse sait paître la gravité d'un sage mari, lequel étant assez instruit de quel bois se chauffe tel animant, ne lui voulant communiquer chose qui importât tant peu fût, la contenta et paya en monnoie de femme, la faisant, avant toutes choses, jurer sa foi et conscience qu'elle ne révéleroit à personne vivant, cela qu'elle poursuivoit tant honnêtement, et de quoi, pour dire vrai, il se sentoit gracieusement vaincu. Les promesses d'une et autre part conclues, les stipulations mieux arrêtées, je le vous dirai, travailloit le sénateur, mais vous entendez. Ha! monsieur, répondit la bonne personne, à votre femme, mananda j'aimerois mieux, hoon! Eh bien donc, lui dit-il en l'oreille, encore qu'ils fussent seuls, l'on a vu cette nuit une caille ayant le morion en tête et la pique aux pieds, volant sur cette ville; aux conjectures duquel présage les augures et devinateurs sont après et fort empêchés à savoir et consulter que c'est; et de notre part nous en attendons l'issue; mais st, et bon bec. Ce disant et l'ayant baisée, se retira en son cabinet, attendant l'heure prochaine d'aller au Palais. Il ne lui eut sitôt tourné le dos, que cette diablesse, guignant et épiant s'il étoit point aux écoutes, comme ordinairement elles sont en perpétuelle fièvre et soupçon, qu'elle ne s'écriât à la prochaine qu'elle rencontra : M'amie, nous sommes tous perdus, on a vu cent cailles passant armées sur la ville, qui faisoient le diantre; mais mot. De là elle voisina tant, caqueta tellement avec la multiplication et force que les nouvelles acquièrent de main en main, qu'en moins de rien les rues furent remplies, jusques aux oreilles des sénateurs, de plus de vingt mille cailles. De sorte que ce Romain étant au sénat, leur leva et ôta la peine où jà ils étoient, leur faisant entendre, non sans rire, le moyen promptement inventé pour avoir la raison et tromper la sapience de sa femme. Qui fut une moquerie si dignement couverte, que femme, haut à la main et rebrassée qu'elle fût, ne s'avança désormais s'enquérir des affaires communes et publiques. *Moquatores*, dit Lupolde, *moquabuntur*, les moqueurs sont toujours moqués : n'y comprenant ceux qui dextrement et gaillardement savent d'une ruade sèche, et néanmoins sans piquer n'offenser, dire le mot joyeux et pour rire. Je vis, aux bonnes chères qu'on dressa à l'empereur Charles-le-Quint[1], passant la France l'an 1539, sous la courtoisie et magnanime bonté du grand

---

[1] Aux repas somptueux qu'on offrit à l'empereur Charles-Quint.

roi François, sans la mémoire et sans se souvenir des traverses qu'il avoit attachées à ses terres, une contre-moquerie, ainsi faut-il appeler, et qui fit honte et perdre les arçons aux étrangers qui jà butinoient et départoient entre eux l'honneur qu'ils disoient avoir conquis sur nous autres François, au jet de la pierre de faix, commun expériment [1] de la force du corps. Le commencement fut de cinq ou six Suisses de la garde du roi, qui, bien ivres, sur le soir, jetoient et ruoient un grand quartier de tuffeau, sur le quai du Louvre, à Paris; auxquels s'adjoignirent incontinent multitude d'étrangers, qui n'étoient pas des pires et moindres de leurs provinces, comme les princes sont coutumièrement accompagnés du plus beau et du meilleur: aussi se trouvèrent grand nombre de François, comme à Paris il ne faut qu'un regardeur pour amuser le reste. Ce peuple, ainsi amassé jusques au nombre de trois à quatre mille, sut tant dextrement s'ouvrir et éclaircir, qu'on voyoit aisément les mieux, les plus adroits et plus forts bras de ces jeteurs de pierres. Le prix et honneur de laquelle demeuroit aux étrangers, quelques efforts que fissent les nôtres, et sollicitations qu'ils pussent faire à trouver gens pour ne se laisser ainsi sur le fumier, ravir des poings la victoire de ce pesant fardeau, ce qui même déplut couvertement [2] à plusieurs grands personnages là présents. Tandis, trois de mes compagnons bas-bretons et moi, revenant du Croissant, rue Saint-Honoré, boire avec Cornillet de Pleumeloue notre messager, passâmes par cette grande assemblée, nous fourrant pêle-mêle comme est la coutume des écoliers, et regardant qui en avoit du meilleur. Où par un Allemand fut présentée la pierre à Tharngen, l'un des nôtres, qui s'avançoit un peu sur les rangs, disant icelui Allemand, lui pensant faire honte et se moquer de lui, eût à se serrer, ou se mettre en jeu, lui montrant la pierre et l'outil de quoi on besognoit. Le Breton ému, car le sang de cette nation meurt plutôt que fléchir et ployer sous une audacieuse et superbe risée, happe et prend la pierre, la tourne sur les carrés pour mieux assurer sa prise, et, la branlant de vive roideur, passa d'un grand demi-pied le coup qui se faisoit tant chercher. En quoi nos François, qui plus ne servoient qu'à marquer et dire le coup est franchi, juger la force des bras, repri-

---

[1] Épreuve.
[2] Intérieurement.

rent leur beau teint. Lors Suisses après Allemands se détacher, Anglois de mesurer quants pas[1] il y avoit, car la force des autres nations gît en leur cervelle, le plaisir fut de les voir comploter et se liguer contre ce gentilhomme, et encore plus le voir envelopper de robes fourrées, le caresser et appeler restaurateur de l'honneur parisien bien engagé. Mais pour lever toute opinion qu'il ne fût seul, se virent en l'instant ses deux compagnons en pourpoint pour le seconder, l'un desquels, me semble, appelé Victor Callot, outrepassa les marques dernières d'autre demi-pied. Ce fut lors aux vaincus se retirer et dérober de la presse les uns après les autres, se cachant et se faisant apporter, tout honteux, leurs hardes par leurs laquais, jusques à laisser la place vide, sans pouvoir dire quel chemin ils avoient pris. Le soir venu, comme on rapportoit tel exploit au souper du roi, le seigneur du Lattay, brave et vaillant capitaine, lieutenant de la compagnie d'hommes d'armes de monsieur de Rohan, pour faire épaule et soutenir sa nation, dit : Sire, il y a trois choses signalées et remarquables en votre Bretagne, et qui, par aventure, ne sont ailleurs en la chrétienté : car là sont les plus forts hommes, les plus forts chiens, et plus forts vins qu'on puisse voir. Pour le regard des hommes et lévriers de Bretagne, il en est quelque chose, dit le roi ; mais des vins, je ne le puis entendre, pour être les plus âpres et verts de mon royaume ; témoin le chien de Ruzé, l'un de mes conseillers audit pays, lequel, pour avoir mangé une grappe de raisin breton près Rennes, aboya le cep de vigne, comme protestant se venger de telle aigreur qui jà commençoit lui brouiller le ventre. Cela est de mon compte, dit Lattay, car, par le grand Dieu d'Israël, c'étoit son serment, si un pot de vin est sur dix du meilleur de France, si sera-t-il toujours reconnu le maître et pour tel qu'il est. Ce bon et grand prince dit que le capitaine Lattay avoit toujours quelque bon mot pour rire. Au demeurant, qu'il aimoit uniquement sa Bretagne, pour en être descendu d'un côté, car sa grand'mère étoit fille de Rieux, aussi qu'il avoit épousé dame Claude de France, fille du bon roi Louis douzième, et d'Anne de Bretagne, dernière duchesse et princesse dudit pays ; lequel depuis, en l'an 1533, à la grande prière et requête des gens de trois états d'icelui, fut joint, uni et incorporé perpétuellement et inséparablement à la couronne de France,

---

[1] Combien de pas.

comme étant l'une des plus hautes et puissantes ailes d'icelle. Retenant par son antiquité le vrai original de la langue gauloise; car les François étoient encore bien avant eu Allemagne, sous la religion païenne, que plus de cent ans auparavant y avoit rois chrétiens en Bretagne, usant de ce titre souverain et monarchique : *Par la grâce de Dieu*; comme ne reconnoissant autre que Dieu et l'épée. Il s'est néanmoins trouvé des écrivains disant la Bretagne être l'ancien hommage de France, prenant ce fondement de Grégoire de Tours, auteur inconstant, pour ailleurs assurer le contraire. Ce que même Sigisbert[1], et Vincent[2], en son *Miroir historial*, ont écrit n'avoir onc été. Le contrat de la submission d'icelui pays à la couronne de France, l'an 1236, par Pierre de Dreux, surnommé Mauclerc, parce qu'il disposoit du bien de sa femme sans le décret et autorité des états du pays, porte en terme exprès « Qu'aucun prince d'icelle terre n'avoit onc avant lui fait tel hommage. » Les fiscaux, ce dit du Moulin[3] aux *Commentaires de Gallus*, le veulent nier, mais icelui contrat que nous avons, le porte expressément : vrai que pour mettre un doute ils ont ajouté : *Prout notorié dicebatur*; mais tels mots ne sont en l'original. Et de fait, cette submission est un hommage simple, n'emportant aucune fausseté ou licence. Car, comme dit Campegius[4], quand le roi Charles huitième promet au Pape qu'il lui prêtera toute obéissance personnelle, ne l'offensera en chose que ce soit, et que si aucun lui fait injure, sera tenu le défendre : ce n'est qu'hommage d'alliance et amitié, non servitude de fief, lequel est exclu et éteint par ces mots : *Par la grâce de Dieu*, qui ne furent onc querellés[5] aux princes de ce pays, fors par le roi Loys onzième, qui n'y profita rien. Et font tort au roi ceux qui soutiennent le contraire, la grandeur duquel est d'avoir en sa maison de puissantes et souveraines couronnes adjointes et annexées à la sienne. Conclusion, dit Eutrapel, sans cette moquerie, les hommes n'eussent onc civilisé ni arraché du profond de

---

[1] Sigebert de Gemblours, qui mourut dans les premières années du douzième siècle.

[2] Vincent de Beauvais, savant dominicain du treizième siècle, auteur du *Speculum historiale*, etc.

[3] Déjà cité page 188.

[4] Symphorien Champier, laborieux écrivain, médecin de Charles VIII et de Louis XII.

[5] Contestés.

leur grosse et lourde nourriture. Dante, poëte italien, se moque du pape Martin, et Paul Jove d'Adrian ; parce que celui-ci préférait le merlus, et l'autre les anguilles de je ne sais quel lac à tous autres poissons. Ces mots Fainéant Proconyme ou Chic en fons, le Court, Grisegonnelle, Barbe torte, Mauclerc, Gippon, et grand nombre d'autres, ne sont qu'adjectifs moqueurs attachés au nom des princes ; l'Allemand se vante passer sur le ventre à six Espagnols, lesquels de leur part se font forts de l'apprentissage de guerre à toute l'Europe ; l'Italien, haussant les épaules, nie tout cela, qu'il est le premier en tout et partout. Mais l'Anglois, à tout sa fortification naturelle, duquel on dit : cruel maître, traître compagnon, et déloyal serviteur, l'appelle subtil couard. Les sciences mêmes et docteurs d'icelles se moquent les uns des autres, qu'ils appellent vespériser ; de façon que pour faire un bon prêcheur, il faut qu'il ait été solennellement déclaré moqueur compétent. Témoin un bon compagnon jacobin, qui, ce carême dernier, fit que les femmes ayant fait une taille[1] par entre elles à lui fournir je ne sais quantes douzaines de chemises et mouchoirs, pour tancer et rebrouer leurs maris, furent en fin moqués de lui, pour avoir les maris prévenu et été au devant par un bon habit qu'ils lui donnèrent avec les collations de même ; car le jour qu'il devoit faire merveille, il dit s'être informé secrètement sur les plaintes que les hommes et femmes de la paroisse lui avoient faites de chaque part ; mais que, tout considéré, il trouvoit qu'ils avoient tort et droit, et que l'année suivante il leur en diroit son avis. Et ainsi, sans coup férir, il eut d'un sac deux moutures, comme l'on dit de Marcus Crassus, qui consultoit des deux côtés. Et les avocats ne se moquent-ils de leurs parties, quand, criaillant ainsi en colère pour elles, ils vont de là banqueter ensemble ?

   Et certare solent, simul cœnare Patroni,

  Avocats se querellent, et puis vont boire ensemble.

Mais surtout les juges triomphent à se moquer honnêtement, concluant les difficultés et procès en arrêts contraires, à corriger et être corrigés, à réformer et être réformés.

[1] Une collecte.

## XXXIV.

### Épître de Polygame à un gentilhomme contre les athées et ceux qui vivent sans Dieu.

Vous me récrivez que je vous aide à soutenir la fureur des questions et alarmes que vous présentent et font certains vos voisins s'embrouillant et confondant parmi la nature, lui attribuant le cours, l'état et la conduite de toutes choses, ne faisant cas de la religion, sinon en tant qu'elle retient le simple peuple en obéissance : méconnoissant Dieu, le seul moteur, et qui fait tourner et subsister cette machine ronde : et son messias Jésus-Christ, qui est sa parole éternelle, avec son saint Esprit, représentés sous cet admirable nom de trois : Où je n'ai voulu faillir vous dresser ces petits avertissements, au mieux que j'ai pu, avec infinis regrets qu'un sujet de telle et si grande importance n'est manié et conduit d'une main plus dextre que la mienne, comme d'un Mornay, qui a sur cet argument fait le plus beau et docte livre qui ait oncques été peut-être imprimé en la chrétienté[1], et où l'athée ou sans Dieu, le juif, ethnique[2], et le mahométan trouveront qu'ils n'ont que tenir, et leur faut faire joug à ce très-puissant et très-haut nom de messias Jésus-Christ, lequel par l'artifice de Satan ils ont rejeté, et fait semblant ne le connoître. Toutefois, me sentant poussé des deux plus extrêmes moyens qui doivent entrevenir, et être conjoints aux recherches et poursuite de l'Écriture sainte, qui sont la crainte de Dieu et la connoissance de la foiblesse de l'entendement humain; je maintiens, comme disoit Cicéron, n'y avoir homme tant égaré et dépourvu de jugement commun, lorsqu'il regarde et contemple cette voûte et bâtiment des cieux, l'ordre et le chemin que le soleil tient, et fait tout alentour, tous les jours, en vingt et quatre heures; la lune, l'autre et second grand luminaire, qui nous apparoît de quinze en quinze jours, avec divers effets; l'an séparé en quatre saisons différentes; qui n'appréhende et juge quand et quand y avoir une cause et essence première, qui a composé cet ouvrage admirable, le conduisant et faisant tourner

---

[1] L'ouvrage désigné ici est le *Traité de la vérité de la religion chrétienne*. Anvers, 1580, in-8°.

[2] Païen, gentil.

par espaces, heures, temps, mouvements certains et arrêtés ; comme il est aisé juger et se rendre certain et assuré que la charrette chargée qui roule et chemine, a un charretier et conducteur qui remue tout cet attirail de sa seule parole et voix sur les chevaux, appelés les secondes causes qui le font aller et mouvoir. Cette chose ainsi première est appelée tant par les saintes Bibles qu'anciens auteurs païens et profanes, Dieu, la sagesse, grandeur, bonté, justice et état duquel ne se peut dire ou représenter par les opinions et fantaisies des hommes, fors en tant qu'il lui a plu nous en montrer par sa parole : laquelle de tout temps a été, est et sera à jamais appelée Jésus-Christ. Et ainsi étant tout parfait, après avoir bâti ce terrible instrument et machine ronde, ordonné et disposé les éléments de certaines et infaillibles proportions mesurées, voulut aussi y établir l'homme comme une créature, laquelle entre les autres eût connoissance de son créateur et de ses commandements : avec marques et signes corporels, qui lui furent quand et quand ordonnés, pour mieux approuver[1] son obéissance. Les signes furent les arbres du paradis terrestre, au fruit desquels gisoit la science du bien ou mal : et partant étoit à Adam, le premier homme, acquise vie et béatitude éternelle en gardant les fruits sacrés, qui lui avoient été baillés pour le confirmer en obéissance, et qu'il n'entreprît rien par-dessus le commandement à lui fait. Contrevenant à quoi, et abusant des signes extérieurs, qui étoit d'icelui fruit manger, comme il fit par la consultation[2] du diable, lui étoit dénoncé mort et condamnation éternelle et à jamais, où il encourut et tombe misérablement ensemble sa postérité : Dieu en cela, faisant et prononçant telle sentence, distribuoit justice telle qu'il avoit dit : et d'autre côté promettant envoyer son messie Jésus-Christ pour satisfaire à sa justice, faisoit grâce et miséricorde pour la rédemption future et rémission des péchés, contre cette horrible condamnation et jugement. Voilà comme tout d'un coup sont issus la justice du souverain, et soudain un pardon miséricordieux. Car incontinent il veut que Satan, par le conseil duquel sa créature tant aimée avoit forfait, auroit la tête brisée par la semence de la femme, vrai intersigne et signification de Jésus-Christ à venir : la foi et espérance duquel il faut appréhender

---

[1] Éprouver.
[2] Conseil.

nument et simplement, sans nous entortiller en tant de faux et trompeux discours, forgés en notre cerveau, jà prévenu et occupé par la malice du diable qui essaie à toute heure nous retirer hors le troupeau et Église de Dieu: nous faisant en longues et curieuses demandes, pourquoi il permettoit la chute et péché d'Adam, et autres, lesquelles il faut réserver à l'inscrutable[1] conseil et providence de sa majesté : comme très-bien l'a dit saint Paul, et après saint Augustin; et se contenter que cette dispute de prédestination implique en soi et nourrit plusieurs contradictions, lesquelles bien prises et entendues, ne le sont aucunement. Comme si quelqu'un disoit, puisqu'il est prédestiné que je dois avoir des enfants, je n'ai que faire me marier. Ce qui est néanmoins très-faux et contre l'ordre établi en cette nature, qui est Dieu : lequel n'est jamais contraire à soi, *et cujus centrum est ubique, circumferentia verò nusquam;* ce seroit confondre la justice avec l'injustice, le bon au mauvais, la liberté à la servitude, et l'obéissance avec la désobéissance, le chaud au froid, le blanc au noir : qui néanmoins soutiennent le cours et ordonnance invariable de cet univers. Captivons donc à bon escient, et mettons en prison ces hautes et profondes, mais bien lourdes et sottes cogitations[2] et disputes, demeurant sous l'enseigne de la foi et espérance promise par le moyen de notre sauveur et seigneur Jésus-Christ : hors lequel nous sommes perdus, jà déclarés acquis et confisqués à Satan, notre ennemi perpétuel. Lorsque ce bon empereur Constantin fit amasser tant d'hommes de savoir au concile de Nicée, plusieurs philosophes faisant merveilles de disputer s'y trouvèrent aussi. L'un desquels, et le plus babillard étonnoit les assistants par ses fins et cauteleux arguments touchant les effets et productions de nature : jusques à faire perdre la parole à plusieurs grands personnages chrétiens. Ce que voyant un bon vieillard, qui oncques n'avoit étudié, se présenta devant ce philsophe, disant : « Ecoute au nom de Jésus-Christ, il y a un Dieu qui a fait le ciel et la terre, et toutes choses qu'on peut voir et qu'on ne peut voir, le tout par sa parole et par la confirmation de son saint Esprit. Cette parole, appelée le fils de Dieu, ayant pitié du genre et condition des hommes, lesquels vivoient en infinis erreurs, voulut naître

---

[1] Mystérieux, impénétrable.
[2] Pensées.

d'une femme, demeurer en ce monde, souffrir mort pour nous racheter de la prison où Adam, notre premier père, nous avoit, par sa désobéissance, consignés, et retournera pour juger ce que chacun aura fait en sa vie : ainsi nous croyons très-fermement cela, demeurant en cette foi et assurance, sans en disputer, ni entrer en autres questions, qui surpassent de trop loin nos pauvres, quant à ce, et misérables entendements. A ce moyen, ne te travaille pour néant chercher par démonstrations et apparences naturelles, comme ceci ou cela est possible ou autrement. En quoi il ne faut apporter que la nue et simple foi : car Jésus-Christ, et ses apôtres après lui, nous ont enseigné laisser tels langages curieux et superflus, comme est la philosophie, étant leur parler net et pur, laquelle il faut garder en croyant en l'Evangile, et faisant les œuvres contenus en icelui. Dis-moi, crois-tu cela? Oui, répond le philosophe, touché et atteint de cette vive voix : confessant que ta parole m'a vaincu. Et dit l'histoire ecclésiastique qu'il amena ses autres compagnons philosophes à la connoissance et profession de l'Evangile : tant a de poids et vaut la parole d'un homme de bien, et principalement quand il s'agit des points et articles de la religion : où les chicaneries, sophisteries et prudences humaines sont froides, superflues et sans réplique. Reste donc montrer par grands et amples témoignages des Écritures, comme toutes les actions de Jésus-Christ, et ce qu'il a fait en ce bas monde, lorsque de sa présence il l'a voulu honorer, et tout ce qui est écrit de lui aux sacrés-saints Evangiles, est peint au vif et désigné en la sainte Bible. De laquelle, comme dit élégamment Justin, vos Hésiode, Démocrite, Platon et Pythagoras, ont puisé et appris leur philosophie et connoissance de plus haut, mais couverts et bandés d'un gros voile, ainsi que dit Tatianus[1]. Donc par cette grande disposition et providence incompréhensible et sans mesure de Dieu, laquelle fait trembler toutes intelligences humaines, fut dit et écrit en *Genèse :* « Le sceptre ne sera point ôté de Juda, ne le législateur d'entre ses pieds, jusqu'à ce que Sillo vienne, et à lui s'assembleront les peuples. » Ce mot *Sillo* est interprété entre les Hébreux, *son fils ;* entre les Chaldéens, *Messias ;* entre les Grecs, *celui qui doit être envoyé.* Or, il est très-certain, comme attestent Josephe et Eutropius, que lorsque Jésus-Christ fut ma-

---

[1] Déjà cité page 276.

nifesté aux hommes, et au même temps qu'il habitoit avec eux, le sceptre étoit bien ôté de Juda, quand les Juifs étoient tributaires et sous la puissance des tyrans de Rome, le pays de Judée et la Syrie joints et assemblés en un corps et province : les sacrificateurs et prêtres étoient commis et députés par les proconsuls et magistrats romains, à servir un an seulement, combien que par la loi mosaïque ils fussent perpétuels. Bref, l'état des Juifs transféré ailleurs, et en tout et partout désordonné et confondu : et au lieu de la loi et cérémonies, supplanté le règne de grâce et miséricorde : et les tourbes[1] du peuple enseignées par Jésus-Christ, qui fut inconnu aux prêtres comme Messias : suivant la prophétie d'Isaïe : « Le bœuf a connu son maître et l'âne sa crèche, mais Israël ne m'a point connu. » Estimant que le règne du Messie fût guerrier et temporel. Au moyen de laquelle ignorance, eux qui étoient jadis le peuple élu de Dieu, furent séparés de l'Évangile, et la connoissance d'icelui transmise aux autres nations pour effectuer et accomplir la promesse faite à Rébecca, par laquelle Dieu lui dit qu'elle portoit deux peuples en son ventre, figurés par Esaü et Jacob : le plus grand desquels serviroit le moindre. Ce qui est conforme au prophète Michée, quand notre Seigneur dit : « J'appellerai celui qui n'est pas mon peuple, mon peuple. » Cette ignorance, que le Messias devoit être un grand prince, triomphant, riche et grand conquéreur, avoit aussi passé et remué l'entendement des rois et potentats qui étoient lors : lesquels savoient très-bien qu'il devoit, selon les prophètes, issir de la race de David. Qui fut cause, comme écrit Philon le juif, qu'Hérode, lors tenant en fief la Judée sous Auguste, pendant l'empire duquel naquit le sauveur du monde, Jésus-Christ, fit tuer en icelui pays de Judée soixante et dix juges sortis de la lignée de David : et outre, comme raconte Eusèbe, brûler les noms des familles des juifs, leurs registres et généalogies, pour effacer la postérité de David et supplanter par tels moyens la sienne, encore qu'il ne fût noble, ains extrait d'un serviteur au temple d'Apollo en la ville d'Ascalonne. Vespasien et son fils Domitien, empereurs, touchés de la même peur, firent chercher durant les martyres et persécutions qu'ils exercèrent contre les chrétiens, tous les juifs qu'on disoit et soupçonnoit être descendus de la lignée de David : disant le même Eusèbe,

[1] Multitudes.

qu'on présenta à Domitien, par forme de moquerie, deux pauvres hommes, qu'on en disoit être issus ; lesquels, interrogés, répondirent que véritablement ils en étoient : outre leur fut demandé s'ils étoient fort riches : dirent que non, et que tous deux avoient seulement de rente, neuf journaux de terre, fort chargés de taille : qu'au reste ils vivoient au travail de leurs bras, montrant leurs mains qui clairement le jugeoient[1]. L'empereur demanda quelle opinion ils avoient du Messias, de son empire, quel il devoit être et où il devoit régner ; lesquels répondirent que le règne de Christ n'étoit pas de ce monde, ne terrien, ains céleste et d'en haut ; qu'en la fin il viendroit en sa gloire juger les vifs et les morts, et rendre à chacun selon qu'il auroit fait en sa vie. Quoi fait, Domitien ne les condamna à la mort, comme il faisoit les autres chrétiens, ains les laissa en liberté : et de là dépêcha un édit, pour faire cesser les persécutions. Mais quelle plus expresse et forte confirmation de ce que dessus, voudroit-on demander, que ce que le prophète Daniel a tant clairement et apertement écrit du Sauveur, du temps certain qu'il devoit venir en ce monde, ses actions, sa mort et sacrifice dernier, plus de quatre cents ans paravant tout ce? Je sais bien que les Juifs d'aujourd'hui, voyant ne savoir quelle pièce y coudre, car le temps, qui étoit quatre cent quatre-vingt-dix ans, est en ce jour 1585 passé plus de trois fois, disent que Daniel ne savoit pas bien lors qu'il disoit ; blasphème très-horrible, et où les prédécesseurs rabbins n'avoient oncques songé : même qu'en leur langue ce mot *Daniel* est interprété *jugement de Dieu* : et est le proverbe entre les Hébreux, *Sage comme Daniel*, voyez le 28 chap. d'Ézéchiel. Voici donc qu'il dit au chapitre neuvième. « Entends
« donc la parole, entends la vision ; il y a septante semaines
« déterminées sur ton peuple et sur ta sainte cité, pour finir la
« déloyauté, et signer le péché, et purger l'iniquité, et amener
« la justice des siècles, et pour clore la vision et la prophétie, et
« oindre le Saint des saints. Tu connoîtras et entendras, depuis
« l'issue de la parole, que Hiérusalem soit restaurée et réédifiée,
« jusqu'au Christ le Prince, sept semaines et soixante-deux se-
« maines, et derechef sera édifiée la rue et la brèche au détroit
« des temps, et après soixante et deux semaines, le Christ sera
« défait[2], et non pas pour soi, mais pour ses élus ; et le peuple

[1] Confirmaient.
[2] Mis à mort.

« du prince à venir détruira la cité et le sanctuaire, et sa fin sera
« en destruction, et jusques à la fin de la guerre sera ruinée par
« désolations; mais il confermera l'alliance à plusieurs, par une
« semaine, et au milieu de cette semaine, il fera cesser le sacri-
« fice et l'offerte. Et pour l'étendue des abominations, il y aura
« désolation jusqu'à la consommation, et ruine déterminée dis-
« tillera sur le désolé. »

Or, sept semaines, comme il est dit au *Lévitique*, chapitre xxv<sup>e</sup>, valent quarante-neuf ans, chaque semaine pour sept ans : au moyen de quoi, soixante et dix semaines dont parle le prophète font quatre cent quatre-vingt-dix ans, qui est proprement et justement le temps auquel Jésus-Christ, notre Sauveur, descendit en ce bas monde. Et pour le regard de cette très-grande, mystérieuse et infinie Trinité, elle est à l'œil écrite au dix-huitième de *Génèse*, quand il est dit : « Et voici trois personnages
« se représentant devant lui, (Abraham); et lui les ayant aperçus
« courut au-devant d'eux dès l'huis de son pavillon, et s'inclina
« à terre. Puis dit : Monseigneur, je te prie, si j'ai trouvé grâce
« envers toi, ne passe maintenant outre ton serviteur. » Et partout au même chapitre, Abraham appelle les trois anges, Dieu. Aussi devoit Jésus-Christ issir de sa génération et lignée, quand au même lieu il lui est dit : *Et si en toi*, dit le Seigneur, *seront bénites toutes les familles de la terre*. Et consécutivement, et de même à David, quand le prophète Jérémie dit, chapitre LIII<sup>e</sup>, *que le germe de David sera le Dieu de notre justice;* mais Isaïe, que plusieurs anciens ont estimé être la lecture des mêmes évangiles, dit chapitre VII<sup>e</sup> : *Pour ce le Seigneur vous donnera un signe, voici la vierge concevra, et enfantera un fils, et appellera son nom Emmanuel*. Ce mot Emmanuel, comme il est su de tous, signifie *Sauveur*, ou *Dieu avec nous*. Encore un texte d'icelui prophète, chapitre IX<sup>e</sup>, pour la suite d'icelle nativité.
« Car le petit enfant nous est né, et le fils nous est donné, et sa
« domination est mise sur son épaule, et sera son nom appelé
« Admirable, Conseiller, Père éternel, le Prince de paix : son
« empire sera augmenté, et n'y aura nulle fin de paix. Il seoira
« sur le siége de David, et sur son royaume, pour le confermer
« et entretenir en jugement et en justice dès maintenant et à tou-
« jours. Le zèle du Seigneur des batailles fera cela. » Et au chapitre XI<sup>e</sup> il est dit : « Mais il sortira un jetton ¹ du tronc de Jesay,

¹ Un rejeton.

« qui, en hébreu, signifie : *Qui est*, et un surgeon[1] croîtra de sa
« racine, et l'esprit de l'Éternel reposera sur lui, l'esprit de sa-
« pience et d'entendement, l'esprit de conseil et de force; l'es-
« prit de science et de crainte de l'Éternel. » Or, quant au règne
et à la mort de Jésus-Christ, le même prophète l'a si manifestement et évidemment déclaré, qu'il n'y a si pauvre et dégarni
d'entendement, qui ne le puisse comprendre. C'est au cinquante-
deuxième et au cinquante-troisième chapitre, où il dit « Qui est
« celui qui croit à notre publication, et qui est-ce à qui le bras
« de l'Éternel est révélé? Toutefois il montera comme le sur-
« geon devant lui, et aussi comme la racine d'une terre qui a
« soif: où il n'y a en lui ne force ne beauté, et l'avons vu qu'il n'y
« avoit point de forme pour être désiré : il est déprisé[2] et débouté[3]
« des hommes, homme langoureux et aussi accoutumé à dou-
« leurs; dont nous avons caché notre face de lui, tant étoit mé-
« prisé, et ne l'avons rien estimé. Vraiment il a porté nos lan-
« gueurs, et chargé nos douleurs : toutefois nous l'avons estimé
« être navré de Dieu et affligé. Or est-il navré pour nos forfaits;
« il a été blessé pour nos iniquités : la correction de notre paix
« est sur lui, et ainsi donc par sa plaie nous avons guérison.
« Nous tous avons erré comme brebis, nous nous sommes tour-
« nés un chacun en sa propre voie, et l'Éternel a jeté sur lui
« l'iniquité de nous tous. Il est outragé et affligé, toutefois il
« n'ouvre point sa bouche : il est mené à l'occision[4] comme un
« agneau, et a été muet comme la brebis devant celui qui la
« tond, n'ouvrant point sa bouche. Il est élevé de détresse et de
« condamnation. Qui est celui qui récitera son âge? car il est
« arraché de la terre des vivants, et est déployé pour le péché
« de mon peuple, et a permis son sépulcre aux méchants, et
« son monument au riche : combien qu'il n'ait point fait d'ini-
« quité, et qu'il ne s'est point trouvé de fraude en sa bouche,
« l'Éternel l'a voulu débriser par douleur. S'il met son âme pour
« le péché, il verra sa postérité et prolongera ses jours, et la
« volonté de l'Éternel prospérera en sa main. Il verra du labeur
« de son âme, et en aura jouissance, et mon juste serviteur
« rendra plusieurs justes par sa science, et lui-même changera

---

[1] Une tige.
[2] Méprisé.
[3] Repoussé.
[4] A la mort.

« les iniquités. Pourtant je lui donnerai portion avec les grands,
« et divisera les dépouilles avec les puissants : pour ce qu'il a
« baillé son âme à la mort, et qu'il a été mis au rang des trans-
« gresseurs, et lui-même a porté les péchés de plusieurs, et a
« prié pour les transgresseurs. » Et au chapitre précédent, parlant encore de Jésus-Christ, il dit : « Ils ont donné mon dos à
« ceux qui me frappoient, et mes joues à ceux qui me buffe-
« toient [1] : je n'ai point caché ma face des vilenies et crachats. »
Que Jésus-Christ devoit naître en Bethléem, le prophète Michée
de longues années en avoit dit : « Et toi, Bethléem Epphrata,
« petite pour être tenue d'entre les milliers de Juda, de toi me
« sortira celui qui sera dominateur en Israël; et ses issues sont
« dès les commencements, dès les jours éternels. » Au moyen
desquelles prophéties les Mages ou sages d'Orient, conduits et
menés par une étoile, comme il étoit prédit au livre des *Nombres*, et par David, ayant certaine assurance que le Messias et
Sauveur du monde, promis de si longtemps, étoit né en Bethléem, s'adressèrent à Hérode, ce cruel tyran, lui affermant
qu'ils étoient là expressément venus pour adorer ce grand Messias. Ce qu'entendant Hérode, cuidant, comme ci-devant est dit,
que la surintendance de Juda lui fût ôtée, comme il sayoit devoir être à l'avénement du Messias, fit tuer les petits enfants
mâles de la Judée, jusques au nombre, ainsi qu'aucuns ont voulu
dire, le prenant du quatorzième chapitre de l'*Apocalypse* de saint
Jean, de cent quarante et quatre mille, estimant y comprendre
et envelopper la personne de Jésus-Christ. Cette piteuse et
cruelle histoire est, outre l'Évangile, décrite par Philon; et Macrobe, auteur païen, dit que l'empereur Auguste, entendant
qu'Hérode avoit aussi fait massacrer les petits enfants, dit qu'il
aimeroit mieux être pourceau de Hérode que son fils. Il disoit cela
parce que l'usage de la chair des porcs est défendue aux Juifs. Se
voit donc comme, suivant la promesse et sentence de Dieu, que
les inimitiés seroient perpétuelles entre la semence de la femme,
qui étoit mystiquement Jésus-Christ, et le diable ; les persécutions
commencent incontinent après sa nativité, contre lui et son Église,
par le moyen de l'un de ses ministres et serviteurs, qui est Hérode. Pour éviter à quoi, il fut, suivant le prophète Osée, porté
en Égypte. Ne se doit aussi omettre ce que le prophète Zacharie

---

[1] Souffletaient.

a tant excellemment et de si longue main dit et su comme Jésus-Christ devoit venir en Jérusalem, monté sur une ânesse, disant ainsi : « Réjouis-toi, fille de Sion ; fille de Jérusalem, triomphe: « voici ton Roi qui viendra à toi, étant juste, Sauveur et humble, « étant monté sur une ânesse. » Le même prophète n'a oublié les trente deniers qui furent baillés à Judas pour trahir son maître Jésus-Christ. Et leur dit : « S'il vous semble bon, appor-« tez-moi mon salaire; sinon, cessez : lors ils pesèrent mon « salaire, trente pièces d'argent ; et le Seigneur me dit : Jette-« les au potier, c'est le prix honorable auquel je suis taxé par « eux. » Quant à ce que Jésus-Christ devoit souffrir mort pour satisfaire au payement de la condamnation où Adam nous avoit par sa rébellion engagés, j'ai ci-dessus dit comme le diable ou serpent auroit la tête brisée. Et en cette conséquence, fut le serpent d'airain élevé par Moïse sur un long bois : à ce que ceux qui étoient mords du serpent, en le voyant seulement, fussent guéris : figure et témoignage très-sûr pour la rémission de nos péchés, et payement entier contre la mort et le péché, par la passion de Jésus-Christ, lequel a été élevé sur une croix comme le serpent d'airain, pour accomplir la justice de son père. Mystères si hauts et obscurs, que les Égyptiens mêmes, en leurs lettres hiéroglyphiques, voulant signifier l'espérance de salut, qui devoit arriver, faisoient et gravoient une croix, à laquelle notre Seigneur, après avoir reçu toutes les indignités prophétisées, fut cruellement attaché. Sa robe et vêtements joués et tirés au sort, suivant la prédiction de David, lequel en ses Cantiques et Psaumes ne chante autre chose, que Jésus-Christ.

> Jà ma dépouille entre eux ont divisée,
> Entre eux déjà ma robe déposée,
> Ils ont au sort hasardeux exposée
>     A qui l'aura[1].

Comme aussi font tous les livres de la sainte Bible, qui ne traitent autre argument que son avénement, la mort, le monde, la grâce et rémission des péchés aux croyants, et ayant ferme foi et espérance en lui. En quoi ne sera hors de propos de parler de quelques lieux et passages tirés des auteurs païens et ethniques, parlant de Jésus-Christ. Comme les livres des Sibylles, lesquels

---

[1] Psaum. XXII, v. 19, traduction de Clément Marot.

Lactance, saint Augustin et Eusèbe, vraisemblablement ont vus; d'autant qu'ils furent brûlés par Stilcon, du temps d'Honorius et Arcadius, empereurs romains, qui fut longuement après eux. Il y avoit, disent-ils, des vers sibyllins en grec, parlant de Jésus-Christ, de sa nativité, passion, jugement et résurrection générale des corps; disant outre, que les lettres capitales d'iceux vers contenoient tels mots : JÉSUS-CHRIST, FILS DE DIEU, SAUVEUR DU MONDE.

Quelqu'un de grande érudition a, puis peu d'années, blâmé Lactance, d'avoir parlé et joint au christianisme les vers sibyllins, comme étant faux; mais il devoit auparavant lire Eusèbe, le vingt-troisième chapitre du dix-huitième livre de la *Cité de Dieu* de saint Augustin, et le docte Commentaire de Vives[1] sur icelui : car il n'en eût pas parlé ainsi à la volée. Le même Augustin, suivi des anciens Pères, écrit que Platon, traitant son *Timée*, a, par une sainte ignorance, parlé hautement de la Trinité, sous ce mot Trois : faisant une merveilleuse exclamation, de ce que le même Platon a dit au quart livre de ses lois, que Dieu est la proportion et mesure de tout avec nous autres hommes. Et à plus forte et grande raison, si, comme disent les oracles, il est quelquefois homme, quelle chose, s'écrie ce bon et savant, personnage, peut être plus chrétiennement et divinement dite? Pausanias, Philostrate, et Laërtius, anciens païens et graves ont écrit que les Athéniens, menés d'un esprit prophétique, dressèrent et bâtirent un grand et somptueux autel, au front duquel ces mots étoient gravés : AU DIEU INCONNU, auxquels saint Paul, comme il dit aux *Actes des Apôtres*, dit, étant en leur ville : Le Dieu que vous appelez inconnu, c'est moi qui le vous annonce : c'est Jésus-Christ. Orose aussi, grand historien, écrit que le même jour que Jésus-Christ fut né, l'empereur Auguste, régnant lors, fit défenses générales qu'on ne l'appelât de ce mot, *Seigneur*. Comme Dieu, par les étrangers même, autres que de son peuple élu, fait reconnoître sa hautesse d'une certaine promotion et avancement cachés à nous autres hommes. Aussi Josèphe, qui vivoit quarante ans après la mort et passion du Sauveur du monde, dit ce qui en suit, au cinquième livre de la guerre Judaïque : « En ce temps vivoit Jésus, homme

---

[1] Jean-Louis Vivès, savant espagnol, auteur d'un commentaire sur la *Cité de Dieu*, dédié à Henri VIII, roi d'Angleterre.

« fort sage, s'il est licite le nommer homme : parce qu'à la
« vérité il fit des choses merveilleuses, et fut maître et enseigneur
« de ceux qui aimoient la vérité. Il assembla et fut suivi de
« grandes troupes de Juifs et Gentils, et étoit le Christ. Et
« combien que par après il fût accusé par les principaux de notre
« foi, et crucifié : si ne fut-il abandonné de ceux qui l'avoient
« suivi, ains trois jours après sa mort, il s'apparut vif à eux,
« selon que les prophètes, inspirés de Dieu, avoient prédit et
« prophétisé de lui. » Le même auteur parle fort amplement du
voile du temple de Jérusalem, qui se rompit lorsque Jésus-Christ
souffroit, démonstration certaine signifiant l'abolition de la loi
cérémoniale, pour entrer au règne de grâce. Je déduirai ici, par
même moyen, le double de la lettre que Pilate envoya à l'empereur Tibère, prise des recueils d'Égésippus, comme ensuit :
« Il est arrivé naguère que les Juifs, comme je sais vraiment,
« se sont, eux et les leurs, soumis à une cruelle et éternelle con-
« damnation. Car combien qu'ils eussent appris cela de leurs
« ancêtres, que Dieu leur enverroit du ciel son Saint, lequel
« seroit appelé leur roi, et qu'il devoit issir et naquir d'une
« vierge, et que le Dieu des Hébreux l'eût envoyé lors de mon
« magistrat; et outre, lui eussent iceux Juifs vu faire plusieurs
« miracles, enluminer les aveugles[1], guérir les ladres, paraly-
« tiques, chasser les diables des corps des hommes, ressusciter
« les morts, avoir commandé aux vents, cheminé sur la mer et
« faire plusieurs autres choses; toutefois les principaux d'eux,
« parce qu'il se disoit être fils de Dieu, ayant conçu une inimitié
« mortelle contre lui, l'ont pris et mis entre mes mains, et
« chargé de plusieurs choses fausses : entre autres, qu'il étoit
« enchanteur, et qu'il enseignoit choses contraires à leur loi.
« Quant à moi, je l'ai ainsi cru, et après l'avoir fait battre de
« verges, je le leur ai rendu, et incontinent ils l'ont crucifié. Et
« puis étant au sépulcre, ils lui ont baillé de mes soldats pour
« le garder; et nonobstant iceux, il a ressuscité le tiers jour
« après : en sorte que les Juifs ont été tellement fâchés, qu'ils
« ont donné de l'argent à iceux soldats, pour dire que ses disci-
« ples et autres qui le suivoient avoient pris et dérobé son
« corps au sépulcre. Mais après avoir reçu l'argent, ils n'ont
« laissé à dire la vérité; car ils ont dit que Jésus avoit ressuscité,

[1] Rendre la vue aux aveugles.

« et qu'ils l'avoient vu, et que les Juifs leur avoient donné de
« l'argent pour s'en taire. » Or, le jugement et condamnation
dont parle Pilate est conforme à l'Écriture sainte, par laquelle
malheur, abomination et captivité perpétuelle est ordonnée aux
Juifs : comme encore en ce jour se peut voir, étant épars, jetés
çà et là, et traités en toutes les misérables conditions qu'on
pourroit dire. La Judée, qui fut autrefois l'un des meilleurs pays
du monde, valant de revenu annuel aux Romains cinq cent
quarante mille écus couronne, étant aujourd'hui stérile, infruc-
tueuse et de nulle petite valeur. Aussi en Eutrope, bon et ancien
auteur, se lit une épître de Lentulus à l'empereur Tibère, sous
l'empire duquel le Sauveur du monde fut crucifié, où il lui fait
entendre plusieurs choses magnifiques et émerveillables de lui;
entre autres, que le peuple l'appeloit prophète, et ses disciples,
le fils de Dieu : au demeurant, qu'on ne l'avoit jamais vu rire ni
pleurer, et que sa contenance étoit joyeuse-grave. J'ai semblablement pensé être de mon devoir vous parler d'une histoire
grande et illustre que Plutarque raconte au livre de la *Cessation
des oracles*; laquelle, au jugement d'Eusèbe, Pierre le Chevelu,
Italien, et Pierre Messie[1], Espagnol, se rapporte et approprie à
notre propos. Il dit qu'un appelé Epithersès naviguoit de Grèce
en Italie, passant joignant les îles Eschinades, entre lesquelles
est celle de Paxes, le vent lui défaillit; pendant quoi, ceux qui
étoient dans le navire ouïrent d'icelle île de Paxes une grosse
et forte voix qui appeloit Thamons : duquel cri tous furent épou-
vantés. Cettui Thamons étoit pilote du navire, natif d'Égypte,
lequel ne vouloit répondre : toutefois, importuné de la tierce fois,
demanda qu'on lui vouloit. Lors cette voix, plus hautement que
auparavant, lui dit : Quand tu seras près Pallodes, dis-leur que
le grand Pan est mort. A ces mots, tous furent effrayés, et après
avoir délibéré comme ils se devoient gouverner en cela, fut
résolu par Thamons, que le vent étant bon, il passeroit outre,
sans rien dire; si, au contraire, il se trouvoit la mer être bonne,
il feroit sa charge. Étant vis-à-vis des Pallodes, la mer demeura
en un instant calme et sans vent : au moyen de quoi Thamons
cria sur le rivage, que le grand Pan étoit mort. Après quoi
furent ouïes une infinité de voix et pleurs lamentables, et n'eut
Thamons sitôt pris terre, que l'empereur Tibère, sous le règne

[1] Pierre Mexia, historiographe de Charles-Quint.

duquel fut crucifié Jésus-Christ, jà prévenu de ladite nouvelle, ne l'envoyât querir, pour lui en dire plus amplement. Par ce mot *Pan*, les anciens entendirent non-seulement le dieu des pasteurs, mais aussi celui de toutes choses : duquel titre de pasteur notre Seigneur a usé en plusieurs endroits, nommément en saint Jean, chapitre x$^e$, où il se dit vrai pasteur, qu'il connoît ses brebis, et qu'enfin n'y aura qu'une bergerie et un seul pasteur. Saint Paul aussi souhaite que le Dieu de paix, qui a ramené des morts le grand pasteur des brebis, qui est Jésus-Christ : par le sang du testament éternel, conferme en toute bonne œuvre les Hébreux, auxquels il écrit. Et en tant que touche le tremblement de terre lors de sa mort, semblablement de l'éclipse du soleil, et le jour converti en la nuit, tous les astrologues, même les ethniques et païens, ont déclaré tels accidents avoir été irréguliers et hors le cours et mouvement de la commune nature. Phlegmon, comme disent Eusèbe et Origène, a écrit que la plus grande et terrible éclipse de soleil qui ait jamais été, ni qui pourroit être vue au monde, survint l'an quatrième de la deux cent-deuxième olympiade. A laquelle supputation et calcul d'années, revient droitement le temps de la mort du Rédempteur du monde : en laquelle même saison tombèrent en Asie treize grandes et puissantes villes, comme dit le même Eusèbe. Pline parle bien de la ruine d'icelles, ensemble un terremot ou ébranlement de terre, le plus violent dequoi on ait jamais ouï parler. Suidas, auteur grec, et de grande réputation, dit une chose de Jésus-Christ notre Sauveur digne d'être lue plusieurs fois, pour la juger et joindre tant qu'on pourra à la vérité et histoire de l'Évangile : voici donc ses propres mots. « Du temps, dit-il, du bon
« empereur Justinien, y avoit entre les Juifs un grand seigneur
« appelé Théodose, connu et de l'empereur et de plusieurs autres
« chrétiens; au même temps vivoit un banquier chrétien, nommé
« Philippus, grand ami et familier d'icelui Théodose. Au moyen
« de laquelle amitié il exhortoit un jour icelui Juif à se faire
« chrétien et baptiser, disant ainsi : Pourquoi est-ce que toi, qui
« es homme docte, et qui sais les prophéties qui ont été dites de
« Jésus-Christ, ne crois en lui et ne te fais chrétien? Car je suis
« assuré que tu n'es point ignorant de ce qui a été dit de lui aux
« saintes Écritures, et de son avénement : hâte-toi donc de gar-
« der ton âme, et crois en notre Seigneur Jésus-Christ et Sau-
« veur; à ce que, persévérant en ton incrédulité, tu ne sois

« damné par le jugement éternel de Dieu. Le juif, ayant en-
« tendu cela, loua Philippus, et lui en sut bon gré, disant : Je
« te remercie de l'amitié que tu me portes, et d'être ainsi soi-
« gneux du salut de mon âme, et pour cette raison, je te dirai
« devant Dieu, qui sait les secrets des cœurs et des pensées, ce
« que j'en pense. Car à la vérité, je connois que Jésus-Christ est
« celui qui avoit été prédit par la loi et les prophètes, et le con-
« fesse ainsi devant toi, mon loyal et parfait ami ; mais qui m'em-
« pêche d'être chrétien, est une fausse et humaine cogitation qui
« m'a vaincu. Car moi étant prince et grand seigneur entre les
« Juifs, je suis en grand honneur, et ai abondamment ce qu'il
« faut pour cette vie présente : de sorte que, si j'étois chrétien,
« et de votre Église, et qu'il me fallût changer d'état et condi-
« tion, je ne serois tant honoré, comme je suis : qui est la rai-
« son, combien qu'elle ne vaille rien, que, méprisant la vie
« future et éternelle, je m'arrête par trop à celle-ci, qui est
« temporelle et de peu de durée. Si est-ce pourtant que je te
« veux déclarer un secret, qui est entre nous autres Hébreux,
« par lequel nous sommes acertenés [1] que le Christ, que vous
« adorez, est vraiment icelui Messias qui étoit prédit par la loi
« et les prophètes. Donc au temps passé, lorsqu'on bâtissoit le
« temple de Hiérusalem, la coutume étoit entre les Juifs insti-
« tuer et établir autant de prêtres que nous avons de lettres,
« qui sont vingt et deux, et y avoit un livre audit temple, qui
« contenoit le nom d'iceux prêtres, ensemble et de leur père et
« leur mère. Et lorsque l'un d'iceux étoit mort, les autres prêtres
« s'assembloient en icelui temple, et en choisissoient un, afin de
« remplir toujours le nombre. Et étoit écrit en icelui livre, à quel
« jour le prêtre étoit mort, le nom de ses père et mère, et
« icelui de son successeur, et qui étoit mis en sa place. Cette
« façon de faire étant entre les Juifs, et peu auparavant que
« Jésus se montrât et enseignât le peuple, afin de croire en lui,
« l'un d'iceux prêtres mourut, et les autres s'assemblèrent pour
« en élire un autre. Les uns tenoient que cettui-ci n'avoit pas
« les vertus et parties requises à un bon prêtre ; les autres en
« blâmoient quelques-uns, tous étant bien empêchés et travail-
« lant en cette élection. Occasion que l'un d'eux se levant, leur
« dit : Messieurs, sur ce que vous en avez nommé plusieurs,

[1] Convaincus, certains.

« vous n'en avez pas trouvé un qui fût à votre gré : à cette cause,
« je vous prie me donner congé vous en nommer un, lequel, à
« mon avis, vous sera bon : c'est Jésus, le fils de Joseph char-
« pentier, lequel, encore qu'il soit fort jeune, il a de merveil-
« leuses et bonnes mœurs avec une vie très-sainte. Et suis d'o-
« pinion qu'oncques homme ne fut pareil à lui, soit de parole ou
« d'effet : toute Hiérusalem le sait, et n'y a personne qui en
« doute. A cette parole, les autres prêtres approuvèrent telle
« opinion, et arrêtèrent que Jésus seroit préféré à tous autres,
« pour être l'un d'iceux prêtres. Toutefois il s'en trouva disant
« Jésus n'être, comme il étoit requis, de la race de Lévi, mais de
« celle de Juda : même qu'il étoit fils de Joseph, qui étoit de la
« famille et race de Juda : concluant qu'il ne pouvoit être élu
« prêtre, n'étant de la tribu et extrait de Lévi. Mais celui des
« prêtres qui avoit été occasion de choisir Jésus, répondit qu'il
« ne falloit regarder à telle différence ; qu'il y avoit longtemps
« que lesdites deux races étoient confondues et entées l'une
« dedans l'autre, et à ce moyen, d'un commun consentement,
« Jésus fut élu. Mais pour ce que la coutume étoit, que non-seu-
« lement le nom du prêtre choisi, mais aussi de ses père et mère,
« fût écrit audit livre : aucuns d'eux furent d'avis qu'il falloit
« appeler les père et mère de Jésus pour savoir leurs noms,
« avoir leur consentement, et si véritablement il étoit leur fils :
« ce qui plut à toute la compagnie. Mais le prêtre, auteur de
« l'élection de Jésus, dit que Joseph son père étoit mort, et qu'il
« n'avoit plus que sa mère vivante : qui fut cause qu'elle fut
« appelée en leur consistoire, où ils lui dirent ainsi : D'autant
« que tel prêtre est mort, fils d'un tel et d'une telle, et que
« nous avons résolu mettre en son lieu votre fils Jésus, et faire
« écrire en nos registres le nom de ses père et mère, dites-nous,
« Jésus est-il votre fils ? l'avez-vous engendré ? Lors Marie leur
« dit, je confesse que Jésus est mon fils et que je l'ai enfanté,
« de quoi me sont témoins plusieurs hommes et femmes encore
« vivants, qui ont été présents à l'enfantement ; mais pour le
« regard du père, je ne pense point qu'il en ait eu en terre :
« comme vous orrez. Car étant vierge et demeurant en Galilée,
« l'ange de Dieu me vint dire, étant seule en ma chambre et
« éveillée, qu'il m'apportoit une bonne nouvelle : c'est que je
« serois enceinte du Saint-Esprit et que j'enfanterois un fils,
« lequel il me commanda appeler Jésus. Et à la vérité, étant

« vierge, je conçus et engendrai Jésus, et après l'enfantement je
« suis demeurée vierge. Alors les prêtres envoyèrent chercher
« les sages-femmes, leur commandant qu'elles eussent à diligem-
« ment regarder si elle étoit vierge. Ils rapportèrent que oui.
« Les prêtres lors lui dirent qu'elle leur dît hardiment le nom
« du père de Jésus, afin de l'écrire en leur papier, suivant la
« coutume. Laquelle leur répondit, que son père n'étoit de ce
« monde, et que l'ange lui avoit dit, que Jésus étoit fils de Dieu.
« Quoi voyant lesdits prêtres, firent écrire ces mots en leur
« livre et papier : CE JOUR UN TEL PRÊTRE EST MORT, FILS
« D'UN TEL ET D'UNE TELLE : ET EN SON LIEU, DU CONSENTE-
« MENT DE TOUS, A ÉTÉ MIS ET SUBROGÉ LE PRÊTRE JÉSUS
« FILS DU DIEU VIVANT, ET DE MARIE LA VIERGE. Ce livre fut,
« par le commandement des grands de Hiérusalem, transporté en
« la ville de Tibériade, lorsque ladite Hiérusalem fut ruinée; et
« est ce secret connu à bien peu de Juifs. Et quant à moi, je le
« sais pour être un des principaux docteurs entre nous autres
« Juifs, et non-seulement nous le savons par les prophètes, que
« c'est le Christ, que vous autres adorez, et fils du Dieu vivant,
« venu en ce monde pour le salut d'icelui ; mais aussi par icelui
« livre, lequel est encore aujourd'hui en la ville de Tibériade.
« Alors Philippus, poussé et saisi d'une certaine joie, dit qu'il
« avertiroit l'empereur de tout cela, afin qu'il envoyât querir
« icelui livre en Tibériade, pour vaincre l'incrédulité d'iceux
« Juifs; mais Théodose répondit qu'il n'étoit besoin en avertir le
« prince, et qu'aussi bien il ne s'en feroit rien, et n'en pouvoit
« arriver qu'une guerre; car les Juifs se sentant près de leur
« ruine et battus, brûleroient plutôt le lieu où étoit caché icelui
« livre, afin qu'il ne fût trouvé ni vu. Et t'ai dit tout ceci, mon
« bon ami, afin que tu saches que ce n'est ignorance qui m'em-
« pêche être chrétien, ains l'ambition et grandeur qui me re-
« tiennent. Cela fait, Philippus n'en dit rien à l'empereur, pour
« n'émouvoir une guerre, qui eût telle issue, comme lui avoit dit
« le Juif : si est-ce qu'il raconta tout ce que dessus à plusieurs,
« et entre autres à moi Suidas. Et de fait, pour connoître si ce
« que Théodose avoit dit étoit véritable, j'ai lu Josèphe, qui a
« décrit la destruction et ruine de Hiérusalem, et duquel Eusèbe
« fait souventesfois mention en l'*Histoire ecclésiastique*; auquel
« nous avons apertement vu que Jésus-Christ sacrifioit avec les
« prêtres au temple de Hiérusalem. En voyant que Josèphe, qui

« étoit du temps des apôtres, en avoit parlé si avant, j'ai aussi
« voulu voir aux saintes Écritures, s'il y en avoit rien écrit : Et
« de fait, j'ai trouvé en l'Évangile saint Luc, que Jésus entra
« en la synagogue des Juifs, et lui ayant été baillé un livre, il
« lut une prophétie, disant : *L'esprit du Seigneur est sur moi,*
« *pour laquelle chose il m'a oint et envoyé pour évangéliser*
« *aux pauvres, pour guarir les contrits de cœur.* Qui me fait
« dire, que si Jésus-Christ n'eût eu quelque charge de prêtre
« entre les Juifs, on ne lui eût pas baillé le livre, ni souffert
« prêcher, ni exhorter le peuple : et même entre nous autres
« chrétiens, n'est permis lire les livres au peuple, fors à ceux qui
« en ont la charge. Qui me fait dire, tant par le témoignage de
« Josèphe, que de l'Évangile saint Luc, que le juif Théodose dit
« la vérité à Philippus le banquier, comme à son bon et fidèle
« ami, lui déclarant ce que les Juifs tenoient plus secret entre
« eux. » Sont les propres mots de Suidas : auquel je ne veux ni
dois adjoindre que Cornelius Agrippa récite de la puissance du
mot *Jésus-Christ*, prononcé, ainsi qu'il dit, mystérieusement et
par foi, selon les registres et livres des cabalistes : d'autant qu'il
m'a toujours semblé telles sciences curieuses tenir de l'impiété,
encore que nous ayons plusieurs exemples familières et domestiques, comme disent Fernel [1], Cardan [2], Vuierius [3], et dernièrement
ce savant Bodin [4], grands et insignes philosophes de ce temps, que
les esprits malins et diables, vaincus et adjurés par la parole de
l'Évangile, ont dit par l'organe et bouche des hommes et femmes qu'ils possédoient, choses étranges et hors la capacité de
l'entendement humain : comme par divers moyens nous sommes
appelés à la connoissance de la pureté de l'Évangile ; et qu'à ce
mot de *Jésus-Christ*, les diables restent et demeurent atterrés,
sans aucune puissance. Au demeurant, qui considérera avec
jugement de quels hommes Jésus-Christ s'est voulu aider et
accointer lorsqu'il s'est exhibé et communiqué aux hommes,
trouvera que c'étoient pauvres et simples personnes, tenant les
dernières vocations et métiers entre le peuple, ignorant et ne
sachant aucune chose qui puisse rendre les hommes admirables

---

[1] Cité page 66.
[2] Cité page 195.
[3] Jean Wier ou Weyer, médecin du seizième siècle, auteur d'un traité sur les enchantements et les maléfices.
[4] Cité page 189.

et signalés. Toutefois, après avoir reçu la faveur du Saint-Esprit, ont été les plus grands clercs du monde, renversé les philosophies et sagesses communes, confondu ceux qui en tenoient écoles, étonné les princes, potentats et leurs conseils; abattu et mis par terre les ouvrages et entreprises de Satan, le prince de ce monde, et, contre ses forces et ruses, confirmé et établi en peu de jours l'Église et assemblée des croyants en Jésus-Christ, par tout le monde universellement; où les pauvres philosophes, avec leurs prudences et sagesses humaines, n'ont su en tant d'années jeter et épandre hors la Grèce, qui est une simple province, leur belle philosophie et doctrine, encore divisée, comme dit Thémiste [1], en plus de cinq cents opinions diverses et contraires. Car, pour le regard de la religion de Mahomet, qu'il a prise, ou le moine Sergius apostat et révolté, pour lui, tant du vieil que nouveau Testament, n'est grand besoin d'en parler, se perdant, ruinant et confutant [2] d'elle-même, comme sotte et ridicule qu'elle est, par la seule lecture de son livre ou Alcoran ; qui a néanmoins gâté beaucoup de peuples, pour la permission qui y est contenue de paillarder, et autres ordures et voluptés. Si est-ce que pour donner couleur à sa force, il avoue et reconnoît Jésus-Christ pour le grand prophète, et en l'honneur duquel il porte une singulière révérence au jour du vendredi. A ce moyen et pour clore ma lettre, je vous prie icelle communiquer à ceux qui se sont de tant oubliés vous tenir tels propos, pleins de blasphèmes, condamnation perpétuelle, et privation de ces hauts biens et félicités célestes qui sont promises aux croyants et bienfaisants : ressentant leurs maudites persuasions, de la boutique et doctrine de Diagoras ou Lucien, surnommés sans Dieu : desquels cettui-ci fut mangé des chiens, et l'autre banni d'Athènes, et ses livres brûlés : ou d'un Julian, empereur apostat, lequel étant frappé d'une flèche ou perche, ne sachant d'où venoit le coup, et ayant auparavant persécuté l'Évangile, dit en mourant : O Galiléen ! parlant de Jésus-Christ, enfin tu m'as vaincu. Donc que vos gens retournent à Dieu, par l'intercession de son fils bien-aimé Jésus-Christ, seul moyenneur [3] entre lui et les hommes, hors lequel et sans lequel nous sommes faits esclaves et enfants

---

[1] Themistius, philosophe et orateur grec de la fin du quatrième siècle.
[2] Réfutant.
[3] Médiateur.

du diable ; qu'ils appréhendent vivement et par foi sa bonté, grandeur et miséricorde ; qu'ils se rangent à son Église, craignant et redoutant les horribles punitions que tôt ou tard il nous envoie, pour les fautes que nous commettons contre ses saints et divins commandements ; qu'ils considèrent la fin de ce monde approcher, par les signes qu'il nous en donne, notamment par les guerres des princes chrétiens et querelles des particuliers, de l'envahissement général que ce monstre turc et antechrist mahométan bâtit contre nous et par nos propres ruines ; qu'ils songent aux douleurs et assauts de la mort, qui n'offensent et ne troublent en rien les consciences déchargées du bien et offenses d'autrui, et qui ont ferme foi et assurance aux promesses qu'il a faites aux siens. Finablement qu'ils changent leur vie toute pleine de dissimulations et figures[1] ; que leur ambition, avarice, paillardises, séditions et tumultes, soient convertis en simplicité, aumônes, chasteté, paix et charité les uns avec les autres ; et fassent, comme dit saint Paul, que ceux qui étoient vilains et sales soient nettoyés et purgés de tous vices, se souvenant et ayant en la bouche ordinairement les vers qui ensuivent, pris du second Psalme de David parlant de Jésus-Christ :

> Faites hommage au Fils qu'il vous envoie,
> Que courroucé ne soit amèrement :
> Afin aussi que de vie et de voie
> Ne périssiez trop malheureusement.
> Car tout à coup son courroux rigoureux
> S'embrasera qu'on ne s'en donra garde :
> O combien lors ceux-là seront heureux
> Qui se seront mis en sa sauvegarde !

A la charge, s'ils refusent vos exhortations et remontrances, de les laisser, comme semence de Satan, forclos et excommuniés de toutes compagnies chrétiennes, et du tout voués et consacrés au feu éternel, lequel, comme incorrigibles et impénitents, leur est préparé avant la constitution du monde. Car il est écrit qu'il n'y a communication ni amitié en rien de justice avec l'iniquité, de la lumière aux ténèbres, du bon au méchant, de Christ avec le diable, ni de celui qui croit avec celui qui ne croit point.

[1] Faussetés.

## XXXV.

### La retraite d'Eutrapel.

Eutrapel, comme tout pensif et fâché, dit à Polygame qu'il se vouloit retirer, et le laisser avec ses plusieurs femmes. Je prends congé de vous, dit-il, me laissant aller et entrer au point où mon humeur et naturel me conduisent, et où je me sens, à mesure que mes ans peu à peu s'en vont et se dérobent, couler, c'est à ma maison aux champs, que j'ai accommodée par ces années, et rendue au terme d'une vraie habitation philosophale et de repos, à l'entrée et au front de laquelle Janvier, ce gentil maçon de Saint-Erblon, a gravé ces mots :

> Inveni portum : spes et fortuna, valete.
> Adieu le monde et l'espoir, je suis bien.

Je l'ai bâtie d'une moyenne force, pour faire tête aux voleurs, coureurs, et à l'ennemi, si Dieu me vouloit châtier en cette partie : sous le crédit de quelques petites eaux qui l'environnent, avec les pourpris, bois, jardin et verger. Aux vergers me trouverez travaillant de mes serpes et faucilles, rebrassé jusqu'au coude, coupant, tranchant et essargotant[1] mes jeunes arbrisseaux, selon que la lune, qui besogne plus ou moins en ces inférieurs corps, le commande. Aux jardins, y dressant l'ordre de mon plan, réglant le carré des allées, tirant ou faisant découler et venir les eaux, accommodant mes mouches à miel ; distillant les herbes, fleurs ou racines, ou, qui mieux vaut, en faisant des extractions d'icelles, et les rendant en liqueur épaisse ; et, me courrouçant, d'un pied suspendu en l'air, et attentif contre la taupe et mulots qui me font tant de mal, semant diverses et étranges graines ; mariant et joignant le chaud au froid, attrempant le sec de la terre, avançant les derniers fruits, et contrôlant, par doctes artifices, les effets et ornements de nature que le vulgaire ignore. Aux bois faisant rehausser mes fossés, mettre à la ligne[2] mes pourmenoirs, et cependant, outre cent musiques d'oiseaux, une bate-

---

[1] Émondant.
[2] Aligner.

lée de contes rustiques par mes ouvriers, desquels, sans faire semblant de rien, j'ai autrefois extrait et recueilli en mes tablettes le sujet et grâce, et communiqué leur propos et mes balivernes au peuple, prenant l'imprimeur et renversant mon nom de Léon Ladulfi. Aux rivières, amusé et solitaire sur le bord d'icelles, pêchant à la ligne, allongeant souvent le bras pour connoître, au mouvement de la ligne, quelle espèce de poisson vient escarmoucher l'appât, ou bien tendre rêts ou filets aux lieux et endroits où le cours de l'eau a vraisemblablement fait plus belle passe. Quelquefois aussi, avec deux lévriers et huit chiens courants, me trouverai à la chasse du renard, chevreau, ou lièvre, sans rompre ou offenser les blés du laboureur, comme font plusieurs contrevenants aux ordonnances et à la justice commune, Ne faites à autrui ce que vous ne voudriez vous être fait. L'autrefois avec l'Aurour[1], oiseau bon ménager, quatre braques et le barbet, avec l'arquebuse, deux bons chevaux de service, et un pour les affaires de l'hôtel. Vous disant qu'après telles distributions et départements des heures, ayant premièrement fait les prières à ce haut Dieu, que la journée se puisse passer sans l'offenser ni le prochain, et employé quelque heure à la lecture des livres; il ne me faudra au souper, qui doit être plus copieux et abondant que le dîner, les sauces Athiacques ne le breuvage d'Æschylus pour dormir. Adieu donc, monsieur; j'appens à cette cheville, comme Veianius, ce vieux soldat, attachant et vouant son corselet au temple d'Hercule, mon petit chapeau emplumé, ma cape avec son grand capuchon, mon pourpoint embourré, mon marcher de travers à hanche desloüée, le baise-main, ma braverie, ris dissimulés, traîtres saluts, jalousies, envies, larcins des biens, avantages et honneurs d'autrui, querelles, l'amour, et telles constitutions et rentes hypothécaires, dont les cours des grands et villes trafiquent et font métier ordinaire. Je suis tout perdu; mon naturel, qui étoit bon, tout changé et altéré, ma conscience trop obligée à une fausse liberté, qui ruine et détruit la meilleure part des hommes. Ferai, car la méchanceté des vivants le veut, présent de mon haut-de-chausses au beau Jupiter Ammon, comme fit le laquais à Buridan son maître. Buridan, gentilhomme de notre pays, mais insigne menteur s'il en fut onc, donna un haut-de-chausses à son laquais, à la charge, lorsqu'en ses contes il l'ap-

---

[1] Aurore.

pelleroit pour témoin, il n'eût à faillir de l'acertainer et assurer, et dire bravement que ce que son maître avoit dit étoit vrai, et jurer s'il en étoit besoin. Mais une fois que Buridan étoit sur le haut, mentant comme un président, ne pouvant passer en ligne de compte cette horrible menterie, se déchaussant tout bellement, mit icelui haut-de-chausses sur le bout de la table, disant en pleurant : Monsieur, reprenez votre haut-de-chausses, je n'en puis plus endurer. Ainsi, seigneur Polygame, voilà les clefs ; je me consomme en vos cours et villes, où n'y a rien entier ne qui en approche. Vos lois, polices, et tout ce qui s'y fait et négocie, est à deux envers et bigarré, et où les bons et avisés n'entendent rien. Au demeurant, si avec ma délibération et issue, je rencontre une femme bien instruite sous l'aile de sa mère, de ma condition et état, douce, paisible, et qui n'entreprenne rien hors les affaires domestiques, en toute obéissance ; ce sera lors que Dieu m'aura donné accomplissement certain de mes prières et invocations que je lui fais ordinairement. As-tu achevé de babiller ? dit Lupolde ; tu n'auras pas été huit jours en tes champs, que tu ne vousisse[1] être ici de retour avec nous. Hé ! pauvret, combien avons-nous vu de tels fols mélancoliques se promettre, et ainsi forger une divinité champêtre, s'en repentir aussitôt qu'ils en avoient senti les fumées, pêché aux bouillans, et tenté aux incommodités d'iceux ! Et outre, te peux assurer qu'il n'y aura si petit gentilhommeau qui ne te brave et fasse la nique, et les paysans qui te traiteront en petit citadin ; car tu voudras faire de l'habile homme, leur en conter, et prendre les révérences qu'ils te feront pour argent compté et non reçu, combien qu'ils se moqueront de toi et en tireront ce qu'ils pourront, sans jamais rendre s'ils peuvent, fors à beaux coups de bâton, qui est la marchandise qu'ils cherchent. Ou bien, qui est le plus sûr, car le roturier se punit mieux par la bourse, de leur envoyer des nouvelles par un homme qui a le nez fait comme un sergent. Crois tes amis, puisque tu as rencontré Sparte, comme dit le proverbe, tiens-y toi, demeure là, et achève le reste de tes jours en la vocation et état où Dieu t'a appelé. Fais profiter le talent qu'il t'a mis entre les mains : il n'est que les vieux amis, quelque opinion contraire que toi et tes semblables ayez. Y a plus, qu'une petite adversité ou traverse que tu recevras aux champs, si tu n'es ar

---

[1] Que tu ne veuilles.

mé du mépris de ce monde, comme j'estime que tu n'en es pas
beaucoup garni, te fera plus d'ennui et de mal qu'une douzaine
en la ville, pour y trouver, de moment en moment, remèdes,
amis et conseil. Si tu es seul, comme dit l'Écriture, et tu tombes, qui te relèvera? As-tu pas entendu que la perte de quatre
cents écus que l'empereur Charles V avoit cachés, et lesquels un
sien frère de religion lui déroba en la Hiéronyme de son Valdoli[1]
en Espagne, où il s'étoit retiré après avoir quitté l'empire, lui
fit plus de mal au cœur, car il en cuida mourir, que la rupture
de ses camps et armées de Provence et d'Alger, ou sa vaine entreprise de Metz? Lieux obscurs, beaux amis, les déserts, les solitudes, sont les palais et habitations bien souvent de ce méchant
Satan. Donne-toi garde, disoit quelqu'un à un seulet se promenant et faisant plusieurs gesticulations, marmottements et grimaces, que tu ne parles à quelque méchant. Polygame lors, qui
mesuroit, comme homme prudent, toutes choses par poids et
circonstances, dit que Lupolde, pour un homme expérimenté
qu'il devoit être, se rendoit trop prompt en son jugement et
avis. De quoi vous sert, dit-il, la longue pratique et usage des affaires de ce monde, si vous n'avez appris quand et quand, en traitant et jugeant quelque sujet et argument que ce soit, d'icelui
conduire par les modérations et extrémités qu'il appartient? qui
est de savoir que c'est, comment il est, quand et où il est : examinant ainsi en toutes choses, on ne peut faillir y rencontrer
bonne et sûre issue. Car Eutrapel, pour prendre les moyens de
son dessein et délibération, n'eut onc que mal, tracassant et barbouillant, tantôt aux affaires publiques, et par autres fois aux domestiques et privées, tant pour soi que ses amis. Où je vous
laisse penser quantes et combien d'alarmes et assauts il a reçus en
ce long cours d'années, tant en son corps, âme, que conscience :
il se voit pressé de quelque nombre d'ans, et autres considérations qu'il a mûrement et longuement projetées en son entendement. N'est donc raisonnable anticiper ne enjamber sur icelles,
pour les amener et réduire aux nôtres, qui sont à la plupart dissemblables. Les villes, certainement, ont quelques beautés en
notre France; mais de nulle commodité, que pour les gens de

---

[1] Le couvent où se retira Charles-Quint après son abdication appartenait à l'ordre de Saint-Jérôme ; il était situé près de Plasencia, et non pas
à Valladolid.

justice, marchands et artisans; et se peut hardiment dire et assurer, quand on voit un gentilhomme aux villes, qu'il y est appelant ou intimé, demandeur ou défendeur, pour payer ou prendre terme de quelque dette; ou emprunter argent à gros et énormes intérêts; ou se débaucher, puis donner un coup de bâton ou épée, entre ses murs, à quelque petit glorieux et rustre de ville, qui l'aura voulu braver; de là traîner et manger en prison. Quant aux cours des princes, il les faut, pour parler et apprendre de tout, avoir vues, et savoir de quel bois on s'y chauffe; mais s'en retirer au plus tôt qu'on peut. Jamais homme, disoient les anciens, ne revint meilleur à sa maison pour avoir été au loin. Combien de fois ai-je ouï dire telles et pareilles choses à vous, Girard de Bernard, seigneur du Haillan[1], l'honneur de notre France! Qui me fait dire que tous deux avez raison, la prenant généralement et par divers respects. Car vous, Lupolde, qui dès votre jeunesse avez été nourri aux villes, y plaidant et vivant des querelles d'autrui, n'estimerez jamais une retraite et vie champêtre, pour n'avoir fait fonds ni provision des choses et appareils qui y sont requis. En vos villes, la plus belle théologie et science qui s'y exerce, gît à qui plus finement sait dérober et attraper argent à son voisin, quelque fréquentation, feinte amitié, et bon visage qu'ils s'entre-portent. Si l'un croît et l'autre s'avance, soudain il sentira les opérations et effets de l'envieux et calomniateur; s'il a quelques particularités et choses plus grandes parsus les autres, soit de qualités ou charges publiques, ce sera à qui le heurtera par moyens sourds et obliques, ou autrement fera les ongles et raccourcira le progrès et avancement de son honneur. Aux villes, les dépenses, tant en habits, que festins et jeux, sont excessives: autrement vous êtes en mépris du commun, et contemptible. Et, combien que les honnêtes personnes et bien vivant ne fassent grands comptes de tels jugements vulgaires, si est-ce qu'il y faut bien souvent ployer, mais non pas beaucoup. Ce qui a perdu premièrement les marchands et autres roturiers, lesquels prenant exemple sur les plus riches et qualifiés, sont la plupart accoutrés de soies, leurs femmes encore plus, et leur pot civilisé de quelque lopin de lard aux choux, vivant ainsi de bonnes mines et contenances, jusqu'à ce que quelque lourdeau et égaré aura acheté d'eux, par leurs mensonges et faux ser-

---

[1] Déjà cité page 163.

ments, de la marchandise pour six écus, qui n'en vaut pas trois. Quant à messieurs les gens d'Église, ce n'est à moi à en parler, sinon révéremment et avec modestie; mais il semble, vu leur grand et ample patrimoine et richesses, qui ont été calculées et arrêtées, de notre temps, se monter en ce royaume à douze millions trois cent mille livres de rente, qui doubleroient si l'on prenoit l'estimation de présent, sans les hôpitaux et aumônes; qu'ils devroient, pour la décharge de leur conscience, se réformer et réduire au vrai et légitime état de leurs prédécesseurs, et rendre la tierce partie aux pauvres des lieux où sont leurs biens situés. Autrement y a danger, jà bien avancé par la permission divine, que les laïques et séculiers n'empiètent et se saisissent, comme ils font, de leurs biens, à faute à eux de résider, prêcher, administrer les sacrements, nourrir les pauvres du tiers du revenu ecclésiastique, et faire tous devoirs chrétiens où ils sont obligés, sans s'arrêter et s'amuser aux dispenses et permissions contraires, obtenues Dieu sait comment; lesquelles portent une fort grande apparence et couleur masquée et déguisée vers les hommes, mais une cruelle et sanglante condamnation en l'endroit de Dieu, comme disoit ce docte Séguier[1], étant lors avocat-général au parlement de Paris. Pour le regard des gens de justice et finances, qui est celui, tant sot et abêti puisse-t-il être, qui n'aperçoive au doigt et à l'œil les corruptions, faveurs, larcins, concussions, pilleries, et tels brigandages qui s'y font? contre lesquels, principalement les excessivement enrichis, j'userois volontiers du seul argument qu'on faisoit à Sylla, et qui est sans réponse, ainsi que dit Plutarque : Comme te peux-tu vanter, lui disoit-on, être homme de bien, attendu que ton père ne t'a laissé presque rien, et néanmoins te voilà riche outre mesure? Au demeurant, si l'on regarde les grandes charges, fonctions et gouvernements, tout cela est aujourd'hui, à la plupart, entre les mains des nouveaux venus et tirés du populaire, contre les formes et lois de toutes républiques chrétiennes et païennes, non encore vues ni accoutumées en ce royaume; au lieu que ce devroit être personnages à qui telles choses appartiennent de droit, qui est la noblesse. Auquel beau temps il faudra par nécessité revenir, après tant de maux passés, et remettre telles juridictions

---

[1] Pierre Séguier, d'abord avocat-général au parlement, puis président à mortier.

et puissances ès mains de ceux qui ont de quoi en répondre, tant en race, honneur, biens, savoir, probité, que longue expérience, comme les Romains, desquels nous tenons le plus beau de nos polices, qui ne créèrent oncques sénateur, ne donnèrent l'ordre de chevalerie à quel qu'il fût, s'il n'étoit issu de noble famille et riche de quatre cents sesterces, c'est-à-dire dix mille écus de revenu. Tels débordements et violences qui ont gagné sur la vertu et beauté ancienne, sont cause, capitaine Eutrapel, que j'incline du tout et soutiens votre dessein et entreprise louable; vous exhortant icelle exécuter pour le demeurant de vos jours, et vous ébattre et prendre plaisir aux saints et fructueux contentements de l'agriculture, tant recommandable de soi; comme il se lit d'Abraham, Jacob, Ésau et plusieurs prophètes, aux sacrées Bibles. Aussi Platon, mené d'une tant salutaire opinion, confesse que la vie rustique et solitaire est le port et refuge contre la calomnie, envies et ambitions de ce monde. Et après, aux siens livres des lois, qu'il a établi quelques ordonnances de l'agriculture, comme n'arracher les bornes, ne détourner les eaux, gâter les fruits de la terre, il se retira de cette riche et docte ville d'Athènes, où il étoit grandement honoré et en singulière réputation, pour demeurer aux champs près icelle, en son académie, afin de mieux et sans bruit éplucher les mystères divins et secrets des choses naturelles : bien entendant comme la fréquentation et hantement des hommes résistent à telle profession; mieux aimant le contentement de son esprit et celui de ses écoliers, que complaire au lourd jugement et fantaisie du commun. Le bon et sage Caton, interrogé du moyen de bien vivre, et sans s'empétrer aux bruits, caquets et calomnies des villes, répondit pour les champs, où premier il falloit faire bonnes nourritures, se bien vêtir et enfretenir sa famille, et surtout labourer de soi-même, syllogisant et concluant ainsi : C'est un laboureur, il est donc homme de bien. Oh! disoit ce savant prêtre et philosophe Marsilius Ficinus[1], auquel Cosme de Médicis avoit donné un beau et solitaire lieu près Florence, que l'homme est heureux quand, délivré de toutes passions et affaires, content de ce qu'il a, sans rien désirer, se commande en pleine et entière liberté d'esprit; considère la solidité et fermeté de la terre, la subtilité de la légèreté du feu, le cours des eaux,

---

[1] Marsilio Ficino, ardent défenseur de la philosophie platonicienne.

la splendeur et clarté des étoiles, sereneté¹ et diverses tapisseries du ciel, la résolution et détrempement de la neige en pluie², la congélation et endurcissement de la grêle, tremblement de la terre, diversité des vents, la nature des métaux, herbes, arbres et plantes; les infinies sortes d'animaux et poissons, leurs guerres et amitiés, la vertu des pierres; ces deux admirables flambeaux et luminaires, le soleil et la lune; la rondeur des planètes, clarté du jour, ténèbres de la nuit, disposition et ordonnance des étoiles. Par lesquels moyens, joignant ses prières à cette haute Trinité, il se fait et bâtit le chemin pour traverser et pénétrer les lieux célestes, et contempler en esprit les bienheureux et autres choses que l'œil ne peut voir ne la langue exprimer. Et de fait, ceux qui demeurent aux champs, s'ils connoissent leur bien, ont des lois et décrets bien avantageux pour eux, jusques aux bœufs, lesquels, par la loi des Athéniens, n'étoient tués sur peine de la vie. Aussi que telle peine étoit ordonnée à ceux qui avoient dérobé les outils et assortements³ de la charrue; car, disoit Ælianus, le bœuf laboureur est compagnon des hommes. Et ainsi les anciens travailloient huit jours, pour au neuvième aller au marché vendre et bien peu acheter, se fournissant presque de tout ce qui est nécessaire à cette belle agriculture et vie rustique. Pline le Jeune, écrivant à ce propos à son ami Fundanus, dit n'avoir fait, dit ni oui en sa petite métairie de Laurentin, chose qui lui ait déplu; vivant en ce lieu sans crainte, sans passion, sans tourment d'esprit, et sans avoir la tête travaillée des bruits et nouvelles de la ville. La conclusion de Menander, que tout ainsi qu'à l'homme qui tend à bien faire, hait les vices, un héritage moyen qui le peut nourrir lui doit suffire; ainsi celui qui combat pour la vertu et veut vivre sans reproche doit, pour le peu de temps qui nous est prêté, laisser les charges et offices pour mieux vivre en repos d'esprit. Un jour que Lysander alla faire la révérence et saluer Cyrus, ce grand roi des Perses, s'émerveillant des beaux et excellents vergers et jardins qu'il vit, de l'ordonnance et plant d'arbres de toutes sortes, et le guéret très-bien charrué⁴, s'enquérant qui en étoit l'ou-

---

¹ Sérénité.
² La neige qui se résoud et se fond en pluie.
³ Assortiments, ustensiles.
⁴ Bien labouré.

vrier et opérateur ; Cyrus répondit que c'étoit lui-même, et que
de sa propre main il avoit dressé et accoutré le tout. Lors, regardant et contemplant Cyrus, vêtu à la persienne[1], en pourpre
et drap d'or, dit que la renommée de lui étoit véritable, ayant
assemblé la vertu et industrie à sa grandeur. Sénèque aussi raconte de Servilius Vaccatia, homme de grand race, qui ne fut
connu par autres titres et enseignes que d'avoir vécu toute sa
vie en sa métairie, près la ville de Cumes. Et Tite-Live dit que
les Romains, empêchés pour le siége où Quintus Minutius, général de leur armée, étoit fort oppressé et à détroit, résolurent
envoyer quérir un vieil capitaine nommé Quintus Cincinnatus,
qui labouroit sa terre aux environs du Tibre, lequel ils créèrent
leur dictateur, dignité royale ; et défit l'ennemi, triompha, et
après se retira à sa vie champêtre ; et de rechef, vingt ans après,
étant encore à sa charrue, lui fut répété cet honneur de dictature. Le bonhomme n'avoit en tout héritage que quatre arpents
de terre, qui est un peu plus de cinq journaux. *Exiguum colito*,
disoit Ovide ; laboure et tiens en ta main bien peu de terres ; le
surplus, qu'on ne peut malaisément accoutrer, dresser et fumer,
se doit bailler à ferme ou arrenter. Attilius Collatinus fut de
même pris et enlevé de la charrue pour être aussi leur dictateur,
étant modéré, sobre, continent, et grandement sage et réservé
en toutes ses actions ; qu'il avoit appris au village, où il aimoit
mieux être le premier que second à Rome. De même en fit ce
grand Scipion l'Africain, lequel, pour vivre en son contentement et repos, se tenoit ordinairement aux champs. Ainsi l'empereur Dioclétien, jà assez vieil et âgé, ayant quitté l'empire,
se retira comme gentilhomme privé en la ville de Solonne, où,
étant sollicité par ses amis de reprendre le sceptre : Si vous aviez
vu, leur répondit-il, les laitues et autres herbes que moi-même
ai semées, vous ne me parleriez de votre vie de rentrer en telle
et si pesante charge. Semblablement un grand seigneur, appelé
Similis, grand ami et compagnon de l'empereur Adrien, ordonna
par testament être gravé ces mots sur son tombeau : *Ci gît Similis, fort vieil, lequel toutefois n'a vécu que sept ans.* Voulant dire que les sept ans qu'il avoit été aux champs en paix et
tranquillité d'esprit, lui avoient été une vie ; et le surplus de son
temps, employé aux villes et affaires publiques, une vraie mort.

[1] A la manière des Perses.

Que dirons-nous de tant de princes qui, pour se donner à la vie
champêtre et particulière, ont laissé leurs empires, royaumes et
monarchies, comme Maximianus, Gallicanus, Theodosius le tiers,
Alexius, Crinitus [1], Michel IV° du nom, empereur de Constantinople, Isaac empereur, Nicephorus Botoniate, Lothaire, Carloman
frère de Pépin, Hubert Dauphin de Viennois [2], Amurates empereur turc, Iudocus [3] fils d'un roi de notre Bretagne, Amé duc
de Savoie, Bamba [4] roi des Espagnes, Jacques Contaren [5] duc
des Vénitiens? A l'imitation desquels, encore que vous, seigneur Eutrapel, ne soyez que simple gentilhomme, assez
moyenné et riche; puisque vous sentez, car vous en êtes
le premier et dernier juge, de vouloir user et arrêter le reste de
vos ans, bien cassés et endommagés, à cette belle vie champêtre, laissant toutes affaires publiques et populaires, pour voir et
examiner de plus près votre conscience, déportements passés, et les
douceurs et contemplations divines; je le vous conseille encore
une fois. D'être seul, vous ne le pouvez; ains, comme avez saintement et religieusement désigné et projeté, il vous faut marier à
celle que vous penserez aimer, propre à vos conditions, damoiselle, qui ait le souci seulement faire des enfants, et ce que lui
commanderez. Et en tant que touche l'envie, mauvais ménage et
incommodités qu'on peut recevoir de ses voisins aux champs, le
remède est prompt. Premier, ne voir et hanter que les bons et
vertueux, et auxquels, pour leurs honnêtetés et bonne vie, vous
voudriez bien sembler; encore bien peu, et une fois le mois au
plus. Le proverbe est beau : *Ami de tous, et familier à peu.* Au
reste, clore et fermer la porte aux rioteux, outrecuidés et médisants. Mais le principal et souverain point sera de régler votre
conscience, vie et ménage vertueusement, à la mesure de l'Évangile, qui vous rendra indubitablement aimé et respecté de tous.
Vous assurant qu'ayant donné ordre à quelques particularités et
affaires domestiques qui me pressent, vous me trouverez l'un de
ces matins votre voisin, pour ensemblement passer nos ans en

[1] Trajan.
[2] Humbert, deuxième du nom, qui abdiqua en 1350.
[3] Selon le père Lobineau (*Hist. de Bretagne*, tome I, page 24), Judoc
aima mieux quitter son pays que d'accepter la couronne qui lui était
offerte par son frère Judicaël, roi de Bretagne.
[4] Vamba, roi des Visigoths.
[5] Le doge Jacques Contarini.

une bonne et sainte conversation et voisinage. Quant à Lupolde, en cette peau mourra renard, et demeurera perpétuellement engagé en sa chicane et brouillis de peuple. S'il nous vient voir en nos champs, comme il ne peut être autrement, ce sera à la charge de laisser sous le seuil de son huis ses finesses, subtilités, griefs, contredits, et tels bâtons à feu de palais, qui nous battent pour nos iniquités et mensonges, qui ont gagné par sus la vérité, et ne se peuvent relever fors par l'entière, et non hypocrite et feinte réformation des abus de toutes conditions et états. Se retirèrent, Polygame à son ménage et livres; Eutrapel à sa philosophie rustique, après avoir mis un bel écu réaument et de fait au creux et centre de la main de Lupolde, pour le défendre en jugement et dehors des abois et sousris de l'ignorance, et l'entretenir en l'amitié des bons, à la charge qu'il lui enverroit des andouilles de son pourceau et des choux de son courtil; et Lupolde au pays et province de consultations et paperasses; les trois travaillant en diverses pratiques et façons de vivre.

LE FOL N'A DIEU.

# TABLE DES MATIÈRES.

| | |
|---|---|
| Notice sur Noël du Fail, par J. Marie Guichard [1] | 1 |
| Discours sur la corruption de notre temps | 16 |
| Poésies composées en l'honneur de Noël du Fail | 19 |
| PROPOS RUSTIQUES | 21 |
| L'Angevin aux lecteurs | 22 |
| Épître de maître Léon Ladulfi au lecteur | 23 |
| G. L. H. à l'auteur | 28 |
| PROPOS RUSTIQUES ET FACÉTIEUX | 29 |
| I. D'où sont pris ces Propos Rustiques | ib. |
| II. De la diversité des temps | 31 |
| III. Banquet rustique | 33 |
| IV. Harangue rustique | 37 |
| V. De Robin Le Clerc, compagnon charpentier de la grand'-Dolouère | 43 |
| VI. La différence du coucher de ce temps et du passé, et du gouvernement de l'amour de village | 46 |
| VII. De Thenot du Coing | 52 |
| VIII. De Tailleboudin, fils de Thenot du Coing, qui devint bon et savant gueux | 55 |
| IX. De la grand'bataille des habitants de Flameaux et de Vindelles, où les femmes se trouvèrent | 60 |
| X. Mistoudin se venge de ceux de Vindelles, qui l'avoient battu allant à l'aguillanneuf | 66 |
| XI. Querelles entre Guillot le Bridé et Phelipot l'Enfumé | 72 |
| XII. De Perrot Claquedent | 75 |
| XIII. De Gobemouche | 78 |
| XIV. Les Propos de la seconde journée, par Thibaud Monsieur et Fiacre Sire, neveux de maître Huguet | 82 |

[1] On lit (*Notice sur Noël du Fail*, page 8) : « La prétendue édition (des *Contes et Discours d'Eutrapel*) de 1585, indiquée dans la *Biographie universelle*, est évidemment imaginaire et supposée. » L'auteur de la *Notice* avait adopté ici le sentiment de M. Brunet; en effet, le savant bibliographe, dans les diverses éditions de son *Manuel*, n'a tenu aucun compte de l'assertion de la *Biographie universelle*. Cependant, l'article que ce dernier recueil a consacré à Noël du Fail, rédigé, il faut l'avouer, avec une négligence et une légèreté qui devaient assurément éveiller les défiances de la critique, a dit vrai sur ce point. Les deux éditions des *Contes d'Eutrapel*, publiées en 1586, ont été précédées d'une autre plus ancienne, dont voici le titre exact : *Les Contes et Discours d'Eutrapel par le feu seigneur de la Hérissaye, gentilhomme breton*; à Rennes, pour Noël Glamet de Quimpercorantin, 1585; in-8. Ainsi Noël du Fail est mort vers le milieu de l'année 1585, et non pas au commencement de 1586. Voyez la *Notice*, page 4.

|  |  |  |
|---|---|---|
| XV. | La délibération de Guillot sur l'ordre de la Némée ou banquet de la dédicace de Borneu, fête annuelle de toute la châtellenie de Vaudevire.................................... | 90 |

**BALIVERNERIES**.................................................. 95
L'auteur a son grand ami H. R....................................... 97

|  |  |  |
|---|---|---|
| I. | Eutrapel amène un villageois cocu à Polygame............ | 99 |
| II. | Eutrapel, ayant assisté à une luite, désespère de faim...... | 110 |
| III. | Eutrapel conte d'une compagnie de gens ramassés........ | 113 |
| IV. | Eutrapel mène Polygame voir la maison d'un paysan, et pourquoi la goutte habite les cours des grands seigneurs, et l'hyraigne la maison des pauvres........................ | 116 |
| V. | Lupolde conte de quelques harangues dites par un se méconnaissant et voulant muer son naturel................ | 121 |

**CONTES ET DISCOURS D'EUTRAPEL**............................. 125
Sur les Contes d'Eutrapel, sonnet.................................. 127
Sur le même sujet................................................... 128
L'imprimeur au lecteur............................................. 129

|  |  |  |
|---|---|---|
| I. | De la justice.......................................... | 131 |
| II. | N'entreprendre trop haut, et hanter peu les grands........ | 150 |
| III. | De ceux qui prennent en refusant....................... | 155 |
| IV. | Que les fautes s'entre-suivent........................... | 160 |
| V. | De la goutte........................................... | 165 |
| VI. | L'accord entre deux gentilshommes..................... | 171 |
| VII. | Jugements et suites de procès.......................... | 176 |
| VIII. | Des pages et un capitaine.............................. | 181 |
| IX. | Que les juges doivent rendre justice sur les lieux........ | 185 |
| X. | Des bons larcins...................................... | 191 |
| XI. | Débats et accords entre plusieurs honnêtes gens.......... | 196 |
| XII. | Ingénieuse couverture d'adultère....................... | 208 |
| XIII. | De l'écolier qui parla latin à la chasse.................. | 214 |
| XIV. | D'un qui se sauva des sergents......................... | 218 |
| XV. | De l'amour de soi-même............................... | 221 |
| XVI. | D'un fils qui trompa l'avarice de son père............... | 227 |
| XVII. | Les bonnes mines durent quelque peu, mais enfin sont découvertes............................................. | 234 |
| XVIII. | Eutrapel et un vielleur................................. | 246 |
| XIX. | Musique d'Eutrapel.................................... | 251 |
| XX. | De trois garses........................................ | 265 |
| XXI. | Remontrances d'un juge à un meurtrier................. | 274 |
| XXII. | Du temps présent et passé.............................. | 282 |
| XXIII. | D'un gabeleur qui fut pendu............................ | 288 |
| XXIV. | D'un apothicaire d'Angers.............................. | 292 |
| XXV. | De écoliers et des messiers............................. | 296 |
| XXVI. | Disputes entre Lupolde et Eutrapel..................... | 300 |
| XXVII. | Gros débat entre Lupolde et Eutrapel................... | 312 |

XXVIII. De la vérole.................................................... 320
XXIX. Propos de marier Eutrapel.............................. 324
XXX. Suite du mariage............................................ 332
XXXI. Du gentilhomme qui fit un bon tour au marchand, et de
   l'amoureux qui trompa son compagnon................. 343
XXXII. Tel refuse, qui après muse, et des hommes bien vieils..... 352
XXXIII. De la moquerie............................................. 362
XXXIV. Épître de Polygame à un gentilhomme contre les athées et
   ceux qui vivent sans Dieu............................. 379
XXXV. La retraite d'Eutrapel....................................... 399

FIN DE LA TABLE.

# BIBLIOTHÈQUE D'ÉLITE PUBLIÉE par CHARLES GOSSELIN.

### Format in-18 papier jésus vélin.

| Titre | Prix |
|---|---|
| *Histoire de Napoléon et de la Grande-Armée en 1812*, par le lieutenant-général comte Philippe de Ségur, 1 vol. avec une carte. | 3 50 |
| *Washington*, par M. Guizot, demi-volume orné d'un beau portrait de M. Guizot | 1 75 |
| *Le Caravansérail*, contes nouveaux et nouvelles nouvelles, par Adrien de Sarrazin, 1 vol. | 3 50 |
| *Impressions de Voyage*, par A. Dumas, 2 sér., à | 3 50 |
| *Voyage en Orient*, par A. de Lamartine, 2 sér., à | 3 50 |
| *Les deux Cadavres*, par Fréd. Soulié, 1 vol. | 3 50 |
| *Gabrielle*, par madame Ancelot, 1 vol. | 3 50 |
| *Œuvres en prose d'André Chénier*, édition complète. 1 vol. | 3 50 |
| *Struensée*, par Arnould et Fournier, 1 vol. | 3 50 |
| *Plick et Plock*, et autres romans maritimes, par Eugène Sue, 1 vol. | 3 50 |
| *Le Conseiller d'État*, par Fréd. Soulié, 1 vol. | 3 50 |
| *Recueil de Chants français des XIIIe, XIVe, XVe, XVIe et XVIIe siècles, avec des Notes et Notices historiques et littéraires et une Introduction générale*, par Leroux de Lincy, 2 séries à | 3 50 |
| *Rome souterraine*, par Charles Didier, 1 vol. | 3 50 |
| *La Salamandre*, par Eugène Sue, 1 vol. | 3 50 |
| *Picciola*, par X.-B. Saintine, 1 vol. | 3 50 |
| *Le comte de Toulouse*, par Frédéric Soulié, 1 v. | 3 50 |
| *Théâtre complet d'Alex. Dumas*, 3 séries, à | 3 50 |
| *Théâtre complet de madame Ancelot*, 1 vol. | 3 50 |
| *Atar-Gull*, et autres romans maritimes, par Eugène Sue, 1 vol. | 3 50 |
| *Le Vicomte de Béziers*, par Fréd. Soulié, 1 vol. | 3 50 |
| *Marie ou l'Esclavage aux États-Unis*, par Gustave de Beaumont, 1 vol. | 3 50 |
| *Arthur*, par Eugène Sue, 2 séries, à | 3 50 |
| *Proverbes et Nouvelles de Scribe*, 1 vol. | 3 50 |
| *Mémoires du Diable*, par F. Soulié, 3 séries, à | 3 50 |
| *La Coucaratcha*, par Eugène Sue, 2 séries, à | 3 50 |
| *Les Contes de l'atelier (Daniel le Lapidaire)*, par Michel Masson, 2 séries, à | 3 50 |
| *Des Améliorations matérielles dans leurs rapports avec la liberté*, par C. Pecqueur, 1 vol. | 3 50 |
| *L'Heptameron, ou Histoire des Amants fortunés. Nouvelles de la reine Marguerite de Navarre*, avec des Notes et une Notice par le bibliophile Jacob, 1 vol. | 3 50 |
| *Des Intérêts matériels en France*, par Michel Chevalier, 6e édit., ornée d'une carte, 1 vol. | 3 50 |
| *La Vigie de Koat-Ven*, par Eug. Sue, 2 sér., à | 3 50 |
| *Le Moyen de parvenir*, par Béroalde de Verville, avec une Table analytique par Lenglet du Fresnoy; un Commentaire littéraire et une Notice biographique, 1 vol. | 3 50 |
| *Réfutation de l'Éclectisme*, par Pierre Leroux, 2e édition, 1 vol. | 3 50 |
| *Le Cymbalum mundi et autres Œuvres de Bonaventure Despériers*, avec notes pour faire suite aux Contes, 1 vol. | 3 50 |
| *Sathaniel*, par Frédéric Soulié, 1 vol. | 3 50 |
| *Les Écrivains modernes de la France*, par J. Chaudes-Aigues, 1 vol. | 3 50 |
| *La Célestine*, traduit de l'espagnol par G. Delavigne, 1 vol. | 3 50 |
| *Inductions morales et physiologiques*, par M. de Kératry, 3e édition, 1 vol. | 3 50 |
| *Lettres d'Héloïse et d'Abélard*, traduit par le bibliophile Jacob, avec un travail historique et littéraire, par Villenave, 1 vol. | 3 50 |
| *Contes et Nouvelles de La Fontaine*, avec une Introduction littér. par le bibliophe. Jacob, 1 v. | 3 50 |
| *Les Contes, ou les Nouvelles récréations et joyeux devis*, par Bonaventure des Periers, valet de chambre de la reine de Navarre, avec des Notes et une Préface, par Ch. Nodier, 1 vol. | 3 50 |
| *L'Iliade et l'Odyssée d'Homère*, traduction du prince Le Brun, 1 vol. | 3 50 |
| *Le Paradis perdu de Milton*, traduction de M. de Chateaubriand, précédé d'une Étude sur Milton et son temps. | 3 50 |
| *La Divine Comédie du Dante*, traduction par Pier-Angelo Fiorentino, précédé d'une étude sur le Dante. De tirage. | 3 50 |
| *Les Lusiades de Camoëns*, trad. nouvelle par MM. O. Journet et Desaules; suivies d'un Choix de Poésies diverses de Camoëns, traduites par Ferdinand Denis, et d'une Notice, 1 vol. | 3 50 |
| *La Jérusalem délivrée du Tasse*, traduction du prince Le Brun, avec Notice par S. Albin, 1 v. | 3 50 |
| *Les deux Faust, Ballades et Poésies de Goethe.* — *Choix de Ballades et Poésies de Schiller, Burger, Klopstock, Schubert, Kœrber, Uhland*, traduction nouvelle, par Gérard, 1 vol. | 3 50 |
| *Ballades historiques et Chants populaires de l'Allemagne*, avec Introduction historique, par Sébastien Albin, 1 vol. | 3 50 |
| *Mémoires complets, œuvres morales et littéraires de Franklin*, trad. par S. Albin, 1 vol. | 3 50 |
| *Le Vicaire de Wakefield*, par Goldsmith, trad. nouvelle par Charles Nodier; suivi du *Voyage sentimental* et *Œuvres choisies* de Sterne; trad. nouvelle, 1 vol. | 3 50 |
| *Mœurs domestiques des Américains*, par mistress Trollope; trad. nouv., 3e édit., 1 vol. | 3 50 |
| *Œuvres complètes de Shéridan*, trad. nouv. par Benjamin Laroche, 1 vol. | 3 50 |
| *Théâtre de Calderon*, première série des chefs-d'œuvre du théâtre espagnol, trad. nouvelle par M. Damas-Hinard, 2 séries, à | 3 50 |
| *Chefs-d'œuvre poétiques de Thomas Moore*, trad. par madame L. Belloc, 1 vol. | 3 50 |
| *Le Magnétiseur*, par Frédéric Soulié, 1 vol. | 3 50 |
| *Œuvres françaises de Calvin*, recueillies pour la première fois, 1 vol. | 3 50 |
| *Contes et poésies d'Eutrapel* avec des notes et un travail littéraire, par M. Guichard, 1 vol. | 3 50 |

### Sous presse pour paraître successivement :

|  | |
|---|---|
| *La Légende dorée, ou La Vie des Saints*, traduite du latin de Jacques Voragines. | 2 vol. |
| *Eugène Aram*, par Bulwer; traduit par A.-J.-B Defauconpret. | 1 vol. |
| *Shakspeare*, traduction de Benjamin Laroche, en plusieurs séries. Chaque série. | 3 50 |
| *Anastase, ou Mémoires d'un Grec à la fin du XVIIIe siècle*, par Thomas Hope; traduit par Defauconpret. | 1 vol. |
| *Pelham*, par Bulwer; trad. par Defauconpret, 1 vol. | |
| *Théâtre anglais*, 1re série, renfermant les chefs-d'œuvre des auteurs contemporains de Shakspeare, avec des Notices biographiques et littéraires par Amédée Pichot. | 2 vol. |
| *La Araucana*, par don Alonzo de Ercilla, poème national espagnol, trad. par J. Lavallée. | 1 vol. |
| *Don Quichotte de Cervantes*, tr. nouv., 2 sér., à | 3 50 |
| *Œuvres choisies de Pierre Arétin*, traduites pour la première fois, par le bibliophile Jacob. | 1 vol. |
| *Le Chemin de la Perfection*, par sainte Thérèse. | 1 vol. |
| *Madame Cottin*, Œuvres complètes. | 3 vol. |
| *Réflexions sur la miséricorde de Dieu*, par Mme de La Vallière. | 1 vol. |
| *Poésies de Charles d'Orléans*, père de Louis XII. | 1 vol. |
| *Poésies de François Ier*. | 1 vol. |
| *Œuvres de Mme de Lambert sur l'Éducation*. | 1 vol. |
| *Chroniques du Petit Jehan de Saintré et la Dame des Belles Cousines*. | 1 vol. |
| *Idée d'une République ou l'Utopie de Thomas Morus*. | 1 vol. |
| *Le Chef-d'œuvre d'un Inconnu*, par de Saint-Hyacinthe. | 1 vol. |

www.ingramcontent.com/pod-product-compliance
Lightning Source LLC
Chambersburg PA
CBHW071237240426
43671CB00031B/1020